O GUIA COMPLETO DAS
RELIGIÕES DO MUNDO

Brandon Toropov e Padre Luke Buckles

O GUIA COMPLETO DAS
RELIGIÕES DO MUNDO

Tradução:
Martha Malvezzi Leal

MADRAS

Publicado originalmente em inglês sob o título *The Complete Idiot's Guide to World Religions*, por Alpha Books.
© 2004, Beach Brook Productions.
Direitos de edição e tradução para o Brasil.
Tradução autorizada do inglês.
© 2017, Madras Editora Ltda.

Editor:
Wagner Veneziani Costa

Diagramação:
Eight Point Comunicação Ltda.
R. Desembargador Guimarães, 119 – Perdizes – São Paulo/SP
Tel./fax: (0_ _11) 3865-5242

Capa:
Equipe Técnica Madras

Revisão:
Wilson Ryoji Imoto
Sérgio Saotto de Souza
Vera Lúcia Quintanilha
Denise R. Camargo

Dados Internacionais de Catalogação na Publicação (CIP)
(Câmara Brasileira do Livro, SP, Brasil)

Toropov, Brandon
O guia completo das religiões do mundo/Brandon Toropov e Luke Buckles; tradução Martha Malvezzi Leal. – 2. ed. – São Paulo: Madras, 2017.
Título original: The complete idiot's guide to world religions.

ISBN: 978-85-370-1063-1

1. Religiões I. Buckles, Luke. II. Título.
17-03577   CDD-200

Índices para catálogo sistemático:
1. Religião 200

Proibida a reprodução total ou parcial desta obra, de qualquer forma ou por qualquer meio eletrônico, mecânico, inclusive por meio de processos xerográficos, incluindo ainda o uso da Internet, sem a permissão expressa da Madras Editora, na pessoa de seu editor (Lei nº 9.610, de 19.2.98).

Todos os direitos desta edição, em língua portuguesa, reservados pela

MADRAS EDITORA LTDA.
Rua Paulo Gonçalves, 88 – Santana
CEP: 02403-020 – São Paulo/SP
Caixa Postal: 12183 – CEP: 02013-970 – SP
Tel.: (11) 2281-5555 – Fax: (11) 2959-3090
www.madras.com.br

Caro Leitor

Em um certo momento da vida todas as pessoas sentem uma forma de ansiedade quando se deparam com uma tradição religiosa não familiar. Este livro não apenas o ajudará a reduzir a probabilidade de erros embaraçosos, como também dará pistas a respeito das ideias principais por trás de quase todas as tradições religiosas que existem no mundo.

Quer você esteja confuso ou nada saiba em relação ao Budismo, Cristianismo, Islamismo, quer esteja perplexo no tocante a outras tradições comuns que fazem parte do mundo multicultural e multirreligioso em que vivemos hoje, este livro apresentará a você as ideias básicas em um formato fácil de seguir. Ele não tem o objetivo de dar a última palavra sobre nenhuma das tradições abordadas; presumimos que você, provavelmente, não tem tempo de aprofundar-se em centenas de páginas de análises eruditas. O que esta obra oferece é uma síntese, acessível para iniciantes, de cada uma das expressões de fé apresentadas. Ela também destacará alguns importantes pontos de contato entre as várias tradições religiosas e aspectos que você pode ainda não ter considerado.

O livro que tem nas mãos agora é para todas as pessoas – o explorador intelectual; o estudante com uma tarefa a cumprir; o gerente que precisa aprender acerca das tradições religiosas e padrões de culto de um novo empregado; o viajante em busca de informações a respeito do sistema religioso local; e o amigo que espera aprender um pouco mais sobre a fé de um novo conhecido. Se você é um membro da raça humana ansioso por descobrir, com um mínimo dano cerebral, o que as religiões do mundo têm a dizer e como elas se desenvolveram através do tempo, encontrará a informação de que precisa aqui.

Paz,

Brandon Toropov
Padre Luke Buckles

- *"Se está procurando um instrumento que o ajudará a reduzir as tensões paralelas, obter informação e visões mais profundas a respeito das semelhanças e diferenças das expressões de fé do mundo, você o encontrará aqui."*
  Padre Michael Morris, O.P., Ph.D. Graduate Theological Union, Berkeley, Califórnia

- *Uma visão completa e cuidadosa sobre como o Cristianismo, o Judaísmo, o Budismo, o Islamismo e o Hinduísmo lidam com as grandes questões atuais.*

- *Visões da vida após a morte conforme as diferentes religiões do mundo.*

- *Sabedoria tradicional das antigas crenças, incluindo as culturas druidas, gregas, maias e egípcias.*

Índice

PARTE 1
Abrindo-se para outras Tradições 33

1. Por que Aprender sobre outras Expressões de Fé? 35
   Descubra como usar a informação contida neste livro para ampliar horizontes, entender as tradições e rituais associados às novas obrigações familiares e sociais (como casamentos e funerais) e participar da contínua busca da família humana pelos sentidos das coisas.

2. Muitos Nomes Diferentes, Algumas Ideias Familiares....................... 45
   Descubra como, apesar de todas as diferenças, as religiões do mundo partilham alguns objetivos muito importantes.

3. Falando com Gentileza e Derrubando o Bastão.................................... 55
   Descubra por que as palavras significam muito no momento de determinar o status de "quem está dentro" e "quem está fora" – e aprenda como usar questões, em vez de afirmações, para ajudar a construir pontes entre as pessoas cujas expressões de fé parecem não ser familiares.

PARTE 2
Judaísmo 65

4. As Raízes do Judaísmo 67
   Aprenda acerca da história dessa diversa fé da Aliança: a religião dos hebreus do Antigo Testamento e do Judaísmo contemporâneo.

5. A Moderna Experiência Judaica.. 77
   Aprenda mais sobre a história e o crescimento da fé judaica através dos séculos e as diferenças entre suas três principais ramificações contemporâneas: ortodoxa, conservadora e reformista.

6. Ritual e Celebração Judaicos 87
   Aprenda o que você precisa saber a respeito dos feriados como Páscoa, Rosh Hashaná e Iom Kipur – e sobre as tradições culturais e religiosas que são importantes marcos na vida dos judeus.

7. Judaísmo e Vida após a Morte 95
   Como o Judaísmo responde à pergunta: "O que acontece depois que morremos?"

8. Derrubando as Barreiras ao Judaísmo 99
   Descubra a verdade por trás das simplificações comuns, dos estereótipos e das noções erradas relacionadas à fé judaica.

PARTE 3
Cristianismo 105

9. Os Primórdios do Cristianismo 107
   Aprenda a respeito das raízes judaicas do Cristianismo, sua história e desenvolvimento desde a época de Jesus e suas doutrinas mais fundamentais refletidas no Novo Testamento.

10. As Muitas Denominações Cristãs 119
    Descubra as diferentes tradições que formam as religiões da família cristã: Cristianismo Ortodoxo, Catolicismo e as várias denominações protestantes. Também estudaremos algumas expressões de fé inspiradas nos ensinamentos de Jesus que existem fora da divisão citada.

11. A Celebração Cristã 133
    Descubra os mais importantes feriados e tradições cristãs – e aprenda sobre suas variadas observâncias.

12. Cristianismo e Vida após a Morte 141
    Como o Cristianismo responde à pergunta: "O que acontece depois que morremos?"

13. Derrubando as Barreiras ao Cristianismo 151
    Descubra a verdade por trás das simplificações comuns, dos estereótipos e das noções erradas relacionadas à fé cristã.

PARTE 4
Islamismo 157

14. Os Primórdios do Islamismo 159
    Aprenda a missão do profeta Maomé, as cinco obrigações exigidas de seus seguidores e o papel vital do texto sagrado conhecido como Alcorão.

15. Depois de Maomé 169
Aprenda acerca das seitas sunita e xiita – e seu complexo relacionamento através dos séculos.

16. O Ramadã e outras Observâncias 177
Descubra os rituais diários de veneração e aprenda sobre o 9º mês sagrado do calendário muçulmano.

17. Islamismo e Vida após a Morte 183
Como o Islamismo responde à pergunta: "O que acontece depois que morremos?"

18. Derrubando as Barreiras ao Islamismo 193
Descubra a verdade por trás das simplificações comuns, dos estereótipos e das noções erradas relacionadas à fé muçulmana.

PARTE 5
Hinduísmo 203

19. A Religião da Antiguidade 205
Aprenda acerca das origens pré-históricas do Hinduísmo, seu desenvolvimento por aproximadamente 4 mil anos e a associação de seus rituais, práticas e textos (como o Bhagavad Gita*) com o povo da Índia.*

20. As Muitas Faces de Deus 215
Descubra as principais divindades do Hinduísmo e a incrível diversidade das muitas seitas e praticantes dessa expressão de fé.

21. Respeito pela Vida e Crescimento Pessoal 221
Aprenda sobre a ênfase dada pelo Hinduísmo à purificação pessoal diária, em vez do culto regular com uma congregação.

22. Hinduísmo e Vida após a Morte 227
Como o Hinduísmo responde à pergunta: "O que acontece depois que morremos?"

23. Derrubando as Barreiras ao Hinduísmo 231
Descubra a verdade por trás das simplificações comuns, dos estereótipos e das noções erradas relacionadas à fé hindu.

PARTE 6
Budismo 235

24. O Príncipe que Deixou o Palácio: as Origens e a Doutrina Budista 237
Descubra as origens do Budismo na significativa decisão do príncipe Gautama de desobedecer às ordens reais de seu pai... e explorar o mundo por conta própria.

25. Mahayana e Tudo Isso 245
Aprenda acerca das duas grandes divisões da fé budista; suas abordagens diferentes à vida espiritual e os vários movimentos dentro de cada uma.

26. Zen e outras Escolas Budistas Populares no Ocidente 253
Aprenda acerca da história e desenvolvimento do Zen e também sobre outras escolas budistas surgidas há pouco tempo no Ocidente.

27. Budismo e Vida após a Morte 261
Como o Budismo responde à pergunta: "O que acontece depois que morremos?"

28. Derrubando as Barreiras ao Budismo 265
Descubra a verdade por trás das simplificações comuns, dos estereótipos e das noções erradas relacionadas à fé budista.

PARTE 7
Natureza, Homem e Sociedade: outras Tradições Asiáticas 269

29. Confucionismo: Relações Humanas 271
Descubra a profunda sabedoria desse antigo sistema chinês de pensamento ético.

30. Taoísmo: o Caminho sem Esforço 281
Descubra a simples, aberta e natural busca do "caminho", exemplificada nos ensinamentos de Lao-Tzu.

31. Xintoísmo: Harmonia e Clareza 291
Aprenda acerca das tradições e história da fé originária do Japão.

PARTE 8
Antigos Caminhos, Novos Caminhos 299

32. Crenças Antigas 301
Aprenda a respeito das antigas tradições religiosas dos egípcios, gregos, maias, druidas e astecas.

33. Religiões Não Escritas da Natureza 317
Descubra as religiões na África, no Pacífico e na América do Norte que enfatizam o ritual e a experiência natural.

34. Novos Movimentos Religiosos 327
Descubra novos modelos de culto e observâncias que surgiram para seguidores contemporâneos. Também: O que é um culto?

35. Vozes Místicas 347
   Cada uma das principais tradições religiosas apoia uma ou mais "subtradições" que enfatizam a experiência direta e pessoal do Divino. Neste capítulo, você aprenderá um pouco acerca dessas fascinantes tradições.

36. Extremismo Religioso no Século XXI 355
   Descubra as frequentemente problemáticas implicações do extremismo religioso no mundo pós-11 de setembro – e as semelhanças dos extremistas nas tradições religiosas.

37. Grandes Questões 361
   O que as grandes religiões do mundo têm a dizer a respeito da guerra, do suicídio, da eutanásia e do aborto – as questões da vida e da morte que continuam a causar perplexidade na raça humana?

38. Tudo em Preto e Branco 373
   Aprenda acerca de alguns importantes pontos de concordância nas escrituras religiosas do mundo.

APÊNDICES

A. Companheiros de Viagem 383
B. Escrituras para sua Companhia 393
C. Linhas do Tempo das Principais Religiões do Mundo 399
D. Os Nomes de Deus 405
E. Glossário 415
Índice Remissivo 423

Conteúdo

Prefácio 27
Introdução 29
   O que você aprenderá neste livro 31
   Extras 31
   Agradecimentos 32
   Marcas registradas 32

PARTE 1
Abrindo-se para outras Tradições 33

1. Por que Aprender sobre outras Expressões de Fé? 35
   "Eu li as notícias hoje" 35
   Acompanhando a Constituição 36
   Antes e agora 37
   Como este livro pode ajudá-lo 38
   "Eu não tenho de me preocupar com isso! Sou agnóstico (ou ateu)!" 39
   "Ei! Isso me soa familiar!" 40
   O obstáculo acadêmico 40
   Além do medo 41
      O outro 42
      Palavras, palavras, palavras 42
         O mínimo que você precisa saber 43

2. Muitos Nomes Diferentes, Algumas Ideias Familiares 45
   Objetivos semelhantes 45
   Verdades antigas 45
      Vozes: a eternidade das ideias fundadoras por trás das grandes religiões do mundo 46
   A humanidade e o eterno 47
      Vozes: o relacionamento da humanidade com o eterno 48
   Interligação com toda a Criação 49

Vozes: a presença divina em toda a Criação	49
Além das palavras, além da mente	50
Vozes: os limites da mente lógica	51
Mais uma coisa	52
O mínimo que você precisa saber	53
3. Falando com Gentileza e Derrubando o Bastão	55
Joelhos não sectários	55
Seis modos de alienar uma pessoa cuja fé não lhe é familiar (e o que fazer em vez disso)	57
1. Fixar no "por quê?"	57
2. Seguir a (não lisonjeira) orientação da mídia	57
3. Encarar	58
4. Falar sobre o que é "normal"	58
5. Usar linguagem de ataque para descrever a fé de alguém	58
6. Pisar nos pés que já estão machucados	59
Faça perguntas!	59
E agora, uma palavra do governo federal (norte-americano)	61
O melhor conselho: não finja que sabe todas as respostas	62
Quando em dúvida, repita: "Estamos todos no mesmo barco"	62
O mínimo que você precisa saber	63

PARTE 2
Judaísmo 65

4. As Raízes do Judaísmo	67
Os hebreus	67
As regras duradouras	68
Close-up no Decálogo	69
Os Dez Mandamentos	69
O reino e a dispersão	70
Os profetas	71
Preceitos fundamentais	72
Aprofundamento: alguns aspectos-chave do Judaísmo	73
A Aliança	73
Uma comunidade reunida	74
O mínimo que você precisa saber	75
5. A Moderna Experiência Judaica	77
Reações ao mundo moderno	78
A tradição ortodoxa	78
Judaísmo conservador	80
Judaísmo reformista	81
As pressões do mundo exterior	81

    Dois extraordinários eventos modernos 85
    O mínimo que você precisa saber 85

6. Ritual e Celebração Judaicos 87
    Vida: a suprema cerimônia religiosa 87
    Leis concernentes à alimentação 88
    O que acontece no serviço? 89
    Sabá 90
    Principais observâncias 90
        Rosh Hashaná 90
        Iom Kipur 91
        Sucot 91
        Chanukah (Hanuká) 91
        Purim 92
        Pesach (Páscoa) 92
        Shavuot 92
    Rituais da vida 93
        O mínimo que você precisa saber 93

7. Judaísmo e Vida após a Morte 95
    Cuidado com as generalizações! 95
    Em que o povo judeu acredita 96
    Um contraste total 97
        O mínimo que você precisa saber 98

8. Derrubando as Barreiras ao Judaísmo 99
    Concepção errada 1: Sionismo é a mesma coisa que Judaísmo 99
    Concepção errada 2: o povo judeu é culpado de deicídio 100
    Concepção errada 3: o Judaísmo vê a mulher de modo negativo 101
    Concepção errada 4: "judaico-cristão" significa basicamente
    "cristão" 101
    Concepção errada 5: o Judaísmo é monolítico 102
        O mínimo que você precisa saber 103

PARTE 3
Cristianismo 105

9. Os Primórdios do Cristianismo 107
    O homem no centro da fé 107
    Mistério 110
    Cristianismo no mundo 111
        Adaptabilidade cultural e histórica 111
        Uma fé inacabada 111
    Pedro e Paulo – e além 112

Desenvolvimento, conflito e aceitação 113
   As Reformas Protestantes 115
Além das divisões 116
   O mínimo que você precisa saber 117

10. As Muitas Denominações Cristãs 119
   O Catolicismo Romano... 119
     Em que os católicos acreditam 119
     A Trindade 121
     Expansão – e um cisma 122
     Desafio e mudança 123
     A Igreja Ortodoxa 124
     Origens comuns, ritos diferentes 124
     Organização 125
     A Igreja Ortodoxa hoje 126
   Protestantismo... 126
     Fé, não obras 127
   Outras denominações principais... 128
   Diferentes tocadores: movimentos protestantes "distintos" 129
   Uma colcha de muitos retalhos... 131
     O mínimo que você precisa saber 131

11. A Celebração Cristã.. 133
   Advento... 133
   Natal.. 134
   Epifania... 135
   Quaresma.. 135
   Domingo de Ramos 136
   Sexta-feira Santa... 136
   Páscoa 137
   Pentecostes.. 137
   A festa da Assunção.. 138
   Ano Novo.. 138
   É só isso?.. 138
     O mínimo que você precisa saber 139

12. Cristianismo e Vida após a Morte... 141
   O Dia do Juízo Final... 141
   Para onde são enviados os seres humanos depois de morrer? 142
     Céu, Inferno e os Evangelhos 142
     Depende da denominação 143
     Purgatório.. 143
   O que garantirá o sucesso na vida após a morte? 145

Como é o Céu? Como é o Inferno? 146
O que acontecerá aos cristãos que ainda estiverem vivos na Terra no momento da Segunda Vinda? 147
A recompensa eterna... 148
    O mínimo que você precisa saber 149

13. Derrubando as Barreiras ao Cristianismo 151
Concepção errada 1: o mito da unanimidade cristã........................ 151
Concepção errada 2: somente os católicos praticam a confissão......... 152
Concepção errada 3: o Cristianismo condena os homossexuais........... 153
Concepção errada 4: todos os cristãos acreditam que sua versão do Cristianismo é a única religião verdadeira.. 154
Concepção errada 5: os católicos acreditam que o papa é infalível em todos os seus pronunciamentos... 155
Concepção errada 6: a Igreja Mórmon moderna permite ou encoraja a poligamia... 155
    O mínimo que você precisa saber 155

PARTE 4
Islamismo 157

14. Os Primórdios do Islamismo 159
A *deen** do profeta.. 159
Quem foi Maomé 161
"*O* Deus".. 162
O homem que não ia embora 162
A migração.. 163
O Alcorão 164
    Uma escritura verbal 164
    O que ela ensina 165
Os Cinco Pilares 166
Expansão e evolução... 167
    O mínimo que você precisa saber 167

15. Depois de Maomé 169
O Império Islâmico.. 169
Os quatro califas 170
Dissensão e controvérsia... 171
A Palavra... 171
Os muçulmanos sunitas 172
Os muçulmanos xiitas.. 173

---

* *N. T.:* Como será explicado pelos autores na seção referente ao Islamismo, *deen* é um termo árabe cuja tradução se aproxima da palavra "religião".

  O imame 173
  Além do liberal e do conservador 174
 Os sufistas 175
  O mínimo que você precisa saber 176

16. O Ramadã e outras Observâncias 177
 Todos os dias 177
 Importantes rituais islâmicos da vida 179
  Ritual das boas-vindas 179
  Iniciação 179
  O ritual do casamento 180
  Funerais e períodos de luto 180
 O Ramadã 181
 Outros importantes dias sagrados islâmicos 181
  Lailat ul-Qadr 181
  Id al-Fitr 182
  Id ul-Adha 182
  Al-Isra Wal Miraj 182
  Maulid al-Nabi 182
  O mínimo que você precisa saber 182

17. Islamismo e Vida após a Morte 183
 O Juízo Final 184
 O ajuste de contas 185
 Um lembrete para a humanidade 186
 Destinações 187
 Não muçulmanos e a vida após a morte 188
 Islamismo sobre a morte e o momento de morrer 188
  O anjo da morte 188
  A morte o encontrará! 189
 Seguindo o exemplo do profeta 190
  O mínimo que você precisa saber 191

18. Derrubando as Barreiras ao Islamismo 193
 Um fenômeno global 193
 Concepção errada 1: muçulmano é a mesma coisa que árabe 194
 Concepção errada 2: estereótipos concernentes à "Espada do Islamismo" 195
 Concepção errada 3: jihad 197
 Concepção errada 4: o Islamismo degrada e oprime as mulheres 198
 Concepção errada 5: o Alcorão defende o assassinato dos infiéis 200
  "Mate os infiéis"? 200
  Setenta e duas virgens? 201
  O mínimo que você precisa saber 201

PARTE 5
Hinduísmo 203

19. A religião da antiguidade 205
    Nenhum fundador 205
    A civilização do Vale do Indo 206
    Um e muitos 208
    O período védico 208
    A fé se desenvolve: círculos da vida 210
    Filosofia hindu 211
    Realidades sociais 212
    Crenças hindus 213
       O mínimo que você precisa saber 214

20. As Muitas Faces de Deus 215
    Um Deus, muitos deuses 215
    Os dois caminhos 217
    A visão geral 218
    Uma breve introdução 218
       A grande árvore 219
       Outras divindades importantes 219
       O mínimo que você precisa saber 220

21. Respeito pela Vida e Crescimento Pessoal 221
    Vida e morte 221
    "Cuidado com o renascimento" 222
    Religião, religião por toda a parte 223
    Onde está o Sabá? 223
    Templos e casas 224
    Celebrações 225
    Rituais da vida 226
       O mínimo que você precisa saber 226

22. Hinduísmo e Vida após a Morte 227
    Deixando o corpo 227
    Prosseguindo: abrace a experiência da morte 228
    Rituais da morte no Hinduísmo 229
       O mínimo que você precisa saber 230

23. Derrubando as Barreiras ao Hinduísmo 231
    Concepção errada 1: o Hinduísmo é uma religião politeísta 231
    Concepção errada 2: os hindus veneram ídolos 232
    Concepção errada 3: o Hinduísmo promove a discriminação social
    e a exploração dos pobres 233
       O mínimo que você precisa saber 234

PARTE 6
Budismo 235

24. O Príncipe que Deixou o Palácio: as Origens e Doutrina Budista 237
A lenda de Buda.. 237
Seguindo o ascetismo 238
O despertar 239
Alcançando o verdadeiro conhecimento..................................... 239
Nirvana (antes de se tornar uma banda de *rock*)......................... 239
Além da substância 241
Deuses.. 243
Ensinar, viver, morrer 244
O mínimo que você precisa saber 244

25. Mahayana e Tudo Isso 245
Depois do Buda.. 245
As duas escolas do Budismo... 246
Budismo theravada 247
Escrituras theravadas 247
A escola Mahayana 248
Mahayana em preto e branco 249
Budismo tibetano 250
O mínimo que você precisa saber 251

26. Zen e outras Escolas Budistas Populares no Ocidente 253
Qual é o som do início Zen?.. 253
Bodhidharma inicia as coisas 254
"Mente original"... 255
Duas escolas.. 255
Próxima parada: Japão 256
Outras seitas budistas... 257
A escola Terra Pura 257
Budismo Nichiren 258
Celebrações... 259
Dia do Nirvana 259
Dia do Buda 259
Dia de Bodi 259
O mínimo que você precisa saber 259

27. Budismo e Vida após a Morte 261
O ciclo da vida 261
Carma e morte 262
Qual é o foco?.. 263
O mínimo que você precisa saber 264

28. Derrubando as Barreiras ao Budismo 265
   Concepção errada 1: os budistas veneram Buda como os cristãos
   veneram Jesus 265
   Concepção errada 2: excessiva ênfase na reencarnação 266
   Concepção errada 3: o Budismo é masoquista 266
   Concepção errada 4: todos os budistas veem a meditação
   do mesmo modo... 267
   Concepção errada 5: os budistas odeiam a vida 267
      O mínimo que você precisa saber 268

PARTE 7
Natureza, Homem e Sociedade: outras Tradições Asiáticas 269

29. Confucionismo: Relações humanas 271
   Quem foi ele?... 271
   Cinco interações... 272
   Oposição, partida, retorno 273
   Os *Analectos* 273
   Outras criações literárias.. 274
   Mudanças 275
   "Mas isso... funciona?" 276
   Seguindo o mestre 277
   Confucionismo no topo.. 277
   Novo Confucionismo 278
   O modo imutável e variável de Confúcio 278
      O mínimo que você precisa saber 279

30. Taoísmo: o Caminho sem Esforço 281
   "Não quero ser indelicado, mas..." 281
      Natureza: próximo do chão 282
      Palavras: o Tao Te Ching 282
      Palavras: o Chuang-Tzu 283
   Uau! O Tao! 285
   Quem fundou o Taoísmo.. 286
      Vozes antigas 287
      Novas vozes.. 287
   Para frente e para trás com o Budismo 288
   Como o Taoísmo se expressa? 288
      Os fiéis 288
      O mundo exterior.. 289
   Pegou! 289
      O que era mesmo aquilo sobre a imortalidade? 289
      O que era mesmo aquilo sobre libertação? 290
         O mínimo que você precisa saber 290

31. Xintoísmo: Harmonia e Clareza 291
   Xintoísmo: as bases 291
   Duas datas importantes 293
      1868: traçando a linha divisória 293
      1945: uma nova direção 294
      Dia a dia 294
      No santuário 294
   O cerne do Xintoísmo 295
      Está faltando alguma coisa? 295
      Poder divino 296
   Crenças centrais 296
   Uma força unificadora 297
      O mínimo que você precisa saber 297

PARTE 8
Antigos Caminhos, Novos Caminhos 299

32. Crenças Antigas 301
   Antigo culto egípcio 301
      Antigo culto egípcio: o cenário histórico-cultural 301
      Antigo Império (c. 3200-2258 a.C.) 302
      Médio Império (c. 2000-1786 a.C.) 303
      Novo Império (c. 1570-31 a.C.) 303
      Os antigos mitos egípcios a respeito da Criação 304
      Conceitos-chave da antiga observância egípcia 304
   Antigo culto grego 305
      Antigo culto grego: o cenário histórico-cultural 305
      Os antigos mitos gregos a respeito da Criação 306
      Conceitos-chave da antiga observância grega 307
   Antigo culto maia 308
      Antigo culto maia: o cenário histórico-cultural 309
      O antigo culto maia a respeito da Criação 309
      Conceitos-chave da antiga observância maia 310
   Antigo culto druida 310
      Os druidas: o cenário histórico-cultural 311
      (Conjecturas a respeito de um) Antigo mito druida da Criação 312
      Conceitos-chave da antiga prática druida 312
   Antigo culto asteca 313
      Culto asteca: o cenário histórico-cultural 313
      O antigo mito asteca a respeito da Criação 314
      Conceitos-chave da antiga observância asteca 315
      O mínimo que você precisa saber 315

33. Religiões Não Escritas da Natureza 317
   Dentro, fora 318

    Ideias que ficam 319
        O xamã 319
        O totem 320
        O fetiche 320
    Huna Kupua 321
    Tradições africanas 322
        Os nomes de Deus 323
        Espíritos bons e maus 323
    Tradições dos índios norte-americanos 324
        Todos juntos agora 324
        Integridade 325
        Contato! 325
        O mínimo que você precisa saber 325

34. Novos Movimentos Religiosos 327
    O que é uma "religião nova"? 327
    Sete novas expressões de fé... e um movimento 328
    A Nação do Islamismo 329
        Uma prática diferente 330
        Orgulho e ação 330
    A Sociedade Internacional para a Consciência Krishna 331
        Os objetivos de ISKCON 332
        Ideias e crenças centrais 332
        Espaço para todos 333
    Meditação Transcendental 333
        Meditação simples 334
        Uma "fé" que não é fé? 334
    Neopaganismo 335
        Sol e Lua 335
        Perseguição e renovação 336
        A dança das estações 336
        O solstício de inverno 336
        Imbolc 337
        Equinócio da primavera 337
        Beltane 337
        O solstício de verão 337
        Lammas 338
        O equinócio de outono 338
        Samhain 338
    A fé Baha'i 339
        Unidade 339
        Igualdade e Harmonia 340
        Crescimento rápido 340
    Macumba 340

    Orixá 341
    Uma nova forma 341
Rastafarianismo 341
O movimento Nova Era 342
Novas práticas religiosas adicionais 343
    Ordem Religiosa dos Conceitos Aquarianos 343
    Igreja Eclética.. 344
    Mãe Meera 344
    Panteísmo Natural 344
    Northlight: caminhos para a liberdade 345
    Irmandade da Autopercepção 345
    Meditação high-tech *contemporânea da sincronicidade* 346
    Rede mundial de oração 346
        O mínimo que você precisa saber 346

35. Vozes Místicas 347
    Deixem os místicos falarem 348
    A Cabala 348
    Sufismo 349
    A tradição mística cristã: Thomas à Kempis 351
        O mínimo que você precisa saber 353

36. Extremismo Religioso no Século XXI 355
    A mão da ira cega 355
    Um fenômeno global 356
        Uma visão totalitária 356
        Figuras carismáticas que tiram vantagens do sentimento de ser
        vítima ou sofrer injustiça 357
        Tentativas conscientes de aumentar o caos e a injustiça 358
        Interpretações seletivas das escrituras religiosas 358
    Então, qual é a resposta? 359
        O mínimo que você precisa saber 360

37. Grandes questões 361
    Guerra e paz 361
        Judaísmo e guerra 361
        Cristianismo e guerra 363
        Islamismo e guerra 364
        Budismo e guerra 366
        Hinduísmo e guerra 367
    Judaísmo e eutanásia e suicídio 367
    Cristianismo e eutanásia e suicídio 368
    Islamismo e eutanásia e suicídio 369
    Budismo e eutanásia e suicídio 369

Hinduísmo sobre eutanásia e suicídio 370
Pensamentos a respeito do aborto 370
   O mínimo que você precisa saber 371

38. Tudo em Preto e Branco 373
   A Escritura como um lugar de encontro 373
   Os limites da linguagem (sagrada ou não) 374
     Palavras, palavras, palavras 374
     "Devo comparar-te a... Espere um pouco..." 375
   Um sentido de propósito 376
   A importância da resolução 377
   Amar os outros como a nós mesmos 378
   O Todo-Poderoso como Protetor e Mantenedor 379
   Louvor constante ao Todo-Poderoso 379
   Esforçando-se em direção ao infinito 381
   Sofrimento e morte 381
     O mínimo que você precisa saber 382

APÊNDICES

Apêndice A. Companheiros de Viagem 383
Apêndice B. Escrituras para sua Companhia 393
Apêndice C. Linhas do Tempo das Principais Religiões do Mundo 399
Apêndice D. Os Nomes de Deus 405
   Nomes judaicos de Deus 405
   Adonai 405
   Pronunciando o Tetragrama 406
   Elohim 406
   El 407
   Shaddai 407
   Elyon 407
   YHVH Tzevaot 408
   Ehyeh-Asher-Ehyeh 408
   Yah 408
   Leis judaicas da escrita dos nomes divinos 408
   A tradição dos sete nomes divinos 409
   Shalom 409
   Nomes cristãos de Deus 410
   O Islamismo e os 99 nomes de Alá 411
Apêndice E. Glossário 415

Índice Remissivo 423

Prefácio

Com o fim do século XX e a aurora do século XXI, quando um milênio abriu caminho para o outro, a espiritualidade e a religião entraram em ascensão.

Tendo sido dividida em compartimentos, segregada, secularizada, perseguida e proibida em diferentes épocas e lugares por todo o mundo, a religião ainda possui uma vitalidade que não apenas é duradoura, mas se intensifica. Ela dá sentido àquilo que a ciência não consegue explicar; coloca ordem no caos e espírito na matéria. Em suma, a religião alimenta a alma.

A religião é importante para a maioria das pessoas que vivem neste planeta. E em nossa era tecnológica, com a comunicação instantânea, o planeta torna-se menor. Saber mais a respeito de cada um e dos sistemas de crença que nos guiam é uma ferramenta útil para alcançar a compreensão que pode pôr as barreiras do receio e do preconceito abaixo.

Os pontos comuns que emergem são, ao mesmo tempo, surpreendentes e edificantes. Por exemplo, todas as principais religiões do mundo concordam acerca da existência dos anjos. Além disso, essa crença foi manifestada por séculos na arte e na literatura de muitas tradições. Contudo, apenas recentemente essa tendência emergiu de um modo notável na cultura popular. (Hoje, é claro, os anjos são o foco de um intenso interesse que teria surpreendido os observadores de, digamos, duas décadas atrás.)

Um elo espiritual – que pode unir a diversificada família humana de modo que a economia e a política não conseguem fazer – é de fato algo pelo qual devemos nos empenhar. Qual cultura ou civilização pode existir sem uma raiz espiritual ou religiosa que a alimente? Para entender de modo completo o mundo visível e material ao nosso redor é necessário aproximar-se do Espírito invisível que motiva e conduz o mundo.

Mas por onde começar?

Este útil manual é um lugar para se iniciar. Embora muitos volumes tenham sido escritos a respeito de teologia ou elementos eclesiais de determinada expressão de fé, não há muitos livros escritos com a intenção de propiciar ao leitor um entendimento inter-religioso e intercultural.

Todas as expressões de fé, instituições e sistemas de crenças detalhados neste livro refletem a tentativa de alcançar algo eterno. E essa busca pelo eterno nunca termina.

Este livro esboça as características básicas e ideias norteadoras das religiões que você pode encontrar como alguém de fora. É uma ajuda significativa e valiosa para o entendimento básico das pessoas que são diferentes de você. Se está procurando um instrumento que o ajudará a reduzir as tensões paralelas, obter informação e visões mais profundas a respeito das semelhanças e diferenças das expressões de fé do mundo, você o encontrará aqui.

Michael Morris

Michael Morris, O.P., é padre católico e frade dominicano com Ph.D. em História da Arte. Leciona na área de Religião e Arte na Graduate Theological Union, em Berkeley, e é autor de muitas obras populares e eruditas sobre arte, religião e cultura.

Introdução

Começamos a trabalhar neste livro com a esperança de que ele ajudasse as pessoas a construir pontes.

Nosso objetivo foi aumentar o entendimento mútuo, de forma agradável e informativa, entre pessoas de diferentes crenças e expressões de fé. Agora que concluímos o projeto ficamos surpresos, não pelas muitas diferenças apresentadas pelas religiões do mundo (embora elas com certeza existam), mas pelas inúmeras semelhanças que descobrimos entre os sistemas de fé do mundo.

Discutir assuntos religiosos não familiares faz com que as pessoas se sintam tensas e incertas, talvez por causa da tendência natural humana de afastar-se de assuntos sobre os quais não tem pleno conhecimento. Às vezes, esse instinto pode ser valioso. No que diz respeito a fazer contato com pessoas de outras formações religiosas, no entanto, tem seus limites. Muitas pessoas, ao encontrar alguém com um diferente sistema de crenças, simplesmente "se fecham". Parece mais seguro não perguntar, não examinar, não explorar – e não aprender. Como resultado, preconceitos antigos e com frequência degradantes circulam novamente, junto com a suposição de que "eles" abordam questões espirituais e religiosas fundamentalmente diferentes das "nossas". Muros são erguidos entre comunidades de fiéis – e nem sempre apenas de modo figurativo!

Acreditamos que quando os seguidores de um sistema religioso A para de ouvir, e decidem de modo arbitrário que as pessoas que seguem o sistema B não reverenciam a vida como um dom, ou que a terminologia que usam para descrever o Divino é imperfeita, ou que enganam os outros no que diz respeito à salvação, algo trágico acontece. Os seguidores do sistema B não são mais representantes de uma tradição única com sua própria história, objetivos e visão do mundo; em vez disso, eles são agora uma ideologia competidora. Muitos conflitos desnecessários nasceram desse conhecido processo de "criar" adversários religiosos. Oferecemos um instrumento para desviar-se desse processo e abrir-se aos sistemas de fé do mundo. Esperamos ajudá-lo a entender suas idiossincrasias e ênfases diferentes, e penetrar os temas comuns da graça, compaixão e propósito transcendente. Tentamos tornar o livro interessante e valioso para pessoas que provavelmente jamais terão um nível avançado em religião comparada, mas também pretendemos fazer nossas avaliações completas, responsáveis e consistentes.

Lembre-se, porém, de que o livro que tem em suas mãos é apenas o começo. Há muito a aprender – mais do que poderíamos incluir em um compêndio – portanto, não pare aqui. Use esta obra como um ponto de partida para suas próprias explorações das grandes expressões de fé do mundo. Use-a para fazer contato com outras tradições, que preencham melhor os dois lados da discussão. Use-a para apoiar e fortalecer sua própria jornada espiritual. Use-a para encontrar novas fontes de visão. Use-a para abrir novas portas. Use-a para construir novas pontes.

Para nós, a descoberta de que as religiões do mundo compartilham de muitos pontos comuns foi agradável. Parafraseando uma observação feita no Concílio Vaticano II:

> "Por meio das diversas religiões, os homens procuram uma resposta aos profundos enigmas para a condição humana, que tanto ontem como hoje afligem intimamente os espíritos dos homens, quais sejam: o que é o homem, qual é o sentido e o fim de nossa vida, o que é o bem e o que é pecado, qual a origem dos sofrimentos e qual sua finalidade, qual o caminho para obter a felicidade, o que é a morte, o juízo final e retribuição após a morte e, finalmente, o que é aquele supremo e inefável mistério que envolve nossa existência, donde nos originamos e para o qual caminhamos."
> *Nostra Aetate,* Declaração sobre a relação da Igreja com as religiões não cristãs.

Ambos os autores, com seus próprios compromissos religiosos, ao escrevê-lo passaram a entender não apenas as religiões do mundo mas também um ao outro. Nós dois lembramos e celebramos outra importante mensagem da mesma publicação do Concílio Vaticano II: "[A Igreja] exorta seus filhos a que, com prudência e amor, por meio do diálogo e da colaboração com os seguidores de outras religiões, testemunhando sempre sua fé e vida cristãs, reconheçam, mantenham e desenvolvam os bens espirituais e morais, como também os valores socioculturais que entre eles se encontram."

Nossa prece e esperança é que este livro possa servir a todos nós na obtenção de nosso verdadeiro *eu*, e que nosso extraordinário potencial como comunidades de seres humanos nos permita usar o dom da vida desta boa terra e ser abençoados na nossa jornada junto aos outros, enquanto envolvidos pelo Mistério Supremo.

O que você aprenderá neste livro

Este livro é dividido em oito seções que o ajudarão a entender as religiões do mundo.

PARTE 1: "Abrindo-se para outras Tradições" em primeiro lugar, mostrará por que você deve se interessar em aprender acerca de outras expressões de fé em primeiro lugar; quais as ideias básicas que na realidade dão suporte a todos os sistemas de religião do mundo; e como abordar pessoas de formações religiosas não familiares a você.

PARTE 2: "Judaísmo" apresenta uma introdução à primeira grande religião monoteísta do mundo.

PARTE 3: "Cristianismo" explora a ascensão e o desenvolvimento dessa fé diversa, cuja influência na Europa e nas Américas foi tão profunda, que se tornou, nos tempos modernos, uma verdadeira religião global.

PARTE 4: "Islamismo" o ajudará a entender a história, os princípios e a prática da religião fundada pelo profeta Maomé.

PARTE 5: "Hinduísmo" examina as origens pré-históricas da religião dominante da Índia e seu desenvolvimento através de milhares de anos.

PARTE 6: "Budismo" aborda o crescimento e o desenvolvimento de uma fé cujo fundador abandonou a vida de luxo em nome da verdadeira autorrealização.

PARTE 7: "Natureza, Homem e Sociedade: outras Tradições Asiáticas" apresentará você aos sistemas do Confucionismo, Taoísmo e Xintoísmo.

PARTE 8: "Antigos Caminhos, Novos Caminhos" explora alguns padrões tradicionais de cultos indígenas, bem como algumas excitantes novas formas de religião que emergiram nos Estados Unidos no século XX. Essa seção também mostra que muitas das mais espinhosas questões acerca da existência humana são respondidas de modo surpreendentemente semelhante pelas escrituras religiosas do mundo.

Por fim, há um glossário com as definições-chave.

Extras

Você provavelmente desejará tirar vantagem dos pequenos quadros de informação distribuídos pelo texto. Eles o ajudarão a obter um entendimento imediato de algum aspecto pertencente ao tópico discutido. Você os reconhecerá assim:

O que significa

A menos que já tenha estudado as religiões do mundo, você vai deparar com uma grande quantidade de terminologia desconhecida. Esses quadros o ajudarão a entender o sentido delas.

Aposto que você não sabia

Fatos ou informações que podem acelerar e agilizar o processo de exploração. Os pontos-chave aqui são relacionados à tradição ou abordagem discutidas.

No caminho

Citações de muitas pessoas diferentes que explicaram de uma forma melhor.

Atenção

Esses quadros o alertarão para concepções erradas comuns e áreas problemáticas em potencial.

Agradecimentos

Agradecemos à equipe da *Alpha*, e ao nosso revisor técnico, por toda a ajuda e apoio.

Agradecemos também à nossa amiga de muitos anos, Kate Layzer, que foi editora desse projeto; e a Gretchen Henderson e Robyn Burnett, pelas infalíveis paciência e habilidade às quais somos, como sempre, profundamente gratos.

Mais duas pessoas contribuíram de modo inestimável para a realização deste livro: Judith Burros, que forneceu uma valiosa assistência em pesquisa e texto. Leslie Hamilton-Tragert, que ajudou com pesquisa e ilustrações. Sem os esforços, visões, revisões e encorajamento dessas duas mulheres, esta obra não teria sido completada.

Marcas registradas

Todos os termos mencionados, que são com certeza ou supostamente marcas registradas ou serviços patenteados, foram escritos apropriadamente em letra maiúscula. Alpha Books e Penguin Group (Estados Unidos) Inc. não atestam a precisão dessas informações. O uso de um termo neste livro não deve afetar a validade de nenhuma marca registrada ou serviço patenteado.

PARTE 1

Abrindo-se para outras Tradições

Cada uma das religiões do mundo pode parecer estranha aos que "estão de fora", mas para quem "está dentro" elas representam um meio pelo qual tanto uma sociedade em particular quanto a criação como um todo podem ser entendidas de modo mais completo. O simples fato de estar lendo este livro sugere que você prefere buscar caminhos para tornar o entendimento mútuo uma realidade no diversificado mundo de hoje.

Capítulo 1

Por que Aprender sobre outras Expressões de Fé?

Neste capítulo:
- O crescimento das religiões não ocidentais
- Por que as abordagens a religiões "diferentes" mudaram
- A sociedade com múltiplas expressões de fé
- Como este livro pode ajudar você

"Eu li as notícias hoje"

O interesse pelas tradições e padrões "alternativos" (ou seja, não ocidentais) de devoção está aparentemente em alta. Após o ataque terrorista de 11 de setembro de 2001, nos Estados Unidos, uma onda de interesse pelo Islamismo varreu o globo, assim como uma enorme quantidade de dolorosas perguntas para todas as pessoas de boa vontade a respeito da natureza do extremismo religioso no novo milênio. Um aparente crescimento da prática budista nos Estados Unidos é outro exemplo de religiões não cristãs que ganham mais visibilidade na cultura de hoje.

Por mais de uma década, uma grande onda de novas religiões, focando em variações das tradições orientais, ocidentais e indígenas americanas existentes, tem arrebanhado um número surpreendente de seguidores fervorosos. (Na verdade, alguns observadores acreditam que os seguidores dessas novas religiões consistem na categoria de observância religiosa de crescimento mais rápido do planeta.)

A tradição *ecumênica* entre as expressões de fé "estabelecidas" também ganha força. Diálogos construtivos entre os membros das diversas denominações cristãs tornaram-se muito mais comuns, e a discriminação aberta baseada em

> **Aposto que você não sabia**
>
> "Tolerância religiosa" significa agora muito mais que apenas reconhecer as diferenças dentro da tradição judaico-cristã. Se você vive nos Estados Unidos nos dias de hoje, está em uma nação onde existem tantos praticantes do Hinduísmo quanto judeus ortodoxos; mais budistas que adventistas do sétimo dia; e mais seguidores do Islamismo que episcopais. (Fonte: *World Almanac*.)

> **O que significa**
>
> O movimento **ecumênico** promove mais entendimento e tolerância entre as diferentes ramificações das Igrejas cristãs. Em um sentido mais amplo, o ecumenismo, algumas vezes, refere-se ao processo de obter maior cooperação e entendimento entre as diversas expressões de fé. Outro termo, e talvez mais apropriado, para esse segundo sentido é "diálogo inter-religioso".

diferenças religiosas ou seculares, embora ainda presente entre nós, tem sido rejeitada com mais frequência e energia que no passado.

Em muitas localidades, cismas antigos, existentes entre cristãos e judeus, estão finalmente se apaziguando. Em parte, isso pode estar acontecendo graças à maior acomodação social; também pode estar relacionado com um profundo novo interesse, por parte de muitos cristãos, pelo Jesus "histórico" – um Jesus cuja vida e ensinamentos foram, afinal de contas, um produto da tradição judaica.

Acompanhando a Constituição

Não muito tempo atrás, as várias denominações do Cristianismo serviram como o forte cocdutor religioso nos Estados Unidos, onde a Constituição proíbe uma religião oficial. A tradição cristã, em sua rica diversidade, exerce a mais importante influência na vida religiosa.

Outras expressões de fé existiam, mas com um evidente *status* de "quem está de fora". A despeito do direito legal, garantido pela *Primeira Emenda*, de cultuar em qualquer Igreja, poucos americanos visualizavam uma tradição religiosa diferente que colocasse o Cristianismo em uma posição social mais ou menos igual à das outras expressões de fé.

Esses dias, ao que parece, acabaram.

Em 1965, o presidente Lyndon Johnson transformou em lei uma das mais significativas (e menos discutidas) legislações sociais na história americana:

The Immigration Act (O Ato da Imigração). Essa legislação colocou um fim no sistema de cotas que ligava a imigração ao país de origem de uma pessoa. Não é coincidência que hoje, quatro décadas depois, vivemos em um país no qual budistas, seguidores do Islamismo, siques, hindus, zoroastristas, assim como cristãos e judeus, chegam de diferentes partes do mundo para viver nos Estados Unidos. Graças ao *Immigration Act*, nós nos encontramos, no século XXI, em uma sociedade com diferentes expressões de fé. Ser um americano na atualidade significa viver em um mundo onde as pessoas que seguem expressões de fé não familiares são nossos vizinhos, colegas de trabalho e colegas de escola de nossos filhos.

A América não está sozinha nessa experiência. Uma diversificação religiosa semelhante acontece no Reino Unido, Canadá, França e em muitos outros países.

À medida que caem as barreiras econômicas e de comunicação entre os membros de várias tradições religiosas, a surpreendente diversidade da experiência humana se torna cada vez mais excitante e uma realidade na nossa rotina diária. Para a maioria de nós, o ideal de um ambiente religioso verdadeiramente pluralista não é mais uma meta distante, mas um inegável (e, às vezes, caótico) fato da vida.

> **O que significa**
>
> Os **direitos da Primeira Emenda** não são apenas os de liberdade de expressão e de imprensa. A Constituição dos Estados Unidos também garante o direito ao culto em qualquer tradição, ou em nenhuma. Nas palavras da Primeira Emenda: "O Congresso não criará nenhuma lei com respeito ao estabelecimento de religiões, nem proibirá o livre exercício delas".

Antes e agora

Se você viveu nos Estados Unidos da América há 50 anos, provavelmente, passou muito tempo sem encontrar alguém cuja tradição religiosa fosse marcadamente diferente daquela que lhe era familiar.

Se mora nos Estados Unidos da América hoje, você está sujeito a supervisionar, ser supervisionado, encontrar socialmente ou mesmo descobrir ser aparentado com alguém que segue uma tradição religiosa que parece ser completamente diferente da sua. Além do mais, é provável que você tenha pouco tempo, ou nenhum, para preparar-se para as novas informações que estão se aproximando.

Em uma época anterior, sistemas religiosos não familiares podiam ser descartados como "estrangeiros" e deixados à exploração dos eruditos. Nesta era, isso geralmente não é uma opção realista.

Como este livro pode ajudá-lo

O propósito deste livro é servir como um mapa para uma sociedade religiosa pluralista – na qual nos encontramos após a virada do milênio –, porém sem a intenção de dar a palavra final acerca das ricas tradições discutidas. Em vez disso, ele tem o objetivo de ajudá-lo a aprender mais sobre alguns dos mais importantes aspectos de cada um dos sistemas e disciplinas que exploraremos. O livro pretende transmitir informações que ajudarão todos – não apenas aqueles com graus avançados de conhecimento – a entender as várias religiões apresentadas. E também tem o objetivo de dar continuidade à (bem-vinda) recente tendência de construir pontes entre expressões de fé e divulgar seus pontos comuns, em vez de destacar oportunidades para divisão, discórdia e mal-entendidos entre os membros das diferentes religiões.

Este livro o ajudará se:

- Você é um supervisor que deve determinar se, quando e como acomodar um empregado que pede um tempo livre para observar o período sagrado islâmico do Ramadã.
- Você é um estudante que deve apresentar um relatório a respeito da história da Igreja de Jesus Cristo dos Santos dos Últimos Dias.
- Você é um parente por afinidade que espera evitar silêncios embaraçosos ou antagonismos não desejados com um novo membro da família, cuja expressão de fé não é familiar (ou o intimida).

Este livro também o ajudará se:

- Você se sente confortável com sua própria prática ou tradição religiosa e deseja aprender mais sobre onde e como ela se liga às outras.
- Você está atravessando períodos de dúvida sobre sua atual prática religiosa e deseja aprender a respeito das outras.
- Você tem dúvidas profundas quanto às estruturas religiosas como um todo, mas está ansioso para descobrir os pontos de contato entre as várias tradições do mundo e aprender como esses pontos comuns podem apoiar sua busca pessoal por significado e coerência.
- Você é curioso.

"Eu não tenho de me preocupar com isso! Sou agnóstico (ou ateu)!"

Quer gostemos, quer não, as tradições e as estruturas religiosas das pessoas que encontramos pode exercer uma forte influência sobre nossos relacionamentos com elas. Por isso, o intuito da obre é ajudar todos – mesmo alguém que esteja indeciso quanto à existência de Deus ou convencido de que não há tal entidade – a entender e responder de modo inteligente às convenções e crenças religiosas e culturais.

Não muito tempo atrás, o mundialmente famoso astrônomo Carl Sagan morreu. Como parte do serviço memorável de Sagan, um programa de rádio transmitiu uma antiga entrevista com o cientista, na qual perguntaram se ele acreditava ou não em Deus. Sagan respondeu que, embora rejeitasse certas imagens da Divindade que lhe foram apresentadas quando criança – o homem barbudo no céu atirando raios –, ele, como cientista, tinha de reconhecer a possibilidade de um princípio, ou conjunto de princípios, que governava o Universo. O astrônomo também observou que havia um grande número de tradições religiosas – o Budismo, por exemplo –, que de modo explícito rejeitava a noção de Deus como uma entidade distinta e separada do resto da criação.

> **O que significa**
>
> Um **agnóstico** é uma pessoa que acredita que a existência de Deus ou de uma causa primordial não pode ser nem provada nem negada. A palavra vem do grego, significando "desconhecido" ou "incognoscível". Um **ateu** é aquele que acredita que não existe essa realidade, tal como Deus ou uma causa primordial.

Sagan educadamente declinou da oportunidade de colocar os mundos da racionalidade e o da espiritualidade em oposição um ao outro. Também deixou em aberto a possibilidade de que as várias tradições religiosas pudessem oferecer importantes visões da condição humana.

Como bom cientista que era, Sagan foi capaz de manter uma mente aberta no que diz respeito a grandes questões, e isso definitivamente incluía as questões de natureza religiosa. Gosto de pensar que este livro o teria estimulado e intrigado. Com certeza, a necessidade de "construir pontes", para inicialmente desconhecidas tradições, é compartilhada por muitos descrentes que podem ser inspirados a seguir o exemplo de Sagan, bem como por membros de determinados grupos religiosos.

"Ei! Isso me soa familiar!"

Outra razão para estudar as variadas expressões de fé do mundo é que os modos como elas influenciam, refletem e apoiam umas às outras são simplesmente fascinantes. Às vezes, a verdadeira natureza de uma específica tradição religiosa pode ficar em um foco mais claro quando alguém de dentro daquela expressão de fé examina *outra* tradição com uma abordagem não julgadora.

Qualquer pessoa que procure nos escritos das expressões de fé "não relacionadas" opiniões "contrárias" sobre questões fundamentais, como, por exemplo, os atributos de um sábio ou de um santo, encontrará com frequência uma surpreendente concordância. Na fé islâmica, o Alcorão (25:63-76) fala daqueles pacientes "servos do todo-misericordioso" que "não são nem pródigos nem parcimoniosos" e que residem permanentemente no alto céu, um céu cujo principal atributo é a "Paz". Uma escritura taoísta comparável (Chuang Tzu 6) fala a respeito dos sábios que não "se rebelam contra a vontade" ou "crescem orgulhosos em abundância".

Tais paralelos são abundantes em várias escrituras. Apesar de toda a diversidade doutrinal, as principais religiões do mundo parecem ter muito em comum. Descobrir e divulgar essas semelhanças que promovem a vida é uma das razões que nos levou a escrever sobre o assunto, e esperamos que a mesma motivação o encoraje a lê-lo. (No próximo capítulo, você encontrará um resumo de alguns dos mais importantes princípios "fundamentais" compartilhados por quase todas as principais religiões do mundo.)

Aprender acerca dos modos pelos quais as expressões de fé do mundo se reforçam mutuamente pode ser algo de fato recompensador, ainda que você não tenha um nível avançado em religiões comparadas. Por que deixar toda a excitação para os acadêmicos?

O obstáculo acadêmico

As práticas religiosas que parecem estranhas para nós geralmente causam essa impressão porque foram apresentadas com uma grossa camada de explicações acadêmicas "especializadas". Há um lugar para a erudição, é claro; e nós com certeza tomamos todo o cuidado para reunir o material deste livro de um modo responsável e completo. Mas também tentamos garantir que a informação que estamos transmitindo não exija um estudo avançado para ser assimilada.

No caminho

"Nos últimos trinta anos o cenário religioso dos Estados Unidos mudou de maneira radical. Há centros e mesquitas islâmicos, templos hindus e budistas e centros de meditação em quase todas as principais cidades americanas. O encontro entre pessoas de tradições religiosas muito diferentes acontece nas proximidades de nossas próprias cidades e vizinhanças... Há um rico debate acerca das implicações de nossa sociedade multicultural e multirreligiosa sobre as instituições cívicas, religiosas e educacionais. Como nos apropriamos da pluralidade para formar um pluralismo positivo é uma das mais importantes questões que a sociedade americana enfrentará nos anos futuros. Isso requererá que todos nós saibamos muito mais do que sabemos hoje a respeito do novo cenário religioso da América."

Declaração da missão do *Pluralism Project* [Projeto Pluralismo] (www.pluralism.org), "um projeto de pesquisa de uma década, com fundos obtidos das fundações Ford e Rockefeller, para incentivar alunos a estudar a nova diversidade religiosa nos Estados Unidos."

Não é um tratado acadêmico, mas um ponto de partida e um guia para o leitor leigo. Em muitas partes do texto você será orientado para obras mais abrangentes que o ajudarão a obter uma visão mais profunda das práticas e histórias das tradições estudadas.

Além do medo

Talvez a razão mais importante para estudar outras religiões além da nossa seja o fato de que este é um modo maravilhoso de substituir o medo pela experiência e pela visão. É difícil ter medo de algo que você realmente entende.

Um estudo completo da intolerância religiosa através dos séculos está além do objetivo deste livro. Devemos dizer, no entanto, que o medo com frequência tem sido uma força motriz por trás de atos que são difíceis de justificar em qualquer tradição religiosa.

O medo mata, tanto no sentido espiritual quanto no sentido físico da palavra. E ninguém que estudou história discordará da afirmação de que o medo e a desconfiança do desconhecido, e de modo especial o entendimento errado das práticas religiosas dos outros, levaram a inúmeros conflitos sangrentos. Com muita frequência esses conflitos não levaram a nada, exceto à demonstração da futilidade em se opor violentamente àquilo que você não entende por completo.

O outro

Quando sabemos pouco, ou nada, acerca das crenças religiosas de nosso vizinho, fica fácil classificá-lo como o *outro* – a vítima mal orientada (ou pior) de práticas estranhas e possivelmente imorais. Quando definimos outra tradição como o *outro*, estamos a um passo de desvalorizá-la de modo injusto. Existe lugar no cosmos para mais de uma concepção do Divino? Se desejamos construir pontes eficazes entre um fiel e outro, deverá existir, pelo menos por enquanto.

O *outro* é geralmente o inimigo, ou pelo menos um competidor. E quando fazemos essa designação, não importando quais as palavras que usamos, nos movemos do mundo de espiritualidade para o da conquista militar, independentemente de termos ou não desferido um golpe ou dado um tiro.

> **O que significa**
>
> Quando um membro de outra tradição religiosa é relegado à condição de **outro**, é frequentemente visto como alguém menos humano ou de valor inferior ao nosso. (Considere por exemplo, os estereótipos desumanizadores associados ao antissemitismo através dos séculos ou o atual preconceito da mídia americana contra as práticas do Islamismo.) Esse processo denegridor é contrário à injunção praticamente universal da maioria das tradições religiosas de honrar e respeitar toda a vida humana.

Palavras, palavras, palavras

Palavras como "pagão", "herege", "bárbaro" e "selvagem" marcaram essa outra identificação do *outro* na tradição ocidental. Essas palavras com frequência serviram para justificar atos de terrível violência e crueldade; elas foram usadas mais ainda como indicadores de uma divisão (supostamente) permanente entre as tradições "competidoras". Independentemente de seus efeitos, essas palavras, e muitas coisas que as acompanharam, surgiram em função de uma única causa: medo daquilo que é desconhecido.

Existe apenas uma cura para esse tipo de medo: aprender sobre o que não é familiar.

É muito mais difícil designar uma determinada tradição religiosa como o *outro*, quando você dedicou algum tempo a entendê-la. Há poucos anos, nossa cultura finalmente começou a adotar uma atitude mais inclusiva, questionadora e aberta a respeito dos inúmeros modos encontrados pela humanidade para tentar retornar àquilo que é duradouro a nosso respeito. Se este livro acelerar o processo de conhecimento e aprendizado e ajudá-lo a reduzir o medo desnecessário que nasce quando membros de uma tradição encontram membros de outra, ele terá servido a seus propósitos.

O mínimo que você precisa saber

- Vivemos em uma sociedade onde a verdadeira diversidade religiosa, garantida pela Constituição dos Estados Unidos, está finalmente se tornando uma realidade.

- Construir pontes para alcançar os fiéis de outras expressões de fé é essencial porque, com frequência, nos encontramos em meio a relacionamentos sociais ou familiares com pessoas cujas tradições são diferentes das nossas.

- Aprender como as várias tradições religiosas reforçam e apoiam umas às outras pode ser algo recompensador.

- À medida que você aprende sobre outras expressões de fé, o medo torna-se cada vez menos um fator de influência no seu modo de lidar com pessoas que praticam essas religiões diferentes.

Capítulo 2

Muitos Nomes Diferentes, Algumas Ideias Familiares

Neste capítulo:

- Como a maioria das religiões considera as verdades fundamentais (herdadas em vez de inventadas)
- O que praticamente todas as expressões de fé têm em comum
- Os limites da lógica e da razão
- Por que uma expressão de fé não familiar pode ser mais acessível do que parece à primeira vista

Há inúmeras escolas religiosas de pensamento e algumas diretrizes comuns ainda parecem fazer parte de todas elas.

Neste capítulo, você aprenderá a respeito de algumas crenças-chave e princípios espirituais compartilhados por quase todas as expressões de fé discutidas.

Objetivos semelhantes

Um muçulmano xiita segue um sistema de crenças muito diferente de um membro da Igreja Ortodoxa Grega, que por sua vez segue um sistema de crenças muito diferente de um Zen budista. Mesmo assim, todos esses fiéis seguem um caminho espiritual e consequentemente abraçam certas ideias que, quando expressas abertamente e sem preconceito, iluminam e clareiam o caminho.

Verdades antigas

A grande maioria das tradições reconhece que a mensagem fundamental transmitida aos fiéis não é nova nem única, mas antiga e não sujeita a mudanças.

Isso não significa que todas as religiões sejam idênticas. Muito pelo contrário! Mas é importante lembrar, ao começar sua "viagem" pelas religiões do mundo, que as grandes expressões de fé não passaram a existir sem preparação. A cultura e a sabedoria tradicionais de um povo propiciam um contexto para a mensagem de um profeta ou o conselho de um sábio.

Vozes: a eternidade das ideias fundadoras por trás das grandes religiões do mundo

Observe os temas de continuidade e eternidade nas citações a seguir:

Budismo: Todos os Budas dos dez cantos do Universo entram na estrada única do Nirvana. Onde começa essa estrada (*koan* Zen budista)?

Cristianismo: "Havendo Deus, outrora, falado, muitas vezes e de muitas maneiras, aos pais, pelos profetas, nestes últimos dias nos falou pelo Filho, a quem constituiu herdeiro de todas as cousas, pelo qual também fez o Universo" (Hebreus 1:1-2).

O que significa

Um **muçulmano** é uma pessoa que pratica o Islamismo (ver parte 4). A palavra *muçulmano* é às vezes substituída por *maometano*. Seja qual for a forma, ela significa "aquele que se submete (a Deus)".

Confucionismo: O mestre disse: "Transmiti o que me foi ensinado sem acrescentar nada de mim. Fui fiel aos antigos e os amei" (*Analectos de Confúcio*, 7.1).

Hinduísmo: Eu nasço em todas as eras para proteger os bons, destruir o mal e restabelecer a lei (*Bhagavad Gita* 4.7-8).

Islamismo: Nada é dito para você (Maomé), exceto o que foi dito para os mensageiros que vieram antes de você (Alcorão, 41-43).

Judaísmo: Disse Moisés a Deus: "Eis que, quando eu vier aos filhos de Israel e lhes disser: O Deus de vossos pais me enviou a vós outros; e eles me perguntarem: Qual é o seu nome? Que lhes direi?".

Disse Deus a Moisés: "EU SOU O QUE SOU". Disse mais: "Assim dirás aos filhos de Israel: EU SOU me enviou a vós outros" (Êxodo 3, 13-14).

Não se engane. Cada uma das expressões de fé do mundo deve ser entendida e respeitada dentro de seu próprio contexto, é claro. Mas é importante observar que a mensagem "nós não estamos transmitindo nada de novo aqui, pessoal" tende a ser um tema constante entre as expressões de fé que estamos examinando.

O que significa

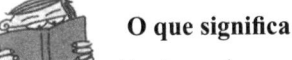

Um **koan** é um ensinamento em enigma da tradição Zen budista (ou C'han).

Esse não é o único elemento comum. Há mais três pontos a respeito dos quais as religiões mais conhecidas do mundo (e também a grande maioria das menos conhecidas) concordam. Vamos examiná-los em detalhes agora.

Aposto que você não sabia
Quanto mais você estudar as grandes religiões do mundo mais perceberá que cada uma delas transmite e purifica conceitos que refletem as mesmas verdades elementais. Como afirmam os editores de World Scripture: A Comparative Analogy of Ancient Texts (Paragon House, 1991): "O diálogo entre as expressões de fé de nosso tempo está evoluindo além do primeiro passo — considerar outras religiões — para um crescente reconhecimento de que as religiões do mundo têm muito em comum. O terreno comum entre as religiões torna-se mais aparente à medida que os parceiros do diálogo ultrapassam desacordos superficiais".

A humanidade e o eterno

Na peça *Our Town* [Nossa cidade], Thornton Wilder faz seu diretor de palco ressaltar o que pode ser o mais importante conceito unificador compartilhado pelas grandes religiões do mundo: "Eu não me importo com o que eles dizem", afirma o diretor de palco, "todo mundo sabe que alguma coisa é eterna, e que alguma coisa tem a ver com os seres humanos".

O emocionante discurso do diretor de palco prossegue observando que essa parte de nós que é *eterna* é profunda dentro de cada um de nós, e que as almas mais sábias repetem essa simples mensagem a seus companheiros humanos por pelo menos 5 mil anos ("Você ficaria surpreso", ele diz secamente, "como as pessoas sempre se esquecem disso".)

O que significa

Um entendimento comum da palavra **eterno** é "aquilo que dura para sempre", que com certeza é um aspecto de seu significado. Mas essa definição não é completa. O sentido primário da palavra reflete uma realidade que está além do tempo; ou seja, sem início, fim nem divisão. Quando as grandes religiões do mundo se referem a uma presença divina que existe eternamente, elas estão falando, como fez Einstein, da transcendência do tempo como os seres humanos geralmente o percebem.

A ideia de que existe algum aspecto da identidade humana que envolva contato com algo imutável e além do tempo ultrapassa todas as barreiras doutrinais e dogmáticas. Vejamos aqui alguns exemplos dessa expressão.

Vozes: o relacionamento da humanidade com o eterno

Observe a ênfase na eternidade nas citações a seguir:

Budismo: Vindo de mãos vazias, partindo de mãos vazias. Quando você nasce, de onde você vem? Quando morre, para onde você vai? A vida é como uma nuvem flutuante que aparece. A morte é como uma nuvem flutuante que desaparece. A nuvem flutuante em si mesma originalmente não existe. A vida e a morte, vindo e partindo, também são assim. Mas existe uma coisa que sempre permanece clara. É pura e clara, não dependendo da vida nem da morte. Então, o que é essa coisa pura e clara (Publicação do Centro Zen de Cambridge, *The Human Route*)?

Cristianismo: "Eu sou o Alfa e o Omega, o Primeiro e o Último, o Primeiro e o Fim" (Revelações 22:13).

Confucionismo: A pessoa exemplar não é enganada por aquilo que é transitório, mas em vez disso se foca no que é supremo (*I Ching*, Hexagrama 54).

Hinduísmo: O grande e não nascido Eu não é decadente, é imortal, sem medo e sem fim (Brihardaranyaka Upanishad 4.4.25).

Islamismo: Não há mudanças na palavra de Deus (Alcorão 10.64).

Judaísmo: Uma voz diz: "Clama"; e alguém pergunta: "Que hei de clamar"? "Toda a carne é erva e toda a sua beleza como a flor do campo. Seca-se a erva, e cai a flor, soprando nela o Espírito do Senhor. Na verdade, o povo é erva. Seca-se a erva, e cai a flor, porém a palavra de nosso Deus subsiste eternamente" (Isaías 40:6-8).

Taoísmo: Sem som e sem forma, (o Tao) não depende de nada e não muda (Tao te Ching, 25).

Nosso contato e conexão com o eterno, apesar da natureza aparentemente transitória da existência humana, é uma noção consistente com as expressões de fé do mundo. Mesmo aqueles que rejeitam a religião organizada ou a "existência de Deus" podem concordar de modo instintivo com a proposição de que existe alguma coisa profunda dentro de nós que é duradoura a despeito do fato de que nossos corpos físicos e o mundo à nossa volta não o são.

Interligação com toda a Criação

Você é igual ou diferente do livro que está lendo agora? A pergunta pode ser mais difícil de ser respondida do que parece. Outra "grande ideia" aceita de modo quase unânime pelas expressões de fé do mundo é a de uma ligação íntima – sim, de uma identidade compartilhada – com todas as entidades criadas no Universo. Deus, a grande fé nos garante, está em todos os lugares – e isso de fato significa todos os lugares.

Muitas expressões de fé também reconhecem a dificuldade de conciliar essa realidade divina "ligada" com a nossa própria experiência diária, percebida e, aparentemente, legítima, na qual nos vemos como entidades autônomas e separadas. Mesmo "o reconhecimento" de alguma forma de identidade comum com o livro que você tem nas mãos pode reforçar as noções separadas de "livro" e "leitor". Ainda assim, afirma-se que a causa primária permeia todo aspecto concebível da Criação.

A mensagem conjunta das grandes religiões do mundo é clara e inconfundível: Toda a Criação está ligada de um modo fundamental e inalterável, e a jornada daquele que busca com sinceridade pode localizar e encontrar a realidade dessa ligação.

Apresentamos aqui apenas algumas das (inúmeras) passagens, nas escrituras ou fora delas, que incorporam essa ideia expressa em uma variedade de expressões de fé.

> **Aposto que você não sabia**
>
> Apesar da grande diferença cultural; apesar das inúmeras disputas doutrinais; apesar do ocasional e sério conflito entre os representantes de outras facções e tradições, praticamente todas as expressões de fé organizadas honram a noção do contato individual do fiel com algo eterno.

Vozes: a presença divina em toda a Criação

Atente para o tema da presença divina nas citações a seguir:

Budismo: Banzan certa vez andava pelo mercado e ouviu um açougueiro conversando com seu cliente:

> "Eu quero a melhor peça de carne que você tiver no açougue", o cliente exigia.
>
> "Toda peça de carne aqui é a melhor", o açougueiro respondeu. "Você nunca encontrará aqui uma peça de carne que não seja a melhor."
>
> Ao ouvir isso, Banzan alcançou a iluminação (História Zen).

Cristianismo: "No princípio era o Verbo, e o Verbo estava com Deus, e o Verbo era Deus. Ele estava no princípio com Deus. Todas as cousas foram feitas por intermédio dele e, sem ele, nada do que foi feito se fez" (João 1:1-3).

Hinduísmo: Nossa existência como seres encarnados é puramente momentânea; o que são cem anos na eternidade? Mas se quebrarmos as correntes do egotismo, e mergulharmos no oceano da humanidade, compartilharemos de sua dignidade. Sentir que somos algo significa erguer uma barreira entre Deus e nós mesmos; cessar de sentir que somos algo é se tornar um com Deus (Mahatma Gandhi, citado em *Be Here Now*, por Ram Das [Fundação Lama]).

Islamismo: Seu trono (de Deus) inclui o céu e a terra (Alcorão, 2.255).

Judaísmo: "Santo, santo, santo é o Senhor dos Exércitos; toda a terra está cheia de sua glória" (Isaías 6:3).

Taoísmo: Todas as coisas do mundo vieram do ser; e o ser veio do não ser (Tao Te Ching, 40).

> **Aposto que você não sabia**
>
> Em muitas expressões de fé, a percepção de um ser humano de si mesmo como fundamentalmente separado das pessoas, coisas e obstáculos que encontra — separado, na verdade, do Divino — é vista como um dos principais empecilhos ao crescimento espiritual.

Portanto, quase *todas* as religiões enfatizam a onipresença divina em tudo e todas as coisas, incluindo você, este livro e aquela xícara de café que está planejando tomar quando terminar de ler. Temos de admitir que a base lógica dessa contenção é, algumas vezes, difícil de entender, mas a noção da total interligação é um importante tema comum.

E falando dos limites da lógica...

Além das palavras, além da mente

Contudo, outra mensagem das grandes religiões do mundo repetida com frequência – ecoada por certos observadores leigos cujo trabalho aponta para o que pode ser chamado conclusões "finais" acerca do Universo – diz respeito às limitações inerentes ao intelecto humano. No fim das contas, as grandes religiões aconselham que a simplicidade da criança, em vez de um intelecto superior ou uma lógica rigorosa, é necessária para uma união verdadeira com o Divino.

Variações dessa observação aparecem inúmeras vezes e de incontáveis modos nos comentários, práticas e escritos religiosos que chegaram até nós ao longo da história. Segue uma amostra representativa.

Vozes: os limites da mente lógica

Atente para o ceticismo da lógica e da razão humanas nas citações abaixo:

Budismo: O verdadeiro caminho só é difícil para aqueles que fazem distinções. Não goste, não desgoste. Assim, tudo ficará claro (*On Trust in the Heart*, mestre Seng Ts'na).

Cristianismo: "Nem olhos viram, nem ouvidos ouviram, nem jamais penetrou em coração humano o que Deus tem preparado para aqueles que o amam" (1 Coríntios 2, 9).

Confucionismo: A presença do Espírito: ela não pode ser imaginada. Como pode ser ignorada! (Doutrina do Significado 16).

Cristianismo: Tudo o que a imaginação pode imaginar e a razão conceber e entender na vida não é, e não pode ser, um meio aproximado de união com Deus (São João da Cruz).

Hinduísmo: O olho não pode vê-lo, nem as palavras revelá-lo; por sentidos, austeridade, ou obras, ele não é conhecido (Mundaka Upanishad 3.1.8).

> **No caminho**
> "Não cheguei a meu entendimento das leis fundamentais do Universo por meio de minha mente racional."
> Albert Einstein

> **No caminho**
> Uma crença tradicional africana: Não há necessidade de apontar Deus para uma criança.
> Provérbio de Gana

Islamismo: Ele está muito acima das concepções daqueles que negam Sua existência, e também daqueles que imaginam Seus atributos em várias expressões da natureza (Nahjul Balagha, Sermão 54).

Judaísmo: "Eis que, se me adianto, ali não está; se torno para trás, não o percebo. Se opera à esquerda, não o vejo; esconde-se à direita, e não o diviso" (Jó 23, 8-9).

Taoísmo: O Verdadeiro Homem dos tempos antigos não sabia nada da adorável vida, não sabia nada da detestável morte. Ele surgiu sem prazer; ele voltou para dentro sem confusão. Ele veio ativamente; foi embora ativamente, e isso foi tudo. Ele não esqueceu de onde começou; ele não tentou descobrir onde acabaria. Ele recebeu algo e ficou contente; esqueceu-se disso e o deu de volta (Chuang Tzu 6).

> **Aposto que você não sabia**
>
> Em um determinado momento em suas escrituras ou filosofias, cada uma das expressões de fé que estamos estudando faz referência ao poder limitado da razão humana como veículo final para contato com o infinito. Algo mais simples e inocente é necessário para a verdadeira percepção — algo além da lógica.

Mais uma coisa

Abordemos mais um importante ponto comum antes de prosseguir. A tradição que você está ansioso em aprender pode ser mais flexível do que imagina, independentemente da primeira impressão que possamos ter, estando do lado de fora.

Há uma série de razões para isso. Para começar, o processo de desenvolvimento da espiritualidade pessoal – um relacionamento significativo com o verdadeiro *eu* – é contínuo. As lições aparecem quando alguém está pronto para recebê-las. (Um ditado pertinente de uma tradição diz que "você não pode tirar a pele da cobra".) As chances são de que a tradição na qual você está interessado tenha algum mecanismo para lidar com as pessoas que têm uma variedade de interesses e níveis de experiência, incluindo os seus.

Em segundo lugar, as religiões que são completamente inacessíveis tendem a não se espalhar muito nem a se adaptar às mudanças culturais ao longo dos anos. Embora seja verdade que as instituições religiosas enfatizem rituais fixos e conjuntos de referências que são confusos para quem está do lado de fora, também é verdade que geralmente exista um ponto de entrada na tradição que fará sentido para aqueles que não estão familiarizados com essa determinada expressão de fé.

> *Cuidado* **Atenção**
>
> Supor que os membros de uma tradição religiosa não familiar são inerentemente hostis a pessoas de fora bem-intencionadas e de mente aberta, é um grande erro. Se você mantém a mente aberta quase sempre encontrará pessoas que querem conversar a respeito do que acreditam e por quê.

Em outras palavras, existe uma Igreja Católica Romana que opera sob um distinto conjunto de rituais e princípios; há milhares e milhares de ênfases e acomodações locais aos católicos praticantes em diferentes regiões. O mesmo princípio vale, em um grau maior ou menor, para muitas outras expressões de fé que se espalharam pelo planeta.

É claro que não é de todo impossível encontrar uma seita específica que seja completamente rígida, inacessível, não inclusiva, que não faça nenhuma tentativa de se ajustar à evolução das necessidades espirituais de seus seguidores, que rejeite aquelas pessoas que têm dúvidas honestas acerca de determinadas práticas por parte de seus seguidores. Mas isso não é tão comum.

No próximo capítulo, você encontrará conselhos específicos para se aproximar e comunicar com alguém cuja tradição religiosa não lhe é familiar.

O mínimo que você precisa saber

- A grande maioria das religiões reconhece que seus preceitos centrais são atemporais, em vez de novos, e não relacionados a nenhuma tradição existente.
- A noção da ligação da humanidade a algo eterno é comum entre as grandes religiões do mundo.
- A noção de que toda a criação está de certo modo interligada é comum às grandes religiões do mundo.
- A noção de que apenas a lógica rigorosa e adulta não é um instrumento suficiente para compreender as verdades divinas é comum entre as grandes religiões do mundo.
- Uma expressão de fé não familiar pode ser mais acessível do que parece à primeira vista.

Capítulo 3

Falando com Gentileza e Derrubando o Bastão

Neste capítulo:
- Aprenda por que as diferenças externas são menos imponentes do que parecem
- Aprenda acerca das barreiras mais comuns à comunicação entre as expressões de fé
- Aprenda o que tem a maior probabilidade de alienar alguém de outra expressão de fé
- Descubra como fazer os tipos de perguntas que tornam mais fácil o contato com pessoas de diferentes sistemas de crenças

Então, você está interessado em se aproximar de uma pessoa para aprender um pouco mais a respeito de sua religião, mas está em dúvida sobre como proceder. Afinal de contas, quase todos nós somos aconselhados, desde crianças, a evitar dois tópicos quando conversamos com pessoas que não são familiares ou amigos íntimos: religião e política. Por quê? As pessoas ficam melindradas!

Para dizer a verdade, isso às vezes acontece. Embora este capítulo não seja de grande ajuda se seu objetivo for alcançar um membro de uma facção política opositora, ele lhe oferecerá algumas estratégias pragmáticas para se aproximar e descobrir mais sobre as práticas religiosas de outra pessoa.

Joelhos não sectários

Há não muito tempo, um padre católico se juntou a um professor Zen budista para conduzir um retiro cristão/budista. Depois que o retiro chegou ao fim, o padre se envolveu em uma conversa com um praticante budista que desejava saber por que as principais correntes cristãs não levavam em consideração certos elementos da teologia e prática budista.

Por algum tempo, o padre tentou desviar da pergunta, agindo com tato, mas quando o outro persistiu, ficou claro que o padre teria de dar uma resposta direta de algum modo. Por fim, ele disse: "Eu não ligo muito para 'por quês' nem rótulos. Nós dois passamos o dia inteiro sentados juntos em meditação. Enquanto estávamos apenas ajoelhados e sentados em travesseiros, não tivemos problemas. No momento em que os joelhos e os travesseiros passarem a ser cristãos ou budistas, as coisas começarão a ficar complicadas".

A mesma sabedoria pode ser estendida com facilidade aos joelhos islâmicos, quacres, judeus ou quaisquer outros joelhos de outras denominações. Todos se inclinam em reverência ou se sentam em meditação com praticamente o mesmo nível de eficiência. Enquanto as pessoas se fixarem em rótulos, explicações e diferenças, que na verdade deveriam ser reconciliadas, o contato entre as expressões de fé fica difícil. Quando elas voltarem sua atenção para um compromisso espiritual sincero que pode assumir muitas expressões, o contato entre os diferentes sistemas de fé ficará fácil.

Aposto que você não sabia

Demonstrar uma disposição para ir além das aparências externas e penetrar o ponto central da fé de uma pessoa é um excelente meio de construir pontes.

Em conversas com aqueles cujas expressões de fé não lhe são familiares, lembre-se de que quase todos os objetivos por trás da religião são quase certamente semelhantes (ou idênticos) aos da tradição com a qual você está familiarizado.

Há uma antiga piada sobre um rabino que repreendeu um jovem chamado Isaque, membro de sua congregação. Isaque gostava de ridicularizar os cristãos que encontrava regularmente na sua gráfica. As piadas do jovem acerca dos "góis"* invariavelmente mostravam o Cristianismo como uma religião mal informada e absurda que de modo rotineiro fazia de tudo para perseguir os judeus.

Certo dia, depois de ouvir uma das piadas mais novas de Isaque, o rabino decidiu contar ao jovem uma piada que conhecia. Ele se afastou com Isaque, piscou de modo conspirador, e disse: "Isaque, você sabe por que os cristãos têm o hábito de bater na lateral do saleiro, enquanto os judeus sempre batem no fundo?" Isaque sorriu, esperando uma boa piada sobre os "góis" com quem se relacionava todos os dias. "Não, rabino", ele respondeu, "Por quê?"

"Para tirar o sal", o guia espiritual do jovem respondeu calmamente.

---

* *N. T.:* "Gói" é um termo usado pelos judeus para designar um indivíduo ou povo não judeu (fonte: *Dicionário Aurélio*).

Seis modos de alienar uma pessoa cuja fé não lhe é familiar (e o que fazer em vez disso)

Aqui estão seis armadilhas comuns em que mesmo as pessoas "de fora" bem intencionadas caem ao lidar com praticantes de uma expressão de fé diferente. Acompanhando cada uma delas, você encontrará conselhos sobre como usar uma abordagem mais construtiva.

1. *Fixar no "por quê?"*

"Por que as pessoas se vestem assim?"

Como o padre no retiro cristão/budista sabia, a pergunta "por quê?" é carregada de intenções. É bem possível que a pessoa com a qual você esteja conversando não tenha uma ideia clara das razões principais por trás de determinada prática. É também possível que ela presuma que sua pergunta tenha alguma intenção inamistosa.

Em vez de focar no "por quê?", faça perguntas que encorajem seu interlocutor a se abrir e começar a conversar acerca de aspectos não ameaçadores de sua religião. ("Que bom ver você aqui. Você é membro do Templo Beth-Israel?")

2. *Seguir a (não lisonjeira) orientação da mídia*

Em outras palavras, considere o responsável pelo mais recente ato mal divulgado pela imprensa, gerado por algum representante da tradição religiosa dessa pessoa.

A cobertura da mídia sobre as figuras religiosas é com frequência sensacionalista e irresponsável. (A propósito, a cobertura da mídia acerca da própria ideia da espiritualidade de um grupo ou de um indivíduo é quase sempre sensacionalista e irresponsável.)

Frequentemente, jornais, revistas e reportagens preconceituosos acerca de determinado grupo religioso fazem com que seus seguidores se sintam ameaçados. "Acontecimentos atuais" podem parecer uma inofensiva maneira de iniciar a conversa, mas não será se o seu interlocutor o vir como um dos "agressores". Um cristão fundamentalista não aceitará com gentileza sua presunção de que ele esteja tentando defender um membro do clero cristão que tenha caído em desgraça publicamente. Um membro da "nação do Islamismo" pode não gostar de ser interrogado a respeito das nada lisonjeiras notícias de ontem sobre a sua manifestação de fé.

Jogue com segurança. Presuma o melhor e use assuntos neutros para começar a conversa.

3. Encarar

Não há nada mais eficaz para fazer uma pessoa se sentir "de fora" que ser encarada. Mantenha um olhar apropriado, amigável, intermitente, mas não o use para perscrutá-la.

4. Falar sobre o que é "normal"

"Você se considera um católico típico?"

Como uma pergunta como essa pode ser respondida sem polarizar uma conversa? O uso excessivo de palavras como "normal" e "típico" pode sabotar promissoras trocas de experiência. Como se sentiria se alguém perguntasse se seus parentes ou amigos íntimos seguem determinada tradição religiosa ou se vestem de "modo típico" ou "normal", como os outros membros dessa tradição?

A implicação por trás de tal linguagem, claro, é que as práticas da pessoa sobre a qual você está falando não são "normais", seja lá o que isso significa. Reconheça a validade da experiência e tradições da outra pessoa e evite usar uma linguagem que insinue que existe um único modo de categorizar questões religiosas ou culturais.

5. Usar linguagem de ataque para descrever a fé de alguém

Há grande quantidade de palavras "pesadas" que podem ser empregadas para descrever as práticas religiosas de um indivíduo; essas palavras servem apenas para convencer seu interlocutor de que você não está interessado em aprender nada a respeito da tradição discutida.

Evite palavras como "seita", "culto", "recrutar", "programar", "estranho" ou "diferente" ao referir-se às crenças do indivíduo – ainda que esteja relatando a opinião dos outros. Seu interlocutor pode presumir que você, assim como quem expressou a opinião citada, está tentando polarizar a conversa.

6. Pisar nos pés que já estão machucados

Isso significa fazer diretamente a pergunta mais óbvia e sensível. A questão aqui é evitar indagar ou levantar questões que farão seu parceiro de conversa suspirar (de modo audível ou internamente) e pense: "Oh, não! Mais um se referindo a isso".

Um praticante da ciência cristã pode estar interessado em discutir suas crenças concernentes à fé como um elemento correspondente ao tratamento médico contemporâneo.

Um membro da Igreja de Jesus Cristo dos Santos dos Últimos Dias (os mórmons) pode participar de uma discussão estimulante acerca da história dessa igreja e a aceitação inicial da poligamia. Mas por que começar o diálogo levantando essas questões?

No início de seu relacionamento com alguém, cuja tradição religiosa seja diferente da sua, a melhor aproximação é feita evitando questões sensíveis e excessivamente repetidas. Em primeiro lugar, estabeleça uma conexão com o outro e deixe claro que você está interessado no contato pessoa-pessoa e não em disputas e preconceitos.

Faça perguntas!

Questões apropriadas, que focam no "como" e "o quê" em vez de "por quê?", podem ser seus instrumentos mais poderosos para construir pontes ligando-o a pessoas de outras tradições religiosas. Perguntas inteligentes, diferente de pronunciamentos ou declarações agressivas, mostram aos outros que sua mente está aberta e pronta para receber informações.

Por que se preocupar com as perguntas? Porque as perguntas certas permitem o desenvolvimento dos relacionamentos! As que não ameaçam, intimidam, nem assumem um caráter de interrogatório, deixam clara a sua intenção de obter informações em vez de proferir julgamentos.

Perguntas que revelam uma genuína curiosidade acerca da tradição de fé e práticas da outra pessoa tornarão mais fácil o desenvolvimento de uma relação pessoa-pessoa em vez de uma conexão de proselitismo.

As perguntas permitem que você explore e divulgue os pontos comuns, em vez de destacar as divisões. Temos aqui alguns exemplos de perguntas não

> **O que significa**
>
> Fazer **proselitismo** significa um esforço para convencer o outro a converter-se a outra fé ou seita. Os encontros iniciais entre os membros de expressões de fé diferentes são algumas vezes desnecessariamente polarizados quando uma das partes, ou ambas, acredita que está havendo proselitismo. Você terá mais possibilidades de manter aberto o canal de comunicação se deixar claro que não está fazendo proselitismo, mas o contrário: sua mente está aberta e curiosa para uma discussão sem julgamentos.

invasivas, não ameaçadoras e seus opostos mais agressivos. Um grupo o ajudará a encorajar seu interlocutor a se abrir. O outro ocasionará muitos olhares furtivos e silêncios absolutos.

Sempre que possível, escolha questões abertas em vez de fechadas. A seguir, apresentamos uma lista acerca de uma expressão de fé não familiar:

- *Aberta*: Aonde você está planejando passar o feriado de _____ neste ano?

   Fechada: Você realmente acredita nisso?

- *Aberta*: Estou curioso. Quando as crianças da sua religião começam a usar esse tipo de vestimenta?

   Fechada: Aposto que você tem um trabalhão para convencer as crianças a ir para a escola usando essas roupas, não é mesmo?

- *Aberta*: Existe alguma restrição quanto ao tipo de comida que eu deva conhecer antes de preparar o cardápio para nossa reunião?

   Fechada: Por que vocês não comem carne?

Perguntas que exibem uma mente aberta – feitas de modo inteligente e logo de início – também podem ajudá-lo a desenvolver padrões de comportamento apropriados durante os vários rituais e cerimônias dos quais você venha a participar. Não presuma que determinado nível de participação ou resposta será aceito apenas porque esse padrão representa o que acontece em sua tradição!

E agora, uma palavra do governo federal (norte-americano)

Apenas um lembrete: é totalmente inapropriado (e geralmente ilegal) questionar alguém que se reporta a você no ambiente de trabalho quanto aos porquês de sua religião. Fique do lado certo da lei. Não dê a menor impressão de que esteja julgando o desempenho profissional de alguém ou seu potencial como candidato para uma vaga de emprego, com base em suas crenças religiosas.

Nos Estados Unidos, o estatuto pertinente a essa questão é o Título VII do *Civil Rights Act* (Ato dos Direitos Civis), de 1964, emendado, que proíbe os empregadores de:

> "1. importunar, recusar a contratar ou demitir qualquer indivíduo, ou de qualquer outro modo discriminar qualquer indivíduo no tocante à remuneração, termos ou condições, ou privilégios de trabalho, por causa de sua raça, cor, religião, sexo ou nacionalidade; ou
>
> 2. limitar, segregar ou classificar os empregados ou candidatos a emprego, de qualquer modo que prive ou tenda a privar qualquer indivíduo de oportunidades de emprego, ou de outra forma afete de modo adverso sua condição como empregado, por causa de sua raça, cor, religião, sexo ou nacionalidade".

Atenção

Se você não está familiarizado com o protocolo que envolve uma determinada questão particular, não hesite em perguntar a alguém (um oficial ou um membro do grupo) o que deve acontecer e como deve responder à situação. Isso evita que você improvise o comportamento durante a cerimônia e receba olhares desaprovativos dos outros. E lembre-se: quanto mais cedo você perguntar, mais corretamente se comportará. É permitido fotografar durante um serviço específico? O tipo de roupa que está planejando usar é apropriado para a cerimônia? Há algumas partes de ritual nas quais você deva participar? Em caso afirmativo, quais são elas? Não adie perguntas dessa natureza. Peça ajuda!

O melhor conselho: não finja que sabe todas as respostas

O princípio mais simples e confiável para se ter em mente durante os primeiros encontros com representantes de outras tradições é fácil de ser lembrado: *Quando você presta atenção, não comete erros.*

Adotar uma atitude humilde, com a mente aberta, em relação às práticas dos outros não representa uma traição de sua própria fé. Pelo contrário, esse tipo de abordagem o ajudará a aprofundar seu entendimento por meio de outras perspectivas e resultará em uma melhor apreciação das características que identificam a sua própria tradição.

Quando em dúvida, repita: "Estamos todos no mesmo barco"

Lembre-se de que, no fim das contas, as variadas tradições religiosas representam uma tentativa profundamente humana de abordar as questões fundamentais a respeito da vida, crescimento, maturidade e morte. Em uma análise final, independentemente das inegáveis diferenças entre os fiéis que seguem as inúmeras expressões de fé diferentes, todo praticante religioso enfrenta precisamente os mesmos obstáculos e dilemas inerentes ao ser humano.

Se entrar em contato com uma tradição que pareça muito estranha, não se esqueça de que cada pessoa dentro dessa tradição compartilha com você os desafios expostos a seguir, pelo simples fato de ser membro da espécie humana.

- A herança comum do nascimento.
- O destino comum da morte.
- O desejo comum de encontrar significado e propósito nas atividades diárias da vida.

Independentemente de sua formação, educação religiosa, experiências passadas com membros desse grupo, você já tem muito mais em comum com essas pessoas do que possa imaginar. Você e todos os membros da tradição religiosa que acabou de conhecer são participantes da dança da vida – alguém que se delicia com o nascimento e crescimento das crianças; que olha para a vastidão e a distância de um céu estrelado e se maravilha com a imensidade da criação; cujos relacionamentos com amigos, famílias e conhecidos são às vezes bons, às vezes ruins.

Você e todos os membros da tradição sobre a qual deseja entender mais têm seus dias bons e ruins. Você pode se lembrar de escolhas de seu passado que o fazem se sentir orgulhoso e aquelas que o obrigaram a se afastar dos outros e encheram seu coração de remorso. Você e todos os membros do grupo religioso com o qual está interagindo agora percebem que nasceram, que um dia morrerão e que algumas vezes aparece um padrão, ou uma série de padrões, que os convence de que esses eventos aconteceram, e continuarão a ocorrer, por uma razão muito bem definida – que transcende tanto seus triunfos quanto seus fracassos.

Tudo isso é verdade para você e para todos os membros do grupo que agora está sendo estudado. Se conseguir se lembrar desses pontos quando interagir com os representantes do grupo, aprenderá mais acerca deles – e, com certeza, conhecerá mais sobre você mesmo.

O mínimo que você precisa saber

- Demonstrar um desejo de ver além das aparências externas e penetrar as questões centrais da expressão de fé de uma pessoa é um excelente meio de construir pontes.

- Perguntas "por quê?" podem ser mais provocativas do que percebemos.

- O uso não intencional de perguntas carregadas de significado e de terminologia de "ataque" pode prejudicar mesmo um esforço sincero de aproximar-se de um membro de outra expressão de fé.

- Questões mais abertas, que não ameaçam seu interlocutor, representam com certeza a melhor oportunidade de contato.

- Quando em dúvida, lembre-se: estamos todos no mesmo barco.

PARTE 2

Judaísmo

Dentro do Judaísmo, há histórias a respeito da presença ativa e contínua de Deus nas questões humanas: o patriarca Abraão, o grande profeta Moisés, a história da Torá – as leis que exerceram autoridade desde os tempos bíblicos – e o povo cujo código social e religioso se desenvolveu em resposta às exigências do Deus único. Os judeus praticantes acreditam que, em troca de seu amor e obediência, Deus prometeu estabelecê-los e mantê-los como Seu povo. Nesta seção do livro, você aprenderá as ideias básicas dessa rica e variada expressão de fé da Aliança.

Capítulo 4

As Raízes do Judaísmo

Neste capítulo:

- Aprenda a respeito da história da mais antiga expressão de fé monoteísta do mundo
- Descubra como o Judaísmo influenciou outras tradições
- Explore os Dez Mandamentos
- Descubra os elementos característicos dessa fé duradoura

Assim como o Cristianismo e o Islamismo – duas tradições que de modo explícito remontam sua linhagem ao patriarca Abraão – o Judaísmo é uma expressão de fé que envolveu muitos acontecimentos, movimentos e contramovimentos históricos. Neste capítulo, você aprenderá acerca da história e do desenvolvimento dessa variada expressão de fé da Aliança.

Os hebreus

A Torá (Os cinco livros de Moisés que iniciam a Bíblia hebraica e a cristã) ensina que o povo hebreu é descendente de Abraão, o patriarca com quem Deus celebrou a *Aliança*.

A Torá também narra como, muito tempo depois de Abraão, os descendentes do patriarca e de seu filho Isaque se mudaram para o Egito, onde acabaram sendo escravizados. Após séculos de perseguição, os hebreus foram libertados do poder do faraó e conduzidos de volta a Canaã (ou Palestina) por Moisés – com a ajuda do mesmo Deus único que falara a Abraão. No Monte Sinai, relata o Livro do Êxodo, Deus entregou a Moisés os Dez Mandamentos que deveriam guiar a conduta do povo de Deus, e iniciou uma solene Aliança com esse povo.

A Estrela de Davi

> **O que significa**
>
> Como narrado na Bíblia, Deus celebrou **alianças**, ou acordos, não apenas com Abraão, mas também com Noé e Moisés. A aliança com Abraão, como descrita no Livro do Gênesis, foi um acordo pelo qual Deus estabeleceu um povo escolhido, uma "grande nação", a partir dos descendentes de Abraão. Em troca, Abraão e aqueles que o seguiram ofereceram ao Deus único e verdadeiro obediência completa. Segundo a Escritura, a aliança foi restabelecida e renovada em vários momentos durante a história judaica.

As regras duradouras

Os Dez Mandamentos (ou *Decálogo*), que também aparecem no Livro do Deuteronômio, servem agora como indicadores morais para toda a tradição judaico-cristã. Tanto os judeus quanto os cristãos acreditam que eles foram entregues a Moisés pelo Deus Todo-Poderoso. É importante observar que o Islamismo também considera a missão profética de Moisés um exemplo da revelação divina à humanidade. (Moisés é o profeta mais mencionado no Alcorão, o texto sagrado dos muçulmanos.) Embora não exista menção específica aos Dez Mandamentos no Alcorão, há um amplo apoio para todos eles no texto dessa escritura religiosa.

É correto dizer, então, que os Dez Mandamentos, estabelecidos nos livros do Êxodo e Deuteronômio e atribuídos diretamente a Deus falando com Moisés, ocupam posição de importância singular na nossa tradição religiosa. Seus princípios são, na verdade, abraçados pelas três maiores tradições *monoteístas* da humanidade!

> **O que significa**
>
> **Decálogo** é outra palavra usada para designar os Dez Mandamentos. **Monoteísmo** é a crença em um Deus único pessoal, geralmente uma figura vista como unificadora de todo o Universo. O termo não deve ser confundido com a prática de identificar ou cultuar um deus líder de um grupo. O culto simultâneo a muitos deuses é conhecido como *politeísmo*. Embora muitas tradições politeístas elevem um deus à posição de dominância, a ênfase da Bíblia hebraica a um único e verdadeiro Deus é algo bem diferente.

Close-up no Decálogo

Não haverá muitas seções neste livro onde você terá de estudar palavra por palavra de longas passagens das escrituras, mas omitir o texto dos Dez Mandamentos seria um descuido difícil de justificar em qualquer registro dos pilares espirituais do Judaísmo. Mesmo que para a maioria dos ocidentais os Dez Mandamentos constituam um texto muito familiar, nem todas as pessoas, hoje em dia, conseguem citá-los de cor. Devido à imensa influência desses princípios sobre a prática religiosa em todo o mundo, é importante revê-los em sua totalidade. Examinemos agora essas dez regras, que representam o próprio coração da Lei na tradição judaica e que influenciaram com profundidade a prática religiosa e a interação social em muitas outras religiões.

Os Dez Mandamentos

Observação: Os pontos de divisão entre os mandamentos variam entre a observância judaica e a não judaica. Usamos aqui a divisão judaica do texto: Êxodo 20:2-17.

"1. Eu sou o Senhor, teu Deus, que te tirei da terra do Egito, da casa da servidão.

2. Não terás outros deuses diante de mim. Não farás para ti imagem de escultura, nem semelhança alguma do que há em cima nos céus, nem embaixo na terra, nem nas águas debaixo da terra. Não as adorarás, nem lhes dará culto; porque eu sou o Senhor, teu Deus, Deus zeloso, que visito a iniquidade dos pais nos filhos até a terceira e quarta geração daqueles que me aborrecem e faço misericórdia até mil gerações daqueles que me amam e guardam meus mandamentos.

3. Não tomarás o nome do Senhor, teu Deus, em vão, porque o Senhor não terá por inocente o que tomar o seu nome em vão.

4. Lembra-te o dia de sábado, para o santificar. Seis dias trabalharás e farás toda a tua obra. Mas o sétimo dia é o sábado do Senhor, teu Deus; não farás nenhum trabalho, nem tu, nem o teu filho, nem a tua filha, nem o teu servo, nem a tua serva, nem o teu animal, nem o forasteiro das tuas portas para dentro; porque em seis dias fez o Senhor os céus e a terra, o mar e tudo o que neles há e, ao sétimo dia, descansou; por isso, o Senhor abençoou o dia de sábado e o santificou.

5. Honra teu pai e tua mãe, para que se prolonguem os teus dias na terra que o Senhor, teu Deus, te dá.

6. Não matarás.

7. Não adulterarás.

8. Não furtarás.

9. Não dirás falso testemunho contra teu próximo.

10. Não cobiçarás a casa do teu próximo. Não cobiçarás a mulher do teu próximo, nem o seu servo, nem a sua serva, nem o seu boi, nem o seu jumento, nem cousa alguma que pertença ao teu próximo."

O reino e a dispersão

Os israelitas estabeleceram um reino estável. Seguiu-se um período de continuidade política e autodeterminação, sob os reinados de Saul, Davi e Salomão.

Mas a divisão do reino e a dominação pelas forças assírias e babilônias nos séculos VIII e VI a.C., respectivamente, levaram a uma dispersão do povo hebreu para além das fronteiras de sua antiga nação. Quando eles finalmente retornaram à terra natal, Israel não era mais um poder político. Um período de dominação romana provocou a dispersão (conhecida como exílio) de grande número de hebreus para além das fronteiras de sua antiga nação e à destruição de seu templo sagrado em Jerusalém. Um novo templo foi construído em Jerusalém, mas sob ordens romanas, e também foi destruído (em 70 d.C.) e toda forma organizada de oposição judaica foi, por fim, neutralizada.

> **Aposto que você não sabia**
>
> As ideias que orientam o Judaísmo são animadas por uma crença de que Deus dirige todos os aspectos da atividade humana, pública e privada, individual e coletiva. Uma "religião", entendida como um conjunto limitado de práticas, ou como uma entidade separada de um reino ou uma tribo, estava fora de questão.
>
> O ponto central era a devoção inabalável à vontade de Deus em todo e qualquer aspecto da vida de uma pessoa. A devoção determinada a um Deus único e todo-poderoso pode muito bem ter sido uma das características que permitiram aos hebreus perpetuar e estender sua fé mesmo depois do desaparecimento do que um observador moderno chamaria de "estrutura política".

Apesar da dissolução de seu país como entidade política, a fé dos israelitas em seu destino como "povo escolhido", e compromisso com a ideia de um Deus único e verdadeiro, perdurou. A fé apoiou, e provavelmente revigorou, um conjunto de tradições e observâncias centrais que permaneceram mesmo depois da diáspora (a "dispersão" que ocorreu depois do cativeiro na Babilônia), até os dias de hoje.

> **Aposto que você não sabia**
>
> Por mais de 2,5 milênios, as tradições e observâncias atribuídas a Abraão e a seu povo continuaram a prosperar em sociedades por todo o planeta, muitas das quais abertamente hostis à crença e prática judaica.

> **O que significa**
>
> Na tradição judaica, a **Lei** é a Torá — os cinco livros de Moisés. Eles representam o registro escrito da revelação de Deus, que, segundo a crença, esteve ativo em todos os aspectos do desenvolvimento e história humanos, continuando assim até hoje.

Os profetas

Dentro da tradição judaica, a revelação da *Lei* – os cinco primeiros livros da Bíblia hebraica – foi reforçada e mantida pela inspiração dos profetas. Segundo a Escritura, algumas pessoas foram escolhidas por Deus para lembrar o amor do Criador pelo povo e da necessidade da obediência à Lei.

Preceitos fundamentais

Independentemente das denominações ou seitas, os praticantes judeus acreditam que:

- Existe um único Deus, com o qual cada indivíduo tem uma experiência direta e pessoal, e a quem as orações devem ser dirigidas.
- Deus é a autoridade suprema e possui o domínio final do Universo.
- A vida é sagrada.
- A Torá (termo que geralmente significa o pergaminho, contendo os cinco livros de Moisés, mas que também pode se referir aos escritos sagrados acumulados através dos séculos) é um guia para corrigir a vida e uma fonte de contínua revelação da palavra de Deus. O ato de estudar a Torá é equivalente a uma oração.
- O culto e as orações em grupo são elementos indispensáveis de uma vida justa.
- Os judeus por todo o mundo, independentemente da nacionalidade, compartilham um destino comum e um senso de propósito coletivo e responsabilidade uns para com os outros.

Aposto que você não sabia

Com o passar do tempo, os escritos refletindo a mensagem dos profetas — uma frase que de modo geral se refere tanto a um profeta específico quanto a sua escola de seguidores — foram recebidos e divulgados dentro da comunidade dos fiéis. Suas mensagens eram diversas e algumas vezes incluíam, como no livro de Isaías, a promessa de um novo despertar nacional sob a liderança justa de um Messias, que redimiria Israel e todos os seres humanos. Mas por toda essa diversa herança escritural, a ênfase final foi na natureza singular da entidade divina.

Apesar desses elos comuns, a verdade é que o Judaísmo foi no passado, e é no presente, uma expressão de fé notavelmente diversa, que acomoda grande variedade de crenças expressa por praticantes em todo o mundo. Além dos pontos principais apresentados acima, não existe um dogma único unificador nem um breve resumo dos princípios que são abraçados por todos os judeus praticantes.

Existem, no entanto, algumas ideias gerais e universalmente aceitas que nascem dos princípios citados, que merecem ser revistas em detalhes agora.

Aprofundamento: alguns aspectos-chave do Judaísmo

A primeira dimensão eterna da espiritualidade judaica é a análise da proclamação conhecida como Sh'ma: "Ouve, Israel, o Senhor, nosso Deus, é o único Senhor" (Deuteronômio 6:4-9). Entre muitos vizinhos com diferentes crenças, os antigos hebreus proclamaram que Deus era único. A primazia absoluta desse Deus único foi um componente distintivo dessa tradição, a mais antiga expressão de fé monoteísta.

> **Aposto que você não sabia**
>
> A Michná é o registro da interpretação legal oral (originariamente) dentro do Judaísmo. Quando unida a alguns importantes comentários, a Michná constitui o Talmude, uma importantíssima coletânea de estudos, comentários, anedotas, alegorias e elaborações que formam um guia fundamental que influencia a observância e o pensamento judaico dia a dia.

As proibições contra a idolatria na Bíblia hebraica refletem uma preocupação profunda e fiel com o fato de que nenhuma entidade ou crença limitada seja confundida com o verdadeiro Deus pelo povo por Ele escolhido. No sentido mais completo, esses avisos servem de proibições contra seguir qualquer outro que não o Senhor, que se manifestou de modo divino a Abraão no deserto, a Moisés no Monte Sinai, e repetidas vezes por meio dos profetas. As exigências do Deus único e transcendente eram (e são) simples e inegociáveis: Obedeçam as leis e os mandamentos que Eu estabeleci para o bem de todos os Meus escolhidos.

A Aliança

Outra ideia-chave no Judaísmo é encontrada na noção da Aliança. O Deus único reuniu um povo, uma comunidade, que recebeu Sua revelação por meio da Aliança e da Lei.

Na tradição judaica, a noção de que Deus agiu para celebrar a Aliança e dar a Lei a uma nação em particular, e que essas dádivas representam exemplos da intervenção divina e das bênçãos conferidas àquele povo, é de importância vital. A habilidade de um fiel em seguir a Lei demonstra sua conformidade à vontade de Deus e serve como sinal de que ele é um membro da comunidade.

Uma comunidade reunida

Contudo, outro aspecto característico do Judaísmo guarda relação com a ênfase dada à identidade do grupo presumida pelos fiéis considerados os descendentes de Abraão e Isaque. Essa tradição enfatiza a experiência baseada na comunidade e o culto de uma forma notável.

O sentido, reforçado de maneira constante, de pertencer não apenas a um mero arranjo social, mas também ao povo de Deus, assume uma grande importância dentro da fé judaica. Essa tradição, é claro, não rejeita a ideia de um relacionamento individual com a Divindade, mas enfatiza, de

> **No caminho**
>
> Educação e estudo são elementos importantes da experiência judaica. O livro dos Provérbios aconselha os fiéis: "instrui o menino no caminho em que deve andar" (Provérbios 22,6).

modo profundo, o fenômeno social que envolve (e com frequência regula) tanto o culto diário quanto a interação social diária entre os fiéis.

Em outras palavras, o Judaísmo sustenta uma forma de prática religiosa baseada na comunidade. Costumes sociais característicos (como a circuncisão entre os homens) reforçam esse sentimento de pertencer a um grupo. O individual opera não apenas dentro de um conjunto de preceitos, admoesta-

> **O que significa**
>
> Um rabino é um professor respeitado e líder de adoração, geralmente relacionado a uma **sinagoga** (casa de aprendizado e oração) particular.

ções ou princípios filosóficos, mas também como parte de uma comunidade de fiéis seguidores, coerente e reforçada com constância.

É vital no Judaísmo ser chamado pela comunidade para fazer contribuições apropriadas em uma série de níveis: na *sinagoga* ou templo, como parte de uma família e como membro de uma sociedade judaica. A vida de oração na tradição judaica acontece tanto em situações formais, como na sinagoga, quanto em casa. A ideia do culto atento, por meio de orações predeterminadas, e usualmente escritas, também é importante e característica dessa expressão de fé. Essa prática sustenta a ênfase que o Judaísmo dá a uma liturgia escrita específica para celebrar o contínuo relacionamento da comunidade com o Deus único e verdadeiro.

O mínimo que você precisa saber

- A história do Judaísmo está intimamente ligada à do antigo reino de Israel, embora não seja seu sinônimo. A linhagem do Judaísmo remonta ao patriarca Abraão.

- A Torá ensina a respeito de Abraão e da Aliança que ele fez com Deus.

- A importância da Aliança (o acordo de Deus com o povo escolhido de Israel) e a Lei (o registro escrito da revelação de Deus) não são um exagero dentro dessa expressão de fé.

- Os Dez Mandamentos – o cerne da Lei judaica – influenciou de maneira profunda não apenas o Judaísmo, como também o Cristianismo e o Islamismo. Essas dez injunções podem ser entendidas como os elementos centrais não apenas da tradição judaica, mas de toda a linhagem monoteísta.

- Segundo a Bíblia hebraica, os profetas foram escolhidos por Deus para lembrar ao povo o amor do Criador e a necessidade de sua obediência à Lei.

- O Judaísmo é uma tradição baseada na comunidade.

Capítulo 5

A Moderna Experiência Judaica

Neste capítulo:

- Descubra como o Judaísmo se desenvolveu nos tempos modernos
- Aprenda acerca das ramificações ortodoxa, conservadora, reformista e reconstrucionista
- Descubra as ideias orientadoras por trás de cada um desses movimentos da fé judaica
- Examine as diferentes abordagens de vários praticantes judeus à difícil pergunta: até que ponto devemos ajustar nossas práticas em resposta ao mundo moderno?

Através dos séculos, o Judaísmo provou ser uma tradição notavelmente resistente e duradoura. Ela uniu os fiéis em tempos bons e ruins; em ambientes hostis e em épocas de paz, plenitude e harmonia. Porém, a questão sobre o quanto se deve permitir que o ambiente não judeu influencie as práticas judaicas características é muito complicada – uma questão que resultou em um conjunto de respostas com muitas facetas.

Nos tempos contemporâneos, essa tradição de fé se desenvolveu em uma certa quantidade de ramificações; cada uma delas com uma abordagem diferente à difícil pergunta relacionada à acomodação das inúmeras influências do mundo exterior. Essas influências, é claro, foram e ainda são incrivelmente variadas, pois a observância judaica acontece em um confuso arranjo de cenários sociais e culturais. Neste capítulo, você lerá a respeito dos principais movimentos contemporâneos dentro da tradição judaica e como o Judaísmo moderno se define.

Atenção

O Judaísmo é uma expressão de fé incrivelmente diversa, e os rótulos que aplicamos a ela são de uso limitado. Os movimentos que estudaremos neste capítulo trazem alguns princípios e ideias básicas como parte da moderna prática judaica, mas é perigoso fazer amplas generalizações acerca dessas escolas. Existem outras escolas de pensamento dentro da fé judaica e nenhuma das ramificações principais pode alegar possuir a concordância completa entre aqueles que seguem essa fé.

Caracteres hebraicos representando os Dez Mandamentos

Reações ao mundo moderno

Os judeus europeus do século XIX depararam-se com influências culturais, científicas e tecnológicas que afetaram de maneira profunda seus estilos diários de vida. O Iluminismo europeu, entre muitos outros fatores, levou um grande número de fiéis a pressionar os líderes a tomar uma decisão importante: se os judeus praticantes devem sempre se esforçar para viver dentro dos ditames do vasto e complexo código religioso estabelecido na Bíblia hebraica.

Não é de surpreender que vozes fortes da tradição judaica responderam à pergunta com um sonoro "sim".

A tradição ortodoxa

Membros do movimento *ortodoxo*, que permanece forte ainda hoje, afirmam que estão comprometidos a preservar o ritual, a tradição e as doutrinas recebidas dos rabinos do passado, remontando aos primórdios da fé judaica. Esses praticantes desejam e anseiam por preservar a fé do modo exato como ela foi revelada ao povo por Deus na Antiguidade.

O cerne da experiência ortodoxa pode ser encontrado em sua ênfase à total conformidade com os ditames de Deus. Essa ramificação tende a não reconhecer nenhuma possibilidade de acomodação às mudanças sociais ou influências naquilo que os outros podem referir-se como "o mundo exterior". Para os judeus ortodoxos, o Judaísmo *é* o mundo interior e exterior. A ênfase na observância completa à vontade de Deus em todos os aspectos da comunidade, e não apenas em uma suposta "esfera religiosa", é uma ideia antiga nessa expressão de fé.

> **O que significa**
>
> Judeus **ortodoxos** adotam a abordagem que seria chamada de "literalista" ou "fundamental" para tratar dos assuntos de fé. As noções de fé inabalável para com a palavra escrita de Deus e para com a tradição religiosa estabelecida, sem alteração, são importantes para o ramo ortodoxo do Judaísmo.

Na comunidade ortodoxa, a obediência à vontade de Deus – e a conformidade total aos mandamentos revelados por Ele – é o mundo. A primeira e mais importante influência é para com a Lei e as tradições que se desenvolveram ao seu redor.

Aposto que você não sabia

A abordagem ortodoxa pode ser resumida como um desejo de viver de acordo com a fé, a tradição e a liturgia associadas à Lei e de transmitir essas convenções às gerações seguintes. Não há interesse em se conformar aos novos padrões sociais. Para o judeu ortodoxo, o resto do mundo é, podemos dizer, problema do próprio mundo. Como a comunidade amish, os judeus ortodoxos estão satisfeitos em seguir os "modos antigos", não porque são mais fáceis ou acessíveis aos outros (eles não são), mas porque essas tradições, na visão dos praticantes, refletem a vontade de Deus e não estão sujeitas a debates ou revisões.

O movimento reformista, com a rejeição à noção de que um judeu fiel deve viver inteiramente de acordo com a Lei como foi revelada nas escrituras e interpretada pela tradição rabínica, apresenta um ponto de vista contrário. Existe também um movimento conservador que não observa os padrões ortodoxos de maneira completa, mas se esforça para reter um número significativo das tradições do Judaísmo histórico. Ele pode ser visto como um "terreno intermediário" no debate sobre a reforma que aconteceu inicialmente no século XIX.

A tradição ortodoxa reflete uma reverência pelo costume, um profundo interesse pela palavra de Deus, uma forte obrigação de seguir literalmente os ditames de Deus e de transmitir, sem alteração, os rituais que acontecem há séculos na tradição judaica. Vestimentas características e estruturas familiar e social estabelecidas com firmeza são expressões dessa reverência pelo costume.

Na tradição judaica ortodoxa, prevalecem papéis bem definidos e inalteráveis para homens e mulheres. Algumas atividades e funções são exclusivas dos homens, enquanto outras são abertas apenas às mulheres. Durante as cerimônias religiosas públicas, a segregação dos sexos em dois grupos é uma regra. E tanto no culto em casa quanto na sinagoga há funções litúrgicas baseadas estritamente na diferença dos sexos.

Judaísmo conservador

No Judaísmo *conservador* a noção de seguimento absoluto das tradições do passado não é o princípio fundamental, como na ramificação ortodoxa. Mas um forte senso de tradição e continuidade ainda prevalece.

Nesse movimento a ênfase é dada na preservação e honra das tradições apropriadas do passado, tentando manter o máximo possível os "modos antigos" – mas não todos os "modos antigos".

O que significa

Judeus **conservadores** rejeitam o princípio segundo o qual não pode haver nenhum contato com as novas sociedades e sistemas culturais que os judeus encontram em suas vidas diárias: todavia, tentam manter o máximo possível a continuidade das antigas tradições do Judaísmo.

Assim como os judeus ortodoxos, os conservadores afirmam a primazia da tradição em sua experiência religiosa. Entretanto, eles reconhecem a importância de ajustar-se, com uma cuidadosa escolha, ao mundo em que vivem; e não estão interessados, como os ortodoxos, em construir um sistema sócio-religioso "fechado".

Os judeus da tradição conservadora são de fato "conservadores" no sentido de que procuram manter ao máximo os princípios antigos, ao mesmo tempo, acomodando-se àquelas realidades sociais que não são contrárias ao Judaísmo.

Os conservadores também são conhecidos como adeptos da "escola histórica" do Judaísmo. Eles reconhecem o papel da história e o desenvolvimento social contemporâneo, e desejam ajustar-se às importantes tendências e práticas que surgem na vida contemporânea. Ao mesmo tempo, estão perfeitamente conscientes da própria história do Judaísmo e suas exigências com os seguidores. Afirmam que tradição e mudança sempre estiveram intimamente ligadas durante o desenvolvimento da fé judaica.

Judaísmo reformista

O Judaísmo *reformista* é o mais pragmático dos três movimentos da fé judaica de hoje e é o mais aberto ao diálogo e interação com a sociedade contemporânea. Se a tradição ortodoxa é focada na adesão absoluta e resoluta aos muitos ditames da Lei e a tradição conservadora preocupa-se em manter os costumes antigos, a abordagem reformista pode ser descrita como uma tentativa de reter esses elementos essenciais que fazem mais sentido em um cenário contemporâneo.

É claro que os judeus reformistas não rejeitam a Lei incorporada nas escrituras e comentários hebraicos. Porém, eles não assumem uma abordagem limitada a essas injunções, escolhendo, em vez disso, aceitá-las em um sentido ético mais amplo que permite a cada fiel um grau maior de autonomia do que nas tradições ortodoxa e conservadora. Seguidores do Judaísmo reformista são também os que melhor adaptam as tradições aos valores e circunstâncias sociais da atualidade.

O Judaísmo *reformista* nasceu na Europa, na metade do século XIX, mas teve seu maior crescimento nos Estados Unidos, onde os imigrantes vindos da Europa ajudaram a propagá-lo. A franca aceitação, por parte do movimento reformista, da noção de que os judeus eram cidadãos das nações onde viviam e a rejeição à ideia de que os praticantes devem estar ligados pelas leis do Israel histórico, interpretadas de modo limitativo, foram importantes fatores para o crescimento da popularidade do movimento.

> **O que significa**
>
> No Judaísmo **reformista** toda a Torá é aceita como inspirada por Deus, mas também é vista como um texto aberto ao estudo e interpretação do indivíduo. Os judeus reformistas entendem o relacionamento de Deus com seu povo como um processo contínuo e enfatizam a ampla mensagem moral da tradição judaica.

> **No caminho**
>
> "Meu trabalho como rabino reformista é partilhar a herança histórica do nosso povo: suas leis, histórias, tradições, ética e esperança para o futuro."
>
> Rabino Cory Weiss, via www.cbsrz.org/weissstatement.html.

As pressões do mundo exterior

Os judeus reformistas, ortodoxos e conservadores abordam de modo totalmente diferente as questões sociais específicas que surgem na vida contemporânea. A questão das funções desempenhadas nos cultos e baseadas na diferença dos sexos, por exemplo, pode apresentar uma interessante visão a respeito das diversas abordagens assumidas por cada uma das três ramificações do Judaísmo contemporâneo no que se refere à "acomodação social".

Suponhamos que uma mulher tenha muita fé e um propósito sincero, e conheça as questões espirituais e escriturais tanto quanto um homem, e que deseje ensiná-las. Surge a pergunta: por que ela não pode se tornar um rabino? E outra talvez ainda mais importante: como os praticantes de cada ramificação do Judaísmo abordarão esse desafio?

Seria fácil resolver o assunto na tradição ortodoxa. Um judeu ortodoxo provavelmente responderia alegando que noções "externas" de igualdade sexual na sociedade contemporânea simplesmente não têm importância na comunidade de Deus. O que funcionou no passado, ele diria, com certeza funcionará no futuro, e os fiéis têm a obrigação não apenas de reforçar, mas de transmitir os padrões existentes de culto, independentemente do que as pessoas de fora têm a dizer a respeito de quem poderia se tornar rabino.

Um fiel ortodoxo, homem ou mulher, argumentaria: "Séculos de tradição estabeleceram certas funções distintas para homens e mulheres; funções que não estão sujeitas a debate nem alteração. Na comunidade dos judeus, que foi estabelecida e mantida pela intervenção de Deus, as mulheres nunca se tornaram rabinos e, enquanto a tradição for mantida e fielmente transmitida, elas provavelmente nunca se tornarão. Afinal de contas, se a palavra de Deus está representada em nossa tradição – e nós não temos dúvida disso – a mudança de qualquer aspecto da tradição com o objetivo de acomodar as noções modernas é algo tolo e inimaginável".

Aposto que você não sabia

Alguns elementos da cultura na qual os judeus reformistas vivem são vistos como parte integrante de sua própria identidade como povo de Deus. Os judeus reformistas, então, tentam assumir uma abordagem pragmática, equilibrando os pontos de vista e as conclusões sociais modernas de modo mais ou menos igual à tradição estabelecida, ao mesmo tempo em que procuram honrar, iluminar e reforçar as verdades fundamentais da fé. O foco está em envolver-se nas realidades contemporâneas como elas se apresentam, em vez de se apegar a orações e rituais pré-escritos para cada situação possível.

Um judeu conservador estaria mais aberto a fazer "julgamentos" oriundos das influências externas, no que diz respeito à questão mais ampla das funções sociais de homens e mulheres, mas sem dúvida insistiria em uma firme base da tradição como o melhor meio de tomar decisões. Portanto, o estereótipo rígido da diferença dos sexos é menos pronunciado na tradição conservadora do que no Judaísmo ortodoxo, pois é possível argumentar, com base nas Escrituras, que essas acomodações significam, de certa forma, manter os ensinamentos dos profetas.

Um membro da tradição conservadora, então, abordaria esse ponto da seguinte forma: "Sim, eu moro em Boston, na aurora do século XXI; e, sim, eu estou consciente do fato de que vivo em uma sociedade que dá muita importância à igualdade fundamental entre homens e mulheres. Ao avaliar questões como essa, eu também levo em consideração o mandamento de Deus de amar ao próximo como a mim mesmo".

Alguém do movimento reformista, no entanto, estaria bem mais aberto a perguntar sobre o propósito a que serve (ou está servindo) uma determinada tradição. Ele estaria mais inclinado a enfatizar que a tradição religiosa não existe em um vácuo cultural e que seus aspectos mais essenciais ainda são atendidos quando ajustes ou revisões são feitos no interesse da conformidade aos valores, conclusões e crenças contemporâneos.

Um judeu reformista, ao abordar a questão que diz respeito às mulheres se tornarem rabinos, não ignoraria os séculos de tradição que apontam em direção aos rabinos homens e somente a eles. Do mesmo modo, o movimento reformista não permite que o fato de que "as coisas sempre foram feitas dessa maneira" assuma uma importância fundamental no que diz respeito às necessidades espirituais dos judeus contemporâneos.

Os judeus reformistas rejeitam a alegação de que eles "alteram" as escrituras ou a doutrina e argumentam que, pelo contrário, estão permitindo que as escrituras sejam vividas de modo mais completo e profundo, não erigindo barreiras intimidadoras aos praticantes modernos. O Judaísmo reformista apresenta um número menor de exigências de seus praticantes do que as ramificações ortodoxa e conservadora. Poucos praticantes reformistas tentam envolver todos os aspectos da vida diária em seus costumes e tradições, diferentemente do que fazem os membros da escola ortodoxa.

Aposto que você não sabia

O papel do rabino evoluiu através dos séculos de desenvolvimento do Judaísmo. Na antiguidade, eles eram fundamentalmente instrutores da Lei e a explicavam. Com o passar do tempo, grandes responsabilidades ligadas à vida espiritual da comunidade como um todo se tornaram importantes. Embora a pregação e o trabalho administrativo tenham alcançado mais proeminência para os rabinos nos tempos modernos dentro de muitas comunidades (incluindo as ortodoxas), os rabinos ortodoxos sempre enfatizaram seu papel como intérpretes e instrutores da Torá.

Um praticante reformista abordaria a questão das mulheres como rabinos da seguinte maneira: "Estaria a possibilidade de uma revisão radical do papel dos diferentes sexos, como no caso de mulheres rabinos, de fato em oposição às ideias e valores fundamentais de minha fé? Ou será que tal mudança permitiria que a fé se tornasse mais acessível a mim e aos outros na comunidade onde vivo? Se eu responder de modo afirmativo à segunda pergunta, então provavelmente não há nenhuma boa razão que nos impeça de alterar a tradição e a prática nessa área".

No fim das contas, os judeus reformistas se perguntariam: "Como podemos fazer para que aqueles de nós que vivem em uma sociedade contemporânea entrem em contato com as antigas verdades?". Não é de surpreender, portanto, que tenha sido esse grupo do Judaísmo que formalmente aceitou a noção de mulheres como professoras de Religião.

Existem muitas, muitas formas de observância dentro do Judaísmo. Apenas algumas foram estudadas aqui. Tentar definir e isolar a "essência" da prática judaica ou suas diversas disciplinas e inúmeros cenários sociais significa perder algo fundamental a respeito dessa expressão de fé. Com certeza, isso não pode ser feito por meio de uma simplificação excessiva e de uma leitura talvez errada das tradições antigas. Na verdade, as próprias palavras "judeu" e "Judaísmo" não aparecem em nenhum lugar na Torá! Todavia, o esforço para purificar, expandir e perpetuar essa expressão de fé da Aliança, apesar dos obstáculos e perseguições, estende-se em uma corrente não partida desde as névoas da Antiguidade até o despertar do novo século.

Aposto que você não sabia

Além das conhecidas tradições ortodoxa, conservadora e reformista, existe uma série de outras correntes dentro da fé judaica que alega ter um número significativo de seguidores. A escola reconstrucionista, um movimento do século XX, afirma que o Judaísmo é uma civilização religiosa fundamentalmente social (em vez de centrada em Deus). Os reconstrucionistas, em outras palavras, veem o Judaísmo como um fenômeno cultural e, de modo ousado, rejeitam as ideias principais a respeito de Deus defendidas pelos outros judeus. Por exemplo, eles não aceitam a afirmação de que a Bíblia hebraica seja a palavra de Deus.

Outras importantes tradições incluem as dos judeus sefardins, cujos valores e práticas distintos se desenvolveram séculos atrás na Espanha e em Portugal; e a dos judeus hassídicos, membros de uma seita que teve origem na Polônia no século XVIII e que continua a enfatizar o misticismo religioso e a alegria na oração.

Dois extraordinários eventos modernos

Duas ocorrências no século XX afetaram de modo profundo a vida contemporânea judaica.

A primeira foi a ascensão do *Sionismo*, filosofia que apareceu pela primeira vez no século XIX e exerceu influência dramática depois da virada do século. O Sionismo abraçou, sem apologias, o objetivo de restabelecer o Estado de Israel. Esse objetivo foi alcançado alguns anos após o término da Segunda Guerra Mundial (para estudar o sionismo em mais detalhes, ver o Capítulo 8).

A segunda influência, que como o Sionismo provavelmente nunca poderá ser separada de modo total das origens do moderno Estado de Israel, foi o Holocausto. O odioso Estado germânico nazista e antissemita de Hitler perseguiu e perpetuou por toda a Europa uma política brutal de assassinato sistemático. A "linha de montagem" de genocídio criada pelos nazistas resultou na morte de milhões de judeus e de um significativo número de não judeus. Depois da derrota dos alemães, os judeus de todo o mundo juraram jamais esquecer ou permitir a repetição dos horrores atrozes ocorridos nos campos de concentração.

O mínimo que você precisa saber

- O Judaísmo é uma expressão de fé vibrante e diversa, com muitas ramificações; uma tradição que se redescobre de modo contínuo tanto nas expressões novas quanto nas antigas.

- Os judeus ortodoxos têm uma abordagem fundamental dos ditames da Lei; procuram transmitir as tradições existentes, sem alterá-las e se esforçam para incorporar os ditames de sua fé numa grande variedade de atividades diárias e interações sociais.

- Os judeus conservadores reconhecem a necessidade de fazer algumas acomodações à sociedade exterior, mas, mesmo assim, atribuem um papel importante, e de modo geral dominante, às tradições do passado.

- Os judeus reformistas não entendem os ditames da Bíblia hebraica como regras específicas, obrigatórias, nos contatos diários com outras pessoas; em vez disso, procuram honrar a tradição e a fé tornando a observância religiosa acessível aos praticantes contemporâneos.

Capítulo 6

Ritual e Celebração Judaicos

Neste capítulo:
- A própria vida como cerimônia na tradição judaica
- Rituais judaicos
- Observâncias judaicas
- Feriados judaicos

Neste capítulo, você aprenderá a respeito das particularidades da observância religiosa na tradição judaica; dos feriados como a Páscoa, Rosh Hashaná e Iom Kipur; e dos rituais que são importantes marcos na vida do judeu praticante.

Vida: a suprema cerimônia religiosa

Como você viu, um aspecto característico do Judaísmo é a ênfase em um detalhado código de conduta; um código com raízes na sobrevivência do antigo povo do reino original de Israel. O Judaísmo contém indicadores específicos pelos quais a comunidade deve se perpetuar, e considera suas tradições valiosas em si mesmas e reflexões de uma espiritualidade diária, que tudo permeia, entre os membros da comunidade em sua interação uns com os outros.

Nos dias de hoje, é claro, o papel desempenhado pelo ritual judaico e por formas predeterminadas de culto varia, dependendo da natureza da ênfase dada à Lei, de acordo com as tradições contemporâneas. Na base de toda a prática judaica, no entanto, está uma abordagem envolvente que busca traduzir o incrível detalhe e diversidade da criação de Deus para uma forma sagrada de celebração humana (ela própria com frequência muito detalhada). O objetivo básico do culto judaico é o de entender toda a vida como uma *liturgia*.

> **O que significa**
> **Liturgia** é um culto ou ritual público.

A crença religiosa de grande alcance do Judaísmo é que toda a vida deve ser vista como um ritual em honra ao Criador. Os ortodoxos, conservadores e reformistas concordam quanto a esse ponto, mas a ênfase dada por cada um deles à palavra "ritual" e à sua definição varia.

O culto na tradição ortodoxa dá forte ênfase à recitação palavra por palavra de orações específicas em situações especiais. Há preces que devem ser feitas ao acordar e antes de comer. Existe até mesmo uma prece de agradecimento que se faz após ir ao banheiro, na qual o fiel expressa seu louvor a Deus pela maravilha do corpo e suas funções.

A abordagem conservadora ao culto é menos formalizada, mas ainda fundada na tradição. A abordagem do praticante conservador a questões de culto religioso formal envolve o ritual como uma expressão de valores como amar a Deus e ajudar os outros, em vez de um compromisso com preces específicas para cada situação concebível. Podemos dizer que os judeus conservadores seguem o dito popular: "Há uma hora e um lugar para todas as coisas".

Os judeus reformistas, ao mesmo tempo em que seguem algumas formas determinadas de culto religioso, encontram legitimidade em respostas não escritas às atividades do dia a dia: uma resposta com raízes na ideia de que a própria ação é uma forma de prece. Os membros do movimento reformista são propensos a considerar as orações pré-escritas e predeterminadas para cada situação da vida diária como algo que distancia a pessoa da verdadeira experiência da criação de Deus.

A escola reformista não se opõe às orações; muito pelo contrário. Mas ela entende que a multiplicidade de instruções e repetições encontrada nas outras duas tradições, principalmente no Judaísmo ortodoxo, pode representar um obstáculo, em vez de uma ajuda ao crescimento espiritual.

Todas as ramificações da fé judaica são sinceras em suas abordagens. A questão é como compreender os princípios apresentados na escritura e na tradição.

Leis concernentes à alimentação

Assim como a oração e o culto comum tiveram significativa vantagem social aos súditos do antigo reino de Israel (coesão social e um sentido de propósito na comunidade), regras concernentes à alimentação também serviam a um propósito. Essas regras estabelecidas na Bíblia hebraica podem ter parecido estranhas aos vizinhos dos israelitas, mas garantiram a saúde e o bem-estar do povo, além de servirem como mais um exemplo do cumprimento das promessas de Deus a Seu povo.

Aposto que você não sabia

A palavra *kosher* refere-se àquilo que está de acordo com os padrões estabelecidos do ritual judaico, tipicamente a comida e sua preparação. A carne que é *kosher* vem de animais que ruminam e têm pés fendidos (como ovelhas e vacas) e são mortos de acordo com procedimentos especiais. A carne *kosher* deve ser preparada de maneira que se removam todos os traços de sangue. Os frutos-do-mar são considerados *kosher* se os animais pescados têm escamas ou barbatanas. Aves são consideradas *kosher* se forem abatidas e preparadas da mesma maneira que a carne. As orientações da alimentação *kosher* proíbem o consumo dos produtos derivados do leite ao mesmo tempo, ou imediatamente antes ou depois, de uma refeição incluindo carne. Devem-se separar os utensílios de cozinha para preparar e servir os laticínios e os produtos não derivados do leite.

A limpeza do ritual e a evitação de animais impuros permanecem como partes importantes da tradição judaica, assim como foram fundamentais para a sobrevivência nos tempos bíblicos. A exemplo da circuncisão dos homens, as exigências específicas com respeito à alimentação ajudam a definir e distinguir tanto o indivíduo quanto a comunidade da qual ele faz parte. Para o praticante, no entanto, tais considerações são secundárias. Essas obrigações são, em primeiro lugar e acima de tudo, a lei de Deus.

O que acontece no serviço?

A oração em grupo é fundamental na tradição judaica. A quantidade, a complexidade e o propósito das orações recitadas durante o serviço na sinagoga variam de acordo com a hora do dia, o dia do mês e a ramificação do Judaísmo em questão. Aqueles que desejam orar sozinhos podem fazê-lo, mas devem eliminar certas orações destinadas à recitação em grupo.

O hebraico é a língua sagrada do Judaísmo. Os serviços ortodoxos são os que empregam em maior quantidade as expressões e termos desse idioma na cerimônia; os reformistas são os que menos o usam. De modo semelhante, os serviços reformistas e reconstrutores tendem a ser mais curtos que os ortodoxos e conservadores. Segundo um costume há muito seguido, um serviço em comunidade requer um *quorum,* ou *minyan,* de pelo menos dez adultos (pessoas com mais de 13 anos de idade). Os judeus ortodoxos, assim como muitos praticantes conservadores, exigem dez *homens* como *minyan.*

O serviço básico consiste em:

- *Amidah,* um grupo de saudações em agradecimento e preces de louvor a Deus.

- *Sh'ma*, um juramento de fé, cujo ponto central é a importante declaração contida no Livro do Deuteronômio: "Ouve, Israel, o Senhor, nosso Deus, é o único Senhor".
- Leitura pública de uma passagem da Torá. A *aliyah*, ou "subida", refere-se ao ato de ser convidado a participar dessa leitura: uma grande honra.

Um rabino conduz o serviço. Um precentor cantará e conduzirá a congregação no canto.

> **Aposto que você não sabia**
>
> Os elementos fundamentais de um serviço na sinagoga ou no templo podem ser apresentados em variações longas ou breves, dependendo das exigências da situação e da ramificação da fé judaica. As preces do serviço da manhã, do meio-dia e do pôr do sol variam de 15 a 30 minutos. Os serviços da sexta-feira à noite e do sábado de manhã são consideravelmente mais longos.

Sabá

O Sabá ou "repouso", que se segue aos seis dias de trabalho, é paralelo ao relato contido no Livro do Gênesis acerca do descanso de Deus depois da Criação. O dia começa no pôr do sol da sexta-feira e continua até a noite de sábado. O trabalho é proibido nesse período, mas a definição da palavra "trabalho" pode rapidamente se tornar um ponto (intricado) de discussão entre os praticantes. Comprar, vender e negociar, contudo, são reconhecidos como atividades proibidas para os judeus nesse período.

Independentemente da ramificação do Judaísmo, os serviços de oração realizados durante o Sabá são os mais longos e intricados. Os serviços da noite de sexta-feira podem estender-se de meia hora a uma hora e meia. O serviço do sábado de manhã pode durar até três horas.

Principais observâncias

A seguir, apresentamos um resumo de algumas observâncias mais importantes da tradição judaica. Para obter informações mais detalhadas dos rituais e celebrações dessa expressão de fé, consulte os livros *How to Be a Perfect Stranger* (Arthur J. Magida, Jewish Lights Publishing, 1996) e *This Is My God: The Jewish Way of Life* (Herman Wouk, Pocket Books, 1974).

Rosh Hashaná

É o ano Ano-Novo judaico, um feriado que acontece no primeiro e segundo dias do mês hebraico tishrei, aproximadamente do meio de setembro ao meio de outubro. (O calendário religioso hebraico é baseado nas fases da Lua e não no sistema gregoriano que seguimos no dia a dia.)

O Rosh Hashaná celebra tanto o Ano-Novo religioso quanto a criação da Terra como descrita nos primeiros capítulos do Livro do Gênesis. Algumas ramificações celebram os dois dias nesse feriado; outras (por exemplo, a maioria das congregações reformistas), apenas no primeiro dia. Nenhum trabalho é realizado.

> **Aposto que você não sabia**
>
> As congregações judaicas requerem que os homens (mesmo os de outras expressões de fé) usem um pequeno chapéu chamado yarmulke (YAM-uh-kuh) durante o serviço. As congregações ortodoxas exigem que os homens e as mulheres se sentem em locais separados.

Iom Kipur

Nesse dia, que ocorre logo depois do Rosh Hashaná, no 10º dia do tishrei, os judeus praticantes de todo o mundo observam o Dia do Perdão. Do pôr do sol, que marca o início do Iom Kipur, até o pôr do sol do dia seguinte os féis não comem nem bebem, não trabalham e se arrependem pelos erros cometidos no ano que passou.

Sucot

A celebração da colheita conhecida como Festa das Tendas dura oito dias e geralmente ocorre no mês de outubro (usando o calendário secular gregoriano). É comum não realizar nenhum trabalho no início e no fim da celebração, mas o número de dias observados varia.

> **Cuidado — Atenção**
>
> O hábito que muitos gentios têm de referir-se ao Chanukah como o "Natal judaico" pode ser causa de frustração entre os praticantes judeus. A celebração desse feriado (menos importante) envolve a comemoração de acontecimentos que antecedem o nascimento de Jesus em mais de 150 anos.

Chanukah (Hanuká)

Beneficiário da atenção indevida da mídia devido ao fato (na verdade, uma coincidência) de ocorrer perto da observância cristã do nascimento de Cristo, o Chanukah é com frequência apresentado como a "alternativa judaica" ao Natal. Essa é uma concepção errada e infeliz, pois o Festival das Luzes merece honra, atenção e reconhecimento em seus próprios termos e dentro de sua própria tradição. O feriado conhecido como Festival das Luzes celebra a vitória dos macabeus sobre os sírios no século II a.C. Ele começa no 25º dia do mês hebraico kislev (geralmente do início até a metade de dezembro). É permitido trabalhar durante o Chanukah.

O menorá é usado durante o festival do Chanukah.

Purim

Celebração de um festival que começa no 4º dia do mês hebraico adar (geralmente fim de fevereiro e começo de março), o Purim comemora a salvação dos judeus persas da destruição, como contada no Livro de Éster. Esse alegre festival é precedido por um dia de jejum que é seguido de festividades e alegria. É permitido trabalhar no Purim.

Aposto que você não sabia
O Purim é marcado pela entrega de presentes e generosidade para com aqueles que passam necessidades.

Pesach (Páscoa)

Esse importante feriado, que começa no 15º dia do mês de nisan, honra a libertação do povo judeu da escravidão no Egito. Segundo o Livro do Êxodo, Deus deu uma série de instruções aos israelitas: eles deviam preparar um banquete especial às pressas antes de partir do Egito. Como não havia tempo, o pão usado nessa refeição teria de ser sem fermento. O Livro do Êxodo também relata que Deus fez que o Anjo da Morte destruísse todos os primogênitos dos egípcios, e que "passasse direto"* pelas casas marcadas dos israelitas sem ferir nenhum deles. A celebração da Páscoa, durante a qual os judeus se abstêm de alimentos preparados com fermento ou qualquer outro agente parecido, é observada (geralmente no fim de março ou começo de abril) por sete dias. Muitos judeus (especialmente aqueles que seguem a tradição ortodoxa) não fazem nenhum trabalho no primeiro e nos dois últimos dias desse período, mas as observâncias variam.

Shavuot

Esse feriado celebra tanto a estação da colheita na primavera quanto a dádiva de Deus da Torá. Ele acontece nos 6º e 7º dias do mês de sivan, que corresponde

---

* *N. T.:* em inglês *pass over* é o termo usado para denotar a Páscoa judaica – *Passover.*

a maio ou junho no calendário secular gregoriano. Como regra geral, os judeus ortodoxos não trabalham nesses dias; um certo número de conservadores e reconstrucionistas também segue a mesma prática, mas os judeus reformistas celebram o Shavuot por apenas um dia.

Rituais da vida

O bebê do sexo masculino fica no centro do *brit milah* (aliança da circuncisão), o ritual da remoção da pele do prepúcio realizado de acordo com a determinação contida no Livro do Gênesis 17:10. Essa cerimônia acontece no 8º dia de vida do bebê. Algo paralelo, conhecido como *brit hayyim* (aliança da vida) ou *brit bat* (aliança da filha), ocorre para as meninas, também no 8º dia de vida.

Quando completa 13 anos, o menino judeu marca sua entrada na comunidade como adulto durante seu *bar mitzvah* (filho do mandamento). A cerimônia correspondente para as meninas é conhecida como *bat mitzvah* (filha do mandamento), e pode ser celebrada quando elas completam 12 anos. O *bat mitzvah* foi celebrado pela primeira vez no século XX.

A cerimônia de casamento judaica é conhecida como *kiddushin* (santificação). Ela ocorre sob um pálio conhecido como *huppah*, e incorpora a ritual quebra de um copo com os pés, ato que relembra um acontecimento triste na história dos judeus: a destruição do Templo de Jerusalém em 70 d.C.

As observâncias fúnebres na tradição judaica seguem orientações específicas que podem variar dependendo da ramificação (os reformistas, por exemplo, permitem a cremação, enquanto os judeus da maioria das outras tradições observam determinações contrárias a essa prática).

O mínimo que você precisa saber

- Os costumes, rituais e determinações quanto à alimentação judaica permitiram tanto a coesão social quanto uma série de regras para uma vida de acordo com a lei entre os antigos israelitas, assim como o fazem para os judeus praticantes de hoje.
- A celebração, momento a momento, da própria vida, em toda a sua diversidade, é subjacente ao culto, observância e ritual judaicos.
- Ramificações diferentes da fé judaica assumem abordagens diversas das formas ideais de celebrar a vida.
- Os principais feriados judaicos incluem o Rosh Hashaná, o Iom Kipur e a Páscoa.

Capítulo 7

Judaísmo e Vida após a Morte

Neste capítulo:
- Concepções erradas acerca da vida e da morte nas tradições religiosas
- Os perigos da generalização
- Visões distintas da vida após a morte
- A vida virtuosa como sua própria recompensa

É uma grande ironia da história religiosa humana o fato de que o Judaísmo – o grande e duradouro sistema de fé... o ponto de partida da significativa ideia ocidental consolidada na breve, mas grande expressão "tradição judaico-cristã"... e a primeira expressão de fé entre as três maiores religiões monoteístas – esteja, em um sentido prático, tão pouco preocupado com as questões da vida após a morte.

Esse fato é frequentemente esquecido.

Cuidado com as generalizações!

Atualmente, acadêmicos, intelectuais, agnósticos e ateus céticos gostam de afirmar que "todos" os sistemas religiosos humanos são basicamente justificações intelectuais elaboradas com o objetivo de assegurar a posição social de uma classe elitista de pessoas – clérigos, membros das ordens religiosas, eruditos ou outros grupos que supostamente desejam explorar o inevitável medo humano da morte. Por exemplo, George Orwell, o brilhante crítico político e ateu, em seu livro *Revolução dos Bichos*, satirizou a noção da "Montanha de Açúcar", uma fábula simplista da felicidade eterna em um lugar distante, usada por agitadores astutos para conseguir vantagens terrenas.

Uma variação ainda mais cínica desse argumento afirma que as expressões religiosas são formas elaboradas de negação em massa por parte da humanidade que toma a forma de uma escolha "irracional" para focar em uma recompensa (ou punição) prometida na vida após a morte. Tais "ilusões" são com frequência condenadas sem muita convicção. Um poeta famoso, por exemplo, escreveu certa vez que não entendia como a humanidade podia continuar a viver com uma imagem pintada de um Paraíso como seu destino – ou como a humanidade poderia continuar a viver sem essa imagem.

Essas desconsiderações intelectuais das crenças relacionadas à vida após a morte sempre estiveram presentes na história da humanidade, mas se tornaram particularmente comuns nos séculos XX e XXI. Nesse período, elas assumiram a forma de afirmações de que todas as pessoas de fé são simplórias ou exploradoras, ou ambas.

> **Cuidado — Atenção**
> Entre os proeminentes intelectuais contemporâneos que alegam que os sistemas religiosos são essencialmente exercícios hierárquicos com o objetivo de subjugar seus seguidores, está Desmond Morris, autor do best-seller dos anos 1970, The Naked Ape.

Entre os (muitos) fatos que essas críticas e interpretações erradas dos variados sistemas de fé da humanidade geralmente ignoram, no entanto, está a inconveniente verdade de que o Judaísmo contemporâneo não se encaixa no padrão.

Em que o povo judeu acredita

Os praticantes do Judaísmo não "descartam" tanto as ideias de morte, céu e inferno, porém preferem olhar para além delas e focar sua atenção no valor da vida humana, considerada sagrada.

O Judaísmo simplesmente ensina:

- Que a alma humana é imortal.
- Que a natureza dessa imortalidade está além da concepção da humanidade.
- As conclusões sobre a natureza específica de nosso relacionamento com Deus depois da morte não são particularmente úteis do ponto de vista teológico.

> **Aposto que você não sabia**
> A Torá contém 613 mandamentos. O sentido da sacralidade da vida humana na tradição judaica pode ser observado considerando-se que é lícito quebrar 609 desses se o ato salvar uma vida humana. (As exceções são as proibições contra idolatria, assassinato, incesto e adultério.)

Essa abordagem simples (e não emotiva) do assunto surgiu com o passar do tempo e ajudou a separar o Judaísmo das outras grandes expressões de fé monoteístas (citados nos capítulos 12 e 17).

Historicamente, existiram várias escolas de pensamento dentro do Judaísmo que enfatizaram doutrinas detalhadas acerca de punição e recompensa depois da morte. No entanto, elas não duraram e não são parte do ensinamento religioso e ético dos judeus contemporâneos. A visão prevalecente hoje em dia é que a ênfase nas particularidades literais específicas da vida após a morte é essencialmente um desvio da questão mais importante, que é viver na Terra de um modo que Deus aprove.

Mesmo os antigos ensinamentos judaicos concernentes ao que acontece com a alma humana depois da morte tendiam a se expressar pela ideia do remorso ou contentamento da alma, em vez de um determinado lugar físico onde tormentos são administrados aos condenados e recompensas dadas aos eleitos. A noção mais próxima de céu ou inferno no Judaísmo tradicional – e não é tão próxima assim – é a do *Sheol*.

Aposto que você não sabia
O grande filósofo judeu Maimonedes escreveu de maneira apaixonada a respeito do que considerava ser os fatos literais da vida após a morte quando tinha 20 anos. Anos depois, ele afirmou que a noção de recompensas e punições divinas para os atos humanos era mal orientada, e acrescentou que a recompensa por viver uma vida íntegra era a própria integridade.

Um contraste total

Embora o Islamismo e o Cristianismo enfatizem com veemência a punição eterna para os pecadores não arrependidos, recompensa eterna para aqueles que obtêm o favor de Deus e um Dia de Juízo Final, que será enfrentado por toda a humanidade, o Judaísmo não o faz. Sua abordagem sobre a questão do que acontece com a alma humana depois da morte é, em essência, referir tais assuntos apenas a Deus, enfatizando a importância, durante a vida terrena, de imitar a misericórdia, a justiça

O que significa
No antigo pensamento judaico, **Sheol** era um reino obscuro onde todas as pessoas — virtuosas ou não — eram enviadas depois de completar a vida na Terra. Muitas pessoas acreditam que a ideia do Sheol foi apenas uma metáfora poética para a noção da morte. Ela não traz em si nada semelhante à importância teológica do céu ou inferno, como no Cristianismo e no Islamismo.

e a tolerância de Deus. Em outras palavras, a resposta concisa dos judeus a essa questão é tratá-la como uma oportunidade de reforçar a importância de obter o favor de Deus. Um indivíduo conseguirá isso mediante atividades que promovam o aprendizado, seguindo o culto religioso e praticando boas ações sem esperar recompensas.

Um antigo rabino judeu disse certa vez: "(Deus) exige que alimentemos os gentios que são pobres, assim como os judeus que estão passando necessidades". Essa breve declaração, focando nas exigências práticas de uma vida íntegra, pode muito bem ser a melhor resposta do Judaísmo ao incansável questionamento humano em relação às particularidades da vida após a morte. É uma resposta que interessa aos judeus e a todas as pessoas de boa vontade.

> **No caminho**
>
> "As leis judaicas determinam que uma lápide seja preparada para que a pessoa que morreu não seja esquecida nem a sepultura profanada. É costume em algumas comunidades manter a lápide velada ou adiar sua preparação, até o fim do período de 12 meses de luto. A ideia subjacente a esse costume é de que a pessoa não será esquecida enquanto sua morte for lamentada todos os dias. Nas comunidades onde esse costume é observado, de modo geral, há uma cerimônia formal para desvelar a lápide."
>
> "Life, Death and Mourning", artigo lançado em Judaism 101, www.mechon-mamre.org/jewfaq/death.htm.

O mínimo que você precisa saber

- Críticos sociais e seculares das religiões com frequência simplificam em excesso ou ignoram a visão judaica sobre as questões relativas à vida após a morte.

- Judeus observantes tendem a ignorar as questões concernentes à punição e recompensa na vida após a morte, preferindo dar ênfase à sacralidade da vida humana e à importância de viver com virtude.

- Para muitos judeus, as questões relativas à vida após a morte são vistas como desvios da obrigação de viver na Terra de maneira que agrade a Deus.

- Embora o Islamismo e o Cristianismo deem grande ênfase a conceitos como céu, inferno e Dia do Juízo Final, o Judaísmo contemporâneo não o faz.

Capítulo 8

Derrubando as Barreiras ao Judaísmo

Neste capítulo:
- Sionismo
- A posição das mulheres no Judaísmo
- Usando o termo "judaico-cristão"
- Antissemitismo

Há muitas concepções erradas, mitos e estereótipos associados ao Judaísmo. Neste capítulo, veremos os cinco mais comuns.

Concepção errada 1: Sionismo é a mesma coisa que Judaísmo

Pessoas que não estão familiarizadas com as diferenças históricas e políticas entre o Judaísmo e o Sionismo, algumas vezes, cometem o erro de presumir que os dois são idênticos. Eles não são.

Alguns comentaristas – principalmente os que desaprovam as políticas do governo de Israel – cometem o erro de falar acerca do Judaísmo e do desejo de manter um Estado judeu como se as duas coisas fossem idênticas. A questão não é tão simples.

Embora a grande maioria do povo judeu apoie (e defenda) o Estado de Israel, é um erro presumir que o movimento político para incorporar tal Estado seja idêntico à prática observante judaica. Uma pessoa pode ser um judeu praticante sem defender uma pátria judaica reconhecida internacionalmente. Um certo número de judeus proeminentes se opõe aos princípios do Sionismo, embora com certeza eles constituam a minoria. (O autor Noam Chomsky é talvez o mais conhecido exemplo norte-americano.)

O movimento conhecido como Sionismo foi lançado, em 1896, por um homem chamado Theodor Herzl, e, desde então, assumiu um lugar central na história moderna do Judaísmo. O ponto alto do movimento foi, com certeza, a fundação do Estado judeu, em 1948. É importante entender que o Sionismo é um movimento político próprio que defende a segregação do povo judeu em um cenário nacional específico. Apoiar a nova expressão do Sionismo significa acreditar que é importante manter "um lar garantido pública e legalmente" em Israel dos dias de hoje.

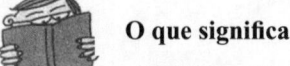

> **O que significa**
>
> O **Sionismo** é um movimento político que busca o estabelecimento e a defesa de um Estado judeu independente.

A ideia de uma nação judaica na Palestina contém muitas referências na Bíblia hebraica, e essa é uma razão para o forte apoio dos judeus em todo o mundo para o Estado de Israel. Todavia, somente os argumentos contidos nas Escrituras não justificam a suposição de que todos os judeus sejam sionistas. Para obter mais informações acerca desse complexo tema, recomendamos o excelente artigo "The Differences Between Judaism and Zionism", de G. Neurenberg, acessível em www.jewsnotzionists.org/differencejudzion.html.

Ao mesmo tempo, tenha em mente que muitos judeus observantes aceitam e aplaudem o movimento sionista e seus objetivos, enquanto outros não têm nenhuma opinião a seu respeito, e outros, ainda, têm reservas quanto a seus objetivos e métodos. O fato de ser considerado judeu independe da posição do indivíduo no que toca a questões políticas contemporâneas.

Concepção errada 2: o povo judeu é culpado de deicídio

Uma pesada acusação foi imputada aos judeus nos últimos 2 mil anos da história desse povo. É comum alegar que eles são responsáveis, como povo, pela execução de Jesus Cristo e que, por conseguinte, são culpados de *deicídio*.

É importante observar que essa alegação foi condenada por todos, com exceção dos cristãos antissemitas mais radicais, e foi denunciada de modo explícito pela Igreja Católica Romana no Concílio Vaticano II em 1960.

Hoje, a alegação de que o povo judeu é culpado, como um grupo, da execução de Jesus de Nazaré simplesmente identifica os que fazem a asserção como fanáticos religiosos que promovem o ódio e a intolerância.

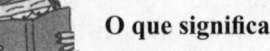

> **O que significa**
>
> **Deicídio** é o suposto ato de assassinar Deus.

Concepção errada 3: o Judaísmo vê a mulher de modo negativo

Muitas pessoas acreditam que as práticas religiosas ortodoxa e conservadora trazem os resquícios de atitudes negativas em relação às mulheres.

As praticantes dessas escolas da fé judaica, de modo geral, rejeitam essa caracterização e, com frequência, ressaltam que escolheram seguir seu próprio caminho espiritual em um cenário que enfatiza a integridade, a autonomia e o crescimento pessoal perante Deus.

As mulheres no Judaísmo desfrutam um legado espiritual rico e recompensador. A ideia de que participam de sua própria opressão tem pouco peso entre elas mesmas, que rejeitam essa noção. (Ver discussões semelhantes a respeito das questões envolvendo diferenças dos sexos no Islamismo no Capítulo 18.)

Vale a pena observar também que as mulheres judias, seguindo as determinações bíblicas de separar-se do resto da comunidade durante o ciclo menstrual, veem essa prática não como uma questão de estarem "impuras" – tradução que não é fiel ao texto bíblico original – mas como uma oportunidade de rezar e ficar mais próximas de Deus durante um importante período de tempo. Quando os restos de um óvulo que poderia ter se tornado uma vida humana são expelidos do corpo, os fiéis acreditam que esse é o tempo para uma observância cuidadosa e atenta da passagem de uma alma humana.

Aposto que você não sabia
Os rabinos do Talmude acreditavam que as mulheres guardavam em si uma variedade de visões espirituais, conhecidas como Dinah, que, se desenvolvidas de modo apropriado, superariam a habilidade perceptiva paralela dos homens. Tal capacidade é basicamente a de ser capaz de distinguir as diferenças entre os elementos ou as ocorrências que parecem ser idênticos ou de natureza muito próxima.

Concepção errada 4: "judaico-cristão" significa basicamente "cristão"

Muitos presumem que o termo comum "judaico-cristão" é usado há séculos para descrever o desenvolvimento do componente religioso da civilização ocidental.

De fato, essa expressão data do ano de 1899. Ela entrou em voga durante a Segunda Guerra Mundial quando a mídia das nações aliadas tentou enfrentar a enormidade do holocausto nazista contra os judeus. O termo deve ser usado com cuidado.

Ele tende a ser usado, com frequência, mais pelos cristãos que pelos judeus, em contextos que buscam enfatizar a continuidade das tradições cristã e judaica. O povo judeu, no entanto, algumas vezes se ressente dessa expressão porque ela frequentemente parece sugerir que os judeus e os cristãos seguem em essência as mesmas práticas religiosas. Isso, contudo, não corresponde à verdade.

> **Cuidado — Atenção**
>
> Se você decidir usar o termo "judaico-cristão", tenha a certeza de que está de fato fazendo referência às tradições do Judaísmo e do Cristianismo, e comparando-as.

O melhor conselho aqui é pensar bem antes de empregar o termo. A todo custo deve-se fazer um esforço para evitar o erro de um proeminente grupo fundamentalista cristão, que circulou um material na imprensa enfatizando sua devoção aos "valores judaico-cristãos". Como prova disso, o grupo apresentou uma lista com uma série de crenças, mas, como os leitores judeus rapidamente alertaram, nenhuma delas tinha relação com o Judaísmo!

Concepção errada 5: o Judaísmo é monolítico

Uma grande variedade de fantasias ominosas procedeu do argumento (ridículo) de que o povo judeu pensa, trabalha, investe, escreve e se organiza como um grupo único e perigoso.

Essa crença é, talvez, o princípio básico do *antissemitismo*.

O povo judeu, como os budistas, hindus, muçulmanos, cristãos e membros de outras expressões de fé, persegue objetivos políticos, sociais e educacionais muito divergentes. Os judeus não agem como um grupo único nem controlam indústrias completas ou instituições sociais com o objetivo de manipulá-las para seus próprios fins.

> **O que significa**
>
> **Antissemitismo** é o ódio ou a discriminação contra os judeus. Ele geralmente tem raízes na crença que a totalidade dos fiéis judeus operam com uma visão única e nefanda do mundo, que eles perseguem objetivos coordenados.

Qualquer pessoa que negue a estonteante pluralidade da moderna experiência judaica simplesmente não foi exposta a essa experiência de modo significativo.

O mínimo que você precisa saber

- Sionismo não é o mesmo que Judaísmo.
- O Judaísmo não vê as mulheres de modo negativo.
- Use o termo "judaico-cristão" com cuidado.
- O Judaísmo não é um movimento global monolítico ou perigoso.

PARTE 3

Cristianismo

Não há praticamente nenhuma nação onde não exista uma comunidade de fiéis cristãos. Embora seus adeptos sejam encontrados por todo o mundo e a aceitação de Jesus como o Messias, o Filho de Deus, seja central à fé, as "doutrinas básicas" do Cristianismo desafiam as explicações simples. Isso acontece, em parte, graças às muitas tradições e estruturas divergentes que surgiram através dos séculos como resultado das discordâncias a respeito das doutrinas e práticas; e em parte porque o papel e os ensinamentos do próprio Jesus permanecem, depois de dois milênios, um mistério fundamental.

Capítulo 9

Os Primórdios do Cristianismo

Neste capítulo:

- O homem no centro
- As origens do Cristianismo organizado
- O desenvolvimento histórico das várias ramificações da Igreja cristã
- A diversidade da observância cristã

O Cristianismo evoluiu de uma pequena seita na Palestina do século I para tornar-se uma das maiores expressões de fé do mundo. Neste capítulo, você aprenderá como ele se desenvolveu, que forças o influenciaram e alguns dos diferentes caminhos pelos quais seguiu durante os primeiros 2 mil anos de sua existência.

O homem no centro da fé

O nome simples e familiar "Jesus Cristo" oferece uma grande quantidade de informações a respeito das influências que deram forma ao Cristianismo.

"Jesus" é uma forma latinizada do grego "Iesous", transliteração de um nome hebraico que a maioria dos cristãos contemporâneos provavelmente não reconheceria: Y'shua. E "Cristo" não é, explicando apropriadamente, um nome, mas uma descrição. É uma variação da palavra grega "Christos", que significa "o ungido". Essa palavra, por sua vez, é uma tradução do termo hebraico "Messiah" – na tradição judaica, uma figura escolhida e ungida por Deus que traria a salvação para Israel.

O Espírito Santo representado como uma pomba. O Novo Testamento descreve uma pomba (o "Espírito de Deus") descendo sobre Jesus em seu batismo.

Alguns historiadores sugeriram que tudo o que podemos saber com certeza a respeito de Jesus da Galileia é que ele foi crucificado em Jerusalém – provavelmente condenado por declarações abertas que soaram como blasfêmia para os líderes religiosos judeus da época e como sedição para as autoridades romanas. Entretanto, a maioria dos eruditos agora aceita a imagem básica de Jesus descrita nos Evangelhos – que ele conduziu um ministério popular que incluiu os pecadores e os excluídos da sociedade; ocasionalmente desafiou as autoridades religiosas de seu tempo; e promoveu o amor, a tolerância e a fé. Ao afirmar que era o Messias, Jesus conquistou seguidores, mas também fez perigosos inimigos – é provável que essa afirmação tenha sido uma das razões de sua execução.

Os cristãos acreditam que Jesus era, ao mesmo tempo, Deus e homem, nascido na Terra para redimir a espécie humana. Os seguidores do Cristianismo celebram o mistério da Encarnação – a noção de que, pelo poder do Espírito Santo, a Virgem Maria concebeu e deu à luz um filho que é uma Pessoa Divina com uma natureza divina e humana. Eles aceitam e divulgam os ensinamentos éticos de Jesus, que enfatizam a misericórdia e o perdão infalíveis. Os cristãos também acreditam que, após ter sido traído por Judas Iscariotes e condenado por Pôncio Pilatos, Jesus ressuscitou dos mortos, permitindo à humanidade alcançar a verdadeira salvação. Os cristãos aguardam o retorno, ou Segunda Vinda, de Jesus ressuscitado.

O nome "Jesus Cristo" encerra um momento decisivo (e à época controverso) na história da Igreja. Essas duas palavras serviram para apresentar Jesus e o conceito judaico de um redentor para a subjugada nação de Israel, a um público distintamente não judeu. As várias mensagens dirigidas a esse público estabeleceram as bases do Cristianismo moderno.

Em outras palavras: a figura no centro dessa expressão de fé é descrita a distância, em traduções, como o resultado das influências culturais gregas sobre as sociedades mediterrâneas, nos quais ela alcançou pela primeira vez ampla aceitação entre os não judeus. Foi depois dessa fase de seu desenvolvimento que o Cristianismo começou a ascensão que o levaria ao *status* de uma das maiores religiões do mundo.

Quem foi o "verdadeiro" Jesus? Um sentimento de afastamento da pessoa de Jesus algumas vezes surge entre alguns cristãos hoje em dia, e isso é compreensível.

Atualmente esperamos que a história escrita seja uma tentativa de um relato neutro de acontecimentos, não percebendo que isso é um valor moderno que não pode ser aplicado aos escritos sagrados da Antiguidade. Os compiladores dos *Evangelhos* não se dispuseram a responder às perguntas modernas "Como era Jesus realmente?" e "Qual foi a sequência precisa dos acontecimentos em sua vida, do ponto de vista histórico?". Reunidos a partir de várias fontes, uma geração ou duas depois do ministério de Jesus, e escritos em grego, em vez do aramaico (que era a língua falada por ele), os Evangelhos são parte história, parte testemunho de fé – não jornalismo ou biografia contemporâneos.

O que significa

Os quatro **Evangelhos** do Novo Testamento, de Mateus, Marcos, Lucas e João, são os relatos recebidos da vida e ministério de Jesus. Nenhum deles foi compilado, pelo menos na forma em que se apresentam hoje, durante o ministério de Jesus. As fontes, as datas de composição e os níveis de inter-relacionamento dos quatro Evangelhos levaram a séculos de pesquisa erudita. Os três primeiros relatos têm tantas semelhanças de material e pontos de vista que são chamados de Evangelhos "sinópticos" ("mesmo olho"). João apresenta uma tradição muito distinta e, provavelmente, posterior.

Um pequeno aparte: recentemente, uma série fascinante de publicações de um grupo de acadêmicos do Novo Testamento provocou apaixonados debates acerca dos Evangelhos. De um lado da discussão, encontram-se grupos de eruditos que acreditam que certas passagens paralelas em Mateus e Lucas apontam para a existência de um Evangelho que seria uma fonte mais antiga (ou "Evangelho de provérbios") e que estaria perdido hoje. Esses eruditos chamam esse antigo texto hipotético de Q, da palavra alemã *Quelle*, ou fonte; e tentaram reconstruí-lo baseados nos textos de Mateus e Lucas. Do outro lado do debate, está um grupo de fiéis e eruditos mais tradicionais que veem a promoção de qualquer "evangelho hipotético" – e do Q em particular – como uma tentativa de reescrever a teologia cristã sob o disfarce de uma pesquisa acadêmica.

Para examinar com mais detalhes esse debate e algumas respostas cristãs contemporâneas, acesse os seguintes *sites*:

- "The End of the Theology of Q" [O fim da teologia do Q]
  http://www.gospelcom.net/apologia/mainpages/WhatsNews/WN011203.html
- "Q: Some Lesson form a Debate" [Q: Algumas lições do debate]
  http://www.freechurch.org/oldrec/oldrece.html
- "The Canonical Status of Q"
  http://religion.rutgers.edu/jseminar/q_canon.html

Aposto que você não sabia

Os cristãos, de modo geral, aceitam a Bíblia como a palavra inspirada de Deus. A Bíblia cristã é composta por 39 livros sagrados em hebraico e aramaico e 27 livros dos anos que se seguiram ao ministério de Jesus.* Os cristãos se referem ao primeiro grupo de livros como Antigo Testamento e ao segundo, como Novo Testamento. Um número de livros e fragmentos frequentemente agrupados com o Antigo Testamento, conhecidos como Apócrifos, são também considerados sagrados por alguns cristãos.

Mistério

Vimos como o nome "Jesus Cristo" reflete um desafio de "tradução" enfrentado pelos primeiros cristãos. O desafio vai muito além da questão sobre como referir-se a Jesus.

Pense nas muitas dificuldades associadas a integrar a religião de uma cultura em outra separada (e muito diferente). No caso dos Evangelhos, a fé em Jesus teve de ser traduzida do Judaísmo da Palestina do século I para a cultura grega e latina (ou "helenística") do fim do Império Romano.

Uma aura de mistério parece ter cercado Jesus desde o momento em que ele apareceu na Palestina como professor. Para muitos fiéis, a mesma aura se liga a seus ensinamentos até os dias de hoje. Na Palestina do século I, muitas pessoas, ao que parece, não conseguiam encontrar Jesus sem perguntar: "Que tipo de homem é ele?".

---

* *N. T.:* A Bíblia católica contém 73 livros ao todo – 46 do Antigo Testamento e 27 do Novo Testamento.

Por 2 mil anos, os cristãos se esforçaram para diminuir a distância entre seus próprios corações e a exigente figura enigmática no centro de sua fé. Independentemente do fato de viverem em culturas que oprimiram e perseguiram os adeptos do Cristianismo, culturas que alegavam seguir os ensinamentos de Jesus como base social ou ainda culturas que não assumiam nenhuma posição de um lado ou do outro, os seguidores de Jesus tiveram de percorrer suas próprias jornadas para resolver questões fundamentais a respeito do homem cujo antigo ministério continua a exercer uma profunda influência moderna.

> **Aposto que você não sabia**
>
> Os cristãos acreditam que Jesus, ao morrer e ressuscitar dos mortos, superou os pecados humanos e tornou realidade a redenção do mundo, permitindo a todos os que acreditam nele e seguem seu caminho a entrada no reino dos céus.

Cristianismo no mundo

O Cristianismo é uma expressão de fé rica e diversa que, como as outras principais religiões, envolve muitas escolas e pontos de vista. Ele é, hoje, uma religião global. Alguns dos maiores acontecimentos dentro da história dessa tradição estão identificados neste capítulo.

Adaptabilidade cultural e histórica

Jesus algumas vezes foi considerado a pessoa mais influente na civilização ocidental. É provável que isso se deva ao extraordinário alcance e influência da religião que o vê como seu fundador.

A palavra "Cristianismo" com certeza se aplica a uma estonteante variedade de cultos, e a religião que a palavra descreve tem sido uma poderosa força social durante séculos em cenários variados. (Em seu livro *The 100: A Ranking of the Most Influential Persons in History,* Michael H. Hart observou que "não há nenhuma dúvida de que o Cristianismo, através do tempo, teve mais adeptos do que qualquer outra religião".) Como o Cristianismo é uma expressão de fé adaptável, todavia, é muito difícil fazer declarações generalizadas sobre ela ou, talvez, julgamentos lógicos de suas ideias fundamentais.

Uma fé inacabada

Uma das razões para sermos cautelosos com o uso de instrumentos lógicos para descrever o Cristianismo é que ele não é (para muitos fiéis) um sistema fechado, concluído. Os cristãos, ao viver sua fé, não olham para trás, para um período histórico específico, mas para a frente, rumo à redenção e ressurreição mediante Jesus.

Essa orientação não apenas afirma a convicção de que o bem acabará por prevalecer sobre o mal, mas também conclama os fiéis a ser vigilantes na vivência da mensagem do Evangelho na vida diária. Os cristãos são lembrados de que sua fé é uma direção, não um conjunto estático de princípios. Alguns diriam que o Cristianismo é um "trabalho em andamento".

Com esses pontos cuidadosos em mente, você está preparado para uma visão mais próxima da história e desenvolvimento dessa influente fé monoteísta.

Pedro e Paulo — e além

> **Aposto que você não sabia**
>
> As Epístolas de Paulo são antigas cartas atribuídas a ele, que apresentam orientações a determinadas congregações da época e à Igreja cristã como um todo. As epístolas fazem parte do Novo Testamento e provocaram um imenso impacto na doutrina e prática cristã.

É muito importante lembrar que o Cristianismo começou como uma forma de Judaísmo e que não apenas Jesus, mas também seus primeiros seguidores eram judeus observantes. Os cristãos de hoje tendem a esquecer esse fato e nem sempre percebem o impacto das primeiras discussões envolvendo Jesus dentro do Judaísmo.

O apóstolo Pedro, um discípulo de Jesus (*apóstolo* significa "mensageiro" ou "enviado"), é considerado o primeiro bispo de Roma. A congregação cristã em Roma desempenharia um papel de liderança na sobrevivência e desenvolvimento da fé. Outro apóstolo, Paulo, era contemporâneo de Pedro, embora nunca tenha conhecido Jesus. Judeu devoto, Paulo parou de perseguir os cristãos depois que recebeu um chamado de Cristo para pregar a salvação aos gentios. Paulo se tornou o maior teólogo cristão dos primeiros anos dessa expressão de fé e o principal de sua expansão na comunidade gentia.

> **Aposto que você não sabia**
>
> A vida de São Francisco de Assis, nascido na Itália no século XII, inspirou muitos cristãos. Quando jovem, Francisco abandonou uma vida de riqueza, escolhendo viver com alegria na pobreza. Francisco via o sofrimento de Jesus nos pobres e doentes e a beleza d'Ele na natureza. Ele fundou a Ordem Franciscana. Francisco é uma das figuras mais amadas no Cristianismo.

A perseguição intermitente por parte das autoridades romanas acompanhou o desenvolvimento do Cristianismo como uma religião separada do Judaísmo, e Pedro e Paulo morreram como mártires em Roma. Embora o alcance da perseguição tenha sido, algumas vezes, exagerado, os cristãos eram vistos pelos romanos como desleais e mesmo imorais. Perseguições locais esporádicas e ataques imperiais levaram sofrimento às comunidades cristãs, incluindo tortura, perda de propriedades e, com frequência, morte violenta. Contudo, essas medidas provaram ser ineficientes para impedir o progresso do Cristianismo.

Desenvolvimento, conflito e aceitação

Ao que parece, a maioria dos membros da Igreja em seu início pertencia às classes mais baixas e era desprezada por causa disso. Suas comunidades eram pequenas, pobres e espalhadas pelas cidades do império. A espiritualidade interna formava a maior parte da experiência cristã. O entendimento e a interpretação do mistério de Cristo e da salvação, com frequência, levavam a conflitos e divisões acentuados.

Os céticos das classes mais altas surpreendiam-se com o fato de que os membros de uma religião que dava ênfase ao amor colocavam tanta energia no ataque a outros cristãos, principalmente enquanto sua fé estava sob ataque. Então, em 312 d.C. algo dramático aconteceu. Um futuro imperador, chamado Constantino, converteu-se à fé cristã, após uma visão ter-lhe revelado que obteria uma vitória militar.

Após derrotar os inimigos, Constantino assumiu o poder político e lançou decretos proibindo a perseguição dos cristãos. Essas ações tornaram o Cristianismo respeitável no império e encorajaram conversões à fé entre todas as classes de pessoas.

Com o enfraquecimento e fracasso do poder imperial na Europa Ocidental, depois do ano 400 d.C., os papas, mantendo a liderança religiosa, também começaram a emergir como uma poderosa força política e social no Ocidente. Durante os séculos seguintes, o Cristianismo se expandiu e desenvolveu sob a liderança papal.

Ao mesmo tempo, entretanto, as disputas entre a Igreja de língua latina, do Ocidente, e a Igreja de língua grega, do Império Bizantino no Oriente, conduziam à separação. O papa Gregório VII, que fora bem-sucedido em realizar reformas eclesiásticas no Ocidente, não conseguiu impedir essa divisão. O *cisma* formal ocorreu em 1054. Nessa época, esforços missionários haviam trazido o Cristianismo latino à maior parte da Europa Ocidental.

À medida que a vida na cidade ressurgia no século XIII, após séculos de estagnação e decadência, novas ordens religiosas de leigos e clérigos foram fundadas para ensinar e pregar a fé. Esse período também testemunhou a construção de grandes catedrais e a fundação das principais universidades da Europa.

> **O que significa**
>
> Um **cisma** é uma divisão ou um estado de desunião dentro de uma Igreja. No Cristianismo, o cisma entre a Igreja Ocidental e a Oriental (1054) levou à separação de grupos hoje conhecidos popularmente como Igreja Ortodoxa e Igreja Católica. As **Cruzadas** foram uma série de conflitos militares iniciados pelos poderes europeus, entre os séculos XI e XIII. O objetivo declarado das Cruzadas era assumir o controle dos lugares sagrados onde Jesus vivera — regiões que estavam sob controle dos muçulmanos. Embora os cruzados tenham conseguido recuperar Jerusalém por um breve período, em 1099, e estabelecer um reino latino na Palestina que durou 200 anos, eles foram, por fim, repelidos, deixando regentes muçulmanos no governo.

O século de São Francisco e São Domingos viu o poder papal assumir posição de extraordinária proeminência tanto na vida cultural quanto na política da Europa Ocidental. Essa época foi marcada por estabilidade, abertura intelectual a certos tópicos e uma inquestionável autoridade religiosa e social. Mas esses mesmos anos também deram origem às *Cruzadas* e às primeiras Inquisições, por meio das quais a Igreja conduzia julgamentos secretos para identificar e eliminar hereges. Esse período da historia da Igreja também foi marcado por muitas formas de corrupção institucional.

Posteriormente, a Idade Média testemunhou um cisma papal e uma série de lutas amargas pelo poder em Roma, uma competição que resultou em reivindicações para saber qual ofício havia se tornado mais poderoso na Europa. A própria função de papa foi reivindicada por dois, e depois três, pretendentes. Finalmente, um concílio extraordinário foi convocado (em Constança, 1414-1418), para pôr fim ao cisma papal e reformar a Igreja tanto na liderança quanto para os outros membros. O concílio garantiu a unidade no papado, mas não conseguiu impedir os abusos da Igreja.

No início do século XVI, as exigências de reforma, feitas por membros da Igreja, começaram a tornar-se mais insistentes. Reclamações de abusos, em Roma e em outros lugares, faziam-se ouvir em alta voz. Essas reclamações eram dirigidas de modo especial a uma burocracia inchada e ávida por dinheiro; à busca desavergonhada de posições de destaque; à prática de concubinato por grande número de membros de um clero que fazia juramento de celibato; e um emaranhado de alianças religiosas e militares. Os desentendimentos doutrinais concernentes a práticas como a das indulgências (muitas vezes vistas como um tipo de pagamento para eximir-se dos pecados), e acerca da graça concedida por Cristo a todos os fiéis, eram vistos com desânimo por muitos.

> **Aposto que você não sabia**
>
> As Reformas Protestantes estenderam-se à Inglaterra no século XVI. Um ponto crucial ocorreu quando o rei Henrique VII, apoiado pelo Parlamento, negou a autoridade papal e nomeou a si mesmo como líder da Igreja da Inglaterra. Esse fato, que seguiu anos de encontros divisivos entre Inglaterra e Roma, aconteceu logo depois de o papa ter recusado a solicitação de Henrique para desfazer seu casamento com Catarina de Aragão.

O Cristianismo europeu estava pronto para mudanças, e quando elas vieram, assumiram o aspecto das Reformas Protestantes.

As Reformas protestantes

As Reformas começaram, como o nome já indica, como uma tentativa *interna* de modificar os excessos da Igreja de Roma. Em vez disso, o resultado foi a formação de uma quantidade de Igrejas separadas da autoridade papal. As raízes do movimento, na verdade, estendem-se a um passado longínquo. John Wyclif, por exemplo, liderou um movimento dissidente no século XIV. Porém, os elementos catalisadores das Reformas Protestantes foram as famosas 95 teses de Martinho Lutero que podem ou não ter sido colocadas na entrada da igreja em Wittenberg, em 1517, e que com certeza provocaram uma tempestade de controvérsias.

Lutero, um professor de Teologia, não tinha a intenção de se separar da Igreja Romana quando escreveu as 95 teses. Seu propósito era abordar questões da salvação que o preocupavam profundamente. Lutero, contudo, era um provocador, e se recusou a voltar atrás quando seu chamado para o debate a respeito de questões doutrinárias o colocou em conflito direto com as autoridades da Igreja. Em 1519, ele negou abertamente a autoridade da Igreja sobre questões religiosas; em 1520, foi excomungado pelo papa e condenado pelo santo imperador romano. (Mas nessa época muitos já o apoiavam.) Em 1521, uma tentativa de resolver o problema levou a um apoio ainda maior à revolta contra Roma.

As doutrinas de Lutero (examinadas no capítulo seguinte) ganharam muita força na Alemanha e em outros lugares. Alguns líderes políticos abraçaram sua causa, pois teriam ganhos econômicos confiscando as propriedades da Igreja. Uma nova classe de capitalistas também se beneficiaria com uma estrutura social mais aberta e menos centralizada. Mas seria um erro nos ater a esses motivos econômicos.

As críticas que Lutero e seus seguidores faziam contra a corrupção eram partilhadas por muitos leigos e membros do clero. Sua insistência revolucionária na comunicação direta com Deus, sem a mediação de um padre, tocou os fiéis por toda a Europa. De modo trágico, questões de consciência levaram a décadas de guerras sangrentas entre cristãos rivais.

Por fim, a separação provocou importantes reformas dentro da Igreja Romana. A ortodoxia doutrinal tornou-se um imperativo e o celibato, algo mais real. Mas as divisões religiosas na Europa permaneceram profundas.

Intensos desgastes causados por guerras, interesses comerciais e ceticismo acerca de disputas religiosas terminaram em guerras. Na Europa, o território ficou dividido entre as várias facções. A Inglaterra tornou-se pluralista, embora a ascensão do Puritanismo mostrou que ainda havia muita energia no país para o debate religioso. Como resultado das Reformas europeias, e de modo especial na América do Norte, variações de Protestantismo provaram ser uma rica fonte de um novo pensamento e culto cristãos.

Além das divisões

No longo período que se seguiu às Reformas Protestantes, os líderes de diversas facções cristãs tentaram transcender velhos conflitos, com graus variáveis de sucesso. De certa forma, a maioria das divisões do Cristianismo teve de adequar-se às exigências e oportunidades de vida em uma época de rápidas mudanças sociais e tecnológicas.

Atualmente, um crescente e vigoroso *movimento ecumênico* ajudou a unir facções separadas da Igreja, de um modo que seria inconcebível no passado. Representantes das proeminentes Igrejas Protestantes e Ortodoxas Ocidentais, por exemplo, participaram como observadores do Concílio Vaticano II, em Roma, que começou em 1962 e abriu caminho para novas e significativas reformas dentro da Igreja Católica Romana.

Na Era Moderna, o questionamento científico e a forte influência secular e comercial desencorajaram a fé de alguns cristãos, ao mesmo tempo que reforçaram e fortaleceram a de outros. À medida que a Igreja global entrou no novo milênio, ela obteve mais adeptos em países que antes pareciam estar muito além de sua influência. O "Cristianismo" pode nunca mais voltar a ser a ala religiosa de um poderoso império político, mas seus princípios essenciais perduram. Impérios caem, porém as grandes religiões continuam. A ênfase cristã na misericórdia, no perdão, na

> **O que significa**
>
> O **movimento ecumênico**, um esforço contínuo de promover a unidade entre as várias denominações cristãs, foi uma grande força no Cristianismo do século XX.

reconciliação e no amor transcendeu até os (sérios) limites de instituições que propagaram a fé por muitos séculos.

O mínimo que você precisa saber

- A figura no centro do Cristianismo, Jesus, foi objeto de mistério e veneração por séculos; pronunciamentos categóricos a seu respeito devem ser tratados com ceticismo.

- A Igreja ocidental, ou latina, cristã surgiu como uma força religiosa dominante na Europa Ocidental, e manteve essa posição durante séculos.

- Discordâncias com a Igreja oriental, em 1054, levaram a um grande cisma no Cristianismo; as Reformas Protestantes do século XV provocaram outro.

- Os excessos e as limitações das várias Igrejas cristãs não impediram que a fé propagada por elas se tornasse uma das mais importantes religiões do mundo.

Capítulo 10

As Muitas Denominações Cristãs

Neste capítulo:
- Descubra a respeito das antigas raízes da fé católico-romana e aprenda sobre suas doutrinas distintas
- Explore o mundo do Cristianismo Oriental Ortodoxo
- Aprenda a respeito do surpreendente e diverso mundo do Protestantismo
- Descubra alguns pontos comuns e diferenças entre os fiéis cristãos

O Cristianismo pode ser dividido em três ramificações principais: a Igreja Católica Romana, as Igrejas Ortodoxas Orientais e as Igrejas Protestantes. Neste capítulo, você encontrará informações concernentes às três.

O Catolicismo Romano

A palavra "católico" originalmente se referia à comunidade global de fiéis cristãos, e ainda é usada com esse sentido em alguns contextos.

Quando os católicos romanos empregam essa palavra, de modo geral, referem-se ao enorme grupo, que se estende por todo o mundo, de cristãos que afirmam estar em comunhão com o bispo de Roma – o papa. Esse grupo representa quase a metade de todos os cristãos do planeta. Neste capítulo, os termos "católico" e "católico romano" irão referir-se a esse grupo de fiéis.

Em que os católicos acreditam

Os católicos romanos, como todos os cristãos, aceitam Jesus Cristo como o Filho de Deus.

Contudo, muitos aspectos da fé e observância católicas contrastam com as práticas dos outros cristãos. Algumas das características distintas mais importantes da fé católica romana são:

- O reconhecimento e a participação em sacramentos específicos: batismo; confirmação; Eucaristia (ou seja, partilhar o corpo e o sangue "transubstanciados" de Cristo, oferecido na Santa Comunhão durante a Missa); penitência (também referida como confissão); unção dos enfermos; matrimônio e ordens sagradas (para aqueles que se tornarão membros do clero).

> **No caminho**
>
> "O Cristianismo, com sua doutrina de humildade, perdão e amor, é incompatível com o Estado e sua arrogância, violência, punições e guerras."
>
> Leon Tolstói

> **Aposto que você não sabia**
>
> As partículas que sobram na Eucaristia, depois da missa católica romana, são reservadas no tabernáculo para posterior distribuição aos doentes e como foco das orações pessoais de adoração da presença de Jesus Cristo no sacramento.

- Aceitação da Igreja como repositório da completa revelação divina.

- Reconhecimento da autoridade espiritual do papa e dos bispos da Igreja, vinda diretamente de Cristo, que concedeu aos apóstolos o domínio sobre as questões espirituais (também conhecido como *sucessão apostólica*). Um desses apóstolos era Pedro, considerado o primeiro bispo de Roma.

- Aceitação do *status* imortal da alma humana; cada pessoa é responsável por seus atos e escolhas.

- Crença de que Deus existe em um sentido objetivo; e é entendido como trino por natureza.

- Celebração da graça de Deus difundida no coração dos fiéis, que são tão modificados que se tornam os filhos de Deus.

- Divulgação da mensagem de Cristo, tanto como fiel quanto como modo de vida.

O que significa

A doutrina da **sucessão apostólica** afirma que, ao transmitir autoridade aos apóstolos, Jesus deu início a uma cadeia de autoridade que se estende em uma linha ininterrupta aos atuais bispos católicos. O grupo de bispos, unidos ao papa, forma um órgão chamado Colégio Episcopal. Os católicos romanos acreditam que os membros desse órgão receberam a incumbência de transmitir os ensinamentos de Cristo e, em épocas especiais, de articular questões de doutrina com a assistência do Espírito Santo.

A lista da página ao lado traz as características distintas "externas" ou "institucionais" mais óbvias da Igreja romana. É importante também observar que os católicos aceitam as seguintes ideias:

- A Igreja está comprometida com uma missão divina.
- Deus se importa com as questões humanas e pode ser alcançado por meio da oração.

Os católicos romanos honram de modo especial a Virgem Maria. Essa veneração se refere a seu papel como mãe do salvador da humanidade. Os católicos romanos acreditam que, devido à redenção trazida por Jesus, Maria, assim como seu filho, foi preservada da mácula do pecado original que atinge todos os outros membros da família humana. Essa visão de Maria é conhecida como a doutrina da Imaculada Conceição.

Aposto que você não sabia
Os católicos romanos, junto com os fiéis ortodoxos e alguns seguidores das tradições anglicanas e luteranas, veneram a mãe de Jesus, Maria, de um modo especial, considerando-a a Mãe de Deus. Essa veneração nasce do entendimento, por parte dessas tradições, das naturezas divina e humana unidas na pessoa de Jesus.

A Igreja Católica Romana também ensina que, ao terminar o curso de sua vida terrena, Maria ascendeu, corpo e alma, ao céu. Esse ensinamento é conhecido como a doutrina da Assunção.

A Trindade

A noção do Deus "trino", que é unicamente cristã, é importante e fundamentalmente misteriosa. Os católicos sempre a consideraram uma das profundas verdades, e muitos outros fiéis cristãos também aceitam essa visão.

A Profissão de Fé que afirma que o Filho, Jesus Cristo, é verdadeiramente Deus e humano, foi debatida nos séculos III, IV e V. Muitos concílios foram convocados nesse período para defender o mistério completo da Encarnação do Filho, a Segunda Pessoa da Trindade, afirmando a natureza divina e humana de Jesus Cristo unida em uma pessoa divina.

Nas discussões a respeito da Trindade, os católicos contemporâneos (junto com muitos outros cristãos) explicam que a luz da razão ou a análise lógica não são rejeitadas por essa doutrina. Em vez disso, eles afirmam que a luz da razão não é contradita, mas apenas não tem força suficiente para começar a aceitar o mistério da Trindade. Esse mistério, dizem os fiéis, só pode ser aceito pela luz da fé.

Aposto que você não sabia
A Trindade do Pai, Filho e Espírito Santo não deve ser interpretada como se os católicos (ou fiéis de outros sistemas cristãos) entendessem Deus como uma divindade essencialmente masculina. Não se considera que a essência divina tenha um gênero masculino nem feminino.
Do mesmo modo, as três dimensões não devem ser vistas como separadas e incompatíveis uma com a outra. O Deus trino é ao mesmo tempo um e três. Se essa doutrina parece desafiar a explicação racional, é exatamente isso que acontece. O dogma (ensinamento) da Trindade é considerado pelos católicos transcendental à análise lógica ou demonstração filosófica.

Expansão – e um cisma

Durante os primeiros séculos de sua existência, a história da Igreja foi idêntica em essência à do Cristianismo organizado, que evoluiu em uma atmosfera de debates acalorados (ver Capítulo 9).

Desde os seus primórdios, o Cristianismo pode ser visto como uma religião em movimento, espalhando-se com rapidez, embora nem sempre com gentileza, para muitas nações. Em parte, isso aconteceu graças à universalidade da fé, mas

Aposto que você não sabia
As ordens religiosas dentro da Igreja Católica Romana serviram para dar energia e revigorar a instituição por centenas de anos. Os membros dessas ordens, que incluem (entre muitas outras) os movimentos Dominicano, Beneditino, Franciscano e Carmelita, procuram imitar a vida de Jesus: eles não possuem nenhuma propriedade, seguem uma vida celibatária e uma disciplina de obediência, segundo as constituições de cada ordem religiosa em particular.

também, em parte, porque as autoridades da Igreja aceitaram incorporar tradições e imagens locais ao contexto mais amplo do culto cristão estabelecido. Em 1504, a Igreja Oriental separou-se formalmente da Ocidental. Sérias divisões entre as duas já ocorriam havia muito tempo.

Desafio e mudança

Do século IX d.C. até o início do século XVI, a Igreja Ocidental foi o componente religioso da sociedade europeia do Ocidente. Como não havia divisões claras entre os órgãos religiosos e outras instituições sociais, a Igreja era, com frequência, uma influência social dominante nos reinos da época.

As Reformas Protestantes, que levaram a uma longa e sangrenta luta militar, assim como a um novo pluralismo no Cristianismo europeu, começaram como uma tentativa interna de reformar a "Igreja Mãe". As Reformas não foram as primeiras nem as últimas campanhas conduzidas por fiéis para reformar as práticas da Igreja.

Não é difícil identificar, através dos séculos de desenvolvimento da Igreja Católica, um padrão de vigorosas reformas, crescimento e complacência. Os católicos veem o ciclo incontável de mudanças e reformas de sua tradição como parte de um contínuo processo histórico de desenvolvimento, que sempre se mantém dentro da função da Igreja, função essa divinamente atribuída.

A mais recente, e talvez mais dramática, das reformas aconteceu no início até a metade da década de 1960, com o Concílio Vaticano II. Como um prelúdio de qualquer estudo que possamos fazer acerca desse concílio, é importante lembrar o trabalho do Concílio Vaticano I, que começou em 1869.

O Concílio Vaticano I é lembrado principalmente por sua expressão da doutrina da infalibilidade papal, uma declaração muito discutida (e muito simplificada) segundo a qual quando o papa fala de modo oficial (*ex cathedra*) a respeito de questões relacionadas à fé ou moral, ele age como o pastor da Igreja universal e recebe um dom especial do Espírito Santo para impedir erros no ensinamento.

A ideia de que os católicos acreditam que o papa está correto em todas as declarações que faz é uma concepção errada. Apenas os pronunciamentos

> **Aposto que você não sabia**
>
> Entre as mais proeminentes ordens da Igreja Católica está a Sociedade de Jesus, cujos membros são conhecidos como jesuítas. As conquistas intelectuais e o energético trabalho missionário dos jesuítas foram dois dos pontos altos da história católica moderna. A ordem foi fundada em resposta às Reformas Protestantes, por Inácio de Loyola.

> **Atenção**
>
> Embora muitas pessoas entendam, em um nível intuitivo, o que as palavras "católico" e "ortodoxo" significam, o uso descuidado desses termos pode levar a confusões. Os seguidores da tradição oriental enfatizam o catolicismo (universalidade) de sua fé; e os fiéis da Igreja Romana percebem o valor de abraçar e entender a ortodoxia (crença estabelecida e aceita) ao abordar importantes desafios à fé.

formais concernentes à fé ou moral se incluem na doutrina da infalibilidade papal, que fala de um dom especial do Espírito Santo. O papa não poderia, por exemplo, usar essa doutrina para forçar um decreto que afirme que Deus não é três pessoas, mas duas; nem para ordenar a aceitação de que Jesus nasceu em Dayton, Ohio (Estados Unidos). Tais questões fundamentais estão além do alcance da autoridade do papa. (Ver Capítulo 13 para uma discussão mais detalhada sobre a doutrina da infalibilidade papal.)

Para os críticos, a doutrina da infalibilidade papal encerra o que eles veem como um tipo de ortodoxia rígida da Igreja. O Concílio Vaticano II, no entanto, abraçou de modo aberto algumas iniciativas de mudanças ignoradas por muito tempo – surpreendendo muitos observadores, tanto dentro da Igreja quanto fora dela.

Entre as mais importantes reformas estavam a aceitação da linguagem local contemporânea (em vez do latim) na missa e uma sincera abertura para amplos princípios ecumênicos. O concílio também proferiu uma condenação direta ao antissemitismo.

A Igreja Ortodoxa

A Igreja Ortodoxa (ou, como também é conhecida, Igreja Ortodoxa Oriental) representa a forma dominante do culto cristão na Grécia e em uma grande região da Europa Oriental. Como Igreja, ela afirma sua história ininterrupta datando dos tempos apostólicos quando a mensagem cristã era levada às comunidades de língua grega, como Éfeso, Antioquia e Corinto. O sistema ortodoxo também está presente em partes do Oriente Médio.

Origens comuns, ritos diferentes

Como as Igrejas Ocidental e Oriental foram unidas durante os primeiros mil anos de existência, elas concordam em muitas questões significativas da doutrina. As diferenças mais importantes estão relacionadas à ênfase e à prática.

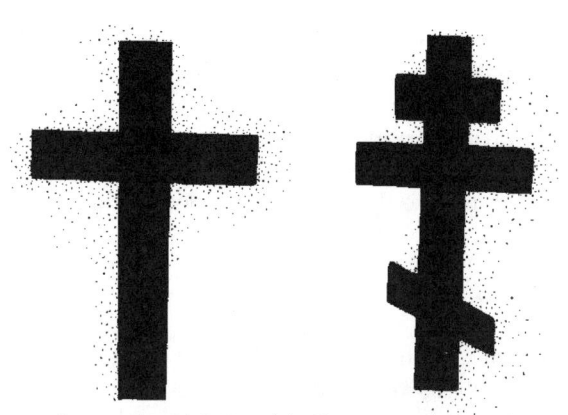

Cruz ocidental (esquerda). Cruz oriental (direita).

Muito antes da separação formal da Igreja do Ocidente no século XI, por exemplo, as Igrejas Orientais diferenciavam-se da de Roma no uso de pão sem fermento durante as cerimônias religiosas (os serviços Ortodoxos hoje empregam o pão com fermento); na alteração do Credo Niceno, por parte da Igreja ocidental, para incluir uma referência explícita ao Espírito Santo "procedendo do Pai e do Filho"; e quanto ao papel do papa.

Outra diferença óbvia é a aceitação, pela tradição oriental, das liturgias de São João Crisóstomo e São Basílio. A liturgia ortodoxa é cantada, não falada; e não é, de modo geral, uma questão de observância diária.

Os párocos na tradição ortodoxa podem se casar antes de ser ordenados. Os bebês podem receber a comunhão.

Os lugares ortodoxos de culto são famosos por sua beleza e ornamentação elaborada. Ícones, dourações, ornamentações esculpidas, incenso e telas encobrindo o alto altar são alguns elementos comuns da liturgia ortodoxa e do espaço sagrado, e servem para enfatizar a natureza transcendente do Divino.

> **Aposto que você não sabia**
>
> Ícones, pinturas representando Jesus e santos específicos são parte importante da prática ortodoxa. Objetos de reverência profunda por parte dos fiéis, eles são considerados janelas através das quais a pessoa pode ter um vislumbre do Divino durante os momentos de oração e contemplação.

Organização

No nível organizacional, a tradição ortodoxa é menos centralizada do que a católica. Isso acontece porque ela se desenvolveu durante os séculos por uma série de *patriarcados,* uma forma de administração religiosa regional sob a liderança dos patriarcas.

De fato, na tradição Ortodoxa Oriental, as Igrejas nacionais individuais operam com grande independência umas das outras e a identidade nacional desempenha papel importante no culto diário. A Igreja Ortodoxa Russa, que representa a maior comunidade de fiéis ortodoxos, foi suprimida com crueldade durante um período da era soviética. Ela emergiu de novo, de modo significativo, durante a Segunda Guerra Mundial e floresce no período pós-comunista.

A Igreja Ortodoxa hoje

Atualmente existe uma quantidade significativa de Igrejas Ortodoxas nacionais, cada uma representando as tradições patrióticas de seus fiéis. Entre elas, as ramificações grega e russa são as mais proeminentes.

Vários grupos autônomos ortodoxos estabeleceram hierarquias separadas nos Estados Unidos e, embora algumas dessas Igrejas se mantenham em comunhão umas com as outras, nenhuma confederação única de expressões de fé Ortodoxa emergiu. Em decorrência da ênfase nacionalista e cultural da maioria das tradições ortodoxas, é provável que uma variedade de vozes ortodoxas continue a somar-se à riqueza da vida religiosa americana.

Protestantismo

De um ponto de origem único – as revoluções religiosas europeias do século XVI –, as religiões designadas como "protestantes" formam a mais diversa corrente das três divisões dentro do Cristianismo. A variedade pode ser mais do que um pouco intimidadora porque a coleção de visões protestantes apresenta uma rica profusão de tradições baseadas na Bíblia. Os autores respeitam e honram a validade e a devoção das diversas tradições protestantes, das quais nem todas são identificadas aqui.

> **Cuidado** **Atenção**
>
> Será que realmente faz sentido agrupar episcopais com os amish; adventistas do sétimo dia com congregados; e luteranos com quacres? Todos esses grupos, é claro, rejeitam a autoridade do papa, mas a generalização de qualquer sistema de fé é perigosa; e declarações amplas acerca das tradições protestantes podem ser particularmente enganadoras. Nessa família, as denominações incorporam grandes diferenças em doutrina e abordagem.

"Protestantismo" é um termo amplo que engloba um conjunto de tradições que surgiram depois das Reformas. Se existe uma única linha comum entre as tradições nesse grupo, é provável que ela esteja enraizada nas ideias da autonomia do grupo e respeito pela experiência individual. Foi dito, por exemplo, que os católicos chegam a Cristo por meio da Igreja, enquanto os protestantes chegam à Igreja por meio de Cristo.

Isso não quer dizer que a maioria dos protestantes acreditava na tolerância e no pluralismo religioso. (Nos séculos XVI e XVII essas ideias eram exclusivas dos radicais.) O elemento orientador da experiência protestante era a formação de comunidades e o poder da experiência direta. Os protestantes pregam "o sacerdócio de todos os fiéis", princípio pelo qual eles afirmam que os fiéis leigos também têm o mesmo acesso a Deus que um clérigo – que todos têm vocação religiosa, sejam eles fazendeiros, operários, pais ou ministros.

Dois outros pontos doutrinários fundamentais separam os cristãos protestantes dos fiéis da tradição católica-romana. A própria Bíblia é considerada a fonte da verdade recebida e infalível; e o fiel é justificado pela graça de Deus, obtida por sua fé em Cristo – não por meio de boas ações ou da mediação de alguma instituição religiosa.

Na prática, a grande maioria das denominações protestantes também rejeitou a noção do celibato clerical. Alguns, incluindo os shakers, defenderam o celibato para todos os fiéis, contando com o recrutamento de pessoas de fora para perpetuar a fé.

> **Aposto que você não sabia**
>
> Os luteranos apegam-se aos escritos do apóstolo Paulo, no Novo Testamento, para defender a ideia da "justificação pela graça, mediante a fé". A questão se as boas ações humanas podiam aumentar a graça de Deus ou ser acumuladas em excesso pela Igreja (como em uma conta bancária), foi um ponto de intensa disputa entre os seguidores de Lutero e a Igreja Católica.

Um aviso: o que apresentamos a seguir é um resumo para iniciantes. Um esboço dos principais movimentos e questões doutrinais protestantes que serve de introdução ao estudo desse grupo, mas não constitui a última palavra a respeito de nenhuma tradição ou prática.

Fé, não obras

Martinho Lutero, o primeiro dos reformistas protestantes, interpretou certas passagens do Novo Testamento como se elas afirmassem que apenas a graça de Deus, e não as boas ações individuais, era a fonte de salvação por meio da fé. A doutrina de

> **Aposto que você não sabia**
>
> Em 1536, João Calvino escreveu uma obra teológica de grande influência — *Institutos da religião cristã* — que rejeitava de modo explícito a autoridade do papa e estabelecia a doutrina da predestinação, pela qual o Calvinismo é muito conhecido.

Lutero obteve adesão imediata entre acadêmicos, membros do clero e leigos. João Calvino foi outro reformador de influência significativa. Um teólogo francês exilado da geração posterior a Lutero, Calvino dedicou sua vida ao ideal de construir uma sociedade verdadeiramente cristã baseada na caridade, humildade e fé.

Para Calvino a Teologia era importante mas representava o ponto de partida, não o objetivo. Sua visão de uma Igreja governada por pessoas mais velhas (em grego *presbyteros*) levou à fundação, por exemplo, da Igreja Presbiteriana. As Igrejas "reformadas" na Holanda, Alemanha e França têm raízes calvinistas.

Outras denominações principais

A Igreja Anglicana, cuja ramificação americana é conhecida como Igreja Episcopal, rejeita a autoridade de Roma mas concorda com o Catolicismo Romano em muitas questões doutrinais. Os seguidores da Comunhão Anglicana (na Inglaterra) e da Igreja Episcopal (nos Estados Unidos) assumiram o compromisso de uma positiva mudança social.

Para milhões de cristãos, o culto e a prática foram afetados de maneira profunda pelo *Book of Communion Prayer*, o livro seguido no serviço da Comunhão Anglicana.

A Igreja Metodista foi fundada pelo clérigo inglês John Wesley. Essa denominação enfatiza o arrependimento, a fé individual e a responsabilidade por melhorar a sociedade de modo geral. A tradição deriva seu nome do compromisso assumido por Wesley e seus seguidores de viver governados por "regra e método" no estudo religioso. O Metodismo está entre as maiores denominações protestantes nos Estados Unidos.

Os batistas, dos quais há uma grande variedade, representam a maior denominação protestante nos Estados Unidos. Diferente da maioria das ramificações da fé cristã, os batistas insistem que o batismo, para ser válido, deve ser uma escolha adulta consciente, acompanhada de uma total aceitação de Jesus como salvador da pessoa.

Aposto que você não sabia

O Grande Despertar, um período de reflorescimento religioso e estilos de pregar muito diferentes, durante o século XVIII, levou a um rápido crescimento do número de denominações protestantes. Alguns dos maiores pregadores desse período são o congregacionalista Jonathan Edwards e o presbiteriano William Tennent.

Muitas tradições batistas (assim como outras denominações na tradição protestante) dão uma forte ênfase às passagens do Novo Testamento que destacam a importância de "nascer de novo". Os seguidores da Igreja Batista, com frequência, veem um reconhecimento direto e consciente de Jesus como Salvador como a melhor maneira de alcançar esse objetivo.

O Congregacionalismo, cujas origens remontam ao movimento Não conformista na Inglaterra, honra a comunidade cristã como uma aliança de indivíduos fiéis. Cada Igreja local opera de modo autônomo, reconhecendo apenas Cristo como seu líder e respeitando os relacionamentos das várias congregações como interações entre os membros da família cristã. Companheirismo e cooperação representam o cerne do Congregacionalismo.

No século XX, dois movimentos importantes dentro do Protestantismo tiveram profundas influências sobre o culto cristão nos Estados Unidos. Um deles é o Fundamentalismo, que afirma que todas as declarações contidas na Bíblia constituem uma verdade literal. As abordagens fundamentalistas ao Cristianismo são muito populares nos Estados Unidos.

O Pentecostalismo é um movimento global que enfatiza uma experiência extática de Deus, com frequência, resultando em *glossalia* (orar em línguas). As principais denominações pentecostais incluem a Igreja de Deus em Cristo e a Assembleia de Deus.

Diferentes tocadores: movimentos protestantes "distintos"

Os quacres (ou amigos) rejeitam a necessidade de ministros ordenados e sacramentos externos, considerando sagrados todos os aspectos da vida. Essa tradição pacifista afirma que todo fiel é dotado de uma "luz interior". Os amigos se reúnem em encontros semanais para rezar em silêncio juntos e compartilhar a revelação, como manda o Espírito.

Aposto que você não sabia
A confortável ortodoxia de uma pessoa pode ser a força que galvaniza outra a lançar seu próprio movimento religioso. O Protestantismo contém inúmeros exemplos de tais movimentos, alguns duraram, outros não. Sua variedade, cada um com sua abordagem distinta da doutrina e da prática, é vista por alguns como exemplo da fragmentação cristã e por outros como uma fonte de enorme riqueza e força.

Uma devoção extraordinária e um compromisso em viver do modo mais simples possível marcam as práticas dos ativos menonitas que se recusam, por motivos religiosos, a ter cargos públicos ou servir a qualquer instituição militar. A tradição menonita tem suas raízes na ala radical da primeira Reforma, os anabatistas. Outro desses grupos é formado pelos amish, que rejeitam muitos avanços tecnológicos e limitam severamente o contato com o mundo exterior.

A Associação Universalista Unitária, que inclui cristãos e não cristãos, está entre as mais abertas e tolerantes tradições religiosas protestantes. Os universalistas unitários rejeitam a doutrina da Trindade, vendo Cristo como um grande professor, e não uma encarnação divina. Eles tendem a evitar dogmas por considerá-los restritivos e presunçosos, escolhendo enfatizar a inclusão e o entendimento em vez de um credo religioso específico.

O movimento da Ciência Cristã, fundado por Mary Baker Eddy, afirma que o mundo espiritual é a realidade verdadeira; comparado a ele o mundo material é uma ilusão. Os seguidores da Ciência Cristã acreditam que o pecado e as doenças podem ser superados pelos poderes espirituais. Por essa razão, eles tendem a evitar remédios e procedimentos médicos, buscando a cura divina.

Os Adventistas do Sétimo Dia celebram o Sabá no sábado (em vez do domingo) e aguardam a iminente Segunda Vinda de Cristo.

> **Aposto que você não sabia**
>
> Um movimento influente (de modo particular nos anos 1960 e 1970) foi a missão Ecumênica, que buscou promover a união e o reconhecimento de princípios espirituais comuns entre os cristãos.

Os fiéis da religião Testemunhas de Jeová aceitam os fatos narrados na Bíblia como verdadeiros em cada detalhe e esperam a vinda do reino de Deus depois da batalha de Armagedon, que acreditam ser iminente e que será seguida por um reinado de mil anos de Cristo na Terra.

> **No caminho**
>
> "Eu acredito no Cristianismo como acredito que o Sol nasceu: não apenas porque o vejo, mas porque por meio dele eu vejo todas as outras coisas."
>
> C. S. Lewis

Membros da Igreja de Jesus Cristo dos Santos dos Últimos Dias (mórmons) seguem um sistema de crenças que aceita a revelação divina da Bíblia, mas difere de modo marcante das doutrinas aceitas pela maioria dos cristãos. A tradição dessa Igreja explica que um anjo ditou uma nova e contemporânea revelação – o *Livro do Mórmon* – ao fundador americano dessa expressão de fé, Joseph Smith. As práticas e as crenças mórmons, que em seus primórdios aceitavam a poligamia, foram extremamente controversas no século XIX. A religião enfrentou desafios e perseguições, e acabou por migrar de modo dramático para o Oeste, sob a liderança de Brigham Young.

Uma colcha de muitos retalhos

Centenas de movimentos, contramovimentos, separações e alianças ocorreram na tradição protestante durante os séculos. Apenas os mais conhecidos podem ser abordados aqui. Encerramos este capítulo lembrando ao leitor que o Protestantismo pode ser visto como uma colcha de muitos retalhos, sendo cada parte distinta e importante. Para vermos e apreciarmos a colcha de modo completo, precisamos em primeiro lugar reconhecer sua extraordinária complexidade e depois a rica história da diversidade que é lida entre as muitas costuras.

O mínimo que você precisa saber

- O Catolicismo Romano retira sua energia não apenas das antigas práticas e ensinamentos, mas também de uma tradição de reformas internas, que periodicamente revigoram a fé.

- No primeiro período de sua existência organizada, a história do Cristianismo foi idêntica à da Igreja Romana.

- A Igreja Ortodoxa Oriental de hoje é um agrupamento de Igrejas autônomas, muitas com fortes identidades nacionais.

- A ênfase do Protestantismo na revelação e formação da comunidade levou, através dos séculos, a uma surpreendente variedade de expressões religiosas.

Capítulo 11

A Celebração Cristã

Neste capítulo:

- Aprenda sobre os principais feriados cristãos
- Descubra quando ocorrem os feriados mais importantes
- Descubra quais são as observâncias mais importantes
- Descubra o significado religioso das várias celebrações cristãs

Nenhum capítulo em um livro como este pode dizer tudo o que há acerca do ritual e celebração cristãs, ou do calendário religioso de cada tradição. Este capítulo oferece uma breve explicação dos principais feriados cristãos, o que eles significam e como as observâncias podem variar. Assim, sem mais...

Advento

Nas Igrejas Ocidentais, esse período de preparação para o Natal começa na quarta-feira mais próxima do dia 30 de novembro (dia de Santo André) e dura até o Natal. Os católicos observam o Advento com jejum e arrependimento, mas também com alegria, em antecipação à festa da Natividade ou nascimento de Jesus. Esse acontecimento é descrito nos Evangelhos de Mateus e Lucas. A maioria dos cristãos vê o nascimento de Jesus como o cumprimento de certas profecias contidas na Escritura hebraica. O Novo Testamento relata o nascimento de Jesus como um milagre, pois sua mãe, Maria, era virgem quando o concebeu.

Os fiéis ortodoxos observam o Advento com a abstenção de carne e derivados do leite por um período de 40 dias.

Desde os tempos medievais, o Advento também é considerado um período de preparação para a Segunda Vinda de Jesus Cristo e uma oportunidade de reconhecer sua presença na vida diária dos fiéis.

Natal

Talvez o mais familiar de todos os feriados cristãos para a sociedade ocidental, o Natal, a festa da Natividade, seja menos importante do que a Páscoa no calendário religioso cristão. A maneira de sua observância – austera ou jubilosa, serena ou festiva – foi uma questão de intenso debate na Inglaterra depois das Reformas Protestantes.

Os católicos e os protestantes celebram o Natal em 25 de dezembro, um pouco antes da Epifania. (Na tradição cristã oriental, a Epifania originalmente incorporava a celebração da Natividade de Cristo.) A data familiar é celebrada no Ocidente como o dia do nascimento de Jesus, e como uma oportunidade de trocar presentes, mas é importante lembrar que a observância não alcançou aceitação ampla até o século IV d.C.

Aposto que você não sabia

As influências seculares sobre o feriado do Natal começaram a surgir de modo perceptível no século XIX, e nos Estados Unidos a aproximação do "grande dia" assumiu um forte caráter comercial e econômico. Muitas Igrejas cristãs sentiram a necessidade de realizar campanhas para relembrar os fiéis da natureza espiritual do Natal. Mesmo em nossa era, movida pela publicidade, o dia é observado por meio de certos elementos distintamente cristãos. Um deles é o presépio, a cena do menino Jesus em uma manjedoura em Belém. Essa representação foi popularizada pela primeira vez pelos monges franciscanos.

O Natal surgiu na Idade Média como a festa popular preeminente do ano, e ainda apresenta fortes influências seculares e religiosas daquela época nos dias de hoje. Apesar dos aspectos comerciais contemporâneos, o Natal tem um significado profundo que transcende o materialismo. É a época em que os cristãos, refletindo a respeito dos mistérios e paradoxos da Encarnação de Cristo, respondem com generosidade, renovação, gratidão e celebração.

Um fascinante ensaio sobre a história e as origens do Cristianismo é "Is Christmas Christian?", de Hank Hannegraf, *Christian Research Newletter*, volume 6, nº 5, 1993. O artigo também pode ser encontrado no seguinte *site*: www.equip.org/free/DC275.htm

No caminho

"Você está disposto a acreditar que o amor é a coisa mais forte do mundo — mais forte que o ódio, mais forte que o mal, mais forte que a morte — e que a vida abençoada que iniciou em Belém 1.900 anos atrás é a imagem e o brilho do Amor Eterno? Então você pode manter o Natal."

Henry Van Dyke

Epifania

A *Epifania*, celebrada todos os anos no dia 6 de janeiro, comemora a visita dos Magos ao recém-nascido Jesus, conforme relatada no Evangelho de Mateus. "Epifania" significa "manifestação", de modo geral, de natureza divina. A palavra é usada há séculos para descrever o encontro dos gentios com Jesus, simbolizado pelos visitantes vindos do Oriente para se humilhar diante do menino Messias.

A primeira referência histórica à Festa da Epifania data de 361 a.C., mas com certeza ela era celebrada muito antes desse período.

> **O que significa**
> Uma **epifania** pode também descrever uma manifestação do Divino na própria experiência da pessoa, como, por exemplo, através de uma visão.

O dia da Epifania, além de celebrar o aparecimento de Jesus como rei para os gentios, também comemora o próprio batismo de Jesus e seu primeiro milagre – a transformação da água em vinho em Canaã, conforme descrito no Evangelho de João. Os três eventos são aspectos da manifestação de Jesus ao mundo.

A véspera da Epifania é com frequência citada como a Décima Segunda Noite, um nome mais conhecido nos dias de hoje como o título de uma peça de Shakespeare. Como celebração, a Epifania é muito mais antiga que o Natal. Embora com frequência relegada a segundo plano no (altamente secularizado) Natal ocidental, a Epifania permanece uma importante, ainda que menos anunciada, festa cristã.

Quaresma

A Quaresma é uma época de arrependimento e jejum que serve como preparação espiritual para a alegria da festa da Páscoa.

A observância do primeiro dia da Quaresma, na Quarta-feira de Cinzas – a sétima quarta-feira antes da Páscoa –, é de origem muito antiga. Em vários cenários cristãos, ela é marcada pela imposição das cinzas, um ritual em que os fiéis se aproximam para receber uma pequena quantidade de cinzas na testa. Por esse ato, a Igreja ecoa as palavras contidas no Gênesis referentes à mortalidade humana: "Tu és pó e ao pó retornarás".

Aposto que você não sabia
Se você não recebeu cinzas na Quarta-feira de Cinzas, é provável que já tenha encontrado católicos que passaram por esse ritual. Às vezes, a pessoa que recebeu as cinzas afasta o lenço gentilmente oferecido: "Sim, eu sei que tenho algo na testa…". Mas você sabe de onde vêm as cinzas da Quarta-feira de Cinzas? Elas são as cinzas dos ramos que foram carregados em procissão no Domingo de Ramos do ano anterior. Desse modo, os fiéis reconhecem, com um toque de ironia, o abandono de Jesus, até por seus seguidores mais próximos, nos últimos dias e horas de sua vida — apenas uma semana depois de sua entrada triunfal em Jerusalém.

Domingo de Ramos

O Domingo de Ramos é o último domingo da Quaresma e também da Páscoa. É um dia de aclamação e júbilo, mas também de uma espera sombria. O Domingo de Ramos marca o primeiro dia da Semana Santa, em que a traição e o sofrimento de Jesus são lembrados.

O ramo, um símbolo tradicional no Ocidente que indica a entrada triunfal de Cristo em Jerusalém. (Os devotos na Igreja Oriental, para quem os ramos são escassos, usam outras plantas.)

O Novo Testamento relata que, quando Jesus entrou em Jerusalém para a Páscoa, multidões o saudaram como um salvador, espalhando ramos em seu caminho. Em comemoração a esse fato, como um prelúdio aos eventos da Semana Santa, muitos cristãos carregam ramos em procissão nesse dia.

Sexta-feira Santa

A sexta-feira antes da Páscoa relembra a morte de Jesus na cruz. Desde tempos antigos, ela é marcada pelo jejum e outros rituais de penitência e também por meditação junto às Estações da Cruz, uma série de 14 imagens representando a paixão, ou sofrimento, do Cristo.

Aposto que você não sabia
A celebração da Páscoa nas Igrejas Ortodoxas Orientais não ocorre na mesma data das práticas católica e protestante. (Como regra geral, a Páscoa Ortodoxa ocorre algumas semanas depois do feriado no Ocidente.) Contudo, existe um movimento para unificar as datas da celebração.

As Igrejas Ortodoxa, Anglicana e Católica não celebram a Eucaristia na Sexta-feira Santa. O dom da Santa Comunhão que os fiéis recebem nesse dia é consagrado na véspera, para preservar a sexta-feira como um dia de luto.

Páscoa

A Páscoa é o feriado mais importante do ano cristão. Ela celebra a ressurreição de Jesus após a crucificação e proclama o renascimento espiritual dos fiéis pela sua união com o Cristo ressuscitado.

A Páscoa é um feriado de alegria. O domingo em que ela é celebrada é um dia de júbilo e louvor dos fiéis pela perpetuação e renovação da vida pela graça de Deus. É uma comemoração do poder de Cristo sobre a morte.

Aposto que você não sabia
O feriado que os ocidentais conhecem como Páscoa é celebrado como Pascha pelas Igrejas Ortodoxas do Oriente.

Pentecostes

Derivada da festa judaica do Shavuot, que celebra a colheita da primavera, a festa cristã de Pentecostes comemora o dom do Espírito Santo concedido aos discípulos após a ressurreição e ascensão de Jesus. Por esse dom, a Igreja acredita estar em união com o Cristo ressuscitado que, pelo Espírito Santo, guia, apoia, conforta e ilumina os fiéis na Terra. O feriado, que marca o nascimento da Igreja cristã, só perde em importância para a festa da Páscoa.

Aposto que você não sabia
Para os Testemunhas de Jeová, o memorial da morte de Cristo é um dia do ano reservado para observância religiosa. Ele acontece na primeira noite da Páscoa judaica.

O Novo Testamento, nos Atos dos Apóstolos, relata que no dia de Pentecostes o Espírito Santo desceu sobre os discípulos de Jesus na forma de línguas de fogo, acompanhado por um som de forte vento. Repletos do Espírito Santo, os discípulos começaram a proclamar a ressurreição de Jesus em todas as línguas do mundo, de modo que as multidões que os ouviam ficaram maravilhadas. A festa de Pentecostes celebra o chamado da Igreja para anunciar a boa nova de Cristo a todas as pessoas.

O Pentecostes é observado no sétimo domingo depois da Páscoa. Em algumas tradições ele é acompanhado por vigílias de penitência.

A festa da Assunção

Essa data, 15 de agosto, marca a mais antiga festa em honra a Maria. Ela é celebrada tanto no Ocidente quanto no Oriente. Os católicos romanos, especialmente, comemoram a assunção de Maria, em corpo e alma, ao céu. Os fiéis católicos e ortodoxos veem Maria como o primeiro ser humano a receber os frutos completos da vida na ressurreição de Jesus.

> **No caminho**
>
> "São Juvenal, bispo de Jerusalém, no Concílio de Calcedônia (451 d.C.), declarou ao imperador Marciano e a Pulquéria, que desejavam possuir o corpo da Mãe de Deus, que Maria morreu na presença dos apóstolos, mas quando seu túmulo foi aberto, a pedido de São Tomás, estava vazio e, portanto, os apóstolos concluíram que seu corpo fora levado aos céus."
>
> São João de Damasco

Para os católicos romanos, a Festa da Assunção (15 de agosto) e a Festa da Imaculada Conceição (8 de dezembro) estabelecem Maria como a imagem da Igreja mundial. Os fiéis seguidores da fé católica reconhecem nela a realização daquilo que a Igreja (a "noiva de Cristo") um dia será.

Ano-Novo

O início oficial do ano ortodoxo é 1º de setembro. Os fiéis seguidores dessa ramificação celebram esse novo começo em um contexto religioso. Não há equivalente à celebração do Ano Novo na Igreja Ocidental.

É só isso?

Bem, não. Há vários outros feriados nas diferentes tradições cristãs. A fé católica, em particular, é conhecida por sua profusão de feriados em honra a santos específicos. As celebrações que descrevemos representam as datas mais importantes da observância familiar aos cristãos, e são um bom ponto de partida para aqueles que acabaram de conhecer, ou estão redescobrindo, essa expressão de fé.

O mínimo que você precisa saber

- A Páscoa é o feriado católico mais importante.

- A Páscoa (ou Pascha) é celebrada de acordo com um calendário religioso entre os fiéis do Ocidente e com outro entre os fiéis ortodoxos.

- Junto com a Páscoa, outras observâncias cristãs importantes são Natal, Epifania, Quarta-feira de Cinzas, Sexta-feira Santa, Pentecostes e Festa da Assunção.

- Apesar das fortes influências da sociedade de consumo, o Natal mantém seu caráter espiritual.

- Além dos feriados mais importantes discutidos neste capítulo, o Cristianismo é rico em muitas tradições variadas dentro das diversas expressões da fé.

Capítulo 12

Cristianismo e Vida após a Morte

Neste capítulo:

- A visão cristã da vida após a morte
- Céu e inferno
- Purgatório
- O êxtase

Os cristãos que examinaram a Bíblia para informação e instrução a respeito da vida após a morte encontraram tanto orientações claras quanto espaço suficiente para interpretações dramaticamente diferentes. Neste capítulo, estudaremos algumas semelhanças – e as divergências – da crença cristã nessa área.

O Dia do Juízo Final

O Novo Testamento fala no Dia do Juízo Final – um ajuste de contas de toda a humanidade após a Segunda Vinda de Jesus: um acontecimento prometido no Livro do Apocalipse.

O Dia do Juízo Final, o juízo final dos vivos e dos mortos, é um componente claro e central de quase toda a crença cristã. Ainda assim, diferentes grupos cristãos através dos séculos desenvolveram distintas e variadas respostas a questões acerca da vida após a morte.

Algumas dessas questões incluem:

- Para onde são enviados os seres humanos depois de morrer?

- O que garantirá o sucesso na vida após a morte?
- Como é o Céu? Como é o Inferno?
- O que acontecerá com os cristãos que ainda estão vivos no momento da Segunda Vinda?

Analisemos uma pergunta de cada vez; depois, veremos o que alguns cristãos proeminentes têm a dizer a respeito da vida depois da morte.

Para onde são enviados os seres humanos depois de morrer?

A recompensa na vida depois da morte para aqueles que aceitam a misericórdia divina da redenção por meio de Jesus Cristo e a punição para aqueles que se afastaram de Deus são temas centrais do Cristianismo. O Céu também pode ser entendido não apenas como uma recompensa, mas como a culminância de uma vida conduzida pela fé, esperança e caridade.

A teologia cristã afirma que o Céu espera pelos "eleitos" – aqueles que alcançaram a salvação. Esse grupo é definido de várias maneiras pelas diferentes ramificações, mas a formulação "os que morrem na graça e amizade de Deus", que é usada no catecismo da Igreja Católica Romana, provavelmente encontra aceitação de uma abrangente quantidade de cristãos.

A maioria dos cristãos considera a admissão no Céu a recompensa suprema da vida que resulta em um estado de felicidade incompreensível e união com Deus. Quase todos os cristãos veem a aceitação de Jesus Cristo como Salvador, um pré-requisito para alcançar o Céu.

A existência de um destino muito diferente – o Inferno – também é um componente central do entendimento da religião cristã. Os residentes do Inferno – descritos pelo papa João Paulo II como "aqueles que livre e definitivamente se separam de Deus" – sofrem punições horríveis.

Céu, Inferno e os Evangelhos

A crença cristã na existência do Céu como uma recompensa para os justos, e do Inferno como um lugar de punição para os não arrependidos, não tem suas raízes nos princípios teológicos abstratos dos eruditos, mas nas palavras de Jesus Cristo relatadas nos Evangelhos.

Quanto ao Céu, lemos na Bíblia as seguintes palavras de Jesus:

"Não acumuleis para vós outros tesouros sobre a terra, onde a traça e a ferrugem corroem e onde ladrões escavam e roubam; mas ajuntai para vós outros tesouros no céu, onde traça nem ferrugem corrói, e onde ladrões não escavam nem roubam" (Mateus 6:19-20).

E a respeito do Inferno, lemos:

"Não temais os que matam o corpo e não podem matar a alma; temei, antes, aquele que pode fazer perecer no inferno tanto a alma quanto o corpo" (Mateus 10:28).

Depende da denominação...

Além das noções cristãs acerca do Céu e Inferno, admitidas universalmente, existem muitas perguntas relativas à vida depois da morte cuja resposta cristã depende da denominação e visão da expressão de fé da pessoa.

Por exemplo: o Céu é um lugar físico? Os cristãos fundamentalistas estão inclinados a dizer "sim". Muitos outros cristãos entendem esse destino como um ponto do relacionamento de um indivíduo com Deus.

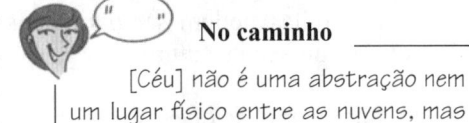

> **No caminho**
> [Céu] não é uma abstração nem um lugar físico entre as nuvens, mas uma relação viva e pessoal com [Deus].
> Papa João Paulo II

Quanto tempo passará entre a Segunda Vinda e o Juízo Final da humanidade? Diferentes teólogos e membros do clero respondem de modo diverso.

Existe algum processo que entregue a Deus no Céu as almas purificadas dos humanos imperfeitos? Mais uma vez, as respostas variam.

A verdade é que não há uma resposta cristã única para nenhuma dessas perguntas. O que existe, em vez disso, é uma riqueza de possibilidades e uma série de discussões contínuas, algumas com séculos de existência.

Talvez a discussão mais interessante sobre a vida após a morte, dentro do Cristianismo, seja a que envolve o conceito de Purgatório.

Purgatório

A crença católica aceita de modo explícito a ideia de Purgatório: um lugar de limpeza e purificação. Em sua visão, as pessoas que se arrependeram de atividades pecadoras, mas ainda não foram completamente purificadas, são enviadas ao Purgatório para ser limpas, a fim de que possam entrar no Céu.

Como entende o catecismo da Igreja Católica Romana:

> "Os que morrem na graça e na amizade de Deus, mas não estão completamente purificados, embora tenham garantida sua salvação eterna, passam, após sua morte, por uma purificação, a fim de obter a santidade necessária para entrar na alegria do Céu. A Igreja denomina *Purgatório* essa purificação, que é completamente distinta do castigo dos condenados. A Igreja formulou a doutrina da fé relativa ao Purgatório sobretudo no Concílio de Florença e de Trento. Fazendo referência a certos textos da Escritura, a tradição da Igreja fala de um fogo purificador. No que concerne a certas faltas leves, deve-se crer que existe antes do juízo um fogo purificador, segundo o que afirma aquele que é a Verdade, dizendo que, se alguém tiver pronunciado uma blasfêmia contra o Espírito Santo, não lhe será perdoada nem no presente século nem no século futuro (Mateus 12:32). Dessa afirmação podemos deduzir que certas faltas podem ser perdoadas no século presente, ao passo que outras, no século futuro."

É importante enfatizar que os católicos acreditam que todos os enviados ao Purgatório estejam destinados ao Céu. Portanto, ele não é um lugar de punição. Os católicos acreditam que as orações pelas almas dos mortos e as indulgências podem diminuir o período de permanência no Purgatório.

> **No caminho**
>
> "Uma *indulgência* é uma remissão diante de Deus da punição temporária pelos pecados, cuja culpa já foi perdoada, que o cristão fiel devidamente disposto a mudar obtém sob certas condições prescritas por meio da ação da Igreja que, como ministra da redenção, concede e aplica com a autoridade o tesouro da satisfação de Cristo e dos santos."
>
> Papa Paulo VI

A maioria das denominações protestantes não aceita a doutrina do Purgatório, e todas elas rejeitam a autoridade da Igreja Católica para conceder indulgências. De fato, as discordâncias acerca dessas questões relativas à vida depois da morte refletem uma diferença fundamental de visão entre essas duas ramificações do Cristianismo.

As discordâncias quanto às indulgências foram, é claro, uma força motivadora por trás da Reforma Protestante.

> **No caminho**
>
> Em 1507, Martinho Lutero disse:
> "Todo cristão verdadeiramente arrependido tem o direito da remissão total da penalidade e da culpa, mesmo sem cartas de perdão. Todo cristão verdadeiro, vivo ou morto, tem parte em todas as bênçãos de Cristo e da Igreja; e isso lhe é garantido por Deus, mesmo sem cartas de perdão".
> Tanto na época quanto agora, as palavras de Lutero servem para lembrar que questões concernentes à vida após a morte são respondidas de modos bem diferentes pelos católicos e protestantes.

A Igreja Ortodoxa não aceita a doutrina do Purgatório do modo como ela é pregada pela Igreja Católica Romana. No entanto, eles oferecem orações a Deus implorando a Ele que demonstre misericórdia e gentileza para com os mortos. A doutrina da Teose, da Igreja Ortodoxa, segundo a qual uma pessoa pode vivenciar graus cada vez maiores de união com Deus – mesmo depois da morte – oferece um paralelo interessante com a crença no Purgatório por parte dos católicos.

O que garantirá o sucesso na vida após a morte?

A teologia tradicional cristã afirma que, de todos os que viveram depois de Jesus, somente aqueles que o aceitam como o Filho de Deus e seu salvador pessoal alcançarão o Céu.

Todavia, houve interessantes discussões concernentes ao verdadeiro significado desse princípio. O catecismo da Igreja Católica Romana diz:

"Todos são obrigados a pertencer à Igreja Católica, de algum modo, para serem salvos".

As palavras "de algum modo" são significativas. Usando essa formulação, existe a possibilidade de que a misericórdia de Cristo seja estendida após a morte a alguém que não seja formalmente membro da Igreja Católica – em outras palavras, a pessoas que têm o que é conhecido como um "relacionamento misterioso" com a Igreja. Isso é um exemplo do movimento geral que se afasta das declarações de que todos aqueles que não seguem uma determinada ramificação do Cristianismo estão condenados ao Inferno. (Tais declarações eram muito comuns no período que se seguiu imediatamente à Reforma Protestante.)

> **No caminho**
>
> "Aqueles, portanto, que sem culpa ignoram o Evangelho de Cristo e Sua Igreja, mas buscam a Deus com coração sincero e tentam, sob influxo da graça, cumprir por obras a Sua vontade por intermédio do ditame da consciência, podem conseguir a salvação eterna."
>
> Lúmen Gentium 16
> Constituição Dogmática da Igreja, do importante
> Concílio Vaticano II da Igreja Católica Romana.

Nos ensinamentos do Concílio Vaticano II, os católicos são lembrados que o dom da salvação pode ser recebido de um modo conhecido apenas por Deus. Posições semelhantes contemporâneas são defendidas pelos ensinamentos de muitas outras denominações cristãs.

Como é o Céu? Como é o Inferno?

A Bíblia descreve o Céu como uma ligação eterna e feliz com Deus. Ele está fortemente associado à luz, às vezes é citado como morada divina:

> "Sabemos que, se nossa casa terrestre deste tabernáculo se desfizer, temos da parte de Deus um edifício, casa não feita por mãos, eterna, nos céus" (2 Coríntios 5:1).

Os cristãos acreditam que esse mistério da comunhão abençoada com Deus e com todos que estão em Cristo está além de todo entendimento e descrição. A Escritura fala disso por meio de uma série de imagens chamativas: vida, luz, paz, festa de casamento, vinho do reino, a casa do Pai, a Jerusalém celeste, paraíso. Em uma análise final, essa comunhão está além de qualquer análise: "Nem olhos viram, nem ouvidos ouviram, nem jamais penetrou em coração humano o que Deus tem preparado para aqueles que o amam" (1 Coríntios 2:9).

Em contraste, a Bíblia descreve o Inferno como escuro, incandescente e sulfuroso. O Diabo e seus anjos (também conhecidos como demônios) vigiam as almas condenadas que lá habitam. O Inferno é conhecido pelo sofrimento dos que vivem nele. Jesus nos diz que haverá choro e ranger de dentes. Segundo o Novo Testamento, os residentes do Inferno sofrem tormentos eternos.

> "... é melhor entrares no reino de Deus com um só dos teus olhos do que, tendo os dois, seres lançado no Inferno, onde não lhes morre o verme, nem o fogo se apaga" (Marcos 9: 47-48).

O que acontecerá aos cristãos que ainda estiverem vivos na Terra no momento da Segunda Vinda?

Muitos grupos protestantes enfatizam a doutrina cristã do Arrebatamento, uma ideia que é menos discutida entre outros cristãos, mas que, mesmo assim, constitui uma importante parte da crença cristã.

O texto-chave da Bíblia referente ao Arrebatamento é 1 Tessalonicenses 4: 16-17:

> "Porquanto o Senhor mesmo, dada a sua palavra de ordem, ouvida a voz do arcanjo, e ressoada a trombeta de Deus, descerá dos céus, e os mortos em Cristo ressuscitarão primeiro; depois nós, os vivos, os que ficarmos, seremos arrebatados juntamente com eles, entre nuvens, para o encontro do Senhor nos ares, e, assim, estaremos para sempre com o Senhor."

Essa ideia de que os cristãos vivos seguirão os fiéis mortos "para o encontro do Senhor nos ares", no momento do chamado do arcanjo, é hoje conhecida como Arrebatamento (ela foi chamada por uma variedade de outros nomes ao longo da história do Cristianismo).

Nos últimos anos, a doutrina do Arrebatamento tem sido o tema de muitas discussões entre os cristãos e de grande interesse por parte dos protestantes. Porém, há muita discordância acerca do que acontecerá antes do Arrebatamento.

Há três modos de ver o Arrebatamento:

- milenarista
- amilenarista
- pós-milenarista

Alguns protestantes se identificam como "milenaristas", ou seja, acreditam que a Segunda Vinda ocorrerá antes de um período de mil anos do reinado de Cristo na Terra, citado no capítulo 20 do Livro do Apocalipse – uma previsão que eles interpretam de modo literal e entendem que ainda não aconteceu. Outros grupos cristãos, categorizados como "amilenaristas", entendem essa previsão como algo simbólico, e acreditam que ela coincida com o tempo presente; outros ainda, os "pós-milenaristas", veem a Segunda Vinda e o Arrebatamento como algo que ocorrerá após um longo período de cristianização, correspondendo àquele profetizado no Livro do Apocalipse. Os pós-milenaristas, como os amilenaristas, entendem os "mil anos" como uma simbologia ou em sentido figurado.

Historicamente, os católicos – junto a muitos outros grupos cristãos, incluindo os líderes da Reforma Protestante – desencorajavam uma interpretação literal da previsão de "mil anos" no Livro do Apocalipse e diminuíram a ênfase dada à importância do Arrebatamento como motivação para a preparação espiritual entre os fiéis. Esses grupos mais tradicionais se referem às palavras do apóstolo Pedro:

> "Há, todavia, uma cousa, amados, que não deveis esquecer: que para o Senhor, um dia é como mil anos, e mil anos como um dia. Não retarda o Senhor a sua promessa, como alguns a julgam demorada; pelo contrário, ele é longânimo para convosco, não querendo que nenhum pereça, senão que todos cheguem ao arrependimento... Visto que todas essas cousas hão de ser assim desfeitas, deveis ser tais como os que vivem em santo procedimento e piedade, esperando e apressando a vinda do Dia de Deus, por causa do qual os céus, incendiados, serão desfeitos, e os elementos abrasados se derreterão. Nós, porém, segundo a sua promessa, esperamos, novos céus e nova terra, nos quais habita a justiça. Por essa razão, pois, amados, esperando essas cousas, empenhai-vos por serdes achados por ele em paz, sem mácula e irrepreensíveis" (2 Pedro 3:8-9.11-14).

Dificilmente podemos dizer que os cristãos estão em total acordo no que diz respeito a essa doutrina. No entanto, a discussão e a preparação para o Arrebatamento, e a avaliação de eventos contemporâneos à luz de sua relevância para o Arrebatamento, continuam a ser características proeminentes na vida religiosa dos protestantes milenaristas de hoje, que tendem a abraçar o fundamentalismo (ou seja, a interpretação literal dos textos bíblicos) e um ponto de vista evangélico.

Nos últimos anos, muitos cristãos foram cativados por livros cujas histórias abordam o Arrebatamento e o fim do mundo.

A recompensa eterna

O ministério de Jesus Cristo focou de modo implacável a noção da recompensa no Reino dos Céus. Apresentamos aqui pensamentos de alguns renomados cristãos sobre a obtenção dessa recompensa:

"Para uma pequena recompensa, um homem se apressará em uma longa jornada; enquanto para a vida eterna, muitos não darão um passo."

Thomas à Kempis (1380-1471)

"O Céu é a morada de Deus, e quando Cristo veio à Terra, Ele nos ensinou a rezar: 'Pai nosso, que estais no céu'. Essa morada é mencionada como 'a cidade da vida eterna'. Pense em uma cidade sem um cemitério – não há mortes nela. Se existisse uma cidade como essa na Terra, imagine a correria para lá! Como os homens tentariam alcançá-la!"

Dwight L. Moody

"O Céu não está aqui; está Lá. Se recebêssemos tudo o que queremos aqui, nossos corações se acomodariam neste mundo em vez de almejar o outro. Deus está sempre nos atraindo para longe deste mundo, nos chamando para Si e para Seu Reino ainda invisível, onde com certeza encontraremos o que tão ardentemente procuramos."

Elisabeth Elliot

"Nós dizemos: 'Presumo que entenderei essas coisas algum dia'. Você pode entendê-las agora: não é o estudo que o levará a isso, mas a obediência. Um mínimo de obediência, e o Céu se abrirá e as verdades mais profundas de Deus serão suas imediatamente. Deus jamais revelará mais verdades sobre Si mesmo até que você obedeça ao que já conhece. Seja sábio e prudente."

Oswald Chambers

"Para os cristãos, o Céu é onde Jesus está. Não precisamos especular sobre como será o Céu. É suficiente saber que estaremos para sempre com Ele. Quando amamos alguém com todo o nosso coração, a vida começa no momento em que estamos com aquela pessoa; é apenas na companhia dela que nos sentimos vivos de verdade. Assim é com Cristo. Nesse mundo nosso contato com Ele é obscuro, pois só podemos enxergar por um vidro embaçado. É interrompido, pois somos pobres criaturas e não podemos viver sempre nas alturas. Mas a melhor definição disso é dizer que o Céu é aquele estado onde sempre estaremos com Jesus, e onde nada nunca mais nos separará Dele."

William Barclay

O mínimo que você precisa saber

- ♦ A crença no Dia do Juízo Final, no Céu e no Inferno, são componentes fundamentais da fé cristã.

- Há, contudo, muitas perguntas a respeito da vida depois da morte, cuja resposta, para os cristãos, depende da denominação e visão.

- Os católicos acreditam em um estado de Purgatório ou purificação para as almas dos fiéis que ainda não estão prontos para entrar no Céu. A maioria dos protestantes rejeita essa visão.

- Alguns cristãos (principalmente os protestantes milenaristas) enfatizam a importância moderna da doutrina tradicional cristã, conhecida como Arrebatamento.

Capítulo 13

Derrubando as Barreiras ao Cristianismo

Neste capítulo:
- A questão da unanimidade
- Confissão
- Atitudes em relação ao homossexualismo
- Crenças distintas de certas comunidades cristãs

Neste capítulo, você encontrará respostas factuais a uma série de simplificações excessivas, estereótipos e concepções erradas em relação ao Cristianismo.

Concepção errada 1: o mito da unanimidade cristã

É importante perceber que há tantas variedades de prática cristã que a barreira mais comum ao entendimento dessa expressão de fé é, provavelmente, subestimar sua extraordinária diversidade. Muitos não cristãos não percebem a habilidade dos praticantes dessa fé em manter visões contrárias.

Os cristãos divergem uns dos outros em importantes questões relacionadas a ênfase e doutrina sectária. De fato, como regra geral, se você ouvir a frase "Todos os cristãos acreditam...", e ela terminar com qualquer declaração que não seja a) no papel salvador de Jesus Cristo ou b) na autoridade da Bíblia, então nós o aconselhamos a realizar um esforço para confirmar a exatidão da frase, pesquisando, você mesmo, o assunto.

Os cristãos acreditam em questões essenciais da fé. Quase todos, por exemplo, aceitam o que está escrito em João 3:16, que afirma: "Porque Deus amou o mundo de tal maneira que deu o seu Filho unigênito, para que todo que nele crê não pereça, mas tenha a vida eterna".

(A palavra "quase" é usada aqui porque os universalistas unitários – dos quais alguns se consideram cristãos – afirmam que Cristo é divino apenas no sentido de que todos os seres humanos possuem bondade, o que indica uma "centelha divina".)

Os cristãos, com frequência, têm profundas diferenças de opinião no que diz respeito a questões básicas como a definição de pecado e os requisitos necessários para a salvação, a doutrina da Trindade, o papel apropriado da mulher nas comunidades de fé e a natureza de autoridade religiosa terrena, para exemplificar apenas alguns dos pontos mais importantes de divergência. Moral: Não presuma porque o cristão A acredita em uma coisa concernente à doutrina, interpretação da Escritura ou história – e dá sua opinião com autoridade – que o cristão B necessariamente concorda.

> **Aposto que você não sabia**
>
> É comum mesmo para alguns cristãos repetir mitos populares acerca dessa expressão de fé. Muitos cristãos "sabem", por exemplo, que a Igreja da Inglaterra foi "fundada" para permitir o divórcio de rei Henrique VIII no século XV. Isso é, na melhor das hipóteses, uma simplificação excessiva; e na pior, uma interpretação errada. Os cristãos ingleses já haviam tomado parte em uma longa série de conflitos e discordâncias com a Igreja Católica Romana por muitos anos antes de o rei pedir o divórcio. A divergência respeitante ao estado civil do rei foi um evento que ajudou a precipitar a ruptura formal, mas não foi a "causa" da Igreja da Inglaterra.

Concepção errada 2: somente os católicos praticam a confissão

Não cristãos, ou cristãos não familiarizados com as práticas de companheiros mais atuantes, às vezes sugerem que a confissão dos pecados a um membro individual do clero, em particular, esteja limitada aos católicos. De fato, a confissão individual é parte importante de uma série de tradições da fé cristã. Ela é opcional nas Igrejas Episcopal e Luterana e exigida na Igreja Ortodoxa e Católica. (Os ortodoxos devem praticar a confissão pelo menos uma vez por ano.)

Os metodistas – entre muitos grupos protestantes – promovem encontros de "aconselhamento pastoral" individual que, em alguns aspectos, é análogo à confissão em outras denominações cristãs.

A confissão comunitária dos pecados, é claro, tem sido um componente importante de quase todo culto cristão na história dessa expressão de fé.

Concepção errada 3: o Cristianismo condena os homossexuais

O papel dos homossexuais nas comunidades de fé contemporâneas é um tópico controverso. Recentemente, a promoção de um membro homossexual do clero à posição de bispo da Igreja Episcopal nos Estados Unidos causou um grande número de discussões.

Embora os cristãos, de modo individual, tenham opiniões variadas quanto ao fato de o homossexualismo ser ou não um estilo de vida aceitável na sociedade contemporânea, e existam passagens bíblicas claramente contra a prática do homossexualismo, a obrigação de levar o Evangelho de Jesus Cristo a toda a humanidade também é evidente – e ela não omite nenhum grupo ou facção. Muitas denominações cristãs ensinam que a prática do homossexualismo é errada. Do mesmo modo, é indiscutível o exemplo pessoal e incansável de Jesus Cristo de partilhar a mensagem de arrependimento e perdão a todas as pessoas, de modo particular àquelas que caíram em desgraça perante as autoridades religiosas. Assim, a ideia de que o Cristianismo em si mesmo "condena" os membros de qualquer grupo não popular ou controverso é problemática.

Quanto à maior denominação cristã, a Igreja Católica Romana, seus ensinamentos oficiais a respeito de tema são:

> "A pessoa humana, criada à imagem e semelhança de Deus, não pode adequadamente ser descrita por uma referência reducionista à sua orientação sexual, talentos, dons... Hoje, a Igreja apresenta um contexto há muito necessário para o cuidado da pessoa humana, quando se recusa a considerá-la 'heterosexual' ou 'homossexual', e insiste que cada indivíduo tem uma identidade fundamental: criatura de Deus e, por graça, Seu filho e herdeiro da vida eterna... A Igreja... prega o plano divino da união em amor e doação de vida, entre homem e mulher, no sacramento do matrimônio. É apenas no relacionamento conjugal que o uso da faculdade sexual pode ser moralmente bom. Uma pessoa que tem um comportamento homossexual, portanto, age de modo imoral... Isso não significa que as pessoas homossexuais não sejam com frequência generosas e doadoras de si mesmas, mas quando praticam atividades homossexuais elas confirmam em si uma inclinação sexual perturbada...".

No entanto, qualquer forma de desrespeito para com a pessoa é errada.

É deplorável o fato de que os homossexuais tenham sido, e sejam, objeto de violentas malícias tanto em palavras quanto em ações. Tal tratamento é merecedor de condenação por parte dos pastores da Igreja, aonde quer que ele ocorra. Ele revela um tipo de desconsideração pelos outros que coloca em risco os princípios mais fundamentais de uma sociedade saudável. A dignidade intrínseca de cada pessoa deve sempre ser respeitada em palavras, ações e na lei".*

Pastoral do Cuidado da Pessoa Homossexual e da Não Discriminação Contra a Pessoa Homossexual (30 de maio de 1992).

Com respeito a esses ensinamentos, a carta mais recente dos bispos da Igreja Católica dos Estados Unidos, *Between Man and Woman: Questions and Answers About Marriage and Same-Sex Unions*, declara:

"Defender a intenção de Deus para o matrimônio, no qual as relações sexuais têm seu lugar próprio e exclusivo, não significa ofender a dignidade das pessoas homossexuais. Os cristãos devem dar testemunho de toda a verdade moral e se opor, como imoral, tanto os atos homossexuais quanto a discriminação injusta contra as pessoas homossexuais".

Então, o que a Igreja está dizendo? Em primeiro lugar, que cada pessoa tem uma dignidade fundamental como filho de Deus, que vai muito além da orientação sexual individual. Em segundo lugar, o contexto completo e correto para a expressão da sexualidade genital é dentro da aliança do casamento, e qualquer outra expressão é moralmente censurável. Em terceiro, que qualquer ato de discriminação, ou abuso verbal ou físico, contra qualquer pessoa, com base na orientação sexual, é contrário ao ensinamento dos Evangelhos.

A posição católica encontra paralelos em muitas comunidades de fé cristãs (como a Igreja Ortodoxa Oriental e as muitas Igrejas Batistas americanas). Nos últimos anos, todavia, algumas denominações (como os universalistas unitários e elementos da Igreja Episcopal) defenderam outras posições. A discussão a respeito desse tema foi, por vezes, acalorada e é provável que continue a ser interessante.

---

* N.E.: Vale lembrar que essa entidade está situada nos Estados Unidos.

Concepção errada 4: todos os cristãos acreditam que sua versão do Cristianismo é a única religião verdadeira

Esse ponto de vista é, algumas vezes, difundido pelas figuras da mídia, como se o Cristianismo fosse uma comunidade em que apenas a intolerância é um elo comum. Com certeza existem cristãos intolerantes (assim como há praticantes intolerantes de qualquer fé), mas a ideia de que apenas uma versão do Cristianismo agrada a Deus é cada vez mais rara.

Concepção errada 5: os católicos acreditam que o papa é infalível em todos os seus pronunciamentos

Como já explicamos em outra seção deste livro, a doutrina católica da infalibilidade papal se aplica apenas a declarações formais de instrução religiosa em questões de fé e moral quando fala com a autoridade a ele concedida como pastor universal de todos os fiéis. Na realidade, essa doutrina foi usada muito raramente. No que se refere aos católicos individuais, a doutrina da infalibilidade papal é o equivalente religioso de se dizer que a decisão da Suprema Corte em um caso específico é obrigatória. Essa é uma posição a qual poucas pessoas seriam contrárias.

Concepção errada 6: a Igreja Mórmon moderna permite ou encoraja a poligamia

No que diz respeito à política formal religiosa, a Igreja Mórmon considera a prática do casamento plural um fundamento para a excomunhão da Igreja de Jesus Cristo dos Santos dos Últimos Dias.

Em determinado momento em sua história, a Igreja sancionava a poligamia, mas a prática era comum apenas entre uma quantidade muito pequena de fiéis. Em 1890, após o fracasso em desafiar as leis federais antipoligamia, o presidente da Igreja anunciou que essa prática não era mais permitida na Igreja Mórmon. Houve tentativas de deturpar os ensinamentos da Igreja quanto a essa questão. O fenômeno de membros individuais de uma comunidade religiosa desobedecendo aos ensinamentos religiosos e éticos, no entanto, é raro entre os mórmons.

O mínimo que você precisa saber

- Além das questões da doutrina básica, os cristãos apresentam uma notável diversidade de crenças a respeito de sua expressão de fé.
- Outros cristãos além dos católicos praticam a confissão.
- O homossexualismo é uma questão controversa; os próprios Evangelhos, no entanto, não advogam a condenação pública dos homossexuais nem de nenhum outro grupo.
- Os católicos não acreditam que o papa seja infalível em todos os seus pronunciamentos.

PARTE 4

Islamismo

A missão do profeta Maomé tem uma influência duradoura nas questões humanas. Para entendê-la devemos estudar os pontos específicos do estilo de vida islâmico, que manteve seus extraordinários poder e atração desde os dias de Maomé até hoje. Atualmente, o Islamismo orgulha-se de ter mais de um bilhão de adeptos, dos quais menos de 20% são árabes. Nesta seção do livro, você aprenderá acerca da história e do desenvolvimento dessa grande religião do mundo.

Capítulo 14

Os Primórdios do Islamismo

Neste capítulo:
- Descubra como o Islamismo surgiu na Arábia
- Aprenda sobre Maomé, quem os muçulmanos consideram o último profeta
- Aprenda a respeito do Alcorão e da Suna
- Descubra acerca dos Cinco Pilares: os princípios e as obrigações observados por todos os muçulmanos

A palavra "Islamismo" pode ser traduzida aproximadamente como "submissão" (ou seja, submissão a Deus). Ela também significa "paz".

O Islamismo é a terceira grande expressão de fé monoteísta que examinaremos neste livro. Assim como o Judaísmo e o Cristianismo, ela surgiu no Oriente Médio. Seus primórdios remontam à missão do profeta Maomé na Arábia do século VII, embora seus seguidores acreditem que a fé já fosse praticada por Abraão, Moisés, Noé e Jesus e muitas outras pessoas mencionadas na Bíblia. (Na verdade, os muçulmanos acreditam que ela era praticada por Adão.)

O Islamismo é praticado por um número crescente de americanos (8 milhões no último recenseamento) e por uma grande quantidade de pessoas em todo o mundo (cerca de 1,5 bilhão).

A *deen* do profeta

O documento central da fé islâmica é o Alcorão, ou "recitação". Os muçulmanos consideram-no obrigatório e divino por natureza. Ele apresenta um sistema de vida fiel – ou *deen* – que guia todas as esferas do comportamento humano.

Logo adiante veremos o Alcorão mais detalhadamente. Por enquanto, é importante lembrar que esse livro, para um muçulmano, tem autoridade suprema.

O Islamismo tem muitos paralelos com o Judaísmo e o Cristianismo. Também incorpora uma série de tradições da Arábia no tempo de Maomé.

> **Cuidado — Atenção**
>
> As pessoas de modo geral pensam que Maomé, que viveu no século VII d.C., foi o fundador do Islamismo. Não é essa a crença muçulmana. Embora Maomé seja conhecido na tradição islâmica como o último profeta de Deus, ele não é visto pelos seguidores dessa religião como o "criador" da fé islâmica, e eles não o veneram.

Embora existam grandes diferenças quanto à visão de mundo entre as três maiores expressões de fé monoteístas, a revelação fundamental de Maomé não entra em conflito com princípios centrais do Judaísmo ou do Cristianismo: ela afirma que existe um Deus, que exige dos seres humanos tanto um comportamento moral (ação, não apenas crença) quanto a devoção.

Aqueles que seguem o Islamismo são conhecidos como muçulmanos. Essa palavra significa "aquele que se submete". O Islamismo ensina códigos sociais e pessoais de conduta que afetam homens e mulheres. Isso é feito seguindo os ditames da Xariá, ou Lei, que tem raízes no Alcorão e na *Suna*.

> **O que significa**
>
> O termo árabe **deen** é com frequência traduzido como "religião", mas essa palavra não engloba o vasto campo do sistema ético, social e legal islâmico. Uma tradução mais fiel seria "estilo de vida".
>
> A **Suna** é um grande conjunto de tradições (reunidas em *hadith*, uma palavra que se refere, de modo literal, às tradições particulares específicas), recontando os atos e dizeres do profeta Maomé e dos que estavam próximos dele.

A Suna inclui relatos e dizeres de diferentes graus de autenticidade; a Xariá foi formulada depois da morte de Maomé. Assim como o Alcorão, esses elementos da fé foram objeto de cuidadoso estudo e interpretação dos eruditos islâmicos por séculos.

É irônico que muitos ocidentais hoje em dia vejam os muçulmanos como seguidores de algo estranho e inacessível. O Islamismo está intimamente relacionado ao Judaísmo e ao Cristianismo, e muito mais próximo dessas religiões em sua visão teológica do que, por exemplo, o Hinduísmo ou o Budismo. Também é interessante o fato de que a cultura islâmica produziu obras literárias, eruditas e científicas que causaram um profundo impacto no Ocidente. (A álgebra, por exemplo, deriva do trabalho de matemáticos islâmicos.)

> **Aposto que você não sabia**
>
> O Islamismo considera que as Escrituras hebraicas e o Novo Testamento são derivados de antigas revelações divinas. (Os muçulmanos acreditam, contudo, que esses textos foram comprometidos com o passar do tempo.) O Alcorão, a escritura sagrada do Islamismo, é considerado pelos seus seguidores a palavra definitiva de Deus. Do mesmo modo, os praticantes dessa fé veem Maomé, um mercador nascido em Meca em aproximadamente 570 d.C., como o último profeta de Deus — de uma longa série que inclui Moisés e Jesus.

Embora existam grandes diferenças culturais e teológicas entre os fiéis de diversos locais, não existe nenhuma boa razão para que os ocidentais vejam o Islamismo ou seus adeptos como "estranhos" ou amedrontadores. Apesar dos estereótipos da mídia, a maioria dos não muçulmanos que seguem o monoteísmo tem muito mais em comum com os muçulmanos do que se pode imaginar.

Quem foi Maomé?

O impacto histórico de Maomé foi imenso. O homem cuja missão consolidou a fé islâmica afetou de forma direta instituições religiosas e sociais pelos seus ensinamentos por mais de 14 séculos. Poucas figuras históricas, se é que alguma, deixaram uma marca tão clara e reconhecível na humanidade.

Maomé nasceu em Meca, local do antigo santuário conhecido como Ka'ba, tradicionalmente associado a Abraão. A família de Maomé fazia parte do clã Hashim, da poderosa federação Kuraish. Os pais morreram logo depois que ele nasceu, e o futuro profeta foi criado pelo tio. Aos 24 anos, ele se casou com uma viúva rica e tornou-se um próspero mercador na comunidade.

Aos 40, Maomé começou a perceber uma força poderosa em sua vida. Uma série de experiências místicas o levou a concluir que estava sendo chamado a proclamar a palavra do Deus supremo e único, Alá.

> **Aposto que você não sabia**
>
> Embora os muçulmanos neguem a divindade de Jesus, eles o honram como o maior profeta. Também reconhecem os anjos Gabriel e Miguel, familiares aos judeus e cristãos. A concepção islâmica dos diabos envolve os jinn — criaturas dotadas de livre-arbítrio que estão, como os seres humanos, destinados ao Juízo Final de Deus por seus atos.

"O Deus"

Alá é uma palavra árabe que significa "O Deus". O artigo "O" é importante, pois a cultura árabe na época de Maomé desenvolveu-se ao redor do culto de múltiplas divindades. Essa prática de oferecer uma devoção sincera a qualquer entidade que não O Deus foi e é considerada pelos muçulmanos um grave pecado.

Foi escrito em muitos relatos ocidentais que a mensagem de Maomé – existe apenas O Deus, e oferecer culto sincero a qualquer outra coisa é uma abominação – foi ridicularizada quando ele a transmitiu pela primeira vez pelas ruas de Meca. Seria mais preciso dizer que a mensagem foi, a princípio, ignorada por completo. Apenas os membros da família de Maomé e seus amigos mais próximos aceitaram logo de início seu chamado ao Islamismo. Porém, à medida que o profeta atraía cada vez mais seguidores, sua palavra alcançou tal proeminência que passou a ser ridicularizada pelos poderosos chefes de Meca.

Mas o número de muçulmanos continuou a crescer, e Maomé tornou-se uma séria ameaça à ordem social prevalecente em Meca, uma cidade cuja prosperidade econômica dependia de atrair os peregrinos a Ka'ba. (Peregrinos de toda a região iam com regularidade a Meca para venerar um ou mais dos 360 ídolos abrigados no antigo santuário.)

O homem que não ia embora

Os representantes das autoridades de Meca ofereceram suborno a Maomé para silenciá-lo, recusado com severidade. Ele simplesmente se negava a parar de pregar e recitar o Alcorão. O profeta desferia ataques constantes ao estilo de vida prevalecente em Meca – que envolvia o culto a ídolos, que buscava sem cessar a riqueza material e (entre aqueles que não eram miseráveis) que se recusava terminantemente a dar assistência aos necessitados.

> **Aposto que você não sabia**
>
> Cinco artigos principais de fé estão contidos no credo muçulmano:
> 1) crença em um Deus único;
> 2) crença em anjos;
> 3) crença nos livros revelados;
> 4) crença nos profetas;
> 5) crença no Dia do Juízo Final.

A insistência de Maomé quanto ao monoteísmo e suas ideias igualitárias encontrou julgamento e oposição. Seus esforços para estabelecer a fé em Meca sofreram repetidos retrocessos. Por fim, os chefes de Kuraish resolveram eliminar o movimento. Os adeptos da fé proclamada por Maomé foram perseguidos e a família rompeu relações com ele.

Com a morte de seu amado tio, que fora uma figura proeminente na hierarquia social Kuraish, Maomé perdeu o mais importante protetor. Ele jamais ficara tão vulnerável e logo descobriu ser o alvo de uma trama de assassinato.

A migração

Cerca de 12 anos após ter proclamado pela primeira vez a unidade de Deus nas ruas de Meca, o movimento de Maomé parecia fracassar. Com seu próprio povo rejeitando de modo violento a mensagem, o movimento parado e a vida em perigo, Maomé fugiu da cidade... e começou uma extraordinária ascensão em influência política, militar, social e religiosa.

Em Yathrib (depois conhecida como Medina – a "Cidade do Profeta"), Maomé encontrou o primeiro abrigo contra a perseguição que sofria. No verão de 622, ele organizou um êxodo (a palavra em árabe é *Hegira*) de seguidores de Meca para Medina. A fuga de Meca foi apertada, por pouco ele não foi vítima dos assassinos de Kuraish, mas tinha motivos para esperar uma acolhida melhor na nova cidade. Os chefes das tribos em Yathrib, que estavam em guerra, concordaram em cessar as batalhas sangrentas por supremacia indicando Maomé como seu líder.

O ano da Hegira (622) é celebrado pelos seguidores do Islamismo como o primeiro da era muçulmana. O ano é importante porque marca o ponto na missão de Maomé quando ele deixou de ser o líder de uma minoria perseguida e sem poder para comandar uma comunidade governada pela lei islâmica.

> **Aposto que você não sabia**
>
> A proibição da idolatria por parte de Maomé é uma das pedras fundamentais da crença muçulmana. Na comunidade islâmica, a representação artística da imagem de Alá é proibida.

Nos anos seguintes, à medida que Maomé atraía mais seguidores, ocorreu uma série de conflitos militares entre Medina e Meca. Após concordar com uma trégua para ajudar os peregrinos, Maomé a repudiou em 630 quando concluiu que o tratado fora violado. Reuniu seus exércitos, capturou Meca com pouco esforço, proclamou o fim da idolatria e viu a destruição de todos os ídolos alojados em Ka'ba. O profeta também ofereceu anistia aos inimigos, o que foi, considerando as tensões da guerra dos anos anteriores (e a tradição de vingança entre as tribos árabes), muito indulgente. Quatro homens foram executados, mas o perdão foi estendido a todos os outros, incluindo alguns inimigos ferozes.

A captura de Meca – e Ka'ba – por Maomé foi um acontecimento significativo, e o Estado Islâmico de repente se tornou uma realidade na Arábia. Logo depois de sua consolidação, em 632, Maomé morreu em Medina.

O Alcorão

Acredita-se que a visão inicial de Maomé ocorreu por volta do ano 610, em uma caverna perto de Meca, onde o anjo Gabriel (Jibril) apareceu a ele e ordenou que "lesse".

"Lê, em nome do teu Senhor que criou (tudo o que existe)!" (Surata 96:1).

> **O que significa**
>
> O **Alcorão**, que é seguido pelos muçulmanos, a fim de consolidar e cumprir com todas as revelações passadas por Deus, estabelece um monoteísmo rigoroso. Para os muçulmanos, ele é a palavra de Deus, cujo instrumento foi o profeta Maomé. A surata é um capítulo do Alcorão.

As revelações recebidas nesse encontro são consideradas as primeiras linhas do *Alcorão*. Os muçulmanos acreditam que os vários encontros divinos de Maomé durante o tempo em que viveu em Meca e Medina inspiraram o restante do Alcorão que, cerca de 14 séculos depois, permanece a maior obra de arte escrita na língua árabe. Sua eloquência, poder de retórica e influência duradoura são reconhecidos mesmo pelos não muçulmanos. Porém, os judeus e cristãos (entre outros) questionam a alegação de que ele revela a última e obrigatória palavra de Deus.

Inúmeras pessoas de diferentes expressões de fé – e muitas que rejeitam qualquer religião – devotaram uma intensa atenção erudita ao Alcorão. Assim como a Torá, os Evangelhos e o Tao te Ching, o Alcorão é uma das escrituras religiosas mais duradouras.

Lemos, aqui, uma das passagens mais famosas do Alcorão:

> "Alá! Não há mais divindade além d'Ele, Vivente, Autossubsistente, a quem jamais alcança a inatividade ou o sono: d'Ele é tudo quanto existe nos céus e na terra. Quem poderá interceder junto a Ele sem o Seu consentimento? Ele conhece tanto o passado como o futuro, e eles (humanos) nada conhecem da Sua ciência, senão o que Ele permite. O Seu Trono abrange os céus e a terra, cuja preservação não O abate, porque é o Ingente, o Altíssimo" (Surata 2:255).

Uma escritura verbal

Durante a vida de Maomé, o Alcorão foi considerado em primeiro lugar como uma mensagem verbal, para ser memorizada e recitada em voz alta pelo profeta e seus seguidores. Fontes muçulmanas nos informam que existiam muitas versões escritas, algumas datando da época de Maomé, e outras com menos autoridade. A coletânea obrigatória de suras, ou capítulos, do Alcorão foi compilada pelo secretário de Maomé, Zaid in Thabit. A sequência final do Alcorão foi determinada pelo califa Uthman, cerca de 20 anos depois da morte de Maomé. Uthman se pronunciou a favor da compilação de Zaid e ordenou que todas as outras versões fossem destruídas.

O Alcorão é escrito em árabe e considerado original apenas nessa língua. Ele consiste em 114 capítulos, visto que o primeiro (iniciando com "Louvado seja Alá") é universalmente incorporado nas preces diárias dos muçulmanos. A primeira surata é, algumas vezes, citada como "Os sete versos mais frequentemente repetidos".

> "Em nome de Alá, o Clemente, o Misericordioso. Louvado seja Alá, Senhor do Universo, o Clemente, o Misericordioso, Soberano do Dia do Juízo. Só a Ti adoramos e só de Ti imploramos ajuda! Guia-nos à senda reta. À senda dos que agraciaste, não a dos abominados, nem a dos extraviados" (Surata 1:1-7).

Essa surata foi equiparada ao Pai Nosso do Novo Testamento, mas tais comparações entre textos religiosos são úteis até certo ponto. O paralelo, entretanto, vale se ajudar os não muçulmanos a entender que a primeira surata do Alcorão ocupa posição de grande influência e centralidade no Islamismo.

O que ele ensina

O Alcorão contém três tipos de ensinamentos: mensagens doutrinais diretas, relatos históricos que também ressoam com significado metafórico e expressões místicas de sublime beleza – expressões que são difíceis de resumir em rígidos termos formais, mas que, não obstante, informam e sustentam uma mensagem divina amplamente afirmada.

Aposto que você não sabia

O Livro do Gênesis da Bíblia hebraica relata que Deus fez uma aliança eterna com Abraão. Segundo esse Livro, o primeiro filho de Abraão, Ismael, cuja mãe não era Sara, a mulher de Abraão, mas sua escrava Agar, foi expulso da tribo depois que Sara deu à luz Isaque. Os muçulmanos acreditam que Ismael chegou a Meca e lá se estabeleceu. Os descendentes de Isaque, segundo a tradição islâmica e a Bíblia hebraica, formaram as tribos de Israel.

O Alcorão também contém uma série de histórias que são paralelas a acontecimentos semelhantes das tradições judaica e cristã. Ele clama pela fé em Alá, alerta acerca das consequências da descrença e determina deveres morais específicos. O Alcorão enfatiza a unidade ("Não há mais divindade além d'Ele!"). Ele encoraja os fiéis a reconhecer sua completa dependência de Alá em todas as situações.

O Alcorão ensina que a vida humana, que dura pouco tempo, é um teste. Em uma vida depois desta, seremos recompensados ou punidos por nossas ações aqui. Também haverá um Dia do Juízo Final e uma ressurreição.

Os Cinco Pilares

O Alcorão define cinco obrigações, ou pilares, essenciais para a vida dos muçulmanos. Eles são:

- *Profissão da fé em Deus e no profeta Maomé*: "Não há mais divindade além d'Ele; Maomé é o Profeta de Deus", é a profissão de fé básica no Islamismo; e ela se infunde na cultura islâmica.

- *Veneração ritual*: Períodos formais de veneração são observados cinco vezes todos os dias: antes do nascer do Sol; depois do meio-dia; no meio da tarde; logo depois do pôr do sol; e no meio da noite. Os muçulmanos dirigem suas preces e pedidos em direção à Meca, onde fica o templo antigo e mais sagrado conhecido como Ka'ba.

> **Aposto que você não sabia**
>
> Além de seguir os mandamentos contidos nos Cinco Pilares, os muçulmanos observam a obrigação geral de "cumprimentar o bem e reprimir o mal". Eles também condenam o jogo, a usura e o consumo de álcool e carne de porco.

> **O que significa**
>
> A **Hajj** é a peregrinação a Meca pelo menos uma vez na vida, embora existam muitas exceções para casos especiais. Aqueles que cumprem a obrigação têm o direito de acrescentar "al-Hajj" (peregrino) ao nome.

- *Ajuda aos necessitados*: O tributo Zakat, ou "de purificação", sobre a propriedade, é pago por todos os muçulmanos para o benefício dos pobres, que podem incluir um parente, um necessitado e, algumas vezes, um viajante. A alíquota do Zakat é fixa. Aproximadamente 2,5% da riqueza da pessoa, mas em alguns casos ela pode ser maior.

- *Jejum*: O jejum é observado durante o mês sagrado do Ramadã (ver Capítulo 16).

- *Peregrinação*: Todo muçulmano que esteja em boas condições físicas, seja são e possa pagar pela viagem, deve fazer uma peregrinação, ou *Hajj*, à cidade sagrada de Meca pelo menos uma vez na vida. Outras tradições de peregrinação estão associadas à antiga Ka'ba.

Expansão e evolução

Hoje há adeptos do Islamismo no Oriente Médio, África, Índia, Ásia Central e em muitas outras regiões do mundo. Apesar das invariáveis diferenças na ênfase de região para região, os muçulmanos demonstram extraordinário senso comunitário e propósito compartilhados.

No próximo capítulo, você aprenderá a respeito do desenvolvimento da fé islâmica depois da morte de Maomé e o complexo relacionamento entre os sunitas e os xiitas. Você também descobrirá o importante papel desempenhado pelas tradições muçulmanas separadas como o Sufismo.

O mínimo que você precisa saber

- O monoteísmo fundamental de Maomé não está em total dessintonia com os princípios religiosos do Judaísmo ou Cristianismo, pois o Islamismo foi influenciado por essas expressões de fé.
- Os praticantes do Islamismo são conhecidos como muçulmanos: "aqueles que se submetem" à vontade de Deus.
- A missão de Maomé foi muito significativa na história humana.
- Os muçulmanos acreditam em um Deus único que exige dos seres humanos comportamento moral e devoção.
- Os muçulmanos acreditam que o Alcorão consolida e cumpre todas as revelações de Deus no passado.
- Os Cinco Pilares constituem o cerne da observância e prática muçulmana.

Capítulo 15

Depois de Maomé

Neste capítulo:
- Descubra os primórdios do império islâmico
- Aprenda acerca da seita sunita, o maior movimento dentro do Islamismo
- Descubra as origens e as práticas da seita xiita
- Examine as diferenças entre os diferentes grupos
- Descubra as ideias orientadoras por trás do multifacetado, místico e ascético movimento sufista

Através dos séculos, uma série de escolas, facções e movimentos eruditos deu forma ao pensamento islâmico. O Islamismo, por sua vez, enriqueceu outras expressões de fé, incluindo o Judaísmo e o Cristianismo.

Assim como os praticantes do Judaísmo e do Cristianismo, os muçulmanos vivenciaram divisões e discordâncias em vários pontos da história de sua fé. Neste capítulo, você aprenderá sobre algumas seitas e escolas de pensamento que surgiram.

O Império Islâmico

O período que se seguiu à morte de Maomé viu a mudança completa do *status* do Islamismo – de um "movimento marginal" (como deve ter sido considerado pelos Kuraish em Meca em seus primórdios) para a fundação moral e legal de um grande império. O estilo de vida islâmico, por fim, espalhou-se da Espanha para a fronteira da China.

Os homens que seguiram os passos de Maomé e supervisionaram a consolidação e a expansão desse império eram conhecidos como *califas*. Os quatro primeiros foram amigos íntimos (e, em dois casos, parentes) do próprio profeta. Eles são figuras fundamentais na história islâmica, popularmente conhecidos como os "Califas corretamente guiados".

Os quatro califas

O primeiro califa, Abu Bakr, fo converter ao Islamismo. Ele foi eleito para liderar os muçulmanos logo depois da morte de Maomé. Bakr consolidou a autoridade do Islamismo e derrotou vários movimentos tribais revoltosos.

O segundo califa, Umar, liderou uma série de campanhas militares bem-sucedidas que estenderam de modo dramático o alcance do novo império para além da Arábia.

> **O que significa** s primeiros a se
>
> **Califa** foi um título conferido ao sucessor designado de Maomé na liderança da fé islâmica. O califa emergiu como um líder político e defensor da fé na teocracia islâmica. Os sultões otomanos assumiram o controle dessa posição quando conquistaram o Egito em 1517; o título foi abolido em 1924.

O terceiro califa, Uthman, continuou a extraordinária expansão do império. Foi sob seu governo, conforme o capítulo anterior, que o texto obrigatório do Alcorão foi redigido, baseado (como dissemos) em registros escritos e nas recitações memorizadas daqueles que as aprenderam com Maomé. Os primeiros seis anos do califado de Uthman foram marcados pela unidade entre os muçulmanos, mas os seis anos seguintes foram caóticos e violentos, e surgiram facções no império. O califa foi morto por rebeldes no ano 656.

O genro de Maomé, Hazrat Ali, sucedeu a Uthman e foi o quarto califa. Aqui é importante lembrar que Ali, quando seu sogro morreu, tentou ser o primeiro califa, mas foi preterido em favor Abu Bakr. Alguns muçulmanos insistiam que Ali fora designado pelo profeta como seu sucessor de direito e que a escolha de Abu Bakr para liderar o império foi um grave erro. A controvérsia, como veremos, foi fatal.

Embora Ali tenha conseguido implementar uma série de importantes iniciativas internas quando por fim se tornou califa, ele não foi capaz de manter a própria autoridade diante da oposição militar, e o império islâmico se transformou em caos e rebelião durante seu governo. Ele foi assassinado e sucedido por um político corrupto chamado Muawiya, cujo direito ao califado foi amargamente questionado, mas que se tornou o primeiro califa na linhagem que viria a ser conhecida como dinastia Umayyad.

Os ensinamentos do Alcorão estabeleceram o objetivo de uma comunidade islâmica pacífica, devota e unida. Contudo, a segunda metade do califado de Uthman e todo o governo de Ali foram marcados por extraordinária discórdia, divisão e derramamento de sangue.

Dissensão e controvérsia

Profundas divisões entre os fiéis muçulmanos provocaram sérios conflitos em relação ao futuro do império. Um grupo conhecido como os kharajis, agitados com o que entendiam ser desordem e nepotismo da parte de Uthman, o terceiro califa, apoiou-se no Alcorão para travar uma guerra santa contra o governante.

Nos anos que se seguiram, os militantes kharajis encontraram várias razões para continuar a rebelião contra a autoridade centralizada. Durante os primeiros séculos do império islâmico, eles enfrentaram uma oposição constante dos líderes islâmicos reconhecidos. Por fim, o grupo foi erradicado, mas outros conflitos ocorreram.

Um deles resultou de um influente movimento racional que surgiu nos séculos VIII e IX d.C. Seus líderes afirmavam que a faculdade racional do homem, sem o benefício da revelação, era capaz de determinar questões morais de modo definitivo. Esse grupo via o Alcorão como algo desenvolvido através do tempo e não eterno e pronto por natureza, como muitos místicos acreditavam. (Como veremos logo, essa suposta abordagem "racional" às questões da fé foi posteriormente desacreditada no Islamismo.)

Aposto que você não sabia

A discussão nos primórdios do Islamismo quanto ao Alcorão ter sido criado em um dado momento ou se ele era de algum modo eterno, pode ser comparada aos debates entre os primeiros cristãos acerca da temporalidade ou eternidade de Cristo. De fato, como muitos eruditos muçulmanos salientaram, o texto do Alcorão representa para os muçulmanos quase a mesma coisa que Cristo significa para os cristãos: uma encarnação do divino.

A palavra

Os muçulmanos acreditam que o único texto inspirado do Alcorão é aquele escrito em árabe, nas verdadeiras palavras que Maomé recebeu do céu e transmitiu a seus seguidores. É por isso que qualquer tradução para o inglês ou outra língua costuma ser chamada de "o significado do Alcorão", em vez de "o Alcorão". Para os muçulmanos, o que se "perde na tradução" é a autenticidade de uma citação direta de Deus.

O Alcorão, preservado em árabe formal que gradualmente deixou de ser usado no dia a dia, acabou sendo suplementado pela Suna. As tradições encontradas na Suna dão aos muçulmanos uma visão do comportamento correto em uma grande variedade de situações. Linhagens diversas e interpretações concorrentes dos vários relatos persistiram por séculos.

Discussões práticas surgiram a respeito de uma das frases mais importantes atribuídas a Maomé: "Minha comunidade jamais entrará em acordo por engano".

Os muçulmanos sunitas

As visões do movimento racional, que não tratavam o Alcorão como um texto eterno, foram aceitas pelos califas do período, embora uma vigorosa reação contrária ganhou força no século X. Esse movimento ficou conhecido como sunita, escola "ortodoxa" de teologia. Os sunitas suplantaram os ensinamentos contrários e se tornaram a força dominante no Islamismo. Nos dias de hoje, cerca de 85% dos muçulmanos seguem a tradição sunita.

É importante entender que a ênfase das seitas sunitas ("ortodoxas") nos princípios fundamentais – sua oposição aos cismas e a intolerância com a dissidência – não levou a uma doutrina com uma visão estreita. Atualmente, os praticantes conhecidos como sunitas apresentam uma diversidade cultural e religiosa. Em vez de tentar alcançar a unanimidade em todas as questões pertinentes à doutrina, o Islamismo sunita optou por um conjunto de princípios teológicos amplamente aceito. Ele não tem uma hierarquia religiosa estruturada.

> **Aposto que você não sabia**
>
> Os muçulmanos sunitas podem ser encontrados em muitos lugares e culturas, da Indonésia à África e da Ásia às comunidades árabes do Oriente Médio.

As declarações a respeito das "doutrinas" dos muçulmanos sunitas devem ser feitas com muito cuidado. Essa escola do Islamismo se estendeu para muitas partes do mundo sem requerer uniformidade em cada questão de fé e prática. Uma ênfase distinta no relacionamento direto do indivíduo com Alá é uma das características da escola sunita, mas essa ênfase não impediu os sunitas de exercer uma influência religiosa.

Os muçulmanos xiitas

Apenas uma escola principal, distinta dos sunitas, sobreviveu no Islamismo. É a escola *xiita*, e data de uma época ainda mais remota que a sunita. Esse grupo dá forte ênfase ao papel dos clérigos individuais.

A seita xiita não teve origem como um movimento religioso mas sim como uma facção política nas sérias disputas sobre a sucessão à liderança do Estado Islâmico, ocorridas no século VII. Os primeiros xiitas surgiram em oposição ao governo central, apoiando a reivindicação de Ali, o genro de Maomé, para ser o primeiro califa. Eles perderam.

Com o passar do tempo, a orientação política do grupo incorporou uma dimensão religiosa. Esse alargamento do movimento remonta ao brutal assassinato do filho mais novo de Ali, Husayn, em Karbala, no ano 680 d.C. O direito dos membros dessa família à sucessão como líderes da nação islâmica se tornou um importante componente da observância xiita.

A visão dos muçulmanos xiitas dos primórdios da fé islâmica é muito diferente da dos sunitas. Os sunitas aceitam todos os quatro primeiros califas como sucessores legítimos de Maomé. Os xiitas, acreditando que Ali foi erroneamente preterido e questionam esse preceito.

O Islamismo xiita é a religião oficial do Irã e a forma de culto observada pelas comunidades de fiéis na Índia, Paquistão, Iraque e outras áreas. Ele representa pelo menos 15% dos muçulmanos em todo o mundo.

> **O que significa**
>
> **Xiita** significa "seguidor". A escola xiita do Islamismo começou como um movimento político para os "seguidores" de Ali, o genro de Maomé.

Os xiitas rejeitam o direito dos três primeiros califas islâmicos. A divisão é muito maior do que uma antiga disputa histórica. Para os muçulmanos xiitas, é crucial o modo como a liderança humana é conduzida dentro da expressão de fé.

O imame

Os muçulmanos xiitas aceitam a doutrina focada em uma figura conhecida como Imame, cuja liderança permite um entendimento completo das verdades do Alcorão.

Os clérigos xiitas na divisão dos Doze Imames derivam sua autoridade do papel de representantes do Décimo Segundo Imame. Acredita-se que eles possuem conhecimento total do Alcorão e sua implementação. Esses clérigos podem ser chamados de *mulás* ou *mujtahids*. Os membros do clero xiita beneficiam-se de um tributo religioso (khums) cobrado dos muçulmanos. Assim como no Islamismo sunita, não há hierarquia formal.

Os muçulmanos xiitas incorporam abordagens distintas ao ritual e à prática. Eles se diferenciam dos sunitas no que diz respeito à questão de quais relatos antigos devem ser aceitos como elementos constituintes da Suna, por exemplo.

Aposto que você não sabia

A maioria dos muçulmanos xiitas pertence a um grupo conhecido como imamitas, ou a divisão dos Doze Imames. O imame é um líder religioso, considerado sem pecado, com uma linhagem direta a Ali, o genro de Maomé. Os imamitas afirmam que existem 12 imames, começando com Ali e seguindo em uma linha direta a Muhammad al-Muntazar, que, segundo a crença, desapareceu da visão humana em 878 d.C. Os xiitas acreditam que a divisão dos Doze Imames rege o mundo até os dias de hoje e é considerada a única fonte legítima de liderança.

A divisão dos Doze Imames xiitas não é o único componente da seita. Outra, muito menor, é a dos ismaelitas, que reconhecem sete imames.

Eles também reconhecem casamentos temporários – uniões que podem ser estabelecidas por um período de tempo específico e predeterminado.

Além do liberal e do conservador

Alguns eruditos chamaram os xiitas de ala "liberal" do Islamismo. Esse rótulo não significa nada além de destacar a falha de termos como "liberal" e "conservador" no que se refere às questões de fé.

Aposto que você não sabia

O papel da mulher em várias sociedades islâmicas é complexo, mais do que um observador de fora pode pensar. Os ocidentais tendem a presumir que é o Islamismo que limita os direitos das mulheres. Na verdade, a não ser por certas estipulações a respeito de heranças e leis concernentes a prestar testemunho, os direitos e deveres islâmicos aplicam-se aos homens e às mulheres. Antigas tradições culturais contribuíram muito mais para delinear o status das mulheres do que o fizeram a religião e a doutrina. Essa é a razão pela qual as sociedades muçulmanas se diferenciam de modo tão dramático no que diz respeito a essa questão. Para mais informações acerca do papel da mulher nessa expressão de fé, ver Capítulo 18.

É verdade que os xiitas se preocupam menos que os sunitas com a lógica rigorosa e com as credenciais das autoridades do passado quando interpretam o Alcorão. Também é verdade que os xiitas enfatizam o livre-arbítrio de um modo que os sunitas não fazem.

Todavia, a ênfase dada pelos xiitas à autoridade clerical é apenas uma das razões pelas quais o emprego da designação "liberal" é problemático. Talvez seja melhor dizer que as práticas xiitas focam nos imames como mensageiros inspirados da verdade, e deixar o assunto parar aqui.

Os sufistas

Os sufistas são os místicos do Islamismo. Todas as expressões de fé têm seus místicos – homens e mulheres que buscam a união com Deus por meio da contemplação, do *ascetismo* e da oração. Os místicos, de modo geral, estão ao mesmo tempo dentro e fora de sua tradição religiosa: dentro porque eles se aproximam de Deus pelas formas da tradição; fora porque suas revelações pessoais não podem ser confirmadas, e nem sempre são aceitas pelo resto da comunidade. Os místicos tanto enriquecem quanto ameaçam o *establishment* religioso do qual fazem parte. Reverenciados por alguns e vistos com suspeitas por outros, eles simbolizam a voz profética da fé.

> **O que significa**
>
> O **ascetismo** é uma prática ou um conjunto de práticas que envolve jejum, vigília e tolerância a condições adversas que disciplinam o corpo de modo que o **ascético** possa se concentrar no alcance da perfeição espiritual e na união com Deus.

As figuras islâmicas mais antigas reverenciadas pelos sufistas incluem Ali (o genro de Maomé cuja reivindicação ao califado gerou tanta controvérsia) e Hallaj, uma figura do século X que chocou alguns contemporâneos alegando sua unidade com Deus.

> **Aposto que você não sabia**
>
> O Sufismo fez contribuições literárias e teológicas importantes ao Islamismo no decorrer dos anos. Muçulmanos conservadores, entretanto, geralmente consideram o movimento com ceticismo. Você aprenderá mais a respeito do movimento sufi no Capítulo 36.

Rabia al-Adawiyya, uma das primeiras sufistas e figura muito influente, condenou a devoção religiosa que fosse motivada por desejo pelo paraíso ou por medo da punição. Para ela, o amor de Deus era a única expressão válida de devoção ao Divino.

Historicamente, a ênfase sufista na disassociação com o Divino algumas vezes resultou em conflitos com as autoridades religiosas. A proclamação de Hallaj "Eu sou a Verdade" o levou à crucificação em 922 d.C.

Contudo, o movimento sufista se desenvolveu mais dentro dos limites da prática ortodoxa islâmica. Rejeitando o aspecto mundano da vida muçulmana, o Sufismo, em seus primórdios, fez muito para revigorar a fé e reforçar as noções da progressão individual do fiel em direção ao divino pela contínua devoção pessoal.

Ordens sufistas foram fundadas em várias partes do mundo. A flexibilidade e a sensibilidade à tradição e costumes locais ajudaram-nas a se desenvolver e durar por séculos. Elas desempenham um importante papel na expansão do Islamismo a novas partes do mundo e também ajudam a solidificar elos culturais e comerciais.

O mínimo que você precisa saber

- Há duas divisões principais no Islamismo – a seita xiita e a sunita.
- A seita sunita é a maior das duas. Sua ampla plataforma de doutrinas essenciais atraiu adeptos em muitos cenários culturais e geográficos.
- O principal grupo entre a seita xiita, dominante no Irã e em outros lugares, dá uma forte ênfase à linhagem dos imames (considerados os sucessores de Maomé) e à autoridade dos representantes clericais agindo como mandatários do invisível Décimo Segundo Imame.
- Os místicos e ascéticos movimentos sufistas, que buscam contato direto com Deus, foram muito influentes através dos séculos.

Capítulo 16

O Ramadã e outras Observâncias

Neste capítulo:
- Aprenda sobre as observâncias diárias dos muçulmanos
- Descubra importantes exigências e tradições que afetam os não muçulmanos que participam dos serviços
- Saiba os fatos mais importantes acerca do Ramadã
- Aprenda sobre outros importantes dias sagrados islâmicos

Neste capítulo, você aprenderá acerca dos rituais de veneração diários, dos locais para a veneração muçulmana e do Ramadã – o sagrado nono mês do calendário muçulmano. Também descobrirá uma série de outras observâncias anuais significativas dentro do Islamismo.

Todos os dias

Os muçulmanos sunitas oferecem cinco orações com rituais específicos ligados a determinadas horas do dia: antes do amanhecer, logo depois do meio-dia, no meio da tarde, logo após o pôr do sol e à noite. Os muçulmanos xiitas realizam cinco rituais de oração com os mesmos nomes e a mesma duração dos praticados pelos sunitas, mas divididos em três momentos durante o dia: antes do amanhecer, logo depois do meio-dia e logo após o pôr do sol.

Embora essas orações, que não duram mais do que dez minutos, possam ser feitas em uma *mesquita*, elas são consideradas válidas quando oferecidas em outros locais. Preces adicionais trazem mais méritos. Os muçulmanos acreditam que existem mais recompensas para orações oferecidas como parte de um grupo do que individualmente.

> **O que significa**
>
> Uma **mesquita** é uma edificação usada pelos muçulmanos para culto e oração. A mesquita contém um nicho ou outro ponto central que orienta o devoto para *qibla*, ou em direção a Meca.

Mesmo existindo algumas exceções na prática realizada por viajantes e pessoas doentes, essas orações devem ser oferecidas com fidelidade e total atenção, independentemente da localização física da pessoa. Os fiéis que as fazem devem estar ritualmente limpos. O devoto tira os sapatos e realiza um ritual de limpeza, chamado *wudhu*, para as mãos, rosto, boca e pés. Essa limpeza física reflete uma purificação espiritual simbólica.

Os detalhes intrincados são uma marca da arte e desenho religiosos islâmicos.

Ao meio-dia da sexta-feira, o Sabá Islâmico, a comunidade se reúne na mesquita para um serviço de orações que dura de 30 minutos a uma hora. Na mesquita não é permitido usar sapatos, e homens e mulheres rezam separadamente para evitar distrações (os arranjos para isso diferem de lugar para lugar). O encontro da sexta-feira é um importante momento de reunião para a comunidade local, que serve para renovar os relacionamentos e compartilhar as preocupações da comunidade. Para os homens, a presença nas orações da sexta-feira é obrigatória. Faltar aos serviços sem um motivo é considerado pecado.

Aposto que você não sabia

Dentro da mesquita, representações de Alá ou de qualquer ser humano, plantas ou animais são estritamente proibidas. Os muçulmanos consideram tais imagens idolatria ou uma imitação ilegal do poder criador de Deus.

Muitas mesquitas contêm elementos decorativos abstratos de extraordinária beleza e detalhes. As grandes, como a de Suleiman I, em Istambul, estão entre as maiores realizações arquitetônicas da humanidade. Formas decorativas lineares repetidas, chamadas arabescos, combinam geometria e arte simbolizando a unidade divina e uma sublime expressão de fé.

Quando o *wudhu* chega ao fim, os fiéis voltam o rosto para Meca e iniciam uma série de rituais que envolve prestar reverência, prostrar-se e recitar a prece estabelecida. O número de preces dependerá do momento do dia em que elas acontecem.

Aposto que você não sabia
A oração islâmica envolve uma sequência de repetidas reverências e posturas eretas. Cada uma dessas sequências começa com a recitação da primeira surata do Alcorão. Nenhuma prece oferecida sem essa recitação é válida.

A oração muçulmana faz uso de recitações memorizadas. Aqueles que abraçaram a fé há pouco tempo tomam parte no grupo e agem sob a orientação de um membro do clero até que as preces apropriadas estejam memorizadas.

Se você não é um muçulmano praticante, não tente se juntar às orações. Geralmente, haverá uma área separada para os convidados não muçulmanos que desejam observar os serviços.

Importantes rituais islâmicos da vida

Assim como a maioria das religiões de maior destaque, o Islamismo tem observâncias especiais para os eventos mais significativos da vida. A seguir, apresentamos um breve resumo de alguns costumes mais importantes.

Ritual das boas-vindas

A cerimônia de nascimento é conhecida como *akikah*. Essa observância informal pode assumir muitas formas, dependendo da nação ou cultura em que a família vive. (Muitos muçulmanos não celebram nenhuma forma de akikah porque os aniversários não são comemorados no sistema islâmico.)

Iniciação

A iniciação, ou *shahada*, marca a entrada formal de um(a) jovem muçulmano(a) na fé. Não há uma idade estabelecida para esse rito; de modo geral, ele acontece na metade da adolescência.

A cerimônia deve ser testemunhada por uma quantidade predeterminada de muçulmanos adultos. Durante a shahada o/a jovem, que faz sua proclamação formal de fé, repete, em árabe, a sentença: "Não existe nenhum Deus, exceto Deus; Maomé é o profeta de Deus". A cerimônia ocorre tanto em uma casa particular ou em uma mesquita. Ela pode seguir um serviço de orações regularmente programado.

O ritual do casamento

Essa cerimônia, vista como um contrato sagrado entre as partes, acontece no principal santuário da mesquita. Pelos padrões ocidentais, o ritual islâmico do casamento pode parecer rápido e sem formalidade. As testemunhas apenas observam a oferta formal de casamento, feita pelo noivo, e a aceitação formal da noiva. Um *oficiante* fará um sermão sobre casamento. Não há nenhuma cerimônia associada ao evento.

Depois do casamento vem a *waleemah*, ou recepção. Ela pode acontecer em qualquer lugar, incluindo a mesquita onde se deu a cerimônia. Pode haver música e dança, mas, desnecessário dizer, sem bebida alcoólica.

Funerais e períodos de luto

Um funeral islâmico, como o ritual do casamento, é prático. Ele pode incorporar um serviço em casa funerária e incluirá a recitação da *janazah*, preces para os mortos, no local do túmulo. A prática islâmica não autoriza a cremação, e o enterro deve ocorrer em 24 horas.

O Islamismo limita o período oficial de luto pela morte de um membro da família em 40 dias. Nenhuma outra regra é estabelecida no que se refere ao tempo do luto. Na prática, espera-se que os muçulmanos retornem aos deveres regulares de trabalho poucos dias depois do funeral. Quando em dúvida, chame a família diretamente.

A maioria das mulheres muçulmanas não toma parte em atividades sociais durante os 40 dias que se seguem à morte de um membro próximo da família. Os homens podem seguir orientações menos rígidas.

Aposto que você não sabia

Durante as preces, os muçulmanos sempre se orientam em direção ao sagrado santuário de Meca. (É importante lembrar, no entanto, que as preces são dirigidas a Deus, e não a uma estrutura física.) Nos Estados Unidos, os devotos muçulmanos se voltam para Meca durante as preces olhando na direção nordeste.

Cuidado — Atenção

As mulheres não muçulmanas que assistem aos serviços religiosos nas mesquitas devem respeitar o costume islâmico e usar um véu. Por motivos de modéstia, as meninas e as mulheres adultas muçulmanas cobrem o cabelo e o pescoço. E embora não existam regras a respeito do assunto, é melhor se lembrar que menos joias vale mais nesse cenário. Evite as que representem pessoas, animais, imagens cristãs ou judaicas, símbolos astrológicos ou outras figuras que possam ser ofensivas. (Isso vale para os homens e para as mulheres.)

O Ramadã

A festa sagrada do Ramadã ocupa todo o nono mês do calendário islâmico. (Como esse calendário é lunar, as datas correspondentes no calendário solar ocidental mudam de ano para ano.) Durante o Ramadã, que é tanto o nome de um mês do ano quanto um período de observância religiosa, os adultos entram em um rígido período de abstenção, reflexão e purificação.

Entre o nascer e o pôr do sol, durante o Ramadã, os muçulmanos adultos não fumam, comem, bebem ou praticam sexo. Eles são encorajados a ler o Alcorão do início ao fim, o mês todo, o qual celebra a primeira revelação das escrituras islâmicas.

Aposto que você não sabia
O mês sagrado do Ramadã, que não ocorre em uma data estabelecida de modo fixo devido ao calendário lunar muçulmano, é um período de arrependimento e jejum diários. Os muçulmanos devem renunciar a todas as indulgências, refletir sobre os atos passados, reforçar a disciplina pessoal e expressar gratidão a Alá por sua contínua orientação e presença diária na vida do fiel. As pessoas muito jovens, as doentes e os membros de certos grupos especialmente designados (como os soldados, por exemplo) estão isentos de cumprir as obrigações do Ramadã.

Outros importantes dias sagrados islâmicos

O Ramadã é a observância mais conhecida no Islamismo, mas a tradição também celebra outros dias sagrados. Cada um dos dias descritos abaixo é reconhecido de acordo com o calendário lunar islâmico, portanto, as datas do calendário ocidental não podem ser fornecidas.

Lailat ul-Qadr

Lailat ul-Qadr é celebrado em uma noite dos últimos dez dias do Ramadã. Nesse período, os muçulmanos comemoram a primeira experiência da revelação divina a Maomé, que, acredita-se, ocorreu em uma única noite durante os últimos dez dias do mês. A data

Aposto que você não sabia
A noite da primeira revelação a Maomé é conhecida como "Noite do Poder".

precisa da revelação ao profeta não é conhecida. Os muçulmanos podem passar a maior parte do tempo em uma mesquita durante essa parte final do Ramadã.

Ida al-Fitr

Ida al-Fitr é a festa que segue a conclusão do longo jejum de um mês. Ela acontece no fim do Ramadã e dura três dias. É celebrada com banquetes e troca de presentes. Ida al-Fitr também é o período em que as esmolas são distribuídas, como manda a lei islâmica.

Id ul-Adha

Id ul-Adha, dia em que animais são mortos em benefício dos pobres, ocorre dois ou três meses depois do Ramadã. Ele celebra a fidelidade e a obediência do patriarca Abraão.

Al-Isra Wal Miraj

Al-Isra Wal Miraj é celebrado no 27º dia do sétimo mês do calendário islâmico, rajab. Marca a jornada suportada divinamente em Meca por Maomé e a disciplina diária de orações, observadas pelos muçulmanos desde então.

Maulid al-Nabi

Maulid al-Nabi celebra o nascimento do profeta Maomé e acontece no 12º dia do terceiro mês (rabi awwad). É muito popular, com as festividades começando uma semana ou duas antes e terminando no dia da celebração.

O mínimo que você precisa saber

- A vida diária de um muçulmano incorpora a oração regular a Alá.
- Uma mesquita é uma edificação erigida pelos muçulmanos para culto e oração.
- As orações podem ser feitas em qualquer lugar, mas a pessoa que está rezando deve estar fisicamente voltada para Meca, se possível.
- O mês sagrado do Ramadã, que não tem uma data fixa estabelecida devido ao calendário lunar muçulmano, é um período de arrependimento e jejum diários.
- Entre o nascer e o pôr do sol durante o Ramadã, os muçulmanos adultos não fumam, comem, bebem nem praticam sexo.

Capítulo 17

Islamismo e Vida após a Morte

Neste capítulo:

- Entenda a vida como um teste
- Aprenda o que o Alcorão diz a respeito da vida após a morte
- Encontre o que o Islamismo espera dos fiéis
- Descubra os sinais do profeta Maomé na vida que está por vir

O Alcorão, o livro sagrado do Islamismo, foca de modo inexorável e com grande eloquência a importância de preparar-se para a vida que está por vir.

Ele também enfatiza a natureza temporária da vida na Terra, que é considerada um teste para o inevitável Dia do Juízo Final, quando os seres humanos receberão a justa recompensa pelos seus atos.

Esses dois tópicos combinam e se sobrepõem por todo o texto do Alcorão. Entre as centenas de passagens do texto sagrado que fazem referência a essas ideias gêmeas, temos a seguinte:

> "Entre os humanos há aqueles que dizem: Ó, Senhor nosso, concede-nos o nosso bem-estar terreno! Porém não participarão da ventura da outra vida. Outros dizem: Ó, Senhor nosso, concede-nos a graça deste mundo e do futuro, e preserva-nos do tormento infernal! Estes, sim, lograrão a porção que tiverem merecido, porque Alá é Destro em ajustar contas" (Surata 2:200-202).

O Juízo Final

Para o muçulmano devoto, todos os acontecimentos desta vida são vistos como um Juízo Final de Alá para a vida futura; e todas as circunstâncias na experiência humana, não importando como pareçam a nós agora, são de fato preparações para nosso encontro final com o Divino. Para o muçulmano devoto, esta vida é um teste – e apenas isso.

Essa visão da vida – como um teste – é com certeza proeminente em outras expressões de fé, mas é correto dizer que a mensagem é repetida com mais frequência no Alcorão do que em qualquer outro importante texto sagrado religioso. Ela é elaborada de várias maneiras, muitas com fascinantes implicações na eterna pergunta: "Por que Deus permite que os seres humanos sofram?".

Vejamos um exemplo:

> "Certamente que nos poremos à prova mediante o temor, a fome, a perda dos bens, das vidas e dos frutos. Mas tu (ó Mensageiro), anuncia (a bem-aventurança) aos perseverantes – Aqueles que, quando os aflige uma desgraça, dizem: Somos de Alá e a Ele retornaremos. Estes serão cobertos pelas bênçãos e pela misericórdia de seu Senhor, e estes são os bem-encaminhados" (Surata 2:155-157).

As perdas, no entanto, não são o único teste. O ganho também é considerado um teste no Islamismo. Tanto a riqueza quanto a pobreza são vistas como originárias de Alá.

Se alguém é rico, os muçulmanos acreditam que Alá quer testar se ele (por exemplo) demonstrará generosidade e misericórdia para com os outros e ajudará a expandir a religião de Alá sobre a Terra.

Se, por outro lado, a pessoa é pobre, os muçulmanos acreditam que isso acontece porque Alá quer testar se ela (por exemplo) permanecerá firme diante das dificuldades, dando um bom exemplo aos outros e evitando os pecados da desesperança e desonestidade.

Aposto que você não sabia

Na fé islâmica, o fracasso no "teste da riqueza" ou "da pobreza" — ou em quaisquer dos inúmeros testes — acarreta consequências graves na vida futura. Os seres humanos têm apenas esse curto período de vida para provar (e não apenas falar a respeito de) sua devoção ao Criador.

O ajuste de contas

Dentro do sistema de fé islâmico não existe reencarnação nem um Filho de Deus. O ajuste de contas é apenas com Deus e diz respeito às escolhas e ações feitas em uma única vida.

Segundo a lei islâmica, cada ser humano deve aceitar a responsabilidade direta e pessoal, diante de Alá, por sua vida. Os muçulmanos acreditam que um fracasso em quaisquer empreendimentos humanos não significa nada comparado à tragédia da falha em agradar a Alá e obter a entrada no Paraíso. Não há segunda chance para corrigir esse erro, de acordo com o Islamismo; como também não existe perdão dos pecados baseado em sacrifício de sangue de animais ou de qualquer outra entidade.

No Dia do Juízo Final, para os muçulmanos, Alá alçará toda a humanidade à vida e fará que cada indivíduo receba uma avaliação precisa dos atos praticados (ou não praticados) durante a vida na Terra. Essa avaliação demonstrará com clareza, para qualquer um que duvidara da realidade do Juízo Final, o que era de fato importante na vida humana.

> **Aposto que você não sabia**
>
> O nome de Alá é sussurrado ao bebê muçulmano recém-nascido e também àquele fiel que está morrendo. Na tradição islâmica, esse nome é a primeira palavra que a pessoa ouve quando chega ao mundo e a última antes de partir.

Aqueles que acreditaram em Alá, que sabiam que o dia da ressurreição chegaria e que praticaram boas ações – como demonstrar generosidade, orar, buscar o perdão dos pecados e temer Alá – serão recompensados com a entrada no Paraíso e uma alegria inimaginável. Ao descrever o Paraíso, o Alcorão usa uma linguagem supremamente evocativa para trazer imagens de descanso, celebração e alegria. Para os muçulmanos, a experiência real do Paraíso está além da compreensão humana ou descrições verbais.

Aqueles que passaram a vida ignorando de modo cego as comunicações de Alá – negando Sua existência, imaginando-se os autores das coisas boas que lhes aconteceram, acumulando pecados e mais pecados sem buscar o perdão ou ignorando o sofrimento dos outros – serão lançados ao Inferno, onde sofrerão tormentos impossíveis de ser descritos. A linguagem do Alcorão ao tratar dos tormentos do Inferno é uma das mais amedrontadoras que já foram escritas.

Um lembrete para a humanidade

A teologia cristã, com a qual muitos ocidentais são familiarizados, vê a morte como a consequência do pecado – e a desobediência de Adão e Eva a Deus com o Pecado Original.

A visão islâmica, todavia (que não é familiar aos ocidentais), é um tanto diferente.

Para os fiéis dessa religião, a morte é uma realidade; não por causa do mau comportamento dos primeiros seres humanos, mas porque Alá determinou que toda a humanidade fosse testada pela vida e levada de volta a seu Criador pela morte. Na visão islâmica, Alá determinou que todos os seres humanos devem passar pela morte e, depois de se submeter a um teste da vida terrena, retornar a Ele para o Juízo Final:

> "Bendito seja Aquele em Cujas mãos está a soberania, e que é onipotente; que criou a morte e a vida, para testar quem de nós melhor se comporta – porque é o Poderoso, o Indulgentíssimo" (Surata 67:1-2).

(De modo curioso, a história de Adão e sua mulher aparece no Alcorão. Nesse texto, Eva não é apontada como responsável pela desobediência do casal, e Alá os perdoa por esse ato.)

Aposto que você não sabia

Não existe uma doutrina do Pecado Original no Islamismo, como acontece no Cristianismo. O Alcorão não ensina que os seres humanos são inerentemente maus. Porém, afirma que são negligentes no que diz respeito a questões de importância suprema — de modo especial quanto ao Dia do Juízo Final — e repetidas vezes se descreve como um "lembrete" para toda a humanidade acerca da verdadeira definição de sucesso: entrar no Paraíso na vida depois da morte.

O sucesso verdadeiro, na visão islâmica, não está no acúmulo de bens (mesmo porque tudo pertence ao Criador) ou na satisfação de desejos físicos (porque eles têm o potencial de nos desviar do acerto de contas), e nem em aparentes ações virtuosas como trazer filhos ao mundo (porque mesmo a satisfação de ser bons pais pode desenvolver o orgulho e fazer que a pessoa perca de vista sua destinação final).

O que significa

Dunya é uma palavra árabe que significa "submundo". Ela se refere ao mundo físico e visível e todos os seus atrativos. Deixar-se atrair por ele, segundo o Islamismo, é um sério erro.

O sucesso verdadeiro, para um muçulmano, está em afastar-se de tudo o que possa fazer com que a pessoa perca de vista a vontade de Alá. O sucesso significa dar as costas às tentações do *dunya* e de qualquer abordagem egoísta que faça com que o indivíduo desvie sua atenção do Criador para a criação.

Destinações

Os muçulmanos acreditam que as pessoas que obtiveram o favor do Senhor entrarão no Paraíso, e que aquelas que não o conseguiram estão destinadas ao Inferno:

> "Aqueles que lucram por meio de um mal, e estão envolvidos por suas faltas, serão os condenados ao Inferno, no qual permanecerão eternamente. Os crentes, que praticam o bem, serão os diletos do Paraíso, onde morarão eternamente" (Surata 2:81-82).

Essa passagem do Alcorão informa aos fiéis que todos aqueles "afogados em pecados" serão enviados ao Inferno para sempre. Na outra extremidade do *continuum* estão aqueles que serão transportados de imediato para o Paraíso: os fiéis "justos e esforçados".

No entanto, nem todos farão parte de um ou outro grupo.

Algumas pessoas serão enviadas ao Inferno por um período de purificação (agonizante); outras, com melhores registros em seus livros, serão transportadas para um lugar chamado Alturas até que estejam prontas para entrar no Paraíso.

No caminho

"Há razões muito convincentes para acreditar na vida depois da morte. Em primeiro lugar, todos os profetas de Deus conclamaram seu povo a acreditar nisso. Em segundo lugar, sempre que uma sociedade humana é formada com base nessa crença, ela se torna a mais pacífica e ideal, livre de males sociais e morais. Em terceiro lugar, a história dá testemunho de que sempre que essa crença é rejeitada de modo coletivo por um grupo de pessoas, apesar dos repetidos avisos do profeta, o grupo como um todo foi punido por Deus ainda neste mundo. Em quarto lugar, as faculdades morais, estéticas e racionais do homem endossam a possibilidade da vida após a morte. Em quinto lugar, os atributos de Justiça e Misericórdia de Deus não têm sentido se não existir vida após a morte."

Life After Death, um artigo publicado pela Assembleia Mundial da Juventude Muçulmana

Não muçulmanos e vida após a morte

Várias passagens no Alcorão sugerem que os cristãos e judeus devotos podem alcançar o Paraíso.

Recorrer a esses versos, no entanto, é algo controverso, porque muitos muçulmanos acreditam que eles foram substituídos por versos revelados mais tarde por Alá ao profeta Maomé.

Islamismo sobre a morte e o momento de morrer

Os muçulmanos acreditam que todos os seres humanos, sem exceção, retornarão ao Criador para um acerto de contas.

> **Aposto que você não sabia**
>
> Na visão islâmica, nenhuma pessoa determina o destino final de cada ser humano, apenas o próprio Deus.

"Toda a alma provará o gosto da morte; então, retornareis a Nós" (Surata 29:57).

Esse grupo incluirá (em um grupo de honra especial) todos os profetas de Deus, uma assembleia de muçulmanos em que estão as figuras de Abraão, Moisés, João Batista, Jesus e o profeta Maomé.

O anjo da morte

Os seguidores da fé islâmica acreditam que um anjo específico, a quem a tradição identifica como Izrael, recebeu a responsabilidade formal de separar a alma do corpo no momento da morte, e que outros anjos o ajudam a realizar essa tarefa.

"Dize-lhes: O Anjo da Morte, que foi designado para vos guardar, recolher-vos-á, e logo retornareis ao vosso Senhor" (Surata 32:11).

Curiosamente, os muçulmanos acreditam que o profeta Maomé foi a única pessoa da história a ser consultada pelo Anjo da Morte, que lhe perguntou se

> **Aposto que você não sabia**
>
> As exigências do funeral muçulmano incluem: o cumprimento diligente dos ritos fúnebres, o costume de enterrar os mortos, envolvendo o corpo em uma mortalha branca sem costura e garantindo que o rosto da pessoa que faleceu esteja voltado para Meca.

ele estava preparado para concluir sua vida. Todas as outras pessoas foram (e são), na visão islâmica, apenas levadas por Izrael e os anjos a ele subordinados no momento apropriado.

A morte o encontrará!

O Islamismo enfatiza que os humanos devem sempre ser lembrados que a morte é imprevisível e inevitável. Nenhuma proteção pode salvar alguém dela; quando chega o momento, a pessoa deve sucumbir a ela.

> " Onde quer que vos encontrardes, a morte vos alcançará, ainda que vos guardeis em fortalezas inexpugnáveis" (Surata 4:78).

Os muçulmanos acreditam que a remoção da alma do corpo de um infiel na hora da morte é uma experiência agonizante – ainda que ela pareça "tranquila" para os observadores de fora aqui na Terra.

No caminho

O Alcorão ensina que os seres humanos que se afastam de Alá e abandonam Seus mandamentos receberão a punição eterna no Inferno. Lemos que os ateus estão entre aqueles que receberão punição eterna:
"Sobre os incrédulos, que morrem na incredulidade, cairá a maldição de Alá, dos anjos e de toda a humanidade, Que pesará sobre eles eternamente. O castigo não lhes será atenuado, nem lhes será dado prazo algum" (Surata 2: 161-162).

> "Se pudesses ver a ocasião em que os anjos receberão os incrédulos, batendo-os no rosto e nas costas, e dizendo-lhes: Provai o suplício do Fogo Infernal. Isso por tudo quanto cometeram vossas mãos, porque Alá nunca é injusto para com os Seus servos" (Surata 8:50-51).

Uma narração atribuída ao profeta Maomé explica o processo da morte dos infiéis:

> "Se um servo infiel estiver mais preocupado com a vida terrena do que com a outra vida, anjos com os rostos da cor de alcatrão descem do céu. Esses anjos, que trazem fragrâncias de mau cheiro, sentam-se perto do infiel que está morrendo. Então, o Anjo da Morte desce e se coloca perto da cabeça do infiel. O Anjo da Morte diz: 'Ó, alma má! Venha para a maldição e a ira de Alá'... A alma se dispersa no corpo do infiel. O Anjo da Morte agarra a alma como um *sufud* (um pedaço de metal envolto em lã molhada). O Anjo da Morte toma a alma sem deixar que ela fique

em suas mãos nem por um instante. Depois os anjos envolvem a alma com uma vestimenta de mau cheiro. A alma sai do corpo com um cheiro muito ruim." – Hadith atribuído ao profeta Maomé.

Em outra narração, também atribuída a Maomé, lemos sobre a experiência muito diferente do muçulmano que morre nas boas graças de Alá:

"Se o servo fiel se abstém de cobiçar coisas materiais em sua vida temporal e deseja a vida depois da morte, anjos com rostos brancos descem do céu. Seus rostos brilham tão forte quanto o Sol. Eles trazem vestes fúnebres e *hanut* (fragrância) do Céu. Eles se sentam bem perto da pessoa que está morrendo. O Anjo da Morte (que Alá o abençoe!) vem e senta-se perto da cabeça dela, dizendo: 'Ó boa alma, venha para a misericórdia e perdão de Alá'... A alma sai como uma gota d'água escorrendo. Então, o Anjo da Morte toma a alma, sem deixar que ela fique em sua mão, (e) a liberta como em um piscar de olhos. Os outros anjos tomam a alma e a vestem... Dessa alma vem a melhor fragrância, que lembra o melhor almíscar da terra". – Hadith atribuído ao profeta Maomé.

Seguindo o exemplo do profeta

No Islamismo, não se espera que a alma do fiel seja perfeita; a questão não se refere ao fato de uma pessoa ter evitado completamente o pecado, mas se ela se arrependeu e buscou o perdão de seus pecados, como o próprio profeta fez.

No fim, os muçulmanos defendem que o sucesso ou o fracasso na vida depois da morte depende inteiramente da disposição de a pessoa sobrepujar sua fé e confiar em Alá e seu último profeta:

"Crede, pois, em Alá, em Seu Mensageiro e na Luz, que vos temos revelado, porque Alá está bem inteirado de tudo quanto fazeis. Quando fordes congregados para o Dia da Assembleia, este será o dia das defraudações recíprocas. Porém, aquele que crer em Alá e praticar o bem será absolvido das suas faltas e introduzido em jardins abaixo dos quais correm os rios, onde morará eternamente. Tal é o magnífico benefício! Por outra, aqueles que renegarem e desmentirem os Nossos versículos, serão condenados ao Inferno, onde morarão eternamente. E que funesto destino! Jamais acontecerá calamidade alguma, senão com a ordem de Alá. Mas a quem crer em Alá, Ele lhe iluminará o coração, porque Alá é Onisciente" (Surata 64:8-11).

O mínimo que você precisa saber

- O Islamismo foca de modo implacável a importância de se preparar para a vida após a morte, submetendo-se à vontade de Alá.

- Aqueles que são bem-sucedidos nesse esforço, segundo os muçulmanos, ganharão a entrada no Paraíso.

- Aqueles que fracassarem nesse esforço, segundo os muçulmanos, serão enviados aos tormentos do Inferno.

- O Alcorão, repetidas vezes, enfatiza que a vida da pessoa neste mundo é um teste que determinará se ela obterá ou não a entrada no Paraíso.

Capítulo 18

Derrubando as Barreiras ao Islamismo

Neste capítulo:
- A comunidade global de fé
- Por que o Islamismo se expandiu
- O papel das mulheres
- O Alcorão e os não muçulmanos

Das três grandes expressões de fé monoteístas – Judaísmo, Cristianismo e Islamismo – é correto dizer que a última é, pelo menos na América do Norte e na Europa, a menos entendida. Isso é irônico, pois há membros importantes do Islamismo nessas duas regiões do mundo.

No mais recente recenseamento, havia cerca de 8 milhões de muçulmanos nos Estados Unidos. Do mesmo modo, existe uma grande população muçulmana no Reino Unido e na França, e ela já começou a emergir como importante força cultural e política nesses lugares.

Um maior entendimento do Islamismo acabará acontecendo no Ocidente, ainda que simplesmente porque conversões e imigrações continuam a aumentar o número de adeptos. As comunidades islâmicas do Ocidente não estão apenas se tornando maiores, mas ficando também mais expressivas que, digamos, há cinco anos.

Um fenômeno global

O Islamismo, assim como o Judaísmo e o Cristianismo, originou-se no Oriente Médio. Porém, ele é um fenômeno global e sua prática não tem nenhum relacionamento com a nacionalidade da pessoa. Esse simples fato, ignorado com tanta frequência por notícias e discussões a respeito dessa expressão de fé, pode muito bem ser a barreira mais óbvia a uma abordagem significativa do Islamismo.

Essa é a razão pela qual os mal-entendidos acerca do apelo global do Islamismo são os primeiros dos cinco obstáculos ao entendimento dessa religião. Os outros são: estereótipos relacionados ao papel da assim chamada "espada do Islamismo", na propagação da fé; o entendimento errado do termo *jihad*; as simplificações excessivas no que diz respeito às relações entre homens e mulheres e ao papel da mulher; e concepções erradas no que toca aos ensinamentos do Alcorão quanto à guerra.

Existem outras barreiras ao entendimento da fé além dessas cinco, é claro. Ao que parece, há incontáveis divisões internas de opinião, expressadas em muitas interpretações limitadas e eruditas dos principais textos. As pessoas que estão de fora podem sentir, de início, certa confusão quando tentam discernir as diversas vozes eruditas. Entender as muitas áreas da intrincada controvérsia doutrinal é uma tarefa intimidadora. (E essa não é uma tarefa que realizaremos neste livro.)

Mas nas principais questões – a unidade de Deus, a realidade da vida após a morte, a certeza de um ajuste de contas para cada um de nós, a missão especial do profeta – o Islamismo fala com uma só voz. Uma voz que um número cada vez maior de pessoas de boa vontade no Ocidente está tentando ouvir sem preconceitos.

Concepção errada 1: muçulmano é a mesma coisa que árabe

Se você falar apenas a palavra "muçulmano", está provavelmente se referindo a um não árabe.

Vale a pena repetir a explicação. Quando você emprega a palavra "muçulmano", é provável que esteja falando sobre alguém que não seja do Oriente Médio e não fale a língua árabe. E, devido à percentagem de muçulmanos convertidos de outras expressões de fé, há uma boa chance de que você esteja se referindo a alguém que cresceu sem nenhuma ligação com a cultura, a língua ou as tradições árabes.

É verdade que os povos de língua árabe – aqueles de países como Iraque, Qatar, Egito e Jordânia – são em sua maioria muçulmanos, embora existam pequenos números de árabes não muçulmanos em muitos países de língua árabe. (Os cristãos coptas, por exemplo, praticam sua fé no Egito há séculos.)

Mas os muçulmanos das terras árabes são superados em número, com facilidade, pelos muçulmanos em todo o mundo, que não vivem em regiões de língua árabe. Portanto, quando você emprega apenas a palavra "muçulmano", é possível que se refira a qualquer uma destas pessoas:

- Hakeem Olajuwan, o astro da NBA*. Ele nasceu na África.
- Yusuf Islam, o cantor que era conhecido como Cat Stevens. Ele nasceu na Inglaterra.
- Muhammad Ali, o lendário boxeador profissional, antes conhecido como Cassius Clay. Ele nasceu nos Estados Unidos.

Observe que todas essas pessoas têm um nome árabe, embora nasceram fora do Oriente Médio. Muitos – mas nem todos – muçulmanos recebem, ou adotam, nomes islâmicos. Contudo, a adoção de um nome árabe não faz com que alguém se tornar árabe.

Presumir que todos os muçulmanos venham do Oriente Médio, ou que a religião é um fenômeno regional, é um grande erro, e muito comum, cometido pelos ocidentais. Pensar assim tende a fazer com que o Islamismo pareça menor do que é na realidade (essa religião tem mais de 1 bilhão de adeptos em todo o mundo) e menos aceito do que realmente é.

Aposto que você não sabia
Os muçulmanos acreditam que Maomé, diferentemente de todos os profetas anteriores, veio para transmitir sua mensagem de salvação à humanidade como um todo. Seguindo a missão global de Maomé, o Islamismo oferece um conjunto internacional, e não local, de padrões de vida e crenças religiosas. Mas, como questão prática, um muçulmano em Jacarta, na Indonésia, provavelmente tem uma experiência de vida bem diferente de outro na cidade de Nova York, que com certeza difere bastante de um muçulmano em Lagos, na Nigéria. Tratar todas essas pessoas como se tivessem nascido no Oriente Médio seria ignorar a diversidade, alcance e influência histórica da fé islâmica.

Concepção errada 2: estereótipos concernentes à "Espada do Islamismo"

Um dos obstáculos mais persistentes a um entendimento equilibrado do Islamismo é a comum concepção errada em relação ao modo como ele se expande.

---

* N. E.: *National Basketball Association*, liga de basquete profissional nos Estados Unidos que reúne os principais atletas desse esporte.

> **No caminho**
>
> "A espada do Islamismo não é uma espada de ação. Sei disso por experiência própria porque a espada do Islamismo atingiu em cheio meu coração. Ela não trouxe a morte, mas uma nova vida; trouxe uma percepção e um despertar — no que diz respeito a quem eu sou, o que eu sou e por que eu estou aqui."
>
> Ahmed Holt, empreiteiro civil britânico que se converteu ao Islamismo em 1975.

No século que se seguiu à morte do profeta Maomé, em 632, um grande Império Islâmico se desenvolveu – que rivalizou ou superou os anteriores de Roma ou da Pérsia em seu alcance. Existe uma noção comum no Ocidente de que os exércitos islâmicos de modo sistemático erradicaram os sistemas de crença de todos os não muçulmanos que encontraram – a chamada "Espada do Islamismo". No entanto, isso é uma ficção.

A filosofia prevalecente do Estado Islâmico não foi uma imposição, com o uso da força militar, das crenças islâmicas (na verdade, o Alcorão proíbe isso), mas, pelo contrário, uma imposição de tributo especial às comunidades religiosas que escolheram seguir sua própria expressão de fé. Em troca do pagamento desse tributo, os seguidores de outras religiões recebiam proteção militar e desfrutavam outros benefícios da vida comunitária no Império Islâmico.

A religião do Islã espalhou-se com grande velocidade porque os habitantes de várias localidades escolheram abraçá-la e não porque as autoridades militares ou governamentais decretaram a proibição de outras religiões. Posteriormente, o Islamismo atraiu adeptos em regiões do mundo onde os exércitos islâmicos jamais pisaram, principalmente na Indonésia e na África Ocidental.

Não obstante, permanece a concepção errada de que essa religião alcançou todo o mundo graças ao poder militar e a uma história de intolerância religiosa. Isso é exatamente o contrário do que aconteceu. Os dias do Islamismo como império foram marcados por uma notável tolerância às minorias – que ainda pode ser encontrada em nações como o Qatar hoje em dia. (Outros países islâmicos, como a Arábia Saudita, não apresentam um registro impressionante de tolerância no período moderno.)

Exasperados pelo mito da "Espada do Islamismo", os muçulmanos algumas vezes perguntam aos não muçulmanos: se o domínio militar absoluto pudesse trazer tão ampla aceitação de qualquer religião que aguentasse por mais de um milênio depois do período de dominação,

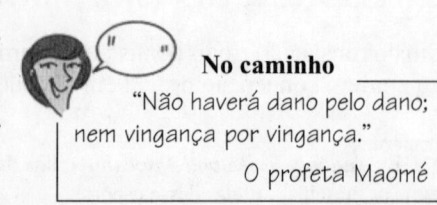

> **No caminho**
>
> "Não haverá dano pelo dano; nem vingança por vingança."
>
> O profeta Maomé

se apenas o uso da arma tivesse essa força, nós todos não estaríamos cultuando, até hoje, os deuses romanos?

Concepção errada 3: jihad

Outro obstáculo significativo para um entendimento preciso do Islamismo está ligado à palavra comum – mas com frequência mal empregada – chamada *jihad*.

A julgar pelas manchetes dos jornais, os boletins dos noticiários de TV e os artigos de revistas no Ocidente, jihad significa apenas uma coisa: guerra santa contra aqueles que não aceitam o Islamismo.

A primeira associação entre o movimento militar e a palavra jihad aconteceu séculos antes da morte do profeta Maomé, e mesmo esse antigo uso foi a expansão de um conceito mais profundo de importância central para a fé – que ainda motiva o significado do termo hoje.

Jihad significa luta... antes de qualquer coisa, luta contra o *eu*. Entregar-se à luxúria, ganância, raiva, cinismo ou esquecer o ajuste final de contas com Deus significa abandonar jihad. Realizar um esforço consciente para desenvolver a temperança, generosidade e confiança na Providência, e lembrar-se do ajuste de contas, significa promover jihad.

Para um muçulmano, jihad é trabalho de uma vida inteira, mas os primeiros e mais importantes inimigos são: o egocentrismo e o desejo de construir uma vida voltada para confortos e prazeres materiais.

Os ensinamentos do Islamismo proíbem de modo específico os ataques furtivos, ataques a não combatentes e a desnecessária destruição de propriedades. Os muçulmanos enfatizam que o Islamismo é, acima de tudo, uma religião de paz, que de modo explícito proíbe fazer o mal como retribuição do mal. Os ataques suicidas de 11 de setembro de 2001, nos Estados Unidos, fizeram muitos não muçulmanos duvidarem da alegação de que o Islamismo é uma religião de paz. Os muçulmanos, por sua vez, afirmam que existem extremistas em todas as religiões, e que seus atos não devem ser os padrões pelos quais os preceitos religiosos sejam julgados.

Existe uma história famosa a respeito de um guerreiro islâmico do século VII que pode ajudar a colocar o conceito de jihad em perspectiva para muçulmanos e não muçulmanos.

Esse guerreiro se encontrou em um combate sangrento, corpo a corpo, com um opositor ao Estado Islâmico. A luta era feroz, mas o guerreiro islâmico, por fim, conseguiu desarmar o oponente. Eles lutaram, rolando pelo chão. Finalmente, o muçulmano obteve vantagem. Seu oponente, percebendo que estava para morrer, cuspiu no rosto do muçulmano como um gesto final de desprezo.

Diante disso, o combatente muçulmano parou. Soltou o oponente, ergueu-se, respirou fundo e ordenou que o combate começasse novamente.

O adversário, surpreso, afastou-se, retomou a espada que perdera e olhou longamente e de modo grave para o muçulmano em total descrença. Ele perguntou: "Por que você me deu outra chance? Você venceu a luta! Eu estava à sua mercê!".

Com muita paciência, o guerreiro muçulmano explicou seus motivos: "Se eu o tivesse matado agora, teria cometido um pecado porque sou proibido de matar sentindo raiva. Quando você cuspiu no meu rosto, senti uma grande ira crescendo dentro de mim. Portanto, devemos começar de novo, e se dessa vez você me matar, pelo menos eu entrarei, sem nenhuma obstrução, no Paraíso".

Ouvindo isso, o adversário deixou a arma cair, ajoelhou-se e pediu para tornar-se um muçulmano. Como isso aconteceu, nenhum dos homens morreu; pelo contrário, tornaram-se aliados para o resto da vida.

Moral: Um muçulmano comprometido com sua fé está sempre trabalhando em si mesmo em primeiro lugar. Essa é a suprema jihad.

Concepção errada 4: o Islamismo degrada e oprime as mulheres

Uma crença comum a respeito do Islamismo é que ele degrada e oprime as mulheres. A maioria das muçulmanas, no entanto, rejeita essa noção. E isso é razão suficiente para deixá-la de lado.

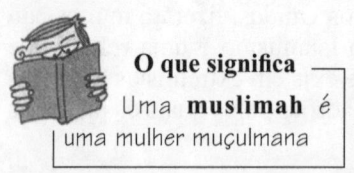

> **O que significa**
> Uma **muslimah** é uma mulher muçulmana

Há muito a se dizer a respeito da questão do relacionamento entre homens e mulheres no Islamismo, e um exame completo dessa questão está além do escopo deste livro. Porém, parece apropriado reproduzir um poema sobre o assunto, escrito por uma *muslimah* americana, e observar que ela expressa os sentimentos de muitas mulheres que fizeram a escolha consciente de observar essa expressão de fé.

Eu sou uma mulher muçulmana

Eu sou uma mulher muçulmana
Sinta-se à vontade para me perguntar por quê
Quando eu ando, ando com dignidade
Quando eu falo, não minto
Eu sou uma mulher muçulmana
Você não verá tudo de mim
Mas o que deve entender
É que é livre a escolha que fiz
Não estou tomada pela depressão
Não sou traída, nem maltratada
Eu não invejo outras mulheres
E com certeza não estou confusa
Ouça, eu falo inglês com perfeição
Et um petit peu de français aussi
Estou me formando em Linguística
Portanto, não precisa falar devagar
Tenho meu próprio pequeno negócio
Cada centavo que ganho é meu
Dirijo meu Chevrolet para a escola e para o trabalho
E não, isso não é um crime
Você costuma encarar quando eu passo
Você não entende meu véu
Mas encontrei paz e poder
Pois a qualquer homem sou igual
Eu sou uma mulher muçulmana
Por isso, por favor, não tenha pena de mim
Pois Deus me guiou à verdade
E agora finalmente sou livre!

Anônimo

Quer os muçulmanos abracem esses sentimentos, quer não, permanece o fato de que a maioria das muslimahs o faz. Esse fato deveria ser, talvez, o ponto de partida para qualquer diálogo a respeito dos relacionamentos entre homens e mulheres no Islamismo.

Se você acha que o Islamismo oprime a mulher... pergunte a uma muslimah sobre o Islamismo.

Concepção errada 5: o Alcorão defende o assassinato dos infiéis

Dois mitos referentes à religião merecem ser discutidos aqui. O primeiro é produto dos não muçulmanos; o segundo é dos muçulmanos.

"Mate os infiéis?"

Por motivos que só eles conhecem, alguns comentaristas não muçulmanos insistem em dizer que o Alcorão, o livro sagrado do Islamismo, defende a perseguição e o assassinato de civis não fiéis, onde quer que eles sejam encontrados. Isso é falso.

A simples leitura dos versos em questão demonstrará que eles, de modo explícito, dão instruções para os muçulmanos que estão em guerra contra um oponente claramente identificado.

Aqui está a curta passagem, frequentemente citada, com a palavra mais crítica apresentada (de maneira desorientadora) como "idólatras".

> "Mas quando os meses sagrados houverem transcorrido, matai os idólatras, onde quer que os acheis; capturai-os, acossai-os e espreitai-os" (Surata 9:5).

E aqui está a passagem completa, com a mesma palavra apresentada, de modo mais preciso, como "idólatras". O contexto mostra que essa passagem diz respeito a um grupo pagão específico que violara um tratado com os muçulmanos.

9:1 "Sabei que há absolvição, por parte de Alá e do Seu Mensageiro, em relação àqueles com quem celebrastes um tratado, entre os idólatras.

9:2 Percorrei (ó idólatras) a terra, durante quatro meses, e sabereis que não podereis frustrar Alá, porque Ele desonrará os incrédulos.

9:3 E eis aqui o anúncio de Alá e de Seu Mensageiro aos humanos para o dia da Peregrinação Maior. Alá e Seu Mensageiro não são responsáveis pelos idólatras (concernente ao rompimento do pacto). Mas se vos arrependerdes, será melhor para vós; porém, se vos recusardes, sabei que não podereis frustrar Alá! Notifica, pois, aos incrédulos, que sofrerão um doloroso castigo.

9:4 Cumpri o ajuste com os idólatras, com quem tenhais um tratado, e que não vos tenham atraiçoado e nem tenham apoiado ninguém contra vós; cumpri o tratado até à sua expiração. Sabei que Alá estima os tementes.

9:5   Mas quando os meses sagrados houverem transcorrido, matai os idólatras, onde quer que os acheis; capturai-os, acossai-os e espreitai-os; porém, caso se arrependam, observem a oração e paguem o *zakat*, abri-lhes o caminho. Sabei que Alá é Indulgente, Misericordioso.

9:6   Se algum dos idólatras procurar a tua proteção, ampara-o, até que escute a palavra de Alá e, então, escolta-o até que chegue ao seu lar, porque (os idólatras) são ignorantes" (Surata).

É importante reiterar que o tema dessa passagem do Alcorão é uma tribo específica de guerreiros pagãos que violaram um tratado com o profeta Maomé. Os versos em questão alertavam os membros dessa tribo que a guerra era iminente. Observe que esse aviso é dado com quatro meses de antecedência do conflito. Veja, também, que o Alcorão exige que os soldados muçulmanos *protejam* quaisquer oponentes militares pagãos que renunciem à luta e busquem ajuda, e que a conversão ao Islamismo não é um pré-requisito dessa ajuda!

Setenta e duas virgens?

Uma alegação igualmente extravagante, e talvez igualmente comum, é a de que o Alcorão promete 72 virgens a qualquer atacante suicida que esteja lutando em nome de Alá.

Além de essa promessa não aparecer no Alcorão, ela o contradiz abertamente. De maneira explícita (e sem exceção), o texto sagrado do Islamismo proíbe o suicídio em todas as situações. Essa "lenda urbana" não deriva do Alcorão, mas de uma declaração muçulmana atribuída duvidosamente ao profeta Maomé – que não se relaciona de modo algum a ataques suicidas. Sua autenticidade é altamente duvidosa e os eruditos responsáveis não a consideram obrigatória.

O mínimo que você precisa saber

- O Islamismo é uma tradição de fé global; ele não é um fenômeno regional ou do Oriente Médio.
- A maioria dos muçulmanos não é composta por árabes.
- O Alcorão proíbe a compulsão na religião.
- Jihad é, acima de tudo, a luta contra os próprios defeitos e desejos mundanos.

- As muslimahs (mulheres muçulmanas) ressentem a implicação de que elas são maltratadas ou oprimidas por sua fé.
- O Islamismo não justifica ataques suicidas nem o assassinato de civis não muçulmanos; pelo contrário, proíbe essas ações.

PARTE 5

Hinduísmo

A ausência de um fundador é uma das diversas "brechas" fascinantes que os observadores de fora podem encontrar ao examinar essa expressão de fé. (Outra "brecha": doutrina formal!) Essas "partes que faltam" resultam de nossas ideias preconcebidas e não de uma deficiência do Hinduísmo. Alguém que não esteja familiarizado com as práticas religiosas tradicionais da Índia espera que elas se pareçam com as das outras grandes religiões. Mas o Hinduísmo, uma designação que incorpora incontáveis seitas e práticas, é, como sempre foi, singular e suficiente em si mesma.

Capítulo 19

A Religião da Antiguidade

Neste capítulo:
- Aprenda as antigas formas de Hinduísmo – uma religião sem um início preciso
- Descubra os mais importantes textos sagrados hindus
- Descubra como o Hinduísmo se expandiu e se desenvolveu
- Aprenda os elementos comuns que definem essa religião diversa

Nesta parte do livro, você aprenderá a respeito dos misteriosos primeiros séculos do Hinduísmo; seu desenvolvimento por, talvez, 4 mil anos, e a associação íntima de seus vários rituais, práticas e textos (como o *Bhagavad Gita*) com o povo da Índia.

Como você está para descobrir, falta ao Hinduísmo algo que a maioria das outras grandes religiões considera essencial: um início.

Nenhum fundador

O Hinduísmo, que tem cerca de 800 milhões de praticantes em todo o mundo (em sua maioria pessoas que nasceram na Índia ou descendentes de indianos), destaca-se das outras grandes religiões pelo fato de que sua origem não remonta a nenhum indivíduo ou acontecimento histórico específicos. A fé, que é tão diversa quanto a própria Índia, é uma extraordinária coleção de variações e expansões – algumas antigas, outras mais recentes.

Essa religião profundamente variada dá uma ênfase muito grande ao ato de libertar-se do mundo que vemos e na eliminação das amarras que nos prendem ao plano material da existência, chegando a incluir a identidade pessoal. Por toda a sua complexidade, interconexão e desenvolvimento contínuo, esse cerne místico do Hinduísmo perdura até hoje.

> **Aposto que você não sabia**
>
> Um tipo de pragmatismo inspirado sustenta a fé hindu, diferentemente da abordagem baseada na história, que vemos em muitas outras religiões do mundo. Crenças e princípios ligados de maneira frouxa são combinados a técnicas como meditação e estudo formal para trazer o desenvolvimento espiritual pessoal.

Os eruditos acreditam que essa religião tenha surgido por volta de 3.500 anos atrás, a partir de interações entre os conquistadores arianos e as tradições já existentes no subcontinente indiano.

Hindu significa "indiano". As diversas práticas religiosas incluídas nesse nome representam a tradição religiosa dominante (o que significa a única) na Índia, mas os próprios praticantes não descrevem sua fé de um modo limitado ou nacionalista.

Como o Hinduísmo não nasceu de uma pessoa nem instituição específicas, ele é visto como eterno e imutável em sua essência. Os fiéis acreditam que ele sempre existiu.

É um erro tentar extrair um "sistema de crença" da vasta gama de tradições e rituais do Hinduísmo. Daí por que algumas pessoas preferem não usar a palavra Hinduísmo mas falar das religiões da Índia. Embora seja possível identificar elementos amplos dentro da fé, o Hinduísmo em sua estrutura expressa a profunda diversidade da experiência humana do Divino. Livre de doutrinas formais ou absolutas, essa religião mostrou uma notável adaptabilidade em sua abordagem ao desenvolvimento de experiências místicas e transcendentais.

"Aqueles que veem todos os seres no Eu, e o Eu em todos os seres, jamais se afastarão dele." Assim está escrito no *Upanishad*, um texto sagrado que busca reconciliar a (aparente) discórdia e profusão da existência física em uma única harmonia arrebatadora. Os versos são relevantes tanto para a jornada espiritual do indivíduo quanto para os incontáveis instrumentos fornecidos pelo Hinduísmo para facilitar essa jornada.

Um ocidental que tente comparar suas doutrinas religiosas às do Hinduísmo provavelmente desistirá, meneando a cabeça. Doutrinas precisas são difíceis de se encontrar nessa expressão de fé.

Ainda assim, existem alguns princípios aceitos de modo geral. A melhor maneira de entender esses princípios é, talvez, examinar rapidamente as raízes da fé hindu.

A civilização do Vale do Indo

A história do Hinduísmo começa por volta de 1.500 anos antes do nascimento de Jesus. No Vale do Indo, onde hoje é o Paquistão, um sofisticado povo urbano viveu por cerca de um milênio. Essa ainda misteriosa cultura agrícola e mercantil, ainda é conhecida como a civilização do Vale do Indo. Ela usava uma forma de escrita pictórica que os eruditos contemporâneos não foram capazes de decodificar por completo.

A civilização do Vale do Indo, em seus dias de glória, excedeu, pelo menos em termos geográficos, a influência de duas outras civilizações antigas – Egito e Mesopotâmia.

É possível que essa antiga civilização, que provavelmente possuía um governo central, tenha entrado em declínio por volta de 1500 a.C., quando uma horda de invasores arianos vindos do Noroeste conquistou a região. Os arianos propagaram sua própria língua e práticas no Vale do Indo, mas não eliminaram a herança cultural do povo da região. Em vez disso, por um complicado conjunto de interações, que os eruditos ainda não conseguiram entender por inteiro, eles assimilaram muitas práticas e crenças locais, combinando-as com os ritos arianos existentes.

Aposto que você não sabia

Entre as muitas imagens descobertas pelos arqueólogos nas ruínas da civilização do Vale do Indo estão o que parecem ser representações de Shiva, uma das grandes divindades no panteão hindu dos dias de hoje. No Hinduísmo contemporâneo, Shiva tem vários aspectos. A representação da divindade na forma simbólica de um falo (ao que parece, Shiva foi considerado uma figura da fertilidade pelo povo hindu) é equilibrada pelo seu papel como o grande destruidor cósmico.

Esses ritos envolviam a celebração de *Brahman*, palavra agora usada para descrever uma realidade eterna, absoluta, além da multiplicidade de formas. Outros cultos arianos envolviam o fogo, entoar hinos e a veneração dos ancestrais.

A Ciência moderna não tem certeza quanto ao fato de que as hordas arianas incorporaram de modo consciente os rituais do Vale

Cuidado — Atenção

O termo "ariano", no que se refere ao Vale do Indo, não tem nenhuma relação com a pseudociência nazista acerca de uma "raça superior". É um item arqueológico sem nenhuma ligação com essa ideia.

do Indo. Alguns eruditos acreditam que os arianos não conseguiram ter o controle total do Vale e que pequenos bolsões de práticas religiosas locais sobreviveram.

Uma antiga união de práticas religiosas muito diferentes formou a primeira de muitas adaptações associadas ao Hinduísmo. Nada ilustraria melhor a riqueza e a flexibilidade da fé hindu.

> **Aposto que você não sabia**
>
> Embora seja comum para as religiões formular, aceitar ou enfatizar um único conjunto de escrituras religiosas, o Hinduísmo tem uma abordagem muito diferente. Há muitos livros sagrados dentro do sistema hindu.

É sempre perigoso usar a linguagem moderna para descrever um processo antigo, mas os mais distintos registros do Hinduísmo sugerem o que pode ser chamado, com cuidado, de abordagem "inclusiva" de afirmações culturais e religiosas concorrentes. À medida que o Hinduísmo se desenvolveu, continuou a enfatizar a convergência, em vez da supressão, em seus encontros com outras expressões de fé.

Teria o Hinduísmo emergido como o resultado gradual do contato entre duas tradições, através dos séculos? Ou será que ele se desenvolveu a partir de um conjunto intencional de decisões para combinar formas? Não sabemos.

Uma das marcas dessa expressão de fé é a reconciliação de tensões e diferenças entre estruturas religiosas. Esse caráter parece ter sido essencial ao desenvolvimento e crescimento da fé.

Um e muitos

O Hinduísmo é uma síntese contínua, pragmática e inspirada; não é produto de ideologia ou doutrina rígida. Isso é tanto sua distinção quanto sua grandeza. Embora não seja uma religião cuja origem remonte a uma revelação única, também não é uma aleatória "colcha de retalhos" feita de ideias fragmentadas.

Os dados históricos mais antigos mostram que o Hinduísmo expandiu e sintetizou as antigas práticas de culturas "concorrentes". Essas práticas se tornaram mais significativas e coerentes devido aos contatos entre elas, o que resultou em novos e importantes instrumentos para a autodescoberta que expandiu a fé à sua fase seguinte de desenvolvimento.

As mesmas estruturas existem até hoje! As mais vigorosas e recentes renovações do Hinduísmo, por exemplo, refletem seus contatos com a moralidade cristã, introduzida pelo colonialismo e pelos missionários no século XIX, e com o movimento, no século XX, pela independência da Índia.

Mas, voltando à nossa história...

O período védico

O *Rig Veda*, a mais antiga e uma das mais reverenciadas escrituras sagradas do Hinduísmo, foi desenvolvido entre 1500 e 1200 a.C. Lendas associadas à aristocracia militar ariana e às tradições adaptadas do Vale do Indo influenciaram essa coletânea de hinos.

Existem 1.028 hinos no Rig Veda. Eles formam a primeira parte do Veda e constituem uma das escrituras religiosas mais antigas do mundo.

Três outras coletâneas – Samaveda, Yajurveda e Atharaveda – foram compiladas durante o primeiro milênio, antes do início da era comum. Junto com o Rig Veda, elas compõem os Samhitas, ou Vedas básicos.

Entre, talvez, 800 e 300 a.C. (os estudiosos não têm certeza quanto às datas), outros escritos foram acrescentados aos Vedas. Entre eles os Brahmanas (incluindo a explicação das cerimônias discutidas nos Vedas anteriores), os Aranyakas e os Upanishads. Essa última coletânea foi uma das mais influentes no desenvolvimento do Hinduísmo.

O que significa

Veda, uma palavra em sânscrito que significa "conhecimento", refere-se à grande coletânea das antigas escrituras religiosas hindus. Os Vedas apresentam princípios espirituais aceitos pelos hindus como fundamentais à sua religião. Os ensinamentos védicos enfatizam a noção de uma única realidade sustentada, manifestada em Brahman, ou realidade eterna. Todos os hindus aceitam a autoridade dos Vedas.

O nome desses textos significa "sentar perto", ou seja, aos pés de um sábio ou mestre. Os Upanishads são relatos diretos de aconselhamentos provindos de místicos espiritualmente avançados. Marcam a fase final do desenvolvimento dos Vedas sagrados e o início dos elementos da filosofia hindu conhecida pelos fiéis hoje.

Os Upanishads estabelecem o princípio da reencarnação. Nesse livro sagrado, emergiram disciplinas místicas destinadas a ajudar o fiel e escapar do ciclo de morte e renascimento. Os fiéis são lembrados que se apegar à fé em uma identidade separada própria é algo como assumir um pseudônimo, tornando impossível o reconhecimento do verdadeiro Eu.

Os hinos do Rig Veda parecem incorporar noções de céu e inferno, com os virtuosos seguindo para o céu depois da morte. Mas, por volta de 600 a.C., surgiu uma nova corrente de pensamento que aceitava o princípio segundo o qual um espírito humano, em uma contínua busca pela perfeição, retorna diversas vezes, em formas variadas, depois da morte de cada corpo físico. A libertação desse ciclo era vista como uma meta espiritual preeminente. Essa doutrina é conhecida como *reencarnação*.

A fé se desenvolve: círculos da vida

O nascimento da doutrina da reencarnação causou muitos efeitos marcantes no Hinduísmo. Para começar, deu ênfase ao desenvolvimento espiritual individual, para melhor alcançar a libertação do ciclo do nascimento e morte. Além disso, começou a surgir uma reverência por todas as formas de vida, e tornaram-se cada vez menos comuns os sacrifícios para impressionar ou pacificar os vários deuses.

> **O que significa**
>
> **Carma** é a doutrina que incorpora um princípio imparcial de causa e efeito moral, sob o qual as ações têm implicações inevitáveis e afetam as futuras encarnações da pessoa. Apenas aqueles que escapam do ciclo do nascimento e morte estão além do alcance do carma.
>
> Um **mantra** é uma palavra ou frase repetida em meditação e ritual religiosos.

Os ensinamentos oriundos da doutrina da reencarnação permitiram ao Hinduísmo, com o passar do tempo, transferir o foco primário de um conjunto de deuses (Brahma, Indra, Agni e Varuna) para outro (Vishnu, Shiva e Shakti). Para muitas expressões de fé esse tipo de transição teria sido traumático, possivelmente levando a um grande cisma ou sangrentas guerras religiosas. Sob a concepção da encarnação divina (deuses assumindo corpos), no entanto, o Hinduísmo foi capaz de estabelecer uma sucessão mais ou menos ininterrupta de ensinamentos que permitiram aos fiéis aceitar que um deus encarne em outro!

O sistema de múltiplos níveis, tão pronunciado no Hinduísmo, deu à religião certas vantagens singulares. A estrutura antiga e flexível da fé e sua tolerância para com amplos elementos divergentes permitiram que ela se estendesse por um enorme cenário social e geográfico. A medida que isso acontecia, o Hinduísmo focou ideias espirituais distintas e duradouras, e com o tempo passou a aceitar elementos diferentes como o *mantra* e o princípio do *carma*.

Filosofia hindu

Este é o símbolo do AUM, a "sílaba da suprema realidade" para os hindus.
Esse mantra (encantamento ou oração) de importância vital simboliza, em seus três sons, a tríade hindu de Brahma, Vishnu e Shiva.
Os budistas e os sikhs também lhe atribuem grande significado.

A influência dos Upanishads e a posterior emergência do Budismo levaram o Hinduísmo em direção a uma enunciação formal de princípios filosóficos. Seis antigas escolas de filosofia indiana reconhecem os Vedas como uma autoridade religiosa. Todas desempenharam importantes papéis no desenvolvimento da religião, mas não devem ser interpretadas de modo errado como um "dogma" que é universalmente aceito e promovido pelos hindus.

Segue uma lista das escolas clássicas da filosofia indiana:

- **Nyaya** foi uma escola lógica que surgiu no século VI a.C., e vê o pensamento e a análise claros como meios essenciais no caminho para realidades mais altas.

- **Vaisheshika** examinava a realidade física e apresentava um sistema de seis níveis para categorizá-la. Essa escola nasceu no século VI a.C.

- **Samkhya** enfatizava os princípios da matéria e da alma e é, talvez, o mais velho desses seis métodos. Ela ratifica a evolução do cosmos e "da pessoa".

- **Ioga** foi elaborada a partir do modelo Samkhya, e desenvolveu padrões destinados a ajudar na instilação da disciplina pessoal, física e espiritual. Ela apareceu no século II a.C.

- **Purva Mimamsa**, que nasceu no século II a.C., oferece orientação para interpretar os Vedas.

- **Vedanta**, talvez a mais conhecida dessas escolas, fez nascer uma série de disciplinas, cada uma com ênfase nas mensagens transcendentais dos Upanishads, a parte final dos Vedas. Essa escola surgiu por volta do século I d.C.

Além de formar a plataforma para as várias escolas da filosofia indiana, os Upanishads deram origem a uma das obras-primas do pensamento religioso humano – o *Bhagavad Gita*. Esse clássico sânscrito é geralmente elevado ao nível dos Upanishads quando se discutem escrituras hindus obrigatórias. Ele não é, tecnicamente, uma parte formal do cânon e hindu, mas sua influência através dos séculos foi tão grande que bem poderia ser. Em uma nação com muitas "Bíblias", esse texto surgiu como o mais popularmente reverenciado.

O *Bhagavad Gita* é um poema épico que relata o diálogo entre o príncipe humano Arjuna e o amado senhor Krishna (uma das mais importantes divindades hindus), na véspera de uma grande batalha. Nele, Krishna transmite a sabedoria espiritual que revigora o hesitante Arjuna. O texto enfatiza a união com Deus por meio do amor, altruísmo e devoção total.

Realidades sociais

O sistema de *castas* tem sido uma parte característica da vida social e religiosa da Índia durante séculos. Existem milhares de castas, cada uma diferenciada das outras pelas práticas religiosas, entre muitos outros fatores.

Operando de modo simultâneo com o sistema de castas há um método mais amplo relacionado à posição social da casta.

> **O que significa**
>
> O sistema de **castas** é uma hierarquia social que determina casamentos e funções sociais. Através dos séculos, a Índia hindu desenvolveu uma estrutura complexa e rígida que incorpora milhares de castas individuais.

As principais classes nesse sistema são: *Brahmins* (uma elite erudita há muito associada ao sacerdócio); *Kshatriyas* (a classe regente e militar); *Vaisyas* (mercadores e fazendeiros); *Sudras* (camponeses) e, abaixo dessas quatro designações, estão os assim chamados *intocáveis*, a quem são atribuídos os trabalhos mais servis. Embora reformas ocorridas no século XX começassem a revelar as iniquidades mais notórias do sistema, considerando ilegal a intocabilidade, fortes distinções entre as castas sociais persistiram.

As palavras "Brahma", "Brahman" e "Brahmin" podem causar confusão para aqueles que se deparam com o Hinduísmo pela primeira vez. Tenha muito cuidado ao empregar essas palavras. O frequente uso errado pode causar uma ofensa não intencional.

Brahma é um deus específico criador que, apesar do declínio na popularidade desde o século VI d.C., ainda é considerado uma das divindades supremas do panteão hindu.

Brahman é um termo hindu para a realidade suprema sem mudança, ou eternidade, e pode ser concebido como o Ser Supremo ou Deus único. (Apenas para confundir ainda mais as coisas, essa palavra é, algumas vezes, empregada como Brahma, porém, os dois conceitos são distintos.)

Brahmin é um membro de uma classe (casta) sacerdotal prestigiosa na Índia. Até hoje, apenas os membros desse grupo têm permissão de ler os Vedas. (Para continuar a confundir as coisas, a palavra Brahmin é às vezes empregada como Brahman.)

Os Brahmin contemporâneos tendem a seguir carreiras em nada relacionadas à religião, mas ainda estão situados em posições de alto *status* na Índia.

> **Aposto que você não sabia**
>
> Os hindus acreditam que há quatro iogas (disciplinas) específicas que servem como caminhos para a iluminação: *janana ioga*, que invoca o poder da mente e enfatiza a meditação; *bakti ioga*, que encoraja o direcionamento do amor da pessoa para Deus; *carma ioga*, que envolve serviço aos outros; e *raja ioga*, que combina os elementos das três disciplinas acima em uma prática única e inclui a popular prática da hatha ioga. A hatha ioga tem o objetivo de ajudar o praticante a desenvolver controle completo do corpo.

Crenças hindus

O Hinduísmo é um grande sistema religioso com uma gloriosa profusão de pontos de entrada. Será que uma prática devota em escala tão larga manteria proposições específicas de fé?

A resposta surpreendente é sim.

As crenças centrais apresentadas a seguir são amplas o suficiente para, por exemplo, sustentar as atividades dos devotos do deus Sol Surya e a celebração vedanta de uma Realidade suprema e impessoal. Embora essas crenças não devam ser entendidas como um credo ou catecismo religiosos, elas representam posições aceitas, de modo geral, pelos fiéis hindus.

Os hindus acreditam que:

- Os Vedas apresentam ensinamentos obrigatórios e inspirados divinamente.
- Brahman (ou o Absoluto) é essencialmente impessoal e, ao mesmo tempo, pessoal; ele é manifesto em uma variedade de formas, que são mais bem entendidas como símbolos da verdade divina.
- Brahman pode ser alcançado por muitos caminhos diferentes.
- O que é considerado de modo comum como a realidade – o mundo físico – é na verdade temporal, ilusório e capaz de esconder de todos, exceto das pessoas sábias, a verdade divina.
- A doutrina do carma prega a total responsabilidade por todos os pensamentos, atos e palavras. Dificuldades e desigualdades nesta vida podem ser explicadas pelas ações e decisões tomadas em vidas passadas.
- A doutrina da reencarnação ensina que a pessoa está presa no ciclo da vida e morte até que atinja a verdadeira percepção.

- Um devoto pode abraçar quaisquer quantidades de formas reveladas do Absoluto, e isso pode ser feito de inúmeras maneiras.
- A vida familiar e a interação social são marcadas por quatro estágios: o estudante, o chefe de família, o buscador e o asceta. Os fiéis na última categoria melhoram o destino do mundo, de modo geral, pelo processo de sua renúncia.
- A vida tem quatro objetivos: justiça; prosperidade e sucesso terrenos; prazer e libertação espiritual.

No próximo capítulo, você aprenderá mais sobre a complexa e multifacetada abordagem do Hinduísmo em relação a Deus (com "D" maiúsculo) e a seus muitos deuses (com "d" minúsculo).

> **Aposto que você não sabia**
>
> O Hinduísmo distingue-se entre as principais religiões por promover o culto a animais. As honras prestadas a determinados animais é mais bem entendida como parte do culto direcionado a divindades específicas que conduzem esses animais. Por exemplo, os hindus ortodoxos consideram o gado e os pavões animais sagrados e não permitem que eles sejam abatidos em nenhuma circunstância.

O mínimo que você precisa saber

- O Hinduísmo, que é tão diverso quanto a própria Índia (a nação com a qual está fortemente associado), é uma extraordinária coletânea de variações e expansões – algumas antigas, outras mais recentes.
- Acredita-se que o Hinduísmo sempre existiu; ele não tem um fundador.
- Doutrinas específicas, mantidas universalmente, não desempenham um papel principal na fé hindu.
- Uma série de crenças ligadas de modo frouxo, como a aceitação comum de escrituras obrigatórias, combina-se a um grande número de técnicas para desenvolvimento espiritual e pessoal dentro do Hinduísmo.
- As muitas formas de culto religioso no Hinduísmo têm o objetivo de ajudar os fiéis a mover-se em direção à experiência direta do Absoluto.

Capítulo 20

As Muitas Faces de Deus

Neste capítulo:

- Descubra mais a respeito da única ideia orientadora por trás da fé hindu e suas inúmeras expressões
- Observe por um longo tempo a questão um Deus/muitos deuses, no que diz respeito ao Hinduísmo
- Explore o entendimento hindu da realidade
- Aprenda sobre algumas das principais divindades hindus

Neste capítulo, você aprenderá sobre as principais divindades do Hinduísmo (que tem milhares de deuses) e acerca da singular combinação da diversidade e unanimidade que sustenta as muitas seitas e praticantes dessa expressão de fé.

Um Deus, muitos deuses

O Hinduísmo pode ser tão simples ou tão complexo quanto qualquer praticante (ou explorador) decidir fazê-lo. Como este é um livro para iniciantes, a melhor maneira de começar um capítulo a respeito da concepção hindu de Deus (e deuses) pode ser usar uma abordagem simples.

Aqui vai: não pisque!

Existe algo eterno e inerentemente divino no coração humano e esse "algo" não é diferente daquilo que é eterno e inerentemente divino e permeia toda a criação. O propósito da existência humana é descobrir um caminho que levará a uma experiência direta desse "algo".

O princípio que você acabou de ler está no cerne da fé hindu, que aceita Deus como uma Realidade fundamentadora absoluta e como o expoente de inúmeros processos mutáveis. De qualquer modo, uma importante questão emerge...

O Hinduísmo celebra um Deus único ou uma profusão de deuses?

É uma pergunta justa.

A resposta que ela recebe da vasta e antiga tradição hindu pode soar estranhamente ambivalente a um recém-chegado à fé, e até ser considerada impertinente. É, no entanto, uma resposta antiga e muito profunda, elaborada com cuidado primoroso durante séculos. A resposta é: sim.

É provável que os monoteístas, no sentido familiar – aqueles que acreditam, como fazem cristãos, muçulmanos e judeus, em um único Deus *pessoal* – sintam que recebem sinais misturados da tradição hindu, com seu princípio inspirador da realidade suprema e a ocasional profusão desnorteante de divindades específicas.

A questão complexa se o Hinduísmo é ou não uma religião "politeísta" pode ser iluminada de modo resumido por um diálogo imaginário.

A seguir, uma curta e não conclusiva discussão acerca de tópicos relacionados ao divino:

Recém-chegado: Então, o que é? Um Deus, Brahman ou vários deuses?
Hindu: Absolutamente. Ou, se você preferir, não tão absolutamente.
Recém-chegado: Essa é uma questão importante. O Hinduísmo não se dirige diretamente a algum lugar?
Hindu: É claro.
Recém-chegado: E como isso é resolvido?
Hindu: É engraçado, sabia? Alguém veio aqui há, mais ou menos, um milênio e perguntou basicamente a mesma coisa: "Quantos deuses existem?", indagou.
Recém-chegado: Qual foi a resposta?
Hindu: "Quantos você quer?"
Recém-chegado: E se eu lhe dissesse que isso soa como andar em círculos?
Hindu: E se eu lhe perguntar aonde os seres humanos vão chegar tentando explicar Brahman, o Eterno, o Supremo, cujas formas são fora dos limites?
Recém-chegado: Mas deve ser de um jeito ou de outro, não é mesmo?

> **Aposto que você não sabia**
>
> Os membros das diversas seitas hindus veneram um atordoante número de divindades específicas e seguem inúmeros rituais em honra a deuses específicos. Porém, como tudo isso é Hinduísmo, seus praticantes veem a profusão de formas e práticas como expressões da mesma realidade imutável.

Hindu: Se todos entendem o processo de rotular o Divino à coisa que é realmente limitada, que diferença faz quais formas são reconhecidas?
Recém-chegado: Estou ficando confuso. O que os Vedas dizem a respeito disso?
Hindu: "Esse Eu, o que você pode dizer dele a não ser 'não, não'?"
Recém-chegado: "Não, não?"
Hindu: Nenhuma descrição real de Brahman é possível, mas a experiência direta, por qualquer método, disciplina ou forma, é.
Recém-chegado: Então, existe um Deus.
Hindu: De um certo ponto de vista.
Recém-chegado: E existem muitos deuses.
Hindu: De um certo ponto de vista.
Recém-chegado: Ainda estou me sentindo um pouco atordoado.
Hindu: Não se preocupe. Isso não dura muito. Continue praticando.

Aposto que você não sabia

A panóplia de divindades encontradas no Hinduísmo é entendida pelos fiéis como símbolos de uma única realidade transcendente.

Os textos hindus mais antigos, que focam questões de sacrifício ritual e são claramente politeístas, visualizam os vários deuses de um modo extraordinário: como manifestações de uma força (ou princípio) governante singular, inata, considerada suprema na natureza e capaz de assumir determinadas formas.

O Hinduísmo é politeísta ou não? A melhor maneira de abordar essa questão talvez seja evitando a tentação de resolver o assunto de modo definitivo. Deixe a pergunta de lado e apenas considere que esse agrupamento de expressões de fé aceita tanto as expressões do Divino infinitas quanto a singular.

Os dois caminhos

Não é totalmente exato afirmar que o Hinduísmo *rejeita* o conceito de monoteísmo, como é entendido no Judaísmo, Cristianismo e Islamismo. Mas o monoteísmo hindu não *exclui* conceitos específicos e encarnações do divino – incluindo personificações que alguns chamariam de politeístas.

As duas ideias não são vistas como incompatíveis no pensamento hindu, como acontece nas outras expressões de fé citadas.

No Brihadaranayaka Upanishad, Vigadha, filho de Shakala, pergunta a Yajnavalyaka: "Quantos deuses existem?" Depois de uma citação apropriada da escritura, vem a resposta: "333". Yajnavalyaka é elogiado pela perceptividade de sua resposta; e depois a pergunta é feita de novo: "Quantos deuses existem?" Dessa vez a resposta é 33; e mais uma vez ele é elogiado. O processo continua até que Yajnavalyaka responde que existe um único Deus, resposta pela qual ele é elogiado; mas cada uma das respostas anteriores também é reconhecida como inspirada e correta!

A visão geral

A implicação dessa teologia de várias escalas do Hinduísmo, que se considera formas reveladas como inerentemente limitadas, ilusórias e, por fim, excedidas por Brahman, pode ter um longo alcance. Consideremos a questão da história humana.

As ideias ocidentais da progressão histórica, clara e divinamente inspirada, por exemplo, estão em contraste com a concepção hindu da ação cíclica, que reconhece tanto a criação quanto a destruição como forças governantes da história da raça humana. Essa noção está muito distante da ideia cristã da salvação final da humanidade pela Segunda Vinda, para citarmos apenas um exemplo.

Em vez de um único (e talvez vingativo) Deus julgando toda a raça humana, o Hinduísmo enfatiza um drama divinamente estabelecido, que deve ser representado repetidas vezes em uma vasta estrutura de tempo.

Uma breve introdução

Um livro como este não pode começar a descrever o grande agrupamento de divindades hindus de um modo responsável. Apresentamos a seguir curtas descrições de algumas das mais importantes divindades no Hinduísmo, como surgiram com o passar dos séculos.

À medida que você for lendo, por favor lembre-se de duas coisas:
1. O Hinduísmo é uma religião que evolui, que incorpora de maneira constante novas práticas e visões conforme exigem as necessidades espirituais. Como resultado...
2. Sua panóplia de deuses é um fenômeno mutável, que constantemente se transforma. As divindades mais importantes podem se tornar rivais antes de se reconciliarem ou mesmo se combinar umas com as outras.

Seguir a linhagem, as encarnações e as histórias que se desenrolam de determinada divindade pode ser uma tarefa de fato assustadora!

A grande árvore

Brahma é uma personificação do Absoluto, o criador do mundo – que está perpetuamente destinado a durar por 2.160.000.000 anos antes de entrar em declínio, momento em que Brahma o recriará. A passagem de tal ciclo representa um único dia na vida de Brahma. Um dos três deuses supremos na *tríade hindu*, ele é reverenciado como o Criador desse grupo.

Vishnu tem muitas encarnações, das quais duas devem ser mencionadas aqui: *Krishna* e *Rama*. Na tríade hindu ele é o Preservador. Vishnu é visto como uma força de amor transcendente.

Shiva simboliza as várias formas potentes da energia do Supremo. Geralmente representado com quatro braços e cercado por fogo, é o terceiro deus supremo na tríade hindu. Ele incorpora a força criativa (está associado a um falo simbólico) e a ideia de destruição. Esse é seu papel na tríade hindu, porém Shiva representa uma figura antiga e complexa cujos atributos mais importantes não são resumidos com facilidade.

> **Aposto que você não sabia**
>
> Vishnu e Shiva, dois preeminentes deuses hindus, foram inicialmente representados como rivais. Fiel à forma, a fé hindu os reconciliou e acabou por fundi-los, como elementos da tríade que também inclui Brahma.

> **O que significa**
>
> O culto a **Vishnu**, o preservador e protetor, é conhecido como vainavismo.

Outras divindades importantes

Krishna, uma divindade hindu muito popular, é uma encarnação de Vishnu. Ele é visto de modo variado como amante, trapaceiro, pastor e herói militar. Todavia, acima de tudo, é objeto (e fonte!) de extraordinário amor devoto e infalível. A sexualidade de Krishna surpreende, com frequência, os ocidentais. Ele é representado, muitas vezes, como um sedutor de viúvas e filhas – expressões metafóricas da união da alma humana com o Divino.

Rama é outra encarnação de Vishnu. Sua história é contada no épico conhecido como *Ramayana*. A história de Rama celebra os compromissos da vida em família e o supremo valor da virtude e da vida justa. Também ilustra as falhas das posses e autoridades terrenas. Rama foi descrito como "Deus encarnado como moralidade".

Shakti, consorte de Shiva, é conhecida por muitos outros nomes, incluindo Parvati, Kali, Uma e Durga. Ela representa a força criadora mas pode assumir a terrível forma da deusa destruidora. Essa figura aparentemente paradoxal é, às vezes, venerada no lugar de Shiva. Isso acontece em épocas em que se acredita que Shiva entrou em um transe que o torna incapaz de ouvir os pedidos da humanidade. Como podemos ver, as formas hindus de veneração são fluidas e adaptáveis de maneira notável.

Muito mais poderia ser dito sobre o Hinduísmo e também acerca dos papéis culturais e das diferenças entre os sexos associados a essa tradição religiosa – questões que não tentamos levantar aqui.

O propósito de um livro como este não é fazer julgamentos, mas apresentar introduções responsáveis a respeito das expressões de fé do mundo. Além do mais, no fim nenhum juízo será necessário. Afinal de contas, jamais houve outra religião tão aberta a mudanças construtivas quanto a fé hindu.

Mahatma Gandhi, que falou com muito poder e eloquência em nome dos injustiçados pelo sistema de castas, capturou a verdadeira essência dessa fé quando recusou de maneira franca a seguir certos ditames das Escrituras: "Minha crença nas Escrituras hindus não exige que eu aceite cada palavra e cada verso como divinamente inspirado... Eu me recuso a ficar preso a qualquer interpretação, não importando o quão erudita ela seja, se for repugnante à razão e ao senso comum".

Aposto que você não sabia
O culto a Shakti deu origem à devoção Tantra, uma prática que emprega a sexualidade extremamente disciplinada e focada como um caminho para a unidade com o Absoluto.

Gandhi expandiu os valores espirituais "abstratos" ao mundo real. Adaptando o que poderia ser usado e transcendendo o que devia ser evitado, ele formou os mais excitantes e vigorosos elementos do Hinduísmo.

O mínimo que você precisa saber

- O Hinduísmo apresenta muitas divindades individuais.
- Embora algumas religiões considerem o monoteísmo (culto a um deus) e o politeísmo (culto a muitos deuses) incompatíveis, o Hinduísmo não é uma delas.
- Cada uma das muitas divindades hindus é considerada uma forma específica e útil do Supremo.
- A tríade hindu inclui os deuses Brahma, Vishnu e Shiva. Outras divindades incluem Krishna, Rama e Shakti.

Capítulo 21

Respeito pela Vida e Crescimento Pessoal

Neste capítulo:

- Reencarnação... a espátula reta
- Entendendo o ciclo de *samsara*
- A santidade da vida na tradição hindu
- Importantes padrões do culto hindu

    Neste capítulo, você aprenderá mais a respeito do princípio da reencarnação e da ênfase do Hinduísmo na purificação espiritual pessoal, em vez de um culto regular com uma congregação.

Vida e morte

A visão hindu de vida e morte é essencial às observâncias diárias dessa expressão de fé.

Os hindus acreditam que a humanidade foi lançada em um longo ciclo de encarnações repetitivas, conhecido como *samsara*. Eles também aceitam como um objetivo transcendental a libertação final desse ciclo. A vida diária – nossa experiência diária da existência – é vista como um fardo, com frequência, muito doloroso, graças à influência do carma de nossa vida atual e das encarnações passadas. Esse processo é considerado parte intrínseca da condição humana.

O progresso espiritual, segundo o Hinduísmo, está inteiramente relacionado a evitar o renascimento. No entanto, essa noção pode ser enganadora, no entanto, principalmente para quem está de fora.

"Cuidado com o renascimento"

Seria fácil presumir que esses princípios levariam de modo automático a um severo ascetismo (prática que disciplina o corpo) ou mesmo ao niilismo, um desprezo pela própria vida. Porém, os niilistas negam que a existência humana tenha algum significado ou propósito. Esse não é o caso do Hinduísmo.

> **Aposto que você não sabia**
>
> Líderes hindus recentes, como Swami Vivekenanda e Mahatma Gandhi, apoiaram movimentos espirituais no Hinduísmo que enfatizavam a percepção social e a compaixão pelos outros, diminuindo a ênfase das disciplinas ascéticas do indivíduo. Não obstante, o ascetismo continua a representar uma importante corrente de crença e prática dentro da fé hindu.

Em vez de desprezar a existência como algo sem significado, o praticante hindu comprometido procura, de inúmeras maneiras, cultivar uma profunda alegria e celebração do processo de resolver o carma passado. Sua alegria existe ao lado do pio desejo de transcender o mundo físico.

Com certeza, algumas disciplinas extraordinariamente ascéticas podem ser encontradas no Hinduísmo. Imagens familiares de magros penitentes; a pessoa sagrada meditando sozinha no alto de uma montanha distante; o guru que exige rigor, atenção e devoção absolutos de seus seguidores – esses papéis familiares refletem uma tendência dentro dessa complexa expressão de fé, mas não a esgotam.

> **Cuidado – Atenção**
>
> A lei do carma não deve ser confundida com um sistema de recompensa e punição divinas. O carma é uma força imparcial, quase como a lei física da causa e efeito. Ele não toma partido e não é filtrado por uma entidade suprema. Ele afeta até os menores aspectos da experiência humana.

Tais disciplinas ascéticas não devem ser interpretadas de modo errado. E, com certeza, elas não são os únicos caminhos para o desenvolvimento espiritual dentro do Hinduísmo!

Na prática hindu existem algumas escolas que ensinam uma automortificação intensa, solitária. Outras promovem a busca do destino espiritual do indivíduo por meio de celebrações domésticas, serviços prestados aos outros, disciplina sexual, a vida diária com a família de alguém e incontáveis outros métodos. O Hinduísmo tem espaço para um jovial arranjo de disciplinas, cada uma reverenciando a vida como um dom profundo; e muitas delas são incorporadas à vida "diária".

Religião, religião por toda a parte

Para os hindus, cada nova encarnação oferece a oportunidade de crescimento. Os fiéis buscam quatro aspirações na vida, cada uma reconhecida como espiritualmente válida: prazer, desenvolvimento de riqueza, justiça e libertação do ciclo de nascimento, morte e renascimento.

A vida é entendida como uma oportunidade sagrada para o fiel abraçar uma disciplina específica em um dado momento e apressar sua jornada em direção à união com Brahman.

Por esse motivo, a linha que separa a "religião" e a "vida diária" para os hindus pode ser difícil de ser vista.

Aposto que você não sabia

Como o Hinduísmo acolhe o conceito de reencarnação, questões mais profundas de propósito e destino ficam mais fáceis de ser abordadas — embora não necessariamente mais fáceis de ser resolvidas. A ideia de que todas as pessoas renascem em sofrimento para alcançar a pureza e a libertação do renascimento é um elemento de um grande drama que não pode ser separado da tarefa humana maior de reconhecer a presença divina em todas as formas.

Onde está o Sabá?

Muitos não hindus estão familiarizados com a concepção que permite à fé religiosa agir em apoio, ou talvez suplemento, à existência "habitual" da pessoa. Uma quantidade ainda maior de pessoas espera que a vida religiosa assuma a forma da observância regular semanal de rituais estabelecidos, realizados junto a congregações ou companheiros fiéis.

O que significa

Ahimsa é o princípio hindu de reverência pela vida. A ideia nasceu por volta do ano 600 a.C. e levou ao rápido crescimento do vegetarianismo.

Um praticante hindu, contudo, está perfeitamente à vontade em uma situação em que tais expressões de devoção em grupo são raras. Todavia, outras formas de disciplina religiosa são desenvolvidas e seguidas com total atenção. A curta mensagem é: o Hinduísmo não tem um sabá formal, reconhecido universalmente. Seria também correto dizer, é claro, que essa expressão de fé vê o dia a dia como o sabá.

De modo semelhante, a absoluta reverência pela vida, ou *ahimsa*, é fundamental para a experiência diária do Hinduísmo.

Nos últimos anos, alguns hindus americanos formaram grupos que praticam tradições de culto com estilo ocidental – como encontros semanais com a congregação aos domingos. A maioria, porém, ainda pratica as formas tradicionais.

> **Cuidado — Atenção**
> A menos que você esteja participando de um canto, deve-se manter silêncio durante as cerimônias religiosas hindus.

"Purificai-nos por todos os lados", roga o Atharva Veda em um hino dedicado à Terra. Mais adiante, ele continua: "Que a Terra, envolta em seu manto ígneo, torne-me radiante; que ela me faça brilhante…". Uma antiga ênfase na purificação dentro do Hinduísmo pressupõe uma unidade com todas as formas criadas. Essa é a unidade que a dança da vida deve expressar e revelar.

Templos e casas

A celebração da vida em toda a sua glória radiante é um elemento essencial do Hinduísmo. Por essa razão, os rituais de culto no templo e nas casas são importantes disciplinas hindus. É claro que alguns fiéis não praticam nenhum culto externo, preferindo desenvolver a percepção divina de outras maneiras. O Hinduísmo tem muitos caminhos.

O culto e as observâncias religiosas hindus podem acontecer tanto em um templo dedicado a uma divindade em particular ou na casa do devoto, em pequenos santuários que incorporam a imagem do deus ou da deusa. As orações são dirigidas ao deus ou à deusa, considerados hóspedes de honra. Durante o culto, ou *puja*, o consumo de alimento sacramental conhecido como *prasad* é permitido. O alimento é abençoado antes de ser ingerido.

Para aquelas pessoas que assistem ao culto hindu pela primeira vez, um lembrete gentil faz-se necessário. Entoar um cântico diante de uma imagem ou estátua de um determinado deus ou deusa ou oferecer à figura flores, incenso ou óleos especiais, não deve ser considerado "idolatria". As pessoas de fora têm

> **Aposto que você não sabia**
> Os meninos hindus nascidos na classe sacerdotal participam de uma cerimônia particular de iniciação que acontece entre o 8º e 12º aniversários, para marcar a entrada formal no sacerdócio. Esse rito é conhecido como "a cerimônia sagrada da linha".

dificuldade em entender essas formas de veneração, mas devemos lembrar que, na tradição hindu, a devoção a uma forma específica da realidade suprema, sem forma e sem nome, é uma maneira de honrar o princípio divino único.

> **Aposto que você não sabia**
>
> Embora os hindus considerem o corpo físico da pessoa algo transitório, acredita-se que a alma — ou atman — não tem início nem fim.

O Hinduísmo reconhece toda e qualquer representação do Absoluto como válida e inerentemente limitada. Ele afirma a transcendência final dessas formas como um importante objetivo espiritual.

Os devotos individuais podem conduzir rituais particulares de culto em qualquer velocidade que seja confortável a eles. Quando mais de uma pessoa participa do culto, entoa-se um cântico em grupo.

Jamais se espera que as pessoas de fora tomem parte em rituais que as façam se sentir desconfortáveis; nem serão excluídas de nenhuma parte do serviço na qual desejem tomar parte.

Quando estiver em dúvida acerca do que vai acontecer, pergunte antes que os serviços comecem. A ordem dos rituais pode, de modo geral, ser confirmada com antecedência, conversando diretamente com o celebrante.

Celebrações

A seguir, uma breve relação de alguns dos dias mais sagrados da fé hindu. É desnecessário dizer que essa lista não está completa!

> **Aposto que você não sabia**
>
> Durante séculos, o Rio Ganges na Índia foi venerado como sagrado pelos hindus. Recipientes de água sagrada retirada do Ganges, com frequência, são usados nos serviços religiosos hindus.

- **Duhsehra/Durga Puja**, que geralmente é celebrada no início do outono, é uma observância do triunfo do bem sobre o mal.
- **Rama Navami**, geralmente observada na primavera, é um importante feriado centrado no deus Rama.
- **Krishna Janmashtami** marca o aniversário de Krishna. De modo geral, é celebrada no fim do verão.
- **Shiva Ratri** é uma celebração que dura a noite toda. Nela se comemora o Divino manifestado como o deus Shiva. Shiva Ratri costuma acontecer no fim do inverno.

Rituais da vida

Aqui vai um pequeno resumo de alguns dos mais importantes rituais da vida na fé hindu.

- **Ritual de boas-vindas ao bebê**: Os hindus dão muita importância ao instante em que a criança ingere comida sólida pela primeira vez. É um momento para celebração em grupo e uma formal "cerimônia do consumo de arroz". Ela ocorre entre seis e oito meses depois do nascimento e é acompanhada de rituais religiosos. Geralmente é precedida e seguida de uma recepção.

- **Casamentos**: Na tradição hindu, os casamentos são, em sua maioria, arranjados. É um contrato celebrado entre duas famílias. Incorpora cinco cerimônias: um contrato verbal entre os pais ou guardiões (homens) da noiva e do noivo; a entrega da noiva por seu pai ou guardião; uma cerimônia de boas-vindas para o novo casal; um ritual de segurar na mão; e um rito em que os noivos andam. Os casamentos hindus costumam acontecer depois do pôr do sol.

- **Funerais**: Os funerais têm como ponto central o ritual de cremação, conhecido como *mukhagni*. Depois de um período predeterminado de dias, dependendo da casta da pessoa que morreu, uma cerimônia chamada *shradda* marca o fim do período de luto da família e a jornada da alma daquele que partiu.

O mínimo que você precisa saber

- Entender o Hinduísmo começa com o conhecimento do conceito de reencarnação.

- O ciclo de *samsara* reflete a crença hindu em um padrão estendido de reencarnação.

- Embora os hindus considerem a libertação do processo de renascimento seu maior objetivo espiritual, eles veem a vida como algo sagrado.

- Os vários padrões de culto nos templos e nas casas focam em divindades específicas dentro da tradição hindu.

Capítulo 22

Hinduísmo e Vida após a Morte

Neste capítulo:
- ◆ Entradas e saídas
- ◆ Reencarnação
- ◆ A grande partida
- ◆ Rituais marcando a passagem

A doutrina hindu da reencarnação coloca essa expressão de fé em uma posição substancialmente diferente do Judaísmo, Cristianismo e Islamismo, no que diz respeito ao tema da vida após a morte; e merece um estudo mais aprofundado. Neste capítulo, você aprenderá sobre as especificidades dos ensinamentos desse sistema de fé referentes ao que acontece depois da morte.

Deixando o corpo

As escrituras hindus nos ensinam que, na hora da morte, a alma do fiel sai do corpo através de um determinado *chacra* ou canal espiritual no corpo. Qual será esse chacra dependerá do nível de desenvolvimento espiritual apropriado à pessoa.

Na hora da morte, acreditam os hindus, a destinação da pessoa depende do estado da mente em que ela se encontra no momento da passagem e do grau e natureza do carma não resolvido. Embora não exista doutrina que fale do inferno no Hinduísmo, os praticantes acreditam que os seres humanos que morrem tomados de raiva, desespero ou desesperança só conseguem entrar no reino espiritual habitado por outros com obstruções espirituais semelhantes.

Acredita-se que o praticante hindu que esteja consciente da proximidade da morte, e com muito tempo para se preparar para ela, tenha uma vantagem significativa sobre os que morrem de modo inesperado, como resultado de acidentes ou doenças repentinas. Para aqueles com bastante tempo para se preparar, o Hinduísmo promove uma visão de completar o maior número possível de obrigações terrenas e resolver todas as disputas, dívidas e embaraços emocionais antes de passar para a próxima fase da existência. De modo ideal, o praticante hindu procura evitar o renascimento e alcançar a união permanente com a inteligência infinita.

Na prática, os hindus acreditam que esse resultado é extremamente difícil de se alcançar, e o objetivo de se libertar do ciclo de nascimento e morte é considerado apropriado para praticantes muito avançados. É importante notar, no entanto, que o Hinduísmo não descarta a possibilidade de um rápido desenvolvimento e aprendizado espiritual em uma única vida, e que é alta a motivação para conseguir suficiente libertação do carma passado e ser capaz de derrubar todas as ligações e resolver os problemas mais sérios.

Prosseguindo: abrace a experiência da morte

Na concepção hindu da morte, o fiel, ao mesmo tempo que está profundamente agradecido pela chance de experimentar a vida em um determinado corpo, espera pela união final com o Supremo após descartar esse corpo. Muitas escrituras religiosas hindus comparam o processo da morte ao de adormecer, e assim veem o potencial de avançar para um novo estágio no desenvolvimento espiritual como algo análogo ao despertar. O último estágio é visto como uma união total e completa com a força criadora universal.

Diferentemente de muitos outros sistemas religiosos, que abordam com extremo cuidado os testemunhos das pessoas que vivenciaram "experiências de quase morte", o Hinduísmo moderno enfatiza essas experiências e vê nelas a evidência de uma transformação pessoal na hora da morte e também uma afirmação da doutrina do carma. Os hindus ressaltam o fato de que muitas pessoas que passam por essas notáveis experiências relatam não apenas características comuns – seguir por um túnel, encontrar um raio de luz, uma intensa sensação de alegria –, mas também a chegada a um ponto em que é possível decidir retornar ao corpo e voltar à vida para cumprir obrigações pendentes e resolver problemas com as pessoas amadas. O paralelo com o princípio do carma, sob o qual todos os nós devem ser desatados antes que a união com Deus seja possível, é, de fato, interessante.

Os hindus acreditam que a hora da morte não deve ser temida nem negada, mas, pelo contrário, bem recebida como um novo estágio de crescimento pessoal. Eles se referem ao processo da morte como *mahaprafthana*.

Em uma análise final, o Hinduísmo, como a maioria das religiões, acredita que todo indivíduo é responsável por confrontar de modo direto sua mortalidade, e não deve negligenciar isso. Entretanto, ele se diferencia de muitos outros sistemas de fé pelo fato de aceitar a doutrina segundo a qual todo ser humano nasceu e morreu antes. O Hinduísmo acrescenta a essa doutrina a crença de que os princípios da reencarnação e do carma e a inevitável chegada da morte representam nada mais do que o desenrolar natural dos enredamentos do indivíduo e do grupo.

> **O que significa Mahaprafthana**
> significa "período da grande partida".

Para cada fiel haverá um ponto de libertação do apego, e a união com a força criadora tornará possível quebrar o ciclo de nascimento e morte. O Hinduísmo ensina que a experiência individual do fiel referente a essa transição, embora temida por alguns, não deve causar mais medo do que uma troca de roupa.

Rituais da morte no Hinduísmo

Os rituais da morte no Hinduísmo são muitos e variados, e foram objeto de inúmeras adaptações para ser praticados fora da Índia.

De modo ideal, os ritos são seguidos pelos membros da família, e os sacerdotes podem ou não participar deles. Aqui também o Hinduísmo apresenta uma estonteante diversidade de modos de observância.

Os hindus preferem morrer em casa, cercados por membros da família. A pessoa que está falecendo é lembrada a repetir seu mantra, e uma fonte de luz é colocada perto de sua cabeça. No momento da morte, um membro da família pode entoar o mantra suavemente no ouvido da pessoa, que está se preparando para fazer a transição. Depois da morte, a família diz o adeus formal e canta perto do corpo. Depois, segue uma série de rituais de luto. Em algumas situações ritos de cremação são apropriados; em outras, o corpo pode ser consagrado às águas do Ganges. (Para os praticantes hindus fora da Índia, a cremação dos mortos foi adotada na maioria das situações.)

Há uma série de observâncias memoráveis para os dias que se seguem, além de outras a serem feitas tanto em 31 dias quanto um ano depois.

O serviço funeral hindu pode ser realizado de muitas maneiras, dependendo das condições financeiras da família e dos costumes prevalecentes do grupo de fiéis.

O mínimo que você precisa saber

- O Hinduísmo enfatiza o princípio da reencarnação.
- Ele sugere que a morte é uma passagem, e que todas as almas um dia superarão seu carma.
- Os ensinamentos hindus reforçam que a morte não deve ser temida.
- Os hindus acreditam que o estado da mente da pessoa que está morrendo tem importante efeito no que ocorre depois.
- Como resultado, os rituais hindus da morte enfatizam a calma e a paz.

Capítulo 23

Derrubando as Barreiras ao Hinduísmo

Neste capítulo:
- O Hinduísmo como um abrangente sistema de vida
- Politeísmo
- Veneração a ídolos
- Preocupações sociais

Os hindus, às vezes, dizem que a concepção mais errada acerca de sua religião é acreditar que ela seja uma religião.

Eles preferem pensar que se trata de um abrangente sistema de vida com princípios aplicáveis a todos os aspectos da existência humana e que transcende o limitado rótulo de "religião". Embora não possamos questionar a vastidão do Hinduísmo e a afirmação de que ele traz ensinamentos que se qualificam como "estilo de vida", o mundo o vê como uma religião, e nós também.

Aqui estão alguns dos obstáculos mais comuns para desenvolver um significativo entendimento desse rico e antigo sistema de fé.

Concepção errada 1: o Hinduísmo é uma religião politeísta

A questão acerca de o Hinduísmo venerar muitos deuses ou um único deus é complicada, e nenhum breve resumo pode lhe fazer justiça. Como uma questão prática, no entanto, vale a pena citar os Vedas, que nos dizem: "O que é o todo? Isso é o todo. Aquilo que veio do todo também é todo. Quando o todo é retirado do todo, o todo ainda permanece o mesmo".

> **Aposto que você não sabia**
>
> Apesar da longa história de tensão com o Islamismo, o Hinduísmo faz uma reivindicação muito semelhante a respeito dos seus seguidores — a ampla designação de "religião" é insuficiente para descrever a liderança da fé em muitos aspectos da vida diária.

Esse versículo visualiza uma fonte de inteligência infinita impossível de quantificar, e que é de modo claro análoga ao deus único apregoado por expressões de fé como Judaísmo, Cristianismo e Islamismo.

Por que, então, há tanta controvérsia a respeito de o Hinduísmo ser ou não uma religião monoteísta? Por que ela não é descrita assim com mais frequência?

A resposta é encontrada na trindade hindu, que é um componente essencial do culto e da prática, e que assume a forma de três divindades específicas, identificáveis.

Para muitas pessoas, incluindo um número razoável de hindus, a designação "monoteísta" é inadequada para descrever a importância de cada deus, individualmente, que forma a trindade. (Os três deuses, você se lembra, são Brahma, Vishnu e Shiva. Brahma é o criador, Vishnu é o mantenedor e Shiva, o destruidor e/ou aquele que consuma.)

Os hindus acreditam que a inteligência infinita pode ser venerada e glorificada em qualquer forma.

Essa abordagem é característica da fé, e é vista pelos hindus como um testamento ao poder e a força daquela entidade frequentemente descrita pelos não hindus como um deus único.

Os monoteístas, como os cristãos, muçulmanos e judeus, rejeitam esse componente da crença hindu.

Concepção errada 2: os hindus veneram ídolos

"Idólatra" é um rótulo de forte impacto emocional que deve ser evitado nas discussões a respeito do Hinduísmo.

"Idolatria" não é o modo como o praticante hindu descreve suas atividades religiosas. Ele considera o uso de um objeto físico no culto religioso como ponto de partida para uma longa jornada em direção à comunhão com princípios divinamente revelados.

Os hindus afirmam que cultuam, não um ídolo, mas uma lembrança divina de Deus – ou talvez como uma manifestação de Deus que assumiu a forma de determinado objeto físico. Essas maneiras de encarar o culto são, quando reunidas, características da fé.

Elas podem confundir seguidores de outras tradições. Não obstante, são elementos estabelecidos da prática religiosa hindu que refletem modos similares de veneração, por exemplo, no Cristianismo Ortodoxo e Católico; e, de qualquer forma, é improvável que elas sejam mudadas.

No caminho

"O uso de uma imagem — quer a chamemos de ícone, quer de ídolo — não implica a crença na realidade da imagem. O fato de mantermos uma fotografia de nossa mulher e filhos sobre a mesa de trabalho não significa que acreditemos que eles sejam a fotografia. Trata-se de um lembrete, não de uma falsa realidade... O uso do termo "ídolo" inflama os sentimentos de religiões antiidolatria como o Cristianismo e o Islamismo, pois tanto a Bíblia quanto o Alcorão, pelo menos em algumas passagens, esperam que seus seguidores se oponham à idolatria... O uso em excesso do termo "ídolo", particularmente pela imprensa indiana, é, portanto, descuidado, insensível, provocador e vulgar. Ele deveria ser abandonado, como um esforço para promover maior entendimento e boa vontade entre os grupos religiosos."

David Frawley (Vamadeva Shaftri), do artigo "The Misrepresentation of Hinduism in the Press", 1994.

Concepção errada 3: o Hinduísmo promove a discriminação social e a exploração dos pobres

Muitas pessoas relacionam o Hinduísmo ao sistema de castas de classes sociais determinadas pela religião.

Historicamente, membros de vários grupos de elite na sociedade indiana encorajaram o desenvolvimento de milhares de grupos, em uma elaborada hierarquia social que apresenta fortes distinções entre castas "superiores" e "inferiores" (classes sociais determinadas pela religião).

Esse sistema, que está em transição graças aos desenvolvimentos na vida social e política da Índia no período moderno, tem suas raízes nas escrituras dos Vedas. Essas escrituras, porém, mencionam apenas quatro grupos sociais, e eles são relacionados a um ordenamento da sociedade humana que os hindus acreditam incluir compaixão, elegância e beleza.

A extensão até onde os nobres princípios dos Vedas são de fato levados na vida diária da sociedade hindu, é claro, é uma questão de debate. Contudo, podemos dizer a mesma coisa no tocante a qualquer habilidade da sociedade humana em implementar os objetivos mais nobres de suas escrituras religiosas.

O mínimo que você precisa saber

- Muitos hindus sentem que o rótulo "religião" é insuficiente para descrever sua fé; porém é assim que a maior parte do mundo enxerga esse sistema de crenças.

- Dizer que o Hinduísmo é politeísta é simplificar em demasia um assunto complexo.

- O uso do termo "idolatria" em relação ao Hinduísmo deve ser evitado.

- O sistema de castas tem suas raízes nas quatro categorias sociais descritas nos Vedas, mas é, na sua forma verdadeira, o resultado de uma antiga prática social.

PARTE 6

Budismo

O Budismo traduziu seus ensinamentos de amor divino e transcendental em um pacifismo capaz de modelar as ações humanas em grande escala. De fato, o pacifismo e a não violência deram forma, de modo significativo, aos destinos dos países onde o Budismo predominou. Para descobrir mais sobre essa duradoura e influente religião do mundo, leia os próximos capítulos.

Capítulo 24

O Príncipe que Deixou o Palácio: as Origens e a Doutrina Budista

Neste capítulo:
- Budismo e Hinduísmo
- Aprenda a história de Buda
- Leia sobre as Quatro Verdades Nobres
- Descubra algumas das mais importantes ideias do Budismo

O Budismo se desenvolveu na Índia como um sistema não conformista fora do Hinduísmo. Os budistas rejeitam de modo explícito a utilidade dos elaborados ritos Vedas e se recusam a aceitar o sistema de castas como obrigatório. Apesar dessas diferenças, no entanto, o Budismo compartilha muitas crenças fundamentais com o Hinduísmo, incluindo os conceitos de reencarnação, carma e a entrada no Nirvana, ou libertação absoluta.

Descubra as origens do Budismo na importante decisão do príncipe Gautama de desobedecer às ordens de seu pai e explorar sozinho o mundo.

A lenda de Buda

No século VI a.C. (acreditamos), nasceu Siddartha Gautama, o filho de um rico e poderoso regente de um pequeno reino. Segundo a lenda, quando ele nasceu, um velho sábio previu que o príncipe se tornaria um asceta ou um monarca supremo.

O pai do menino, ansioso em garantir que o filho se tornasse o líder de seu reino e um grande guerreiro, procurou protegê-lo da realização da primeira

> **Aposto que você não sabia**
>
> Um Buda é um ser totalmente iluminado. Siddartha Gautama, o fundador do Budismo, ficou conhecido como Buda Tathagata ("aquele que superou completamente"). Outros nomes para essa figura reverenciada são Bhagavat (Senhor) e apenas Buda.

possibilidade. Manteve o menino isolado no reino, dando-lhe uma vida de luxo supremo. O rei desejava que nada faltasse a seu filho – e que ele jamais procurasse outro tipo de vida além daquela, a de um monarca.

Quando jovem, Gautama se casou e se tornou pai. A lenda conta que aos 29 anos ele finalmente saiu do palácio. O Budismo explica que o protegido príncipe Gautama jamais vira velhice, doença ou morte até aventurar-se para fora da propriedade real. Essa jornada trouxe devastadoras revelações sobre o sofrimento humano. O príncipe encontrou um homem cujo sorriso refletia paz e contentamento. Gautama perguntou ao condutor da carruagem como o homem podia ser feliz em um mundo como aquele e foi informado que se tratava de alguém santo, que obtivera a completa libertação. A jornada chocou o príncipe e mudou sua vida para sempre.

Seguindo para o ascetismo

Depois dessa experiência, Gautama reagiu de modo radical contra o luxuoso estilo de vida que lhe trouxera o que ele agora reconhecia como uma existência vazia e inútil. Jurando tornar-se um homem santo, buscou uma vida de privações e ascetismo. Abandonou o palácio e sua família e se lançou à procura da libertação e de uma solução para o problema do sofrimento humano. Seguiram-se anos de intensa busca espiritual.

Durante esse período, Gautama se tornou um asceta itinerante, submetendo-se a intensas disciplinas físicas. Porém, o progresso espiritual continuava algo ilusório.

Depois de um rigoroso jejum, ele aceitou uma refeição de arroz cozido em leite, feita por uma mulher da região. Isso quebrou uma prática religiosa estabelecida na disciplina ascética que Gautama seguia; e geralmente vista como uma rejeição do ascetismo.

Tendo então comprometido a "guerra" asceta contra seu próprio corpo, o Buda sentou-se sobre uma esteira de palha debaixo de uma árvore bodi e jurou não se mover até alcançar a verdadeira libertação.

Na manhã do sétimo dia, abriu os olhos e olhou para a estrela da manhã. Naquele momento, ele foi iluminado.

O despertar

A tradição afirma que, ao alcançar essa iluminação, Gautama/Buda exclamou que todos os seres possuem tal capacidade, mas que alguns estão cegos a esse fato.

O Budismo, a fé que foi desenvolvida como resultado dessa percepção, dá uma forte ênfase à libertação das ilusões – e por extensão, dos três hábitos que dão origem às percepções humanas distorcidas, que são o desejo, a raiva e a ignorância.

Alcançando o verdadeiro conhecimento

Seguindo um caminho entre a extrema autoindulgência e a rigorosa autonegação, Siddartha Gautama alcançou o verdadeiro conhecimento. Escolher esse caminho foi um momento decisivo que o levou à sua designação como Buda – o Iluminado.

O Buda foi tentado a permanecer recluso para o resto de sua vida, mas antes que isso acontecesse encontrou alguns de seus antigos companheiros que buscaram o caminho asceta com ele. Eles o ignoraram a princípio por causa de sua decisão de violar o estilo de vida asceta. Por fim, reconheceram a profundidade de sua percepção e resolveram segui-lo. O ministério de Buda havia começado.

> **O que significa**
> No Budismo, uma **sangha** é uma comunidade de monges, muito parecida com um mosteiro ocidental.

Tendo vivenciado de modo direto o supremo despertar, Gautama passou o resto da vida viajando pelo país, pregando e organizando uma comunidade monástica – a *sangha*.

Nirvana (antes de se tornar uma banda de *rock*)

O Nirvana, o estado de libertação final do ciclo de nascimento e morte (reconhecido tanto no Hinduísmo quanto no Budismo), está além de definições.

Em vez disso, há passos que uma pessoa deve seguir para obter a experiência direta da realidade suprema – Nirvana – assim como aconteceu com o Buda.

A primeira preleção do Buda, que aconteceu em um lugar chamado Parque do Veado, ficou conhecida como "colocar em movimento a roda do darma". Ela revelou as doutrinas básicas do Budismo.

Darma no Budismo refere-se à sublime verdade religiosa. Também serve para descrever, em um nível técnico, qualquer faceta particular da experiência ou existência.

Os hindus também empregam a palavra *darma*, porém elas estão ligadas à obrigação religiosa, convenção social ou virtude individual.

No caminho

No Surangama, o Buda descreve o Nirvana como o lugar "onde se reconhece que não existe nada além do que é visto na própria mente; onde, reconhecendo a natureza da própria mente, a pessoa não mais aprecia os dualismos da discriminação; onde não existe mais sede nem avidez; onde não há mais o apego às coisas externas".

Aposto que você não sabia

Mesmo muitos não budistas reconheceram a pureza da revelação do Buda e a profundidade dos princípios básicos de sua religião. A simplicidade e a clareza das ideias centrais do Budismo tocaram antigos filósofos chineses, os poetas da geração Beat do século XX e monges Católicos contemplativos, para citar apenas alguns.

O Buda aceitava o princípio da reencarnação. Ele acreditava que os seres vivos estão presos dentro de um ciclo físico de nascimento e morte, sob a lei do carma, até que a libertação completa seja alcançada. Sua missão de ensinar era capacitar os discípulos a atingir um entendimento claro, profundo e direto dos obstáculos que enfrentavam em suas próprias vidas espirituais.

O sermão do Parque do Veado apresentou o "mapa" básico, pelo qual os fiéis podiam evitar os obstáculos que impedem as pessoas de entender sua verdadeira natureza. Nessa preleção, o Buda ensinou as Quatro Verdades Nobres que ainda são os fundamentos da fé dois milênios e meio depois. Embora o Budismo tenha se desenvolvido de muitas maneiras com o passar dos séculos, tenha se expressado em muitas grandes seitas e ocasionado um sistema extremamente amplo de pensamento filosófico, essas crenças fundamentais permaneceram imutáveis desde sua época.

As Quatro Verdades Nobres são uma raridade entre as principais religiões do mundo: um conjunto de ideias fundadoras que nunca foram usadas como justificação para os atos de uma classe ou cultura guerreira, nem para nenhuma atividade militar. Jamais houve uma cruzada militar lançada em nome do Buda; e considerando a natureza das Quatro Verdades Nobres, duvidamos que um dia existirá.

Nas Quatro Verdades Nobres, o Buda ensinou que:

1. **Viver é sofrer.** A própria essência da existência humana é inerentemente dolorosa. Devido à natureza cíclica da morte e renascimento, a morte não traz um fim ao sofrimento.
2. **O sofrimento tem uma causa: desejo e apego.** O sofrimento é o resultado de nosso desejo e apego egoísta. Isso, por sua vez, reflete a ignorância da realidade.
3. **O desejo e o apego podem ser superados.** Quando a pessoa transcende de modo completo o desejo egoísta, ela entra no estado do Nirvana e o sofrimento cessa.
4. **O caminho em direção ao fim do desejo e do apego é o Caminho Óctuplo:**

   Entendimento correto
   Propósito correto
   Fala correta
   Conduta correta
   Modo de viver correto
   Esforço correto
   Estado de alerta correto
   Concentração correta

O Buda também ensinou que o *eu* permanente é ilusório. A forma física, as sensações, as percepções, os esforços, mesmo a própria consciência – nenhum deles produz um *eu* imutável e independente. E a tendência humana de ver o *eu* como uma entidade independente e controladora não é meramente uma ilusão benigna, mas uma barreira significativa ao progresso espiritual.

Além da substância

A noção do "não eu", enfatizada nos ensinamentos do Buda, é, com frequência, interpretada de modo errado. De fato, muitos ocidentais consideram o Budismo "ateu" ou "niilista" por sua causa. Esses rótulos criam barreiras ao entendimento da fé. É

Aposto que você não sabia
O Budismo vê todas as formas manifestadas como sujeitas à decadência e divisão. A fixação em formas específicas (mesmo espirituais) é considerada uma forma de ilusão.

provável que a limitação esteja nas concepções familiares do que é e do que não é "Deus", e não no Budismo.

O Buda ensinou que qualquer concepção separando um fenômeno do outro – uma extensão de grama de uma mulher que medita, por exemplo; ou uma mulher que medita de sua própria natureza de Buda – é ilusória. Nada existe de modo independente ou eterno.

Segundo a filosofia budista, uma extensão de grama, examinada bem de perto, é apenas uma coleção transitória de processos. De fato, o próprio nome "uma extensão de grama" dá uma noção errada. Por que? Porque as linhas que dividem os menores componentes possíveis da extensão de grama do resto da criação são impostas pelas nossas próprias percepções. Elas, na verdade, não separam aquela (transitória) extensão de grama de nenhuma outra coisa.

Nada é permanente. Nenhuma forma dura para sempre. Nenhuma manifestação única percebida expressa de modo completo a realidade suprema. A linha entre uma "extensão de grama" e uma "não extensão de grama" é ilusória, no fim das contas. Embora seja conveniente em certas situações, para a mulher que medita, empregar o termo "extensão de grama", para descrever aquilo que está perto dela enquanto medita, ou o termo "iluminação" ou "natureza de Buda" para descrever o resultado final da prática disciplinada da mulher, o Budismo nos lembra que não devemos usar esses rótulos com muita seriedade – mesmo (de maneira especial) quando a meditação parece ser promissora ou incorporar a experiência de *samadhi*.

> **O que significa**
>
> **Samadhi**, no Budismo, é entendido como um estado de meditação pertinaz. Junto com a moralidade e a sabedoria, samadhi é visto como um instrumento essencial para seguir um caminho de autodespertar. (No Hinduísmo, essa palavra descreve o ponto onde a consciência individual da pessoa se funde com Deus.)

Para o budista, o desenvolvimento do tipo correto de autodisciplina oferece um caminho para fora da ilusão e leva à verdadeira percepção. O apego ao que não existe de verdade apenas levará ao sofrimento.

O mesmo princípio de continuidade entre a mulher que medita e a extensão de grama também é aplicado ao Deus ou distinto Ser Supremo que um não budista acreditaria estar dirigindo a meditação da mulher. Todas as separações imaginadas entre entidades percebidas são alucinações.

É como resultado dessa filosofia, e não devido ao cinismo ou falta de devoção, que budistas rejeitam a noção de um Deus separado que está, de algum modo, à parte da experiência diária.

Deuses

Com uma doutrina como essa, não é de se surpreender que Buda tenha ensinado que não devemos buscar a intervenção divina em nossas vidas. Os deuses hindus realmente existem, ele ensinou, mas não exercem influência sobre a vida humana diária. Pelo contrário, eles estão sujeitos às mesmas leis universais que os seres humanos devem observar.

O caminho do Buda foca a busca inteiramente voltada para os objetivos espirituais de um indivíduo e não no estabelecimento de novas concepções da Divindade.

O foco da religião que ele fundou está na meditação e observância de importantes preceitos morais, vistos como expressões de natureza real do indivíduo, em vez de padrões derivados de uma autoridade divina externa.

Tanto os budistas leigos quanto os monásticos se comprometem a seguir os seguintes preceitos:

- Não matar.
- Não roubar.
- Não agir de modo lascivo.
- Não mentir.
- Não ingerir substâncias tóxicas.

Além disso, os monges juram:

- Não comer em horários não determinados.
- Não participar de entretenimentos considerados "seculares".
- Não usar perfumes ou ornamentos no corpo.
- Não dormir em camas muito altas ou largas.
- Não aceitar dinheiro.

Muitos outros votos acompanham o seguimento de uma vida monástica.

Aposto que você não sabia

No Budismo, a percepção de que o eu não tem uma realidade verdadeira é mais importante que a devoção ou as práticas ascetas. De fato, se tais práticas levam ao orgulho, elas causam mais prejuízos que coisas boas. Na tradição budista, as divindades do Hinduísmo são consideradas espíritos que ainda não alcançaram a libertação final.

Ensinar, viver, morrer

Acredita-se que o Buda passou 45 anos ensinando, ordenando monges e monjas e promovendo um estilo solitário e recluso de disciplina espiritual. Esse método de autodescoberta afetaria de maneira profunda as vidas religiosas de milhares de seguidores pela Ásia e em todo o mundo nos séculos futuros.

Ao que parece, o Buda não demonstrou interesse em reunir registros escritos de seus ensinamentos. Seus discípulos transmitiam os sermões mais importantes oralmente. Centenas de anos depois de sua morte, eles foram, por fim, redigidos. (Mesmo essas primeiras escrituras, redigidas em sânscrito, não mais existem; os mais antigos registros dos ensinamentos do Buda que ainda existem estão em páli, um antigo dialeto do noroeste da Índia.)

A tradição nos ensina que Buda morreu aos 80 anos de idade sem nomear um sucessor. Suas palavras finais, transmitidas durante séculos, formam a perfeita encapsulação da fé que ele fundou:

"Todas as coisas compostas entram em decadência. Trabalhe com diligência pela sua salvação".

O mínimo que você precisa saber

- Os relatos tradicionais da vida do Buda mostram que ele se afastou tanto de uma vida de luxo quanto dos excessos ascetas algumas vezes associados ao Hinduísmo.
- A iluminação de Buda, sob a árvore bodi na Índia, marcou a início do Budismo, uma nova tradição religiosa fora do Hinduísmo.
- As Quatro Verdades Nobres formam os princípios mais importantes da fé budista.
- O Budismo vê todas as formas manifestadas como sujeitas à decadência e divisão, e reconhece a libertação apenas por meio da superação do desejo egoísta.

Capítulo 25

Mahayana e Tudo Isso

Neste capítulo:
- Veja o que aconteceu ao Budismo depois da morte do Buda
- Aprenda sobre a história e o desenvolvimento da escola Theravada
- Aprenda sobre a história e o desenvolvimento da escola Mahayana
- Importantes escrituras budistas

Nesta parte do livro você aprenderá a respeito das duas grandes divisões da fé budista, suas diferentes abordagens da vida espiritual e os vários movimentos e tendências de cada um deles. Você também terá uma ideia das escrituras mais incomuns e influenciadoras das tradições budistas.

Depois do Buda

O Buda decidiu não nomear um sucessor formal antes de morrer, preferindo deixar que cada um de seus seguidores escolhesse um caminho e buscasse dentro de si mesmo a iluminação. Logo depois de sua morte, no entanto, um conselho se reuniu para dirimir as crescentes diferenças entre os seguidores budistas.

Esse conselho, liderado pelo monge Mahakasyapa, foi a primeira de muitas tentativas semelhantes de resolver as visões diferentes no direcionamento da fé. Disputas doutrinais dentro da nova religião tornaram-se comuns nos séculos que se seguiram à morte do Buda; e essas disputas não foram dirimidas com facilidade. Surgiram muitas seitas budistas, em parte resultantes de disputas sobre os detalhes das disciplinas monásticas.

Por fim, 18 escolas de disciplinas foram reconhecidas. Dessas, apenas uma, a Theravada ("doutrina dos anciãos"), existe até hoje.

O lótus é um símbolo sagrado tanto no Budismo quanto no Hinduísmo.

As duas escolas do Budismo

Não há registros escritos dos primórdios do desenvolvimento do Budismo. As mais antigas escrituras budistas foram redigidas mais ou menos 400 anos depois do ministério do Buda. Por isso, é difícil ter certeza a respeito do que Buda disse ou ensinou. (Essa é uma das características interessantes das principais tradições religiosas; a maioria delas segue escrituras que foram finalizadas muitos anos depois da figura que as inspirou.)

A escola Theravada, que vê os ensinamentos mais sagrados como sendo os do próprio Buda, enfatiza uma vida solitária de disciplina religiosa pessoal. Aproximadamente em 100 d.C., contudo, uma concepção muito diferente do Budismo começou a surgir como um poderoso movimento dentro da fé. Ela ficou conhecida como a escola *Mahayana*.

> **Aposto que você não sabia**
>
> Embora o Budismo tenha nascido e se desenvolvido na Índia, ele é quase inexistente nesse país atualmente. Entre as poucas pessoas que vivem na Índia e praticam o Budismo hoje, muitas são de outros países.

Essa visão do Budismo preferiu focar menos as virtudes supremas de uma vida de reclusão e mais a importância da compaixão e do serviço aos outros. O ideal dessa ramificação da fé não era o *arhat*, ou sábio perfeito, mas o *bodisatva* – a alma avançada que merece o Nirvana jura adiar a entrada até que todos os seres sencientes sejam resgatados da roda de nascimento e sofrimento. Essa visão ficou conhecida como escola Mahayana do Budismo.

O fundador da escola Mahayana foi o reverenciado filósofo Nagarjuna. Ele ensinou que o estado de Buda pode ser obtido sem necessariamente renunciar ao mundo. Segundo essa visão, o Nirvana é uma realidade que pode ser trazida à existência no momento presente.

> **O que significa**
>
> **Mahayana** significa "Veículo Maior". **Hinayana** significa "Veículo Menor". E **arhat** é uma pessoa santa que alcança a iluminação por meio da solidão e das práticas ascetas. No Budismo mahayana, um **bodisatva** é aquele que merece o Nirvana, mas adia a entrada até que todos os seres sencientes sejam resgatados do renascimento e do sofrimento.

Esse movimento excedeu a influência do antigo caminho Theravada, com sua ênfase na disciplina individual e prática solitária. Graças à afirmação desses pontos, a escola Theravada ficou conhecida como *Hinayana*.

O Budismo theravada/hinayana sobrevive hoje no Sri Lanka e no Sudeste da Ásia, enquanto o Budismo mahayana é encontrado no Japão, Coreia, Mongólia e China.

Budismo theravada

A escola Theravada, com sua ênfase no desapego e na reclusão, venera o caminho da renúncia – o seguimento de um estilo de vida rigoroso e purificador em benefício dos objetivos espirituais. É claro que os fiéis leigos seguirão um regime espiritual menos ambicioso, adotando um estilo de vida ético de modo geral, e talvez ajudando as ordens monásticas.

Escrituras theravadas

As escrituras theravadas são divididas em três partes, conhecidas como Tipitaka, ou Três Cestas. Essas partes são a *Vinaya Pitaka* (regulamentos monásticos), *Sutta Pitaka* (discursos e discussões atribuídas ao Buda) e *Abhidamma Pitaka* (discussões e classificações relativas à filosofia, psicologia e doutrina). Em *Sutta Pitaka* encontramos o *Dhammapada*, resumo dos ensinamentos do Buda em uma variedade de disciplinas mentais e questões morais.

A seguir, uma lista de mais cinco coisas que você deve saber a respeito da escola Theravada:

- Como uma das 18 primeiras maiores e mais antigas escolas do Budismo, acredita-se que as práticas e crenças da escola Theravada refletem as primeiras doutrinas essenciais do Budismo.

- O arhat, ou aquele que tem valor, é conhecido, algumas vezes, como o "santo solitário" na tradição Theravada.

- Além daqueles que já foram discutidos, textos importantes dentro do Budismo theravada incluem o Milindapanha (Perguntas do rei Milinda), um diálogo acerca dos problemas comuns no pensamento budista...

- ... e o mais recente Visuddhimagga (Caminho da Purificação), que é um resumo brilhante do pensamento budista e das práticas de meditação.

- Um conselho que aconteceu no século III a.C. resultou na expulsão de membros da sangha (comunidade monástica), acusados de ter se juntado às ordens monásticas por motivos políticos e não espirituais.

A escola Mahayana

Por volta do século I a.C., o movimento que se tornaria conhecido como a escola Mahayana de Budismo nasceu com a circulação de um novo corpo de escrituras – os sutras mahayanas. Além de promover um novo ideal espiritual, encontramos a ideia do bodisatva, um ser iluminado que adia a união com o Supremo em benefício de todos os seres. O Budismo mahayana também formulou um importante princípio espiritual: *sunyata*. Essa palavra sânscrita, que significa "vazio", afirma que todas as entidades supremas, incluindo Buda e o estado do Nirvana, são vazias – ou seja, completamente não separados do resto da Realidade Suprema.

A ideia da sunyata surgiu no século I a.C. como uma reafirmação e expansão da doutrina do não *eu*. Os budistas mahayanas argumentavam que todas as entidades supremas – incluindo o Buda e o estado do Nirvana – são vazias. Essa visão contradiz a percepção comum de que o Supremo é de algum modo separado ou independente da experiência direta. "Vazio" é a mesma coisa que "niilismo"? De modo algum. Pelo contrário, está relacionado à interligação. Quando um budista mahayana afirma que "todos os darmas são vazios", o que realmente está sendo rejeitado é a dualidade, a divisão.

Essa rejeição ao *dualismo* traz uma série de implicações confusas. A principal entre elas é, talvez, a clássica crença mahayana de que o *pensamento dualista* – que é outra frase para a suposição (comum!) compartilhada de que o mundo é feito de entidades separadas – é fundamentalmente ilusório. Estabelecer orientações formais para a prática budista mahayana, portanto, é algo desafiador.

Isso acontece porque a linguagem – incluindo, por exemplo, esta sentença – é construída sobre princípios de metáfora (a palavra "linguagem" vem do latim e significa "língua") e distinção (um modo de entender a palavra "todo" é compreendê-la como o oposto de "nenhum").

> **O que significa**
>
> **Dualismo** é a tentativa de explicar fenômenos por meio de polos opostos: bem e mal; preto e branco; velho e novo; "eu" e "outro"; "Deus" e "criação", e assim por diante.
> Dualidade é qualquer exemplo desse modo de ver as coisas. O Budismo considera todas as expressões de dualidade heréticas — ou seja, contrárias aos princípios fundamentais da religião. Essa insistência na unidade de todas as coisas distinguiu o Budismo das religiões que historicamente enfatizaram a separação do Criador e da coisa criada, em especial as grandes expressões de fé monoteístas: Judaísmo, Cristianismo e Islamismo.

Em outras palavras, os budistas perceberam que a linguagem humana reflete certa forma de pensamento dualista. Não é de se surpreender que a linguagem seja considerada pelos budistas mahayanas (e, curiosamente, pelos grandes professores taoístas) de uso limitado nas verdades espirituais iluminadoras. Nagarjuna acreditava que nada conclusivo poderia ser dito com respeito à realidade suprema.

A doutrina do vazio rejeita como inadequado qualquer concepção de existência separada e independente, seja de indivíduos, objetos, estados espirituais ou qualquer outra coisa. As coisas vazias são vistas como transcendendo a existência e a não existência; elas simplesmente se fundem.

O Sutra do Coração ensina que "a forma é o vazio, e o vazio é a forma". A interpretação dessas palavras pode levar uma vida inteira; e nós não temos a intenção de iniciar uma interpretação significativa aqui. Considere, entretanto, que na visão mahayana o vazio *não é* diferente do Universo no qual vivemos. Todas as formas e processos, incluindo a verdadeira percepção, são relativos e interligados. Esse fato, para o budista mahayana, não descreve o vazio; ele *é* o vazio.

Mahayana em preto e branco

A divisão mahayana do Budismo tem grande número de seitas, cada uma com específica tradição de escrituras. As muitas variações refletem séculos de tradição de ensinamentos e pontos de ênfase desenvolvidos. A variedade pode ser intimidadora para uma pessoa de fora, mas, na verdade, existem muitas justaposições entre os vários textos sagrados. Mesmo os escritos páli do Budismo theravada são aceitos pela maioria dos mahayanas como inspirados.

A seguir, mais cinco coisas que você deve saber sobre o Budismo mahayana:

- A diversa divisão Mahayana do Budismo difere da escola Theravada, pois dá mais ênfase à ideia da graça – a assistência dos bodisatvas.
- Muitos adeptos da escola Mahayana também aceitam a noção de Tathata, ou Semelhança, um princípio que rege o Universo e se manifesta como a Mente pura – ou a absoluta e duradoura natureza de Buda.
- O Budismo mahayana dá uma ênfase especial ao estudo dos *prajnaparamita* (perfeição da sabedoria) sutras.
- Entre os diversos movimentos e seitas do Budismo mahayana ainda ativos hoje estão os segmentos não acadêmicos Zen e Terra Pura; os dois serão estudados no próximo capítulo.

> **Aposto que você não sabia**
>
> Entre as mais estudadas das (muitas) escrituras mahayanas estão o Sutra Lótus, que enfatiza a graça do Buda eterno e aconselha a fé duradoura; o Sutra Diamante, que detém processos lógicos normais e foca a natureza do vazio; e o Sutra do Coração, considerado por muitos budistas a essência da verdadeira sabedoria.

- Uma crença influente no Budismo mahayana é que Buda é eterno e absoluto. Essa visão considera o Buda histórico uma forma temporal da eterna natureza de Buda.

Budismo tibetano

> **O que significa**
>
> **Vajrayana** é uma corrente do Budismo que se liga à prática tântrica hindu. Ela utiliza a disciplina da ioga para transcender e redirecionar o desejo para melhor alcançar a união com a Realidade Suprema.

Os budistas tibetanos reverenciam os mais importantes professores mahayanas como bodisatvas. Eles também incorporam uma importante tradição independente da Mahayana e Theravada – a *Vajrayana*.

Entre as escrituras budistas tibetanas mais conhecidas está o *Bardo Thodol*, mais conhecido como o *Livro Tibetano dos Mortos* – um livro extraordinário de instruções para aqueles que estão morrendo e seus guias espirituais. Essa obra complexa não é fácil de ler nem de esquecer depois de ser lida.

Para muitos fiéis, o Bardo Thodol é um acompanhamento essencial ao princípio exposto pelo Buda na abertura do Dhammapada:

"Tudo o que somos é o resultado daquilo que pensamos; é fundado em nossos pensamentos; é feito de nossos pensamentos".

O mínimo que você precisa saber

- Depois da morte do Buda, 18 escolas formais ou disciplinas foram reconhecidas no Budismo.

- O Theravada é a mais antiga escola budista existente, e a única, do antigo grupo das 18 escolas, que sobreviveu.

- O Budismo mahayana, que enfatiza a compaixão, o serviço e a noção de vazio, tem sido uma importante corrente desde o século I a.C.

- O Budismo tibetano incorpora as tradições mahayana e vajrayana, uma corrente esotérica do Budismo associada à prática tântrica hindu.

Capítulo 26

Zen e outras Escolas Budistas Populares no Ocidente

Neste capítulo:

- Um breve relato acerca dos primórdios e do desenvolvimento do Zen
- Várias abordagens Zen
- Zen no Ocidente
- Outras escolas budistas

Nesta parte do livro, você aprenderá sobre a história e o desenvolvimento do Zen, uma das mais notáveis e amplamente estudadas escolas budistas na América. Você também aprenderá a respeito de outras escolas budistas modernas.

Qual é o som do início Zen?

A palavra "Zen" deriva do termo sânscrito *dhyana*, que significa meditação.

É um tanto estranho o fato de que essa muito analisada seita do Budismo tenha se tornado um tipo de palavra mágica para tudo o que é indefinível, vago e confuso no pensamento oriental. De fato, a derivação da palavra "Zen" descreve de maneira perfeita essa escola e sua visão. O dogma central do Zen não é uma regra, ideia ou filosofia específica, mas, pelo contrário, a prática pessoal de várias formas de meditação.

Em outras palavras (um estudioso Zen poderia perguntar), por que se preocupar com as palavras?

A seguir, três coisas agradáveis a respeito do Zen:

- Explicações, escrituras e dogmas são vistos com profunda suspeita na tradição Zen.
- A experiência pessoal direta da meditação – e todos os aspectos da vida diária – é de suma importância.
- Os estudiosos Zen acreditam que apenas mediante esse comprometimento pessoal à presença real e empenhada, pode a ilusão humana, que nasce da ganância, raiva e ignorância, ser superada. Recitar dogmas, instruções e conclusões de outras pessoas não a interromperão.

Um americano, certa vez, pediu ao mestre Zen Suzuki Roshi que definisse o termo "zazen" (meditação sentada). Em vez de se prolongar em uma discussão de técnicas ou terminologia, o professor respondeu sentando-se sobre uma mesa e, por meia hora, assumiu a posição em que a pessoa fica sentada com as pernas cruzadas!

> **Aposto que você não sabia**
>
> Zen é o nome japonês dessa escola. Na China, onde foi fundada, ela é chamada "Chan". Afirma-se que o Zen foi trazido da Índia por uma figura conhecida como Bodhidharma ("Tradição Iluminada"). Como o termo japonês é mais usado no Ocidente, nós o empregaremos neste capítulo.

Suzuki Roshi ensinara uma lição objetiva perfeita acerca da "mente do iniciante" – o estado de abertura e inocência que torna obsoletos antigos conceitos e palavras.

Bodhidharma inicia as coisas

> **Aposto que você não sabia**
>
> Embora o Zen Budismo não seja a denominação budista mais popular no Ocidente, é uma das mais influentes. Americanos ansiosos em explorar novas perspectivas sociais e religiosas se interessaram pelo Zen desde a segunda metade do século XX.

A origem do Zen remonta à figura lendária de Bodhidharma da escola Mahayana do Budismo. Afirma-se que Bodhidharma chegou à China, vindo da Índia, por volta do fim do século V d.C.

É difícil identificar o mais antigo desenvolvimento da escola Bodhidharma. Conta-se que ele teria meditado por nove noites seguidas em busca de uma visão direta dos caminhos da iluminação.

Por fim, Bodhidharma tornou-se professor de um grupo de discípulos e transmitiu seus ensinamentos a um sucessor, Hui-k'o, conhecido como o Segundo Patriarca. Sob o Terceiro Patriarca, Seng-ts'an, o Zen sofreu a influência do

Taoísmo, que enfatiza uma abordagem aberta e não interferente aos processos da natureza.

Seng-ts'an observou:

> "O Caminho é perfeito como o vasto espaço, Onde nada falta e nada é em excesso. Na verdade, é em função de nossa escolha em aceitar ou rejeitar que não vemos a verdadeira natureza das coisas".

"Mente original"

A linhagem de professores, iniciada com Bodhidharma, estendeu-se até Hui-Neng, o Sexto Patriarca, que destacou a importância de descobrir a própria "mente original" e "natureza verdadeira". Esses ensinamentos são ainda hoje elementos principais da prática Zen.

Nos séculos VIII e IX d.C., o Zen fortaleceu e desenvolveu suas tradições da instrução um a um e da experiência direta do caminho iluminado. Enquanto outras escolas do Budismo passavam por um período de intensa perseguição na China, o Zen continuou a crescer – em parte pela ausência de textos escritos, que podiam ser (e frequentemente eram) destruídos por aqueles que procuravam erradicar o Budismo.

O Zen Budismo sobreviveu graças à sua vontade de transcender formas e rituais padronizados e instruções escritas. Atualmente, ele continua a ensinar os praticantes a superar a dependência dessas armadilhas, até mesmo de formas padronizadas de pensamento, e seguir para a experiência direta da consciência iluminada. Essa abordagem desapegada permitiu ao Zen se adaptar bem aos desafios sociais e culturais através dos séculos.

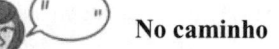

No caminho

Acredita-se que Bodhidharma descreveu o Zen como "uma transmissão especial fora das escrituras. Não havia necessidade de dependência das palavras e letras. Apontar diretamente para a pessoa real; ver a natureza da pessoa, que é idêntica à realidade, justificou a vida do Buda e levou ao alcance do estado de Buda".

Duas escolas

Duas abordagens diferentes à prática Zen ocorreram na China. Uma focava a "iluminação repentina" por meio de instrumentos como *koans*, ou enigmas educativos antirracionais. A outra escola preferia encorajar seus seguidores a buscar a prática zazen (meditação em que a pessoa se senta com as pernas cruzadas), sem a expectativa de alcançar a iluminação – repentina ou não.

Essa segunda também rejeitava o método da escola da iluminação repentina, na qual os mestres, com frequência, discutiam – e ocasionalmente partiam para a violência física!

Quando o Zen atingiu o Japão, as escolas "rígida" e "flexível" ficaram conhecidas como Rinzai e Soto, respectivamente. Ambas influenciaram de maneira profunda o desenvolvimento do ensinamento Zen, e estão ativas até hoje.

Próxima parada: Japão

Embora o Zen tenha entrado em declínio na China, ele desenvolveu uma vida nova e vigorosa no Japão, de modo especial entre a classe militar medieval. Como resultado, influenciou profundamente a arte, a literatura e a estética do país. As influências foram mútuas: o estilo do Zen, com o qual a maioria dos ocidentais está familiarizada, tem um distinto toque japonês.

Aposto que você não sabia
Não espere encontrar muitas explicações no treinamento ou prática Zen. Nessa tradição, mesmo as palavras de um reverenciado professor são suspeitas. O mestre Rinzai disse: "Em vez de se apegar às minhas palavras, é melhor se acalmar e não buscar mais nada. Não se apegue ao passado nem anseie pelo futuro. Isso é melhor do que uma peregrinação de dez anos". Quebrando a regra de Rinzai ao citá-lo, ousamos agora violar mais uma vez o espírito Zen contando uma antiga e conhecida história.
O mestre Tung-shan estava pesando linho quando um monge se aproximou e perguntou: "O que é natureza de Buda?" (Ou, em outras palavras, "Qual é a natureza da iluminação?"). Sem hesitar, Tung-shan respondeu: "1,5 quilo de linho".
Moral: o estudioso Zen comprometido se esforça para ficar completamente envolvido no momento presente porque esse é o único lugar onde a verdadeira iluminação pode ser encontrada!

A escola Zen foi objeto de muito interesse nos Estados Unidos, onde sua pureza e clareza causaram um impacto duradouro em movimentos religiosos, obras literárias e até a cultura da mídia. Americanos proeminentes que abraçaram, de modo direto ou indireto, os ensinamentos do Zen Budismo, incluem o poeta Allen Ginsberg, o ator Peter Coyote, o autor Robert Pirsigm e o técnico de basquete profissional Phil Jackson. No Ocidente, escreveu-se muito mais acerca dessa escola do Budismo do que a respeito de qualquer outra... o que é irônico, devido à insistência Zen de que sua mensagem fundamental desafia qualquer resumo verbal!

Independentemente da cultura influenciada, o primeiro objetivo Zen sempre foi encorajar a experiência direta e pessoal baseada momento a momento. Isso é conseguido (ou pelo menos tentado) por meio de horas de meditação solitária sob a orientação de um professor. Mas períodos fora da meditação formal, no modelo Zen, são tão importantes quanto as oportunidades de experiência direta e percepção honesta.

> **Atenção**
>
> O objetivo da prática Zen não é se tornar recluso ou absorto em si mesmo, mas descobrir o eu autêntico, capaz de participar do mundo de modo completo. O Zen não enfatiza a distância, mas o envolvimento em 100%, sem desvios, em qualquer coisa que a pessoa esteja fazendo. Uma escola americana Zen adotou o slogan de uma empresa fabricante de tênis: "Just do it" (Apenas faça).

A insistência do Zen Budismo na percepção a cada minuto e na total participação no momento tem importantes paralelos com outras tradições religiosas. Entre elas está a doutrina islâmica da *taqwa* (ação correta orientada, momento a momento, pelo temor de Deus).

Outras seitas budistas

Existem, é claro, muitas outras seitas dentro do Budismo. Entre elas, duas dignas de nota são a escola Terra Pura e a Nichiren. Nós as estudaremos em mais detalhes na próxima seção.

A escola Terra Pura

Os budistas da escola Terra Pura apelam à graça de Buda Amitabha (Amida), que, segundo a tradição, no século II d.C., jurou salvar todos os seres sencientes. Essa redenção, acreditam os fiéis, acontece invocando o nome de Amitabha, e resulta no renascimento no Paraíso Ocidental – um domínio transcendental com abundantes cenários miraculosos. Acredita-se que no Paraíso Ocidental a entrada no Nirvana é garantida.

O Budismo Terra Pura é uma expressão de devoção do Budismo mahayana muito influente, especialmente no Japão.

> **Aposto que você não sabia**
>
> Os fiéis nas várias escolas Terra Pura buscam um caminho espiritual cujos meios de união com o Supremo são a confiança absoluta na graça de Buda. O esforço individual ao longo de caminhos de desenvolvimento espiritual interno é rejeitado como egocêntrico, ou mesmo ofensivo, ao Buda Amitabha, pois reflete uma falta de fé em sua graça.

A confiança absoluta no Buda da Luz Infinita é um dogma central dessa expressão do Budismo que encoraja os fiéis a cultivar a fé suprema e resoluta no Buda Amitabha.

Desde seus primeiros dias, o Budismo Terra Pura foi notável por seu ocasional fervor evangélico, e por contrastar a felicidade que aguardava os verdadeiros fiéis com os tormentos do inferno que estavam reservados para os outros. Essa doutrina, combinada com a rejeição das obras humanas como meio de salvação espiritual, fez a seita ser comparada ao Calvinismo protestante.

Há uma série de ramificações do Budismo Terra Pura. Entre as mais notáveis temos a Jodo Shinshu, a maior denominação Budista no Japão.

Budismo Nichiren

O Budismo Nichiren (que leva o nome do budista japonês Nichiren, 1222-1282 d.C.) cobre uma série de diferentes escolas dentro do Budismo japonês. A mais notável expressão dessa escola nos últimos anos tem sido o movimento leigo budista conhecido como Soka Gakkai, que contava com mais de um milhão de adeptos japoneses em 1993. Hoje, as várias formas do Budismo Nichiren desempenham um importante papel na vida budista americana, tanto dentro quanto fora da comunidade nipo-americana.

> **Aposto que você não sabia**
>
> As Igrejas Budistas da América, cujos seguidores chegavam a 500 mil na última contagem, é a mais numerosa denominação budista americana. É uma ramificação da escola japonesa Jodo Shinshu.

Celebrações

Há tantas denominações e tradições variadas no Budismo que só podemos mencionar as mais comuns.

Dia do Nirvana

Celebrado em 15 de fevereiro; o dia da morte de Buda.

Dia do Buda

8 de abril é o dia em que se celebra o nascimento de Buda.

Dia de Bodi

Os budistas celebram a data de 8 de dezembro como o dia em que o príncipe Gautama sentou-se debaixo da árvore bodi e jurou permanecer lá até alcançar a suprema iluminação.

O mínimo que você precisa saber

- O Zen é uma das mais conhecidas escolas budistas na América.
- O Zen Budismo se baseia na experiência direta e rejeita abstrações eruditas.
- Outros importantes movimentos contemporâneos budistas incluem as seitas Terra Pura e Nichiren.
- Os três feriados mais importantes na tradição budista são o Dia do Nirvana, o Dia do Buda e o Dia de Bodi.

Capítulo 27

Budismo e Vida após a Morte

Neste capítulo:

- Reencarnação
- Salvar todos os seres sencientes
- Carma e morte
- O *Livro tibetano dos mortos*

As abordagens budistas quanto às questões da vida após a morte podem ser complexas e, com frequência, desafiam resumos simplificados. Neste capítulo, você aprenderá acerca de alguns conceitos budistas básicos referentes à vida depois da morte. Contudo, um estudo completo desse tópico multifacetado está além do alcance deste livro.

O ciclo da vida

O Budismo veio do Hinduísmo, e como resultado retém, como ponto formal de doutrina, sua crença em um sistema de reencarnação. Dito isso, existem muitos budistas contemporâneos, de modo especial os do Ocidente, que, sem rejeitar de maneira explícita a doutrina da reencarnação, preferem não enfatizá-la ou torná-la um componente central de sua prática religiosa. (Ver Capítulo 28.)

De um ponto de vista formal, os budistas acreditam que a reencarnação seja a resposta apropriada para a pergunta: "O que acontece conosco depois que morremos?". Eles creem que um espírito individual renasça, passe por uma série de renascimentos e continue esse ciclo até o supremo, chegando a uma posição, a um estado de iluminação.

Os budistas acreditam que as emoções e os pensamentos de quem está morrendo estejam diretamente relacionados com sua experiência depois da morte. Como resultado, eles enfatizam uma transição pacífica, tranquila e sugerem que quem está morrendo seja cercado pelos membros da família, amigos íntimos e outras pessoas capazes de promover uma atmosfera de apoio e assistência espiritual.

Carma e morte

A doutrina budista a respeito da vida depois da morte ensina que nós renasceremos em um corpo humano, e que os seres humanos podem renascer em grupos que não sejam da família humana. Existem vários reinos para se considerar, incluindo o dos animais, dos seres humanos, dos "deuses ciumentos" e o reino conhecido como "o céu". Muitos budistas acreditam, como parte da doutrina, que a destinação de uma alma depois da morte seja determinada pelo estado do carma da pessoa. Uma vida descuidada, conduzida de maneira que perpetua o desejo, a raiva e a ignorância, tem menos probabilidade de levar a um renascimento que deixe a pessoa mais próxima da iluminação.

Existe uma antiga história budista a respeito de um sábio a quem um aluno perguntou se a pessoa iluminada estava sujeita à lei do carma.

Ele deu uma resposta errada – "Não" – e foi, por isso, forçado a reencarnar como uma raposa por várias existências.

Aposto que você não sabia
É importante perceber que a concepção budista do inferno é transitória; uma noção que envolve um período de punição e purificação e que, por fim, passa. (O Nirvana, pelo contrário, está além das concepções de tempo, espaço e duração.) Para muitos budistas, é claro, a própria distinção entre "céu" e "inferno" identifica um par de opostos e, portanto, é um exemplo de percepção humana ilusória.

Como raposa, ele procurou a orientação de um proeminente professor Zen, e perguntou como poderia libertar-se da situação. O sábio (no corpo da raposa) interrogou o professor Zen: "Qual é a resposta correta da pergunta? A pessoa iluminada está sujeita à lei do carma ou não?"

O mestre Zen decidiu responder à raposa e ajudar o sábio a alcançar o renascimento em uma forma humana. Para ajudá-lo a escapar do ciclo de renascimento, o mestre deu a seguinte resposta: "Para a pessoa iluminada, a lei do carma simplesmente se torna clara".

A raposa desapareceu instantaneamente.

Qual é o foco?

As grandes religiões têm muitas seitas, escolas e crenças. O Budismo não foge à regra. É, portanto, um exagero sugerir que todos os budistas tenham a mesma crença a respeito da vida, morte e reencarnação.

Mesmo as questões da morte, segundo os budistas, giram ao redor da atenção e foco de uma pessoa. Muitos Zen budistas em particular se sentem mais confortáveis promovendo a ideia de que se deve focar aquilo que está na sua frente, que nos detalhes de um sistema de reencarnação com o qual não estão preocupados no presente.

Em uma análise final, a abordagem budista à morte ainda está relacionada ao modo como o fiel decide conduzir sua vida no presente. Em um dado momento, o praticante é obrigado a identificar o que é bom, o que é justo, o que é bom e apropriado, e se afastar do desejo, eliminar a ignorância e superar a raiva.

Se o fiel conseguir praticar, com persistência, essas atividades aparentemente simples – que de fato são o trabalho de uma vida inteira –, considera-se que ele esteja em uma boa posição, não apenas para salvar sua alma, mas também para ajudar a trazer a redenção de todos os seres sencientes. Obter a salvação, não apenas para si, mas para toda a criação, é um importante princípio espiritual no Budismo.

Talvez a mais conhecida escritura religiosa budista que lida diretamente com a questão da morte seja o *Livro tibetano dos mortos*, que apresenta um tipo de

---

No caminho

"Acredita-se (no Tibete) que, assim que a morte do corpo ocorre, a personalidade entra em um estado de transe por quatro dias. Durante esse tempo, a pessoa não sabe que está morta. Esse período é chamado o Primeiro Bardo e nele os Lamas (monges) recitam versos especiais que podem alcançar a pessoa morta.

Acredita-se que no fim desse período a pessoa morta verá uma luz brilhante. Se a radiância da Luz Clara não assustar a pessoa e esta acolher a Luz, então ela não renascerá. Mas a maioria foge da Luz...

A pessoa, então, torna-se consciente de que a morte ocorreu. Nesse momento começa o Segundo Bardo. A pessoa vê tudo o que ela fez ou pensou passar diante dela (...) Depois o Terceiro Bardo começa, que é o estado de buscar outro nascimento."

Passagens de "The Light: Tibetan Views of Death"; artigo em www.about.com

manual de instrução para auxiliar a pessoa que está morrendo a realizar uma passagem calma e bem-sucedida.

O mínimo que você precisa saber

- O Budismo aceita a doutrina da reencarnação, que é compartilhada com o Hinduísmo.

- Alguns budistas preferem enfatizar essa doutrina; outros não.

- O carma, no sistema de fé budista, determina a destinação da alma do indivíduo depois da morte.

- O inferno é um conceito transitório no Budismo.

- O Nirvana, por outro lado, transcende princípios de tempo, espaço e duração.

Capítulo 28

Derrubando as Barreiras ao Budismo

Neste capítulo:
- Buda e Jesus
- Reencarnação
- Meditação
- A alegria da vida

Há muitas concepções erradas concernentes ao Budismo. Ainda que essa tradição tenha crescido em popularidade no Ocidente, a probabilidade de esbarrarmos em uma ou mais dessas ideias imprecisas referentes à fé continua alta.

Neste capítulo, abordaremos os fatos por trás de alguns dos erros mais comuns.

Concepção errada 1: os budistas veneram Buda como os cristãos veneram Jesus

Algumas vezes, o Budismo é descrito como estruturado ao redor de uma figura de um "salvador".

Os budistas theravada dão destaque à ajuda do Buda como um importante componente da prática de sua fé, e essa ênfase é, às vezes, expressa pela palavra "salvador". O noção de "salvador" também está intimamente relacionada à concepção mahayana do bodisatva, figura santificada que assume um compromisso pessoal de levar todos os seres sencientes à iluminação.

Porém, tanto o Budismo theravada quanto o mahayana requerem o entendimento de que nenhum Buda ou bodisatva pode estar separado do fiel nem, na verdade, do universo observável.

A noção de um "salvador" no Budismo torna-se difícil de entender em função da associação com a teologia do Cristianismo. É importante entender cada fé religiosa em seus próprios termos e não nos de outras expressões de fé.

Para entender o porquê disso, consideremos um exemplo do mundo dos esportes. Nos Estados Unidos, os fãs de beisebol têm um antigo hábito de comparar todo bom praticante desse esporte japonês a um jogador familiar americano. Assim, em seus dias de glória, o grande Sadaharu Oh era repetidas vezes chamado nos Estados Unidos de "o Hank Aaron japonês". Sadaharu Oh não era o Hank Aaron japonês; ele era, de fato, o Sadaharu Oh japonês! De modo semelhante, a atitude budista para com o Buda não é uma variação da postura dos cristãos para com Jesus.

Concepção errada 2: excessiva ênfase na reencarnação

Contrário à crença popular, há uma certa quantidade de escolas budistas que *não dão muita ênfase* ou *omitem* a doutrina da reencarnação a tal ponto que ela não se torna uma característica significativa da prática religiosa. (Entre elas temos os budistas Shin.)

Em particular, a ênfase do Budismo tibetano na reencarnação deu a muitos não budistas a impressão de que o conceito é o ponto central da prática contemporânea da fé. Na verdade, existem muitos budistas, especialmente na América, que categorizam a questão da reencarnação do mesmo modo que categorizam a da crença em uma divindade: eles escolhem não desviar sua atenção com esses pontos. (Ver Capítulo 27.)

Concepção errada 3: o Budismo é masoquista

Em decorrência da ênfase budista no duradouro papel do sofrimento como um componente da experiência humana, algumas pessoas de fora concluíram que o Budismo se alegra com o sofrimento ou com a busca por ele. Nenhum resumo da fé budista, no entanto, apoia essa ideia.

A noção de que o sofrimento seja um fato inescapável da existência humana tem paralelos em muitas outras religiões, principalmente no Judaísmo e no Cristianismo. Ambas aceitam como revelação divina o Livro do Eclesiastes, que ensina mais ou menos a mesma coisa. A ideia budista do sofrimento não requer que o aceitemos como algo "desejável" nem que fujamos dele, pois é um elemento central no caminho humano. O sofrimento é uma característica inescapável do fardo da humanidade na Terra. Os budistas tentam conciliar-se com o sofrimento encarando-o como uma chance de alimentar a maturidade espiritual.

Concepção errada 4: todos os budistas veem a meditação do mesmo modo

A proeminência da escola Zen fez que muitos não budistas concluíssem que longas horas de meditação são um componente necessário da prática budista. Na realidade, certas escolas budistas não dão tanta importância à meditação e apenas a praticam durante períodos de veneração e cantos em conjunto.

A importância da meditação na história da fé budista é, sem dúvida, imensa – pois sua realização era um importante componente da própria prática e ensinamento do Buda. No entanto, há diferentes abordagens da fé no que diz respeito aos pontos centrais, assim como acontece no Judaísmo, Cristianismo e Hinduísmo.

No caminho

> Há duas ramificações principais na meditação budista: samatha (calma, concentração) e vipassana (visão), que destacam a atenção. Isso não significa que as duas sejam inteiramente separadas, já que você não pode ter atenção se não tiver pelo menos um certo nível de concentração. Muitas são as técnicas da meditação samatha, algumas mais antigas que o Budismo, outras desenvolvidas depois da época do Buda.
>
> Em *Buddhist Meditation*, www.tat.or.th/do/bud.htm

Concepção errada 5: os budistas odeiam a vida

"Toda essa conversa de ilusão e transcendência (...) isso não quer dizer que, no fim das contas, os budistas odeiam a própria vida?"

Não.

Os ensinamentos budistas enfatizam com vigor que a vida é impermanente, e não algo para se apegar. Os mesmos ensinamentos afirmam, no entanto, que os seres humanos devem experimentá-la na totalidade a cada momento.

Enfatizar o primeiro ponto em detrimento do segundo, ainda que seja tentador para aqueles não familiarizados com essa expressão de fé, é um erro. O Buda não queria que seus seguidores se tornassem autômatos sem mente; e os budistas não odeiam a vida. Na realidade, o Buda defendeu uma abordagem persistente e pragmática, às questões espirituais; algo que os budistas acreditam trazer benefícios espirituais e uma vida longa e feliz.

No caminho

> "Ouça, chefe de família, estas cinco condições são desejáveis, dignas de favor e de prazer, e são difíceis de alcançar neste mundo. Elas são: longevidade... aparência agradável... felicidade... status... céu. Essas cinco condições, eu afirmo, não são alcançadas pela simples súplica ou aspiração. Se essas cinco condições fossem obtidas por meio da mera súplica ou aspiração, quem neste mundo não as teria? Ouça, chefe de família, o Nobre Discípulo, desejando uma longa vida, não deve desperdiçar seu tempo suplicando ou meramente desejando a longevidade. O Nobre Discípulo que deseja a longevidade deve manter a prática que produz longevidade. Somente a prática que produz longevidade é capaz de obter longevidade. O Nobre Discípulo, então, será aquele que tem a longevidade, divina e humana... aquele que deseja uma aparência agradável... felicidade... status... céu, deve desenvolver a prática que produz aparência agradável... felicidade... status... céu."
>
> O Buda

O mínimo que você precisa saber

- Os budistas veem o Buda a seu próprio modo; é um erro presumir que eles adotam a abordagem do Cristianismo ou seguidores de qualquer outra religião.

- Nem todos os budistas dão grande importância ao princípio da reencarnação.

- Nem todos os budistas acham relevante a prática da meditação.

- Os budistas não odeiam a vida.

PARTE 7

Natureza, Homem e Sociedade: outras Tradições Asiáticas

As três categorias seguintes de observância asiática desafiam as presunções ocidentais sobre o que é (e o que não é) uma "observância religiosa". Muitos consideram o Confucionismo, por exemplo, uma filosofia pragmática e não uma religião. Todavia, o sábio Confúcio teve uma importante influência espiritual e ética sobre o povo chinês. O Taoísmo é uma filosofia e um sistema religioso, e também tem uma história impressionante de influência médica, literária, teatral e artística. O Xintoísmo, a antiga religião oficial do Japão, mostra como uma religião que se adapta pode ser, ao mesmo tempo, tradicional em sua fé às antigas raízes e "secular" em uma grande quantidade de expressões modernas!

Capítulo 29

Confucionismo: Relações Humanas

Neste capítulo:
- O que é o Confucionismo?
- Aprenda acerca da vida e missão de Confúcio
- Descubra os *Analectos* e o *I Ching*
- Descubra como essa escola se desenvolveu ao longo dos séculos

Religião? Filosofia? Sistema ético? Tradição social? Disciplina erudita?

O Confucionismo foi tudo isso em seus dois milênios e meio de existência. Ele sobrevive hoje como uma coletânea de diversas escolas de pensamento intimamente associadas e afetadas por séculos de desenvolvimento histórico chinês. A escola conheceu momentos de ascensão e queda, mas jamais desapareceu de cena por completo.

Durante seus 2,5 mil anos, o Confucionismo periodicamente se reinventou introduzindo novas correntes de pensamento, reavaliando e revisando suas práticas. Mesmo assim, ele continua a enfatizar o estilo harmonioso de vida que foi exposto pela primeira vez pelo sábio Confúcio.

Quem foi ele?

O nome pelo qual o supremo filósofo da antiga China é conhecido no Ocidente é uma forma latinizada da frase chinesa K'ung Fu-tse, que significa "Mestre K'ung". Para os propósitos deste livro, usaremos o nome mais familiar aos ocidentais.

Confúcio foi autodidata. Curiosamente, embora sua influência tenha sido monumental e seus ensinamentos resultassem em uma ortodoxia formal e imperial confuciana, nenhum governante chinês adotou de modo completo as doutrinas de Confúcio durante o tempo em que ele viveu. Confúcio nasceu em 551 a.C. Como membro do

> **Aposto que você não sabia**
>
> "Confúcio" é uma forma latinizada do nome do antigo sábio chinês cunhada pelos missionários jesuítas na China (séculos depois de sua morte).

governo no Estado de Lu (hoje conhecido como Shantung), ele alcançou o apreço do povo, pois defendia reformas importantes baseadas em princípios humanos de administração. Profundamente preocupado com o militarismo dominante na China, Confúcio ofereceu instruções para que os líderes chineses em potencial refinassem e estabilizassem o governo segundo princípios de paz e equidade.

Confúcio estava mais interessado em questões éticas e políticas que em princípios religiosos. Os ideais de decoro e interação social harmoniosa que pregou se baseavam em desenvolvimento moral pessoal e obediência a formas apropriadas. Ele rejeitava ser identificado como sábio, mas isso não impediu que um culto de honra e um ritual de sacrifício se desenvolvessem ao redor de seu nome e imagem alguns séculos depois de sua morte. Confúcio foi considerado um dos mais influentes pensadores da história humana.

Cinco interações

A identificação de Confúcio de cinco relacionamentos éticos transformou o pensamento chinês e exerceu forte influência sobre os sistemas sociais da China e outras nações asiáticas por séculos.

Particular importância é atribuída ao relacionamento entre pais e filhos.

Esses relacionamentos obrigatórios são, dentro do pensamento confuciano, fundados e possibilitados por uma abordagem compassiva e humana que incorpora um profundo amor. Esse amplo princípio requer apenas uma única forma de expressão em chinês: *jen*. Também essencial ao Confucionismo é o *li*, ou conduta ininterrupta apropriada entre as partes.

Jen se exprime em *chung*, "fidelidade a si mesmo". Mas essa fidelidade não deve ser entendida de modo errado como absorção em si mesmo. O Confucionismo depende de atenção aos deveres morais do filho ou filha (*hsiao*).

> **O que significa**
>
> **Jen** é a compaixão e a humanidade que nascem do amor genuíno. **Li** é o comportamento correto ritualista e baseado na etiqueta entre indivíduos.

Seis relacionamentos
    Pais e filhos
    Governante e ministro
    Membros do governo
    Marido e mulher
    Irmãos mais velhos e irmãos mais novos
    Amigo e amigo

O ideal moral no Confucionismo é exemplificado por *chun-tzu*, ou indivíduo nobre.

Oposição, partida, retorno

As ideias reformistas de Confúcio fizeram que ele criasse inimigos entre algumas pessoas poderosas no Estado onde vivia. Por fim, ele partiu de Lu e seguiu em uma missão que acreditava ser a vontade do Céu. Embora seus discípulos incluíssem algumas pessoas em altas posições, o próprio Confúcio nunca recebeu a prestigiosa nomeação real que desejava. Ao que parece, sua abordagem aberta com membros de altas posições da hierarquia prejudicou o sonho de implementar reformas.

Não obstante, as realizações de Confúcio foram extraordinárias. Segundo a tradição, antes de sua morte em Lu, em 479 a.C., ele editou e compilou, com seus seguidores, uma quantidade de textos de importância vital. Ao mesmo tempo, Confúcio desenvolveu um conjunto de ensinamentos que é reverenciado até hoje na Ásia e em outros lugares do mundo. Suas doutrinas são refletidas de modo mais enfático nos *Analectos*.

No caminho

Os ensinamentos de Confúcio, focados na conduta, com frequência, refletem importantes princípios espirituais encontrados em outras tradições. Onde o Cristianismo ensina "Não julgueis, e não sereis julgado", Confúcio observou que "o cavalheiro chama a atenção para as coisas boas nos outros; ele não chama a atenção para seus defeitos. O homem pequeno faz exatamente o reverso disso" (Analectos 12.16).

Os *Analectos*

Os *Analectos de Confúcio* (*Lun Yu*) não foram reconhecidos como um clássico até o século II d.C. A obra registra os feitos e dizeres de "Mestre K'ung" – embora esse trabalho não tenha sido compilado pelo próprio Confúcio, mas por seus seguidores.

A obra consiste em dizeres e lembranças reunidos não muito tempo depois da morte do sábio. Os ensinamentos de Confúcio refletidos nos *Analectos* são francos e diretos: se as pessoas buscarem a cortesia, a forma correta e a etiqueta, a reverência e a benevolência humana em cada uma das cinco relações básicas, existirá a harmonia em todos os níveis da sociedade.

Embora cada indivíduo dentro da hierarquia social deva agir corretamente, no pensamento confuciano uma ênfase especial é sempre dada à conduta virtuosa do governante do Estado, cujos feitos servem como padrões morais que afetam toda a nação.

Tendo explicado esse ponto, devemos observar que o ser humano perfeito, no pensamento confuciano, combina os papéis do sábio, nobre e erudito. Ser um líder cujos objetivos giram apenas em torno de ideias de poder político e engrandecimento pessoal, significa ser um tipo de líder muito limitado.

Confúcio via a estrutura familiar como o ambiente onde as virtudes de uma vida inteira podiam ser desenvolvidas; virtudes que acabariam por beneficiar a sociedade como um todo. Os ensinamentos apresentados nos *Analectos* viam a hierarquia social e a ação correta nessa hierarquia como necessidades, um tipo de extensão da estrutura familiar.

Essa ênfase na estrutura familiar não é, entretanto, um endosso a rígidos papéis sociais. Pelo contrário, ela vê a família como uma série de relacionamentos em constante mudança – por exemplo, é necessário ser uma criança antes de se tornar pai ou mãe. Cada um dos papéis da vida deve ser acompanhado por uma disciplina apropriada, um respeito pela forma e um compromisso ético.

Outras criações literárias

Confúcio viveu durante um período de enorme atividade filosófica na China. Nessa época, o sábio e seus seguidores supervisionaram o desenvolvimento e a formalização de uma série de importantes escritos. Esses livros são tradicionalmente divididos em dois grupos: Os Cinco Clássicos e Os Quatro Livros.

Acredita-se que Os Cinco Clássicos tiveram origem muito antes da época de Confúcio. Eles são: o *Livro das Mutações (I Ching)*, o *Livro da História (Shuh Ching)*, o *Livro da Poesia (Shih Ching)*, o *Livro dos Ritos (Li Che)* e os *Anais da Primavera e Outono (Ch'un Chi)*, que é uma crônica de importantes acontecimentos históricos.

Os Quatro Livros incorporam as obras de Confúcio e Mencio (372-289 a.C.), assim como os comentários de seus seguidores. Muitos os consideram ensina-

> **Aposto que você não sabia**
>
> Hoje existem seis grandes escolas confucionistas: Neoconfucionismo, Confucionismo han, Neoconfucionismo contemporâneo, Confucionismo coreano, Confucionismo de Singapura e Confucionismo japonês.

mentos fundamentais do início do Confucionismo. Eles incluem os *Analectos (Lun Yu)*, o *Grande Aprendizado (Ta Hsueh)*, *A Doutrina do Meio (Chung Yung)* e o *Livro de Mencio (Meng-tzu)*. Junto com Os Cinco Clássicos, os Quatro Livros formam o texto básico do Confucionismo.

O Confucionismo parece ter desenvolvido um respeito especial pelo antigo *Livro das Mutações,* ou *I Ching*. Já com a idade avançada, Confúcio disse que se recebesse mais 50 anos para viver, ele os devotaria ao estudo desse livro e, portanto, deixaria de cometer erros significativos.

Mudanças

No Oriente, o *I Ching* é considerado o primeiro entre Os Cinco Clássicos. Ele é também o mais popular dos clássicos confucianos no Ocidente.

As pessoas às vezes esquecem que esse livro notável não foi "escrito" por Confúcio. Ele já era antigo quando Confúcio o encontrou; seus primeiros textos têm pelo menos 3 mil anos de idade. Comentários e apêndices atribuídos a Confúcio e membros de sua escola foram incorporados à obra.

O *I Ching* é um manual de adivinhação para aqueles que buscam orientação. Seja qual for o acontecimento ou circunstância que o leitor deseja explorar, o *I Ching* tem uma resposta. Conselhos são oferecidos por meio de 64 figuras numeradas de seis linhas, conhecidas como hexagramas. As linhas podem ser quebradas ou sólidas; as linhas quebradas representam a força *yin* universal (feminina ou passiva) e as linhas sólidas refletem a força *yang* universal (masculina ou ativa).

> **Aposto que você não sabia**
>
> Na cosmologia chinesa, *yin* e *yang* são os aspectos polares da energia primária. A interação entre esses princípios feminino e masculino, escuridão e luz, passivo e ativo, é vista como um elemento básico e observável do desenvolvimento e evolução cósmicos. Os hexagramas do *I Ching*, figuras de seis linhas desenvolvidas por meio de padrões (aparentemente) aleatórios, iniciados pelo leitor, são considerados símbolos de interação entre os princípios *yin* e *yang* na situação em exame.

Àquele que busca com sinceridade, acredita-se que o *I Ching* ofereça visões das operações de qualquer evento ou fenômeno. Aproxime-se do livro com uma pergunta, e você desenvolverá um hexagrama que a responde.

O hexagrama 30 (Fogo) é um bom exemplo de como o processo do *I Ching* opera. Com esse hexagrama, o *I Ching* aconselha que "a perseverança é favorável. Ela traz o sucesso. Cuidar da vaca traz boa fortuna".*

Um consulente moderno pode jogar moedas para desenvolver o hexagrama, talvez buscando a resposta da seguinte pergunta: "Devo pedir um aumento a meu chefe?"

Hexagrama 30 (Fogo), que recebe esse nome devido ao trigrama ou padrão de três linhas, aparece nas posições superior e inferior. (Observe que as três linhas superiores são, nesse hexagrama, idênticas às três inferiores.)

"Mas isso... funciona?"

Quer o livro "de fato preveja o futuro", quer não, o *I Ching* tem adeptos apaixonados tanto no Ocidente quanto no Oriente. (O psiquiatra Carl Jung era um conhecido devoto.) Muitos céticos ocidentais, na verdade, encontram no *I Ching* uma fonte pragmática e acessível (ainda que algumas vezes vaga) de sabedoria. Seu profundo estudo e análise confucianas podem ser um excelente ponto de partida para uma reflexão acerca das forças elementais que afetam os relacionamentos humanos.

Talvez seja por isso que o *Livro das Mutações* tenha sido aplicado por mais tempo e de modo mais completo que qualquer outra coletânea de escrituras religiosas.

---

* *N. T.:* Segundo o *Livro das Mutações*, "a vaca é o símbolo da extrema docilidade. Cultivando em si essa docilidade e voluntária dependência, o homem conquista uma clareza suave e encontra seu lugar no mundo". (*I Ching, O Livro das Mutações* – Richard Wilhelm, Editora Pensamento, São Paulo, 1982, p. 106).

Seguindo o mestre

Depois da morte de Confúcio, sua filosofia se dividiu em duas escolas. Uma delas, liderada por Mencio, afirmava que a intuição humana é inerentemente boa e devia servir como guia para ações e escolhas.

Mencio acreditava em trabalhar por um mundo que permitiria a realização do bem para a maioria das pessoas. Na verdade, ele é reconhecido com frequência, como um dos primeiros defensores da democracia.

Aposto que você não sabia
Mencio é considerado o autor de Meng-tzu, um dos Quatro Livros do Confucionismo ortodoxo. Nesse livro, ele afirma que a natureza humana é intrinsecamente boa, e que elementos preexistentes no caráter humano podem, com prática e observação atenta, desabrochar em virtudes maduras de benevolência, justiça, propriedade e sabedoria.

Outra escola do Confucionismo foi a de Hsun-tzu (312-230 a.C.), que afirmava que as pessoas nascem com naturezas más e requerem rituais (*li*) para cultivar a verdadeira virtude. Hsun-tzu considerava o ritual como algo digno em si mesmo, ensinando que os códigos estabelecidos de comportamento deveriam ser observados pelo seu próprio bem.

Hsun-tzu dava uma forte ênfase à observância dos ritos cerimoniais e à prática das artes civilizadas, como a Música. Ele ensinou que é o direito de nascimento de uma pessoa cultivar o bem em si mesmo, e, para manter essa bondade, é necessário estar vigilante e esforçar-se contra a própria natureza (destruidora). Ele se opunha ao que considerava o idealismo rarefeito de Mencio.

Aposto que você não sabia
A vigorosa ênfase do Confucionismo na formação de uma sociedade apropriada e no estabelecimento de padrões éticos contrasta com o caminho aberto, sem forma, impessoal e sem esforço do Taoísmo (veja no próximo capítulo). Curiosamente, no entanto, as duas escolas são vistas como complementares. Em vez de servir como filosofias rivais, entende-se, de modo geral, que os dois sistemas equilibram e aumentam um ao outro.

Confucionismo no topo

Antes da dinastia Han (206 a.C.-220 d.C.), o pensamento confuciano passou por um breve, mas intenso declínio. Durante o período Han, porém, ele renasceu com muita força.

As obras associadas a Confúcio foram canonizadas e, mais uma vez, ensinadas por eruditos nas academias nacionais. Candidatos a cargos no governo eram nomeados com base em seu conhecimento da literatura clássica. O Confucionismo emergiu como a força intelectual dominante na China.

Todavia, depois da dinastia Han, a China conheceu o caos. Durante esse período de incerteza, o Budismo e o Taoísmo (ver próximo capítulo) surgiram como correspondentes ao pensamento confuciano. Quando a estabilidade foi restaurada durante a dinastia Tang (618-906 d.C.), os burocratas de alto nível, mais uma vez, abraçaram os ensinamentos do Confucionismo e garantiram sua posição como a ortodoxia oficial do Estado.

Com o passar dos séculos, o Confucionismo serviu como plataforma para novos debates e envolveu novas escolas de pensamento. No século XII d.C., o famoso pensador Chu Hsi apresentou a noção de que o desenvolvimento moral da pessoa, quando conduzido em harmonia com as transições do mundo exterior, permite que ela "forme um corpo com todas as coisas". Chu foi o mais notável entre muitas figuras importantes no renascimento do Confucionismo que ficou conhecido como Neoconfucionismo – um período que se estendeu até o fim da dinastia Ch'ing, em 1911, mais ou menos 800 anos depois!

Os neoconfucionistas incorporaram ideias do Budismo (de modo especial o Zen Budismo) e Taoísmo para formular um sistema de metafísica – explicações para as questões supremas da existência. Anteriormente, o Confucionismo não abordou tais questões.

Novo Confucionismo

Com o colapso da monarquia chinesa nas primeiras décadas do século XX, o Confucionismo foi cada vez mais considerado decadente e reacionário. Foi revigorado na era moderna pelos esforços de Hsiung Shih-li (1885-1968), tidos como a inspiração para o Novo Confucionismo. Esse movimento buscou fazer da tradição confucionista um modelo para o desenvolvimento de uma civilização mundial harmoniosa e tolerante.

O modo imutável e variável de Confúcio

Dois mil e quinhentos anos depois, qual é o caminho de Confúcio?

Ainda hoje, é difícil descrever de modo concreto a escola fundada por "Mestre K'ung". É uma religião ou não? Embora as tentativas, realizadas no século XIX, de fazer com que a filosofia fosse reconhecida como a religião oficial da China fossem mal-sucedidas, há uma importante e duradoura dimensão religiosa nessa tradição.

O Confucionismo, em todas as suas muitas manifestações e pelas variadas correntes, contribuiu de um modo importante e decisivo para as tradições morais e espirituais de milhões de pessoas. Sua ênfase na humanidade, tolerância, harmonia e dever está em concordância com os grandes ensinamentos espirituais do mundo.

A contínua evolução e desenvolvimento desse conjunto de ensinamentos nunca alterou sua preocupação central: o encorajamento a relações apropriadas entre os seres humanos. Os relacionamentos são vistos como perfeitos quando motivados por amor e entendimento da reciprocidade muito similar em natureza ao princípio familiar: "Faça aos outros o que deseja que façam a você".

Apesar de suas muitas formulações e variações com o passar dos séculos, as ideias fundamentais do Confucionismo permanecem como inabaláveis forças orientadoras.

Entre as mais importantes dessas forças está o princípio de que a conduta correta nasce, não por uma força externa, mas como resultado das virtudes desenvolvidas internamente em vista da observação de modelos louváveis de conduta.

Depois da morte de Confúcio, a ênfase em *jen*, ou amor humano, foi adotada de maneira eloquente por Mêncio, que continuou o trabalho do mestre quando escreveu:

> "Todas as coisas estão em mim, e em um autoexame não encontro alegria maior do que ser verdadeiro comigo mesmo. Devemos dar o melhor de nós para tratar os outros do modo como gostaríamos de ser tratados. Nada é mais apropriado do que buscar a bondade" (*Meng-tzu, 7a:4*).

O mínimo que você precisa saber

- Confúcio desenvolveu um sistema de pensamento de grande influência, baseado em princípios éticos, para a conduta apropriada dos relacionamentos sociais.
- O Confucionismo enfatiza a ação apropriada em cinco relacionamentos primários, por meio da observação de *li*, ritual e etiqueta corretos.
- Embora o foco de Confúcio seja comportamento moral e interação social, existe uma importante base espiritual em seus ensinamentos.

- Os *Analectos* são considerados a reflexão de maior autoridade dos ensinamentos de Confúcio.

- O *Livro das Mutações,* ou *I Ching*, é um antigo livro de adivinhação que incorporou comentários confucionistas.

- Apesar de muitas alterações, desafios e contramovimentos, o Confucionismo manteve seu foco no desenvolvimento de relações harmoniosas entre indivíduos, como a base de um sistema social sólido.

Capítulo 30

Taoísmo: o Caminho sem Esforço

Neste capítulo:

- Aprenda sobre o relacionamento complementar entre o Taoísmo e o Confucionismo
- Aprenda acerca das ideias fundamentais do Taoísmo
- Tente (como o resto de nós) estabelecer uma definição do "Tao"
- Descubra por que o Taoísmo se tornou popular

Nesta parte do livro, você aprenderá acerca do influente sistema religioso e filosófico conhecido como Taoísmo, uma tradição cujo nome, como sua força guia, desafia uma explicação completa. Seus praticantes afirmam que essa falta de expressão é totalmente apropriada.

Nos últimos anos, o Taoísmo, como o Budismo (outro sistema de fé difícil de descrever em palavras), deu origem a uma onda de artigos, livros, manuais e ensaios no Ocidente. Para descobrir o porquê de toda essa fascinação, continue a leitura!

"Não quero ser indelicado, mas..."

O Taoísmo tem uma longa e rica história que se cruza com a do Confucionismo. Ao seu lado, ele foi um componente fundamental da vida filosófica e espiritual da Ásia por séculos. Pode-se dizer que as doutrinas fundamentais do Taoísmo refletem um princípio de ação baseado no mundo natural.

Diferentemente do Confucionismo, que prega a conformidade e o comportamento apropriado em sistema social ideal, o Taoísmo defende uma abordagem receptiva à vida.

O ponto de vista taoísta soa mais ou menos assim: o indivíduo deve buscar a verdade por meio de um foco paciente e receptivo nos padrões naturais e nas influências dignas de emulação.

Não é de se surpreender que a ênfase do Confucionismo na hierarquia social e a etiqueta escrupulosamente correta nessa estrutura, seja amplamente rejeitada pelo Taoísmo. Contudo, seria um erro considerar o Taoísmo apenas como uma crítica do pensamento confuciano. Os ensinamentos dessa escola refletem princípios espirituais antigos, e sua expressão no Taoísmo é parte de um processo contínuo de crescimento, desenvolvimento e interação com uma ampla variedade de crenças.

> **Cuidado — Atenção**
> Embora os confucionistas mais rígidos às vezes o considerem como tal, o Taoísmo não é um sistema de pensamento subversivo ou antissocial. Ele não considera as formas sociais algo sem sentido ou mérito. Apenas acredita que esforços conscientes para controlar as pessoas e os acontecimentos são contraproducentes.

Natureza: próximo do chão

O estilo de vida ideal do Taoísmo é aquele do fazendeiro que busca harmonia completa com os padrões da natureza. Se aquele que tenta viver abertamente e sem artifícios, em contato com os ritmos da natureza, por meio de sua experiência diária será levado diretamente ao poder do Tao.

O Taoísmo promove os princípios do não controle e da não interferência. Buscar o Tao significa abandonar todos os esforços intranquilos, não importando a forma que eles assumam.

Sob o Taoísmo, a situação pessoal ideal, alcançável apenas por meio de prolongada observação e meditação, é de completa simplicidade, profunda fé nos processos naturais e a verdadeira transcendência do desejo e da avidez, que têm uma visão limitada.

Palavras: o Tao Te Ching

O antigo sistema religioso e filosófico chinês conhecido como Taoísmo deriva do *Tao Te Ching*, atribuído ao

> **Aposto que você não sabia**
> As diferenças entre o Taoísmo e o Confucionismo são, com frequência, exageradas. Existem semelhanças; por exemplo, as duas escolas aceitam a cosmologia incorporada no conceito de yin e yang.

sábio Lao-Tzu (520? a.C.). O livro é uma das mais sublimes e emocionantes realizações da cultura chinesa.

Apresentamos, aqui, alguns exemplos dos ensinamentos do *Tao Te Ching*, que tem oferecido um influente (e aparentemente simples) aconselhamento espiritual e social por 2,5 milênios:

> "Quanto à morada, viva perto do chão.
> Quanto ao pensamento, apegue-se àquilo que é simples.
> Quanto ao conflito, busque a justiça e a generosidade.
> Quanto ao governo, tente não controlar.
> Quanto ao trabalho, faça aquilo que gosta de fazer.
> Quanto à vida familiar, esteja totalmente presente."
> *Tao Te Ching*, Capítulo 8

> "Aquele que está pleno do Tao
> É como uma criança recém-nascida.
> O bebê é protegido dos
> Insetos que picam, animais selvagens e aves de rapina.
> Seus ossos são macios, seus músculos são fracos,
> Mas seu toque é firme e forte.
> Ele não conhece a união do masculino e feminino,
> Porém seu membro pode ficar ereto
> Por causa do poder da vida dentro dele.
> O bebê pode chorar o dia inteiro e nunca ficar rouco.
> Isso é a harmonia perfeita."
> *Tao Te Ching*, Capítulo 55

> "Faltam-me aspirações – e dessa maneira as pessoas simplificam a si mesmas. Elas se tornam como madeira não esculpida."
> *Tao Te Ching*, Capítulo 57

Palavras: o Chuang-Tzu

Os escritos de outro filósofo brilhante, Chuang-Tzu (aproximadamente 369-286 a.C.), também se tornaram importantes na prática taoísta. Essa desafiadora (e algumas vezes aparentemente sem sentido) coletânea de parábolas e alegorias satíricas lança luz sobre a natureza relativa de todos os processos e presunções

---

Aposto que você não sabia

A ênfase do Taoísmo na espontaneidade e confiança em si mesmo encontra importantes paralelos no Budismo e em muitas outras tradições religiosas. O ensinamento de Jesus, segundo o qual somente aqueles que se tornarem crianças entrarão no reino do céu, tem muito do espírito orientador do Taoísmo.

"racionais". Hoje em dia, na prática taoísta, ela só perde em influência para o *Tao Te Ching*.

Nos últimos anos, na verdade, o interesse em Chuang-Tzu cresceu, e algumas pessoas afirmam que seus ensinamentos são mais relevantes e aplicáveis à vida diária do que os de Lao-Tzu. Aqui vai uma amostra para você julgar:

"Quem sou eu para dizer?"

"Quem sou eu para dizer que a alegria na vida não é uma ilusão? Quem sou eu para dizer que ao desprezar a morte não somos como crianças que estão perdidas e não têm ideia de como chegar em casa? A Senhora Li era filha de um homem que trabalhava em Ai como guarda de fronteira. Quando ela foi presa pelas autoridades em Jin, chorou amargamente, e suas roupas ficaram molhadas. Mas quando chegou ao palácio, desfrutou os favores da cama do rei e comeu refeições suntuosas, ela se arrependeu de ter chorado. Quem sou eu para dizer que as pessoas mortas não se arrependem de todos os seus esforços para se apegar à vida? Alguém que sonha que ficou bêbado pode muito bem chorar de arrependimento pela manhã. Alguém que sonha que está chorando pode decidir caçar na manhã seguinte. Quando estamos sonhando, não sabemos que estamos sonhando. Podemos até sonhar que interpretamos um sonho! Ao acordar, sabemos que é um sonho. Assim, pode existir um Grande Despertar, e saberemos que se trata de um Grande Sonho; os tolos pensarão que estão acordados, e com orgulho dirão: 'Eu sou um governante' ou "Eu sou um pastor'. Teimosos! Confúcio e vocês estão dormindo, e eu, que chamo vocês de sonhadores, também estou dormindo. Essa é a afirmação. E é chamada oscilação perigosa. Após 10 mil gerações podemos, por acaso, encontrar um grande sábio que nos explique isso. Nós os vemos todas as manhãs e todas as noites."

(Observação: As traduções para o inglês do *Tao Te Ching* e de Chuang-Tzu são do livro *The Complete Idiot's Guide to Taoism*, de Brandon Toropov e Chad Hansen.)

> **Aposto que você não sabia**
>
> Os taoístas, como os confucionistas, consideram o I Ching (O Livro das Mutações) uma obra inspirada.

Apesar de toda a popularidade recente de Chuang-Tzu, é importante lembrar que o texto central do Taoísmo sempre foi, e será, o *Tao Te Ching*. Ele foi traduzido para o inglês em incontáveis edições e, junto com o *I Ching*, é um dos textos sagrados asiáticos mais influentes no Ocidente.

A brevidade é a alma da inteligência – e do *Tao Te Ching*! O livro é um dos mais curtos textos religiosos. O texto completo tem menos de 5 mil palavras. De modo conciso, ele descreve uma visão do mundo na qual o homem, o céu e a Terra operam como entidades interdependentes.

O *Tao Te Ching* aborda questões referentes à cultura, emoção, natureza, ação correta, linguagem e misticismo, por meio de reflexões acerca do Tao. O termo "Tao" levou estudiosos e tradutores a desenvolver muitas explicações eruditas e vagas. Ainda não existe uma palavra adequada para traduzir "Tao".

Uau! O Tao!

Então, o que é o Tao? É o mesmo que perguntar: o que é Deus?

De maneira literal, *Tao* significa "caminho" ou "modo". Contudo, as escrituras dessa fé ensinam que é impossível dar um nome ao "Tao eterno". Arriscaremos, no entanto, e seguiremos a orientação de outros comentaristas descrevendo o Tao como uma "Ordem Natural" sublime – marcada pela alternância sem esforço de ciclos (por exemplo, noite e dia; crescimento e declínio) e uma ilimitada criatividade penetrante que transcende a expressão impermanente. O Tao pode ser mais bem descrito como "o modo como o Universo opera".

> **Aposto que você não sabia**
>
> Te é um poder controlador, uma virtude ou energia mágica. Outra dimensão de seu significado está ligada à integridade ou retidão moral. Um modo de traduzir o título do conjunto central das escrituras taoístas seria "O texto clássico (Ching) concernente ao Poder/Integridade (Te) e ao Caminho (Tao)".

Uma coisa é certa: o Tao só pode ser "procurado" por meio de uma atitude de desapego. Para alcançar a unidade com ele, é preciso deixar de lado tudo o que for artificial, tenso e não natural. Em vez de se apegar a essas coisas, a pessoa deve procurar desenvolver um código pessoal que se origine dos impulsos espontâneos de sua própria natureza. Tal código, os taoístas acreditam, transcende ensinamentos e doutrinas limitadas, impostas de fora para dentro.

O vazio é essencial para o pensamento taoísta. A pessoa iluminada é vista como um junco ou bambu oco: vazio, ereto e resoluto.

Os taoístas ensinam a inação, mas essa ideia não deve ser entendida de modo errado. A verdadeira inação, no sentido taoísta, é a ação mais eficiente, espontânea e criativa possível.

Manter contato com o Tao significa permitir que a atividade brote de modo espontâneo, sem esforço consciente, de um poço de nada acessível a todos. Esse "fazer nada" é conhecido como *wu-wei*. Um taoísta que age de acordo com esse princípio não busca uma vida de indolência ou preguiça, mas aquela na qual o menor esforço possível traga o mais eficaz e produtivo resultado.

Uma ilustração taoísta clássica da ação sem esforço envolve a água, que naturalmente ocupa a posição mais inferior possível, mas, não obstante, exerce força suficiente para, com o tempo, desgastar a mais dura rocha.

Os taoístas afirmam que essa abordagem capacita o fiel a entrar em contato com o fluxo elemental do próprio Universo.

Tal unidade com o místico é conhecida como *te*, uma força que torna possível a verdadeira libertação. O Taoísmo ensina que esse poder permite ao fiel superar até a própria morte.

Quem fundou o Taoísmo?

Lao-Tzu, autor do *Tao Te Ching*, pode ter sido um grupo, em vez de um indivíduo.

Segundo a tradição, ele é descrito como um sábio que viveu na mesma época que Confúcio – um pouco mais velho – e que transmitiu seus ensinamentos a

---

Aposto que você não sabia

O *Tao Te Ching*, texto central do Taoísmo, é um livro curto e de enorme influência que usa uma linguagem poética (ou, se você preferir, obscura e evasiva) para mostrar a futilidade de lutar contra os processos universais. Em vez disso, ele prega a submissão, a flexibilidade e a profunda autopercepção.

Acreditar que podemos de alguma forma superar ou burlar, a crescente e criativa ordem natural é considerado um grande erro. Um taoísta concordaria que é mais aconselhável encontrar um meio de agir de acordo com a força desconhecida e inominável subjacente a toda a criação e visível em cada manifestação dela. Os observadores ocidentais tendem a enfatizar o lado sereno e inescrutável do Taoísmo. A verdade é que, com o passar dos séculos, o sistema se exprimiu de forma direta e pragmática nas áreas política, militar, mitológica, artística, médica e científica. Até alguns conflitos doutrinários com o Confucionismo foram mitigados quando o momento foi considerado apropriado. Os marcos do Taoísmo são a flexibilidade e a visão de um caminho continuamente inspirado, revigorante e autorrevelador pela pessoa de integridade.

um guarda de fronteira. Conta-se que o guarda transcreveu com fidelidade os ensinamentos no livro que se tornou familiar, durante séculos, a muitos que buscavam a espiritualidade.

No entanto, há um problema com esse relato. Sabemos que Confúcio viveu no século VI a.C., e evidências encontradas no texto do *Tao Te Ching* apontam para uma compilação posterior – possivelmente formalizada no século IV a.C.

Vozes antigas

Hoje, estudiosos acreditam que a escola a que chamamos Taoísmo nasceu de antigas crenças e práticas ligadas ao culto da natureza e à previsão do futuro. Embora o debate erudito continue, muitos consideram as escrituras centrais do Taoísmo uma coletânea dos pensamentos dos sábios chineses ao longo dos séculos.

A pessoa ou pessoas que editaram o *Tao Te Ching* e consolidaram os vários ensinamentos antigos foram provavelmente responsáveis por dar ao Taoísmo a forma que conhecemos hoje.

Novas vozes

A tradição taoísta pode ser vista como equivalente ao Confucionismo, mas ela também apresenta características do Budismo mahayana. Nos dias de hoje, o Taoísmo é um sistema independente que incorpora os seguintes elementos:

- A rejeição do esforço calculado, intranquilo, orientado por metas.
- A confiança nos benefícios de uma ação sem esforço, espontânea, de acordo com as necessidades do momento.
- A crença de que o Tao se manifesta em todos os lugares e situações.
- Um entendimento de que o Tao é eternamente novo, fundamentalmente criativo e está além da expressão literal.
- A ênfase na importância do equilíbrio, de modo especial daquilo que é comunicado entre o reino humano, o céu e a terra.

> **Aposto que você não sabia**
>
> O Taoísmo, muito conhecido por sua simplicidade e consciência, também tem seu lado complexo. Influências populares criaram um elaborado panteão de espíritos infernais e celestiais, mas os sacerdotes taoístas sempre os entenderam como expressões do único Tao.

Independentemente do fato de uma única pessoa, chamada Lao-Tzu, ou um grupo, ter articulado os princípios do Taoísmo, esses ensinamentos eternos inspiraram uma das grandes tradições espirituais do mundo. Se Lao-Tzu não existiu de verdade, ele bem poderia ter existido.

Para a frente e para trás com o Budismo

Influenciado como foi pelo Budismo mahayana, o Taoísmo, por sua vez, desempenhou um importante papel no desenvolvimento da escola budista, conhecida pelos ocidentais como Zen.

Os taoístas acreditam que o Tao espontâneo, criativo, pode ser visto em todos os lugares. Ele se renova de maneira contínua e nunca acaba. Acredita-se que os praticantes que permanecem imóveis e em silêncio são capazes de discernir suas direções e, assim, agir de acordo com essas incitações sem ideias preconcebidas e de posse total de seu *eu* verdadeiro.

Uma certa formulação de todas essas crenças veio a ser refletida no Zen Budismo.

Como o Taoísmo se expressa?

Não vamos contar os modos – isso seria muito complicado.

Detalhar as "expressões" do Taoísmo pode ser ilusório, pois ele serviu como um canal aceitável para inúmeros princípios e movimentos. Ele existiu em muitos níveis, frequentemente com rituais que "significam" uma coisa para fiéis leigos e talvez algo mais amplo para sacerdotes e devotos. Seguindo seus próprios ensinamentos, o Taoísmo sempre foi muito flexível em se adaptar ao tempo e às circunstâncias.

Os fiéis

Em vez de perguntar como é o Taoísmo na prática, podemos perguntar quem ele atrai. Ao longo da história, aqueles que se afastaram das coisas do mundo, considerando-as superficiais e não recompensadoras; aqueles que ficaram desiludidos com a agitação social ou conquistas militares; e aqueles que se cansaram das lutas diárias para alcançar posições se voltaram para os ensinamentos taoístas. Na verdade, eles descobriram um significado na reveladora dança da natureza – e talvez chegaram mais perto de aprender como melhor desempenhar seus próprios papéis dentro dessa dança.

O mundo exterior

Por sua própria natureza, o Taoísmo, de modo geral, não tenta influenciar instituições políticas e sociais. Desse modo, ele se coloca em posição oposta ao Confucionismo. Na realidade, muitas das preocupações éticas e sociais do pensamento confucionista foram consideradas, pelos primeiros taoístas, excessivas, esforços intranquilos fora de sintonia com a harmonia natural do Universo.

Isso não significa que jamais houve tentativas de implementar uma filosofia política taoísta; elas aconteceram. O lado político do Taoísmo afirma que o melhor modelo de governo é a imperturbável harmonia da natureza. Daí, argumenta-se que o dever do regente é governar segundo o menor número de restrições e direções possível. É suficiente guiar o povo para longe do desejo e da agitação.

Pegou!

O pensamento e a prática taoístas acabaram por ter uma ampla aceitação na sociedade chinesa como um todo graças, em grande parte, ao interesse por sua importância para a Medicina. Um de seus princípios básicos era a promessa de vida física eterna.

O que era mesmo aquilo sobre a imortalidade?

Para muitos chineses, os ensinamentos taoístas baseados na natureza deram origem a uma profunda reverência aos processos naturais e um desejo de voltar ao mundo natural. Ao mesmo tempo, o Taoísmo estimulou um poderoso envolvimento com a própria vida, expresso na saúde, vida longa e até a imortalidade. Assim, o conhecimento referente ao Tao foi considerado um caminho para a saúde física superior e mesmo para a transcendência da morte.

Durante séculos, o Taoísmo foi associado a remédios não invasivos à base de ervas, técnicas regulares de respiração e profunda concentração como métodos de promover a longevidade e reduzir o estresse.

Aposto que você não sabia
O interesse pela Alquimia como meio de atingir o objetivo taoísta de uma longa (ou talvez eterna) vida física levou ao desenvolvimento de muitos remédios e elixires. Grande quantidade deles ainda é muito empregada na medicina chinesa nos dias de hoje.

Os grandes avanços do Taoísmo trazidos às artes médicas na China estão muito ligados à duradoura popularidade da fé.

O que era mesmo aquilo sobre a libertação?

Outra razão para a duradoura popularidade do Taoísmo é seu papel histórico como uma antiga e confiável forma de libertação (e, com frequência, fuga) do ciclo dos processos históricos e amargos conflitos políticos.

Durante séculos, o Taoísmo serviu como uma plataforma para o crescimento espiritual individual – e como uma fuga das importantes, mas talvez impossíveis de resolver, questões acerca das estruturas sociais. A ênfase do Taoísmo na integridade, autenticidade e um engajamento tranquilo e autêntico com o mundo pode ser a melhor expressão do "tradicionalismo" dessa fé.

O mínimo que você precisa saber

- O Taoísmo e o Confucionismo formam um sistema complementar de pensamento.
- O Taoísmo deriva do livro *Tao Te Ching*, atribuído ao sábio Lao-Tzu, mas muitos estudiosos acreditam que seja uma compilação de várias fontes antigas.
- As doutrinas fundamentais do Taoísmo refletem um princípio de ação que tem como modelo o mundo natural.
- O Taoísmo promove os princípios do não controle e não interferência.
- Embora ainda não exista uma definição do Tao, ele pode ser mais bem descrito como "o modo como o Universo opera".
- A verdadeira inação, no sentido taoísta, é a mais eficiente, espontânea e criativa ação possível.

Capítulo 31

Xintoísmo: Harmonia e Clareza

Neste capítulo:
- Aprenda a respeito da história e desenvolvimento do Xintoísmo
- Entenda o importante papel que a natureza desempenha nessa tradição
- Descubra as muitas formas assumidas pelos kami (espíritos)
- Saiba como essa adaptável expressão de fé se tornou parte vital da herança cultural japonesa

Neste capítulo, você descobrirá acerca da história, desenvolvimento e práticas do Xintoísmo, uma religião de origem japonesa, que também pode ser encontrada em muitos países onde existem consideráveis comunidades nipônicas.

Xintoísmo: as bases

O Xintoísmo é a religião original do Japão. Focada na natureza, incorpora uma série de antigos ritos mitológicos desse país e passou por muitas formulações e revisões estruturais ao longo dos séculos. Está relacionada às religiões da Manchúria, Coreia e a da região que hoje é conhecida como Sibéria.

Em seus primórdios, o Xintoísmo não tinha um nome, texto ou dogma. É uma das religiões mais antigas do mundo; suas origens remontam à Pré-história. A institucionalização formal de muitas de suas formas não ocorreu até a metade do primeiro milênio a.C, quando foi considerado necessário distinguir as formas originárias japonesas das influências religiosas da China.

Por fim, diversos elementos mitológicos e ritualistas foram combinados em um único e aceito relato da criação. Embora não exista divindade considerada

> **Aposto que você não sabia**
>
> O Xintoísmo, como derivado de antigas tradições japonesas, não apresenta algumas coisas que as outras religiões consideram centrais: um fundador ou figura central, uma escritura sagrada ou uma tradição de pregação.

> **O que significa**
>
> A palavra **Xintoísmo** é uma transliteração chinesa de uma frase criada no fim do século VI d.C., para distinguir a religião nativa de outras que se expandiram no Japão. O termo correspondente japonês, **kami-no-michi**, é de modo geral traduzido como "O caminho dos deuses", ou "O caminho daqueles que estão acima".

> **Cuidado — Atenção**
>
> A tradição comum da palavra kami é "deus", mas não deixe que isso o confunda. O termo kami é certamente usado na prática xintoísta para descrever seres sobrenaturais, mas não no sentido de um deus onipotente. Uma tradução melhor é "espírito" ou "aquele que está acima".

suprema, acima de todos os kami, a deusa do Sol Amaterasu é colocada em uma alta posição. No Xintoísmo, o imperador do Japão (cujo poder temporal sofreu muitas oscilações ao longo dos séculos) é considerado um descendente direto de Amaterasu.

Acima de tudo, o Xintoísmo é uma forma de culto à natureza; ele se formou em torno da reverência aos kami, ou espíritos divinos – manifestados e reconhecidos nas forças naturais, nos objetos, em indivíduos poderosos e em outras entidades. Hoje, o Xintoísmo continua a dar mais ênfase à tradição e à reverência estabelecidas do que a questões formais teológicas.

No lugar de rígidas estruturas intelectuais, o Xintoísmo enfatiza a harmonia da beleza natural e uma apreciação clara, frequentemente poética, da realidade percebida.

Os vários rituais dessa religião celebram a pureza, a clareza e o contato com as diversas forças da natureza.

Essencial à fé xintoísta é a palavra *kami*, que descreve uma coisa que possui um poder que o indivíduo fiel não tem.

A palavra pode ser usada para identificar algo que é físico, animado e familiar (um animal ou uma pessoa); espiritual (um fantasma ou espírito); ou inanimado (uma formação rochosa ou um computador). Acredite ou não, o termo kami, quando aplicado ao seu Macintosh, tem, de fato, um certo significado religioso.

A observância contemporânea xintoísta reflete interações históricas com o Budismo e o Confucionismo. No entanto, formas antigas do Xintoísmo precederam, em muitos séculos, a introdução dessas expressões de fé no Japão.

Historicamente, a religião xintoísta promoveu rituais que estavam muito ligados às estações: aos padrões de plantio e colheita – por exemplo, à observância do ano novo e às épocas de purificação cerimonial. Apesar de todas as influências exercidas sobre ela por outras expressões de fé, o Xintoísmo manteve seu foco singular nas forças naturais personificadas.

Duas datas importantes

Nos tempos modernos, o Xintoísmo experimentou dois grandes períodos de mudanças abruptas. Forças sociais deram forma à religião em dois pontos-chave: um no século XIX e outro no século XX.

1868: traçando a linha divisória

O entrelaçamento da fé xintoísta com outras formas (de modo especial o Budismo) acabou por dar origem a uma reação contrária que tentou restabelecer o Xintoísmo como uma forma religiosa japonesa separada e distinta. (O Catolicismo, introduzido pelos missionários jesuítas nos séculos XVI e XVII, também experimentou essa "reação contrária".)

Iniciando nos anos 1700, os devotos do Xintoísmo empreenderam uma forte campanha para identificar, distinguir e despertar novamente antigas práticas de sua fé. Esse esforço alcançou sua expressão total depois da Restauração Meiji de 1868, quando a tradição xintoísta foi formalmente separada das práticas budistas.

A emergência do Xintoísmo como uma forma religiosa importante e independente remonta aos eventos políticos de 1868 e aos anos que se seguiram. Durante a segunda metade do século XIX e os primeiros 45 anos do século XX, a religião xintoísta serviu como um veículo para o nacionalismo japonês. Elementos dentro da sociedade encorajavam sobremaneira

Aposto que você não sabia
Embora os sacerdotes xintoístas continuem a observar os antigos costumes da purificação ritual e abstinência, a fé nativa japonesa foi praticada com muita proximidade ao Budismo por quase toda a história do país. Era comum, por exemplo, as práticas budistas se estenderem aos santuários xintoístas, muitos dos quais construídos ao lado de templos budistas e vice-versa.

Aposto que você não sabia
A Restauração Meiji de 1868 transferiu o poder político da classe militar para o imperador. Esse movimento também levou à promoção do Xintoísmo, com sua ênfase na natureza divina do imperador, como a religião oficial, patrocinada pelo Estado, do Japão.

o uso dos antigos elementos mitológicos para venerar o imperador, o Estado e, por fim, uma agressiva política militar.

1945: uma nova direção

Depois da Segunda Guerra Mundial, o Xintoísmo cortou de maneira formal suas ligações diretas com o Estado. Sob o controle das forças de ocupação aliadas, uma série de reformas dramáticas foi implementada. A provisão de fundos públicos para manter santuários foi proibida e, em 1946, o imperador Hirohito renunciou de modo explícito à noção de sua divindade.

Essas mudanças na estrutura e ênfase com certeza não foram as primeiras associadas à tradição xintoísta. Embora essa expressão de fé agora exista como uma entre várias formas religiosas no Japão, sua vibrante e ritualística tradição é tão importante quanto a herança cultural e religiosa da nação. O período pós-1945 foi muito produtivo e importante para o Xintoísmo, que continua a prosperar no Japão e em outros países onde os japoneses formaram grandes comunidades.

Dia a dia

O Xintoísmo foi assimilado de maneira total nos costumes e tradições do dia a dia do povo japonês. Seus rituais são aceitos em tantos níveis que ele se torna quase indistinto da "vida diária". Um novo projeto de construção, por exemplo, não começará sem uma oferenda formal e uma cerimônia ritual de oração presidida por um oficial xintoísta no local.

> **Aposto que você não sabia**
>
> Na segunda metade do século XX, surgiram novas seitas xintoístas que enfatizam de forma explícita a importância da fraternidade, da paz mundial e das relações harmoniosas entre as nações.

No santuário

Os rituais xintoístas envolvem muito mais do que uma prática religiosa conduzida em santuários, mas muitos dos eventos mais importantes da fé ocorrem nesses locais. Os santuários xintoístas são feitos inteiramente de madeira e, de modo geral, estão situados perto de árvores sagradas e água corrente.

Quando um visitante entra em um santuário xintoísta considera-se que ele deixou o mundo das coisas finitas e penetrou no reino do infinito e imensurável, no qual os poderosos kami podem ser invocados para a cerimônia. Embora muitos kami possam ser honrados depois que a pessoa passa pelo tori, em cada santuário, um kami em particular é venerado de maneira especial.

O cerne do Xintoísmo

A prática xintoísta alimenta tradições locais e promove uma percepção dos kami e do mundo natural. Ela está mais relacionada a tradições e crenças que a dogmas ou moralidade.

Como uma das instituições fundamentais do Japão, o Xintoísmo contribuiu para a extraordinária fusão da antiga tradição com a vida tecnologicamente influenciada no Japão contemporâneo.

Está faltando alguma coisa?

Para um observador de fora, o Xintoísmo é, talvez, mais fascinante por aquilo que ele não tem. Algumas coisas marcadamente ausentes do Xintoísmo são:

- *Um fundador*: Assim como o Hinduísmo, o Xintoísmo não tem um fundador original.

- *Escrituras*: O mais perto que o Xintoísmo chega delas é a história mitológica conhecida como *kojiki*, ou "documentos de questões antigas", completado em 712 d.C. Esses escritos tratam da antiga "era dos espíritos", bem como procedimentos em tribunais, mas não são reverenciados como os escritos inspirados o são em outras religiões.

- *Padrões exclusivistas de culto*: Os fiéis podem praticar o Xintoísmo em combinação com outras expressões de fé. A maioria dos japoneses segue o Budismo e o Xintoísmo.

- *Um dogma rígido acerca da natureza ou forma daquilo que é cultuado*: Nenhuma exigência é feita ao praticante xintoísta no que diz respeito à sua crença em um determinado kami.

- *Doutrinas formais rígidas ou corpos de leis religiosas*: Além de algumas importantes "afirmações", as crenças desse sistema

> **Aposto que você não sabia**
>
> Um kami-dana é uma Estante dos Espíritos na casa de um fiel xintoísta — uma representação em miniatura da seção central sagrada de um santuário. No seu centro há um espelho que permite ao kami entrar e sair.

> **Aposto que você não sabia**
>
> Os festivais em honra aos kami são elementos centrais da prática xintoísta. Entre os mais importantes temos o dia 11 de fevereiro (Dia Nacional da Fundação no Japão), os festivais em honra dos kami reconhecidos na região e os primeiros dias de cada estação. (Os festivais da primavera e outono são particularmente importantes.)

são basicamente abertas e não são consideradas conflitantes com outras expressões de fé.

Poder divino

> **Aposto que você não sabia**
>
> A doutrina de yorozu-yomi, ou flexibilidade, permite que o Xintoísmo se adapte com facilidade às vidas de muitas pessoas. Segundo esse princípio aceita-se que existem muitos kami — um para cada propósito, assumindo qualquer quantidade de formas. Os kami também podem ser cultuados em qualquer local físico, segundo o gosto e a inclinação do fiel.

No Xintoísmo, os eventos naturais são considerados manifestações da energia celestial. Raciocínio e dogma são considerados desnecessários diante de tais forças; apenas as bênçãos dos kami devem ser buscadas quando desejamos influenciar o curso dos eventos e das forças naturais.

Dessa forma, o Xintoísmo dá uma forte ênfase à reverência da natureza; tradição, família e ritual; e tranquilidade, pureza ritual individual e limpeza.

Este último ponto merece um estudo um pouco mais detalhado. No Ocidente, temos o ditado que a "limpeza é próxima da santidade", mas a concepção japonesa pode ser "a limpeza não é diferente da santidade". Como se acredita que os espíritos desprezem a desordem e a sujeira, uma profunda preocupação com o banho, limpeza pessoal e ordem é de grande importância para os xintoístas.

Crenças centrais

O Xintoísmo emprega a palavra "afirmações" quando se refere às crenças fundamentais. O termo japonês traz a conotação de "coisas que concordamos que são boas". Há quatro afirmações na fé xintoísta:

1. **A afirmação da família e da tradição**: O Xintoísmo reverencia os principais acontecimentos da vida, de modo especial os ritos do nascimento e casamento. Como as tradições passam de geração para geração, o Xintoísmo dá uma importância extraordinária à unidade central da família.

2. **A afirmação da reverência à natureza**: Os japoneses têm uma história de respeito pela beleza física, talvez porque vivam em uma das regiões mais bonitas do mundo. A proximidade da natureza é um componente sagrado da devoção xintoísta.

3. **A afirmação da limpeza física**: O Xintoísmo requer não apenas a limpeza simbólica ou ritual, mas a verdadeira. A pessoa deve estar absolutamente limpa quando encontrar os espíritos. Isso também vale para o ambiente ao redor do fiel.
4. **A afirmação de *matsuri*, ou festivais em honra de um ou mais kami**: Matsuri representa uma chance para as pessoas se congregarem, socializarem e honrar o espírito ou espíritos associados ao festival.

Todas as quatro afirmações têm um histórico antigo e ainda são componentes essenciais da fé nos dias de hoje.

Uma força unificadora

Desde seus primórdios como nação, o Japão empregou as formas e práticas adaptáveis do Xintoísmo para promover um profundo respeito pela natureza e para o costume, a continuidade e a tradição da promoção da vida. Por séculos, além de reforçar as noções de sinceridade, pureza e limpeza, o Xintoísmo celebrou as forças e influência divinas de um modo notável.

Hoje o Xintoísmo continua a exercer uma poderosa influência sobre o povo japonês, com frequência, em harmonia com outras tradições. Sua suprema adaptabilidade e o fato de evitar dogmas permitem que essa religião floresça em um cenário moderno, onde pode continuar a afirmar a duradoura harmonia da natureza e seu relacionamento com a vida diária.

O mínimo que você precisa saber
- O Xintoísmo é a religião original do Japão; suas raízes são pré-históricas.
- O Xintoísmo é uma forma de culto da natureza.
- Entre os incontáveis kami, ou espíritos, xintoístas, destaca-se Amaterasu, a deusa do Sol, considerada a fonte da linhagem dinástica dos imperadores japoneses.
- O Xintoísmo não promove um sistema de dogmas ou um código moral.
- O ritual e a tradição são essenciais ao Xintoísmo, assim como para todos da cultura japonesa.
- As quatro "afirmações" – tradição e família, amor pela natureza, limpeza física e matsuri (festivais em honra dos espíritos) – conduzem à prática xintoísta.

PARTE 8

Antigos Caminhos, Novos Caminhos

Nesta parte, você aprenderá os antigos padrões de culto que se desenvolveram em cenários nativos, sobre outros antigos padrões revividos ou adaptados em contextos modernos e a respeito de alguns novos movimentos, formas e ideias religiosos que deixaram sua marca no mundo nos últimos anos. Você também descobrirá como as tradições religiosas que estudamos até agora respondem a algumas das mais importantes questões humanas. Não se surpreenda se descobrir algumas semelhanças no processo!

Capítulo 32

Crenças Antigas

Neste capítulo:
- Aprenda sobre o reinado de 3 mil anos dos egípcios
- Descubra a mitologia e a prática religiosa dos gregos
- Aprenda mais a respeito do parentesco e genealogia dos maias
- Explore as cerimônias religiosas baseadas na natureza dos druidas
- Entenda a civilização altamente desenvolvida dos astecas

Cinco religiões – Judaísmo, Cristianismo, Hinduísmo, Islamismo e Budismo – são o principal foco da observância religiosa da maioria dos habitantes deste planeta. Mas não foi sempre assim. Ainda que seja impossível ignorar esse grupo, cinco outras tradições merecem nossa atenção como religiões precursoras.

Neste capítulo, examinaremos cinco importantes expressões de fé antigas: as dos egípcios, gregos, maias, druidas e astecas. Todas elas são fascinantes não apenas pela luz que seus fundamentos e práticas lançaram sobre os atuais sistemas de crenças, mas também pelas visões sociais, culturais e históricas que ofereceram à civilização na qual se desenvolveram.

Antigo culto egípcio

A completa diversidade e escala das antigas formas egípcias de observância religiosa são admiráveis. Infelizmente, uma discussão profunda a respeito desse assunto está além dos objetivos deste curto capítulo. A seguir, apresentamos um resumo dos pontos principais.

Antigo culto egípcio: o cenário histórico-cultural

As dinastias originais do antigo Egito estenderam-se desde a fundação da Primeira Dinastia, aproximadamente 3110 a.C., até a conquista dos últimos governantes nativos do Novo Império, por Alexandre, o Grande, 27 séculos depois. Períodos de dominação estrangeira interferiram várias vezes durante essa época. Depois de Alexandre, uma linhagem de monarcas descendentes de Ptolomeu I (anteriormente um general de Alexandre), e que carregavam seu nome, governou o império.

Cleópatra, a rainha do Nilo (e filha de Ptolomeu XI), tentou restaurar o poder e a influência egípcios – por meio de seus complexos relacionamentos políticos e pessoais com Júlio César e Marco Antonio. Finalmente Otaviano (depois imperador César Augusto) garantiu um período de inquestionável controle romano e pôs fim aos dias do Império Egípcio. Veja a referência ao ano 31 a.C., na linha do tempo a seguir.

Idade, duração e vitalidade da antiga civilização egípcia, que se estendeu por um período superior a três milênios, simplesmente assombram a mente.

> **Aposto que você não sabia**
>
> Um tema unificador do período do antigo Império Egípcio era a natureza divina, ou semidivina, do faraó. Essa tradição pode ter tido origens sociais e políticas relacionadas a questões de unidade nacional e identidade.

> **Aposto que você não sabia**
>
> O processo de mumificação desempenhava um importante papel na antiga prática religiosa egípcia. Técnicas cada vez mais elaboradas de embalsamamento se desenvolveram durante séculos, sempre com o objetivo principal de preservar com fidelidade a aparência da pessoa morta para a eternidade. Túmulos reais eram preenchidos com tesouros para que fossem desfrutados na vida depois da morte.

O culto religioso era uma constante força identificadora e motivadora nessa notável, e excepcionalmente duradoura civilização. A condensada linha do tempo das antigas dinastias egípcias que mostramos a seguir serve como um adequado ponto de partida para aqueles interessados em se familiarizar com alguns dos principais acontecimentos.

Antigo Império (circa 3200-2258 a.C.)

- Circa 3200 a.C.: A tradição afirma que Menes, rei do Alto Egito, subjugou as forças do Delta Inferior, formando o reino unido do Egito.
- 2884-2780 a.C.: O Egito desponta como uma importante nação comercial.
- 2780-2680 a.C.: Acredita-se que as primeiras práticas do culto ao Sol ocorreram durante esse período. Inicia-se o processo de mumificação.

- 2680-2565 a.C.: Construção das grandes pirâmides, monumentos aos monarcas cujos corpos mumificados são abrigados (e também à nação egípcia, centralmente organizada, como um todo).
- 2420-2258 a.C.: Período de crescente influência militar e comercial, mas de instituições políticas cada vez mais fracas e menos eficientes, culminando com o colapso do Antigo Império.

Médio Império (circa 2000-1786 a.C.)

- 2000-1786 a.C.: Após um período intermediário não documentado de modo completo, mas durante o qual a autoridade centralizada foi restaurada, a Décima Segunda Dinastia governa outra próspera civilização egípcia. Padrões escritos são formalizados e a vida religiosa é vibrante.

Novo Império (circa 1570-31 a.C.)

- 1570-circa 1342 a.C.: Após um século de governo de Hyksos, Amasis I se retira desse grupo (que pode ter sido sírio) e forma a Décima Oitava Dinastia, sob a qual a civilização egípcia chega ao auge. O rei menino Tutankhamon governa nesse período.
- Circa 1342-945 a.C.: Segue-se uma sucessão de fracos regentes; os sacerdotes aumentam sua influência e mantêm um tipo de governo de fato centrado no culto; é um período de declínio geral.
- 945-332 a.C.: Período marcado pela dominação dos poderes externos, culminando com a conquista de Alexandre, o Grande.
- 323 a.C.: Morte de Alexandre, o Grande. Seu general, Ptolomeu, assume o controle do Egito e rege como Ptolomeu I, fundando uma linhagem real ptolemaica e a grande biblioteca de Alexandria.
- 31 a.C.: Cleópatra, filha de Ptolomeu XI e considerada rainha divina pelo povo, é derrotada, próximo a Actium, junto de seu amante Marco Antonio, pelas forças de Otaviano (posteriormente imperador César Augusto). Mais tarde, eles retornam ao Egito, porém são rendidos pelos romanos e, em seguida, cometem suicídio. Otaviano ordena a morte de Ptolomeu XIV, corregente titular, e provavelmente nascido da união anterior de Cleópatra com Júlio César. A última linhagem de monarcas egípcios divinos chega ao fim.

Isso é suficiente para contar a história. Examinemos como os egípcios viam a criação.

Os antigos mitos egípcios a respeito da Criação

Uma versão sobre como o mundo veio a existir: No início, tudo o que existia era Nu – o abismo das águas caóticas. Então o Sol nasceu das águas pelo poder do pensamento.

> **Aposto que você não sabia**
>
> O fato de que na prática egípcia existe mais de uma versão popular para a "criação" do mundo revela a escala e a diversidade dessa fé.

Não tendo um lugar para ficar, o deus Sol criou uma colina e foi nessa montanha que a cidade de Heliópolis (literalmente "Cidade do Sol") foi erigida. Ele se juntou à própria sombra para criar uma raça de deuses. Depois, Shu e Tefnut se perderam nas águas do abismo de Nu. O deus Sol enviou o próprio olho para procurá-los – e quando o olho voltou com seus filhos, ele chorou lágrimas de alegria. Essas lágrimas se tornaram os primeiros seres humanos.

Outra versão a respeito da criação do mundo: No início, o deus Sol assumiu a identidade de Khepri, o grande deus escaravelho. Khepri criou tudo – incluindo o abismo aquoso de onde ele mesmo surgiu. Ele escolheu respirar ar (o deus Shu) e depois umidade e chuva (a deusa Tefnut).

Shu e Tefnut se uniram e produziram a terra (o deus Geb) e o céu (a deusa Nut), então, com ar, chuva, terra e céu criados, o universo físico estava em seu devido lugar. Mais tarde, Khepri chorou quando seus filhos lhe trouxeram o próprio olho, o Sol, que lhe fora escondido. Suas lágrimas de alegria foram os primeiros seres humanos.

Conceitos-chave da antiga observância egípcia

Entre os pontos mais importantes das práticas religiosas do antigo Egito estão:

- Membros de clãs específicos cultuavam totens de animais que eram considerados seus ancestrais. Muitos desses totens mais tarde emergiram como deuses.
- As divindades principais eram Rá, o deus Sol; o inesgotável casal popular de irmão/irmã/marido/mulher, Ísis e Osíris (figuras centrais do duradouro *culto a Ísis e Osíris*); Hórus, seu filho; e Thoth, o deus do aprendizado. Grande quantidade de outros

> **Aposto que você não sabia**
>
> Apesar das variações no mito egípcio da criação, Geb e Nut sempre foram considerados os pais de Osíris (deus do submundo), Ísis (deusa associada à natureza e renovação), Set (deus sol que assassinou Osíris e passou a representar o mal) e Néftis (a fiel consoladora de Ísis).

deuses, muitos dos quais combinações de homens e animais, era parte do sistema de culto.

◆ Não havia um conjunto determinado de antigas crenças religiosas egípcias, mas uma ampla coleção de práticas e sistemas de culto de grupos específicos. À medida que o império expandiu e se solidificou, no entanto, muitos desses rituais assumiram importância nacional.

◆ Originalmente, os egípcios consideravam a vida depois da morte como um privilégio obtido apenas pelos reis mumificados. Mais tarde, durante o Novo Império, membros da rica elite do Egito também começaram a ser preparados para a jornada ao outro mundo.

Uma nota final: No século XIV a.C., o faraó Akhenaton fez um grande esforço para que Aton fosse reconhecido como o deus oficial nacional. Mas não obteve sucesso.

O que significa

O **culto de Ísis e Osíris** foi uma das práticas religiosas mais influentes e difundidas do mundo antigo. O culto de Ísis e a celebração dos mistérios contavam como a ressurreição de seu marido/irmão Osíris chegou à Grécia e acabou se transformando em uma das tradições religiosas dominantes do mundo romano. Ísis permaneceu objeto de grande devoção por um longo período; o culto associado a ela continuou ativo por vários séculos depois da conversão de Constantino I ao Cristianismo.

Antigo culto grego

Aproximadamente 4 mil anos atrás, acreditam os estudiosos, uma invasão de guerreiros arianos misturou a civilização ariana com a dos egeus e minoicos. O resultado foi uma síntese do que se tornaria a cultura grega.

As antigas cidades-Estado gregas exerceram uma influência incalculável na cultura ocidental, e elementos de sua mitologia e prática religiosa penetraram tanto a vida antiga quanto a moderna.

Antigo culto grego: o cenário histórico-cultural

O vasto *panteão* dos deuses gregos sugere uma combinação das práticas religiosas e imagens dos vitoriosos arianos com as dos povos egeu e minoico, que foram conquistados. Zeus, por exemplo, era o deus ariano do céu; sua irmã e mulher, Hera, uma deusa da fertilidade dos egeus. (Esses dois deuses travaram muitas lutas – uma situação que pode ser um reflexo dos conflitos sociais pós-guerra entre os antigos combatentes.)

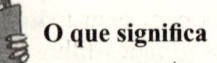

> **O que significa**
> Um **panteão** é a coleção completa de deuses apresentados na mitologia de uma determinada cultura.

Falando de modo geral, o grande período de prosperidade da civilização grega ocorreu entre o século VIII a.C., quando as colônias, que depois se desenvolveram em cidades-Estado, foram formadas, e 146 a.C., quando Roma assumiu o controle total da instável rede política da Grécia. Nesse glorioso ínterim, a religião grega era um vital ponto de referência partilhado. Sem um conjunto comum de ideias e rituais religiosos, as cidades-Estado (sempre em conflito entre si) provavelmente teriam tido um sentido bem menor de identidade e propósito compartilhados.

> **Aposto que você não sabia**
> Pequenas variações no mito grego da Criação são comuns. Esse fato pode estar relacionado com a confluência de culturas e tradições que ocorreu em um período obscuro (1100-800 a.C.), sobre o qual os historiadores ainda fazem muitas perguntas.

A antiga religião grega, que enfatizava a ação e o desenvolvimento da virtude pessoal, ajudou a unir uma nação diversa e dividida – uma nação que fez surpreendentes progressos na política, literatura, arte, filosofia e arquitetura, que ecoam ainda hoje em quase todas as principais culturas.

Devido, em grande parte, a seus valores religiosos, os gregos conseguiram, nos momentos certos, celebrar o intelecto, a lógica, o questionamento aberto, o modo de viver atento e a criatividade, de maneira que serviu por séculos como modelo para toda a humanidade.

Os antigos mitos gregos a respeito da Criação

Em tempos remotos, o Caos sem forma reinava sobre o Universo sem luz – um lugar onde a noite infinita e a vasta região da morte eram as únicas realidades. Então Eros (Amor) surgiu, por motivos que os seres humanos jamais entenderão nem poderão explicar; e com Eros vieram a luz e a ordem. Com a chegada da luz veio Gaea, a terra, filha do Caos.

Gaea deu à luz Urano, o deus do céu e primeiro rei do Universo. Urano tomou sua mãe Gaea como esposa. Seus filhos

> **Aposto que você não sabia**
> A irmã de Rhea, a Titã Themis, simbolizando os princípios de ordem e legalidade, deu à luz Prometeu —que deu o fogo roubado à humanidade e foi punido por Zeus pelo crime cometido.

incluem os três Ciclopes (gigantes de um olho só) e os três Hecatoncheires (aqueles com cem mãos). Depois, nasceram os 12 Titãs. Os Titãs originais eram os grandes filhos de Urano e Gaea. Entre eles estavam Cronos, Rhea, Themis e Oceano.

Urano provou ser mau pai e marido, maltratando os próprios filhos; e Gaea fez um foicinho de pederneira e tentou incitar os filhos a atacá-lo. Todos ficaram apavorados com a ideia – exceto Cronos, o mais jovem dos Titãs. Cronos atacou e castrou Urano, usurpando seu poder. Onde as gotas do sangue de Urano caíram no chão, as Fúrias nasceram – perseguidoras furiosas daqueles que cometem assassinatos. Quando o sangue de Urano caiu no mar, Afrodite emergiu – a primorosa deusa do amor e da fertilidade.

Cronos se uniu à irmã Rhea e governou como rei dos Titãs. Convencido de que alguns dos seus se voltariam contra ele, Cronos devorou vivos seus cinco primeiros filhos. Para salvar a vida do sexto, Rhea enganou Cronos, fazendo com que ele comesse uma pedra envolta em faixas. Ela escondeu o filho entre as deusas da natureza conhecidas como ninfas, que educaram o menino – chamado Zeus – secretamente.

Quando cresceu, Zeus se disfarçou, retornou aos domínios de Cronos e o enganou com uma bebida. Enquanto sufocava com a poção de Zeus, Cronos expeliu os cinco filhos que havia ingerido. Assim, Zeus trouxe de volta à vida Hestia, Demeter e Hera (suas irmãs), e Plutão e Poseidon (seus irmãos).

Seguiu-se uma batalha feroz entre Cronos e os Titãs leais a ele; Zeus foi vencedor e tomou o poder do pai. Ele tirou a sorte com os irmãos e ficou determinado que Plutão governaria o submundo e Poseidon, o mar; com Zeus exercendo o domínio sobre o céu e a terra. Zeus, um monarca amoroso, reinou no Monte Olimpo como rei de todos os deuses.

Conceitos-chave da antiga observância grega

Entre os pontos mais importantes da prática religiosa da antiga Grécia estão:
- ◆ O panteão grego incluía Zeus, o deus do céu; Hera, sua irmã/mulher; Demeter, mãe terra; Apolo, que era ligado a adivinhações, artes, medicina e certas buscas intelectuais superiores, e que cuidava dos rebanhos; Hermes, o deus da guerra; e muitos, muitos outros.

- ◆ A prática grega enfatizava os cultos dos mistérios – grupos secretos liderados por um sacerdote ou outro oficiante que incorporavam os rituais de iniciação, um tipo de cerimônia de purificação, a exibição de relíquias sagradas, elementos recitais dramáticos e dispersão da sabedoria única.

- Os Mistérios de Elêusis foram talvez os mais proeminentes do período. O segredo que envolvia uma série de práticas específicas parece ter durado, mas os estudiosos sabem que os ritos envolviam o retorno da deusa Demeter e de sua filha Perséfone do submundo. Os Mistérios de Elêusis enfatizavam a imortalidade da alma e a permanência da renovação divina.

> **O que significa**
>
> Um **oráculo** é o pronunciamento de um oficiante, oferecido em um santuário ou em algum outro cenário religioso, como a resposta divina à pergunta de um fiel. Um oráculo também pode ser considerado a fonte dessa resposta.

- Os Mistérios Dionisíacos e Órficos também eram de grande importância para os antigos gregos. Dionísio era o deus do vinho e das festas; a observância órfica incorporava hinos e era destinada ao triunfo final sobre a morte.

- Os *oráculos*, como o de Delfos, eram lugares vitais do culto grego; assim como os templos específicos de deuses associados a determinadas cidades-Estado e a centros de cura dedicados a Esculápio, deus da Medicina.

- O filósofo Platão (427-347 a.C.) influenciou muito a prática religiosa grega. Nos séculos que se seguiram a seus ensinamentos, o culto grego se afastou da ideia (expressa nos escritos de Homero) de que as dificuldades enfrentadas pelos seres humanos serviam de diversão para os caprichosos deuses do Olimpo, e se aproximou de uma concepção devota da realidade suprema subjacente e da perfeição da forma.

Uma nota final antes de deixar a observância religiosa grega: a região permaneceu um centro cultural e religioso e, portanto, foi uma influência a várias formas antigas de culto por alguns séculos depois de sua anexação por Roma.

Antigo culto maia

Conhecidos por suas estruturas piramidais, sua arte e o sistema matemático, os antigos maias operavam dentro de uma complexa teocracia que, assim como a dos astecas, enfatizava a criação do calendário. Seus descendentes ocupam, mais ou menos, as mesmas regiões que hoje são o Sudeste do México e a América Central. Modestos vilarejos rurais caracterizaram a região por muitos séculos.

Antigo culto maia: o cenário histórico-cultural

O apogeu da civilização maia, centrada na agricultura e um dos mais importantes povos pré-colombianos, ocorreu entre 300 e 900 d.C. A razão para o gradual êxodo de suas grandes cidades, entre 900 e 1100 d.C., foi, e ainda é, objeto de contínuo debate.

> **Aposto que você não sabia**
>
> Por que os maias abandonaram suas cidades? Houve um desastre ambiental? Uma incursão de outra tribo que forçou o êxodo, mas não subjugou o povo como um todo? Outro tipo de catástrofe? Nos últimos anos, alguns pesquisadores argumentaram que as evidências disponíveis indicam que um grande número de cidadãos maias deixou os centros mais populosos para evitar serem escolhidos como vítimas de rituais de sacrifícios humanos. É uma noção interessante; mas o debate continua.

Em seu apogeu, a civilização maia parece ter operado não sob um único regente, mas como um agrupamento organizado de cidades e vilas semiautônomas. Essas unidades parecem ter enfatizado o parentesco e a genealogia como importantes fatores sociais e religiosos. As ligações com a terra sempre foram de importância vital. Progressos nas técnicas agrícolas sustentavam o crescimento da população na antiga cultura maia – e, por extensão, as inovações na matemática, criação do calendário, Arquitetura e as Artes – campo pelo qual a civilização é mais conhecida atualmente.

O antigo mito maia a respeito da Criação

Nos tempos antigos, antes que as pessoas existissem, os deuses Tepeu e Gucumatz reinavam. Se eles pensassem em alguma coisa, ela passaria a existir.

Quando pensaram sobre a terra, ela nasceu. Quando pensaram nas árvores ou nas montanhas ou em qualquer outra característica da paisagem, elas se tornaram reais. No momento em que pensaram sobre os animais, estes apareceram.

Tepeu e Gucumatz logo perceberam, no entanto, que faltava alguma coisa importante. Nada do que haviam criado era capaz de louvá-los. Então, decidiram criar as pessoas.

As primeiras pessoas foram feitas de barro – mas os deuses descobriram que elas derretiam quando se molhavam. As próximas foram feitas de madeira, mas criavam muitos problemas e então os deuses mandaram um dilúvio para corrigir o erro e começar de novo. Por fim, apelaram ao leão da montanha, ao coiote, ao papagaio e ao corvo para ajudá-los a encontrar o material certo para construir seres superiores. Os animais encontraram milho, e foi desse produto que os deuses criaram os Quatro Pais de quem toda a humanidade é descendente.

Conceitos-chave da antiga observância maia

Entre os pontos mais importantes a serem lembrados acerca das antigas práticas religiosas dos maias, estão os seguintes:

- Os maias tinham muita fé na habilidade dos deuses em controlar e ordenar os acontecimentos e empreendimentos humanos, em períodos específicos de tempo.
- A natureza, o tempo e a agricultura eram preocupações da vida religiosa – e, de fato, da vida como um todo – na sociedade maia.
- Assim como a religião dos povos astecas do México central, a religião maia incorporava elementos de sacrifício humano para aplacar os deuses.
- Entre muitas outras divindades importantes estavam Kinich Ahau, o deus Sol; Chaac, o deus da chuva; e o deus do milho, fortemente associado à obsessão da cultura como um todo – o milho maduro e saudável.
- A mitologia maia postulava quatro deuses irmãos que seguravam o céu. Cada um governava por um período de quatro anos e representava uma das quatro direções. As cores associadas a cada um desses deuses eram essenciais às práticas religiosas e de criação do calendário maia.
- Pesquisas atuais sugerem que o culto aos ancestrais era uma importante parte da vida nas antigas civilizações maias.

Descendentes dos antigos maias ainda estão vivos e moram na região. O Catolicismo romano tem sido a religião dominante desde a conquista espanhola nos anos 1500. Todavia, muitas tradições originais (incluindo práticas religiosas nativas) se misturaram às europeias.

Antigo culto druida

Os druidas eram antigos sacerdotes que conduziam cerimônias religiosas baseadas na natureza, na Grã-Bretanha celta e em outras regiões da Europa. Sabemos

> **Cuidado — Atenção**
>
> Uma concepção errada muito comum associa os druidas à criação de grandes e primitivos monumentos de pedra encontrados na França e na Grã-Bretanha. Embora essas misteriosas edificações tenham sido atribuídas aos druidas e, supostamente, construídas como expressão de sua fé religiosa, arqueólogos concluíram que as estruturas são, de fato, mais antigas até que a cultura celta. A história e o propósito desses monumentos, como Stonehenge, por exemplo, permanecem um mistério. É possível que tenham sido erigidos como observatórios ou centros de culto religioso, ou ambos.

que os druidas foram muito ativos no século III a.C. Descobertas arqueológicas levaram a um intenso interesse popular nas práticas druídicas durante os séculos XVIII e XIX.

Os druidas: o cenário histórico-cultural

O que sabemos a respeito da história dos druidas se origina principalmente do que os romanos escreveram a seu respeito. Aprendemos com Júlio César que os druidas na Gália formaram uma federação que ultrapassou os limites tribais; e parece provável que um sistema semelhante existia na Grã-Bretanha. Os romanos também observaram que os druidas se encontravam todos os anos e exerciam uma grande influência sobre as questões políticas e sociais.

Na Gália, os druidas foram ferozes, mas desafortunados, adversários de Roma. Nem mesmo a captura do sul da Grã-Bretanha, pelos romanos, no século I d.C., e o fato de os rituais nativos terem sido declarados ilegais conseguiram eliminar por completo a prática druídica, que se moveu para regiões periféricas e foi considerada *pagã* – um termo que sobreviveu por séculos.

> **O que significa**
>
> A palavra **pagão** deriva do termo em latim *paganus*, que significa "alguém do campo". Práticas religiosas proibidas eram, com frequência, transferidas para regiões menos populosas.

Sob o ataque de Roma, a prática druídica perdeu muito de sua potência política. Por fim, ela se rendeu ao avanço do Cristianismo na Grã-Bretanha, por volta de 600 d.C., embora rituais suprimidos e ensinamentos orais pareçam ter persistido em algumas regiões por muitos anos. Práticas modernas baseadas nos conceitos druídicos tornaram-se cada vez mais populares nos últimos anos à medida que pesquisadores contemporâneos, ansiosos em encontrar ou adaptar modos alternativos de expressão religiosa, tomaram conhecimento das dificuldades encontradas pelos antigos praticantes dê seus ritos.

É importante ter em mente que a palavra "druida" não descreve uma religião em si, mas uma elite de reverenciados e respeitados oficiantes celtas, reunidos em uma poderosa rede baseada na prática e visão comuns. Em seus dias, os druidas parecem ter desempenhado papéis que hoje são assumidos pelos membros do clero, eruditos, juízes, planejadores civis, professores e até animadores. Os druidas também se dedicavam à adivinhação e rituais de culto baseados na natureza, o que posteriormente os levou a ser considerados (de modo errado) "adivinhos" ou "magos".

> **Aposto que você não sabia**
>
> As evidências disponíveis sugerem a existência de mulheres druidas, mas os registros são muito incompletos para que possamos chegar a conclusões significativas acerca de seu papel ou *status* social nas comunidades.

Estaremos mais próximos da verdade se enxergarmos os druidas como uma antiga rede política e religiosa celta, que ligava praticantes com os mesmos pontos de vista, dentro de uma determinada religião. Eles enxergavam longe, tinham experiência e eram membros muito estimados na comunidade... os "movimentadores e agitadores" de sua época.

(Conjecturas a respeito de um) Antigo mito druida da Criação

Pouco se sabe sobre a maneira como os druidas explicavam a origem do Universo, mas alguns estudiosos conjecturaram que a presença de objetos e símbolos em forma de ovo, no antigo misticismo druida, sugere uma crença no "mito da incubação", envolvendo o ovo como a fonte original de todas as coisas. Tal mito, é claro, enfatizaria um poderoso símbolo da fertilidade, muito apropriado a um relato da criação.

Embora o papel do ovo nas (hipotéticas) histórias druidas a respeito da criação permaneça um ponto de debate, é certo que o historiador romano Plínio registrou ter visto um "ovo druida", uma pequena relíquia supostamente originada da expectoração seca das cobras. Segundo os druidas da Gália, descritos por Plínio, o ovo continha poderes restaurativos.

Conceitos-chave da antiga prática druida

Entre os pontos mais importantes a serem lembrados acerca das práticas religiosas dos druidas estão os seguintes:

- O título "druida" (que parece significar "conhecimento do carvalho") era concedido apenas aos mais importantes membros da comunidade – pessoas que serviam como oficiantes religiosos e realizavam uma série de outras funções sociais relevantes.

- As práticas druidas parecem ter focado uma vasta ordem de deuses da natureza (ou, usando um termo moderno cunhado por Joseph Campbell, respeitado escritor e conferencista no campo da Mitologia, "presenças vivas"); sacrifícios animais e humanos eram parte da prática religiosa.

- Os celtas tinham linguagem escrita, mas, ao que parece, os druidas mantiveram um sistema de transmissão de seus ritos exclusivamente oral. Isso pode ser uma marca do segredo e exclusividade de sua prática.

- Os serviços aconteciam perto de lagos e rios e em bosques. O carvalho e o visco eram considerados plantas sagradas.

- A supressão dos druidas levou ao surgimento da "escola bárdica", que manteve vivas as práticas druidas por meio do relacionamento dos mitos, histórias heroicas semirreais e cantos.

- A prática druida hoje está muito associada à Irlanda porque a autoridade romana não chegou à Ilha Esmeralda. A prática druida prosperou na Irlanda até que o povo foi convertido ao Cristianismo e os antigos ritos abolidos.

Vários movimentos neodruidas ganharam popularidade no Ocidente nos últimos anos.

Antigo culto asteca

Os astecas foram o povo nativo que durante séculos desfrutou a primazia no México Central, na época em que os espanhóis conquistaram o território no século XVI d.C. O sacerdócio asteca e as práticas religiosas que ele promulgava serviram como elementos organizadores de uma civilização centralizada e altamente desenvolvida – cujas realizações em Astronomia, Engenharia e Arquitetura surpreenderam os europeus.

Culto asteca: o cenário histórico-cultural

Os astecas eram uma pequena tribo itinerante e lutadora quando chegaram ao Vale do México por volta do século XII d.C. Fundaram sua capital, Tenochtitlán, no início do século XIV d.C., e mantiveram uma tênue soberania por meio do pagamento de tributos a tribos próximas.

Por volta do século XV d.C., uma cultura guerreira despontou – reforçada, sem dúvida, pelo mito da Criação que veremos na seção seguinte. Os líderes astecas usaram uma hábil combinação de observância religiosa, diplomacia, cuidadosa organização social, flexibilidade em adaptar as práticas de outras tribos e técnicas de guerra desenvolvidas para elevar sua civilização a uma posição de supremacia no México Central.

A tradição religiosa asteca assumia a centralidade que focava e animava o povo – e pode muito bem ter levado à ruína da nação. Quando o espanhol Hernán Cortés liderou sua missão ao México, em 1519, ele e seus homens foram vistos pela classe governante asteca não como invasores europeus, mas como descendentes do antigo deus tolteca Quetzalcoatl, cujo retorno fora profetizado havia muito tempo.

Aproveitando-se dessa crença, Cortés conseguiu tomar como refém o imperador Montezuma II (considerado divino pelo povo asteca), paralisando, assim, por algum tempo, o sistema social asteca. Depois, Cortés mobilizou grupos de índios que estavam sob domínio dos astecas. Foi ele quem derrotou a rebelião asteca que se seguiu ao sequestro do imperador. Os espanhóis logo tomaram Tenochtitlán, destruíram-na e assumiram o controle do México.

Aposto que você não sabia
Um sistema social — composto por uma elite nobre, uma classe sacerdotal politicamente poderosa e uma classe guerreira/mercantil — levou o povo asteca a extraordinárias realizações nas Artes, Agricultura, Matemática, criação do calendário e muitas outras áreas.

O antigo mito asteca a respeito da Criação

O senhor e a senhora da dualidade, Ometecuhlti e sua mulher Omelcihuatl, trouxeram todas as coisas à existência. O nascimento de Huitzilopochtli, o grande deus do Sol e da guerra, aconteceu da seguinte maneira: Coatlicue, Aquela que Veste a Pele da Serpente, era a mãe da deusa Lua e de seus 400 irmãos. No entanto, crises e a dissolução universal assomaram quando ela, de modo inadvertido, ficou grávida depois de espetar uma pena azul na pele da serpente. O novo nascimento, com certeza, provocaria raiva em seus primeiros filhos, pois uma deusa só podia conceber uma única vez.

Porém, o novo deus dentro dela lhe garantiu que protegeria a ambos, e Coatlicue se refugiou na Montanha da Serpente, Coatepec, enquanto esperava o ataque de seus próprios filhos. Huitzilopochtli nasceu de seu ventre totalmente armado e matou seus irmãos e irmã, espalhando-os por todo o Universo. Sua irmã, a Lua fria, foi decapitada; seus irmãos mortos são as estrelas.

Conceitos-chave da antiga observância asteca

Entre os mais importantes pontos a serem lembrados acerca das práticas religiosas do povo asteca estão os seguintes:
- Os astecas acreditavam que Ometecuhlti e sua mulher Omelcihuatl, que criaram tudo, escolheram o povo asteca acima de todos os outros para favor especial.
- A crença asteca também afirmava que os deuses amigáveis requeriam apaziguamento constante; o fracasso em manter felizes os deuses benevolentes resultaria na destruição da Terra por divindades malévolas.
- Para manter satisfeitos os deuses que os protegiam, os astecas mantinham um ritual de sacrifício humano.
- Os sacrificados eram, de modo geral, prisioneiros de guerra. Ocasionalmente, no entanto, guerreiros astecas se ofereciam como voluntários para o sacrifício.
- O povo asteca era intimamente focado na criação do calendário; seu intrincado calendário combinava um ano solar de 365 dias e um período sagrado de 260 dias.
- Entre as importantes divindades astecas estavam Tezcoptipcoca, o deus Sol; e Tlaloc, o deus da chuva. Havia muitos outros.

Uma observação final a respeito dos astecas: O colapso de sua teocracia diante das forças espanholas acelerado pela supressão, por parte dos astecas, dos povos vizinhos.

O mínimo que você precisa saber
- O antigo Egito mantinha uma quase incompreensível, vasta e diversa tradição religiosa; uma indicação dela foi o notável culto de Ísis e Osíris.
- Elementos da antiga mitologia e prática religiosa gregas penetraram tanto na vida antiga quanto na moderna.
- Os maias do passado operavam sob uma complexa teocracia que enfatizava a criação do calendário e as ligações com a Terra.
- Os druidas eram antigos sacerdotes que conduziam cerimônias religiosas baseadas na natureza, na Grã-Bretanha celta e em outras regiões europeias.
- Os líderes astecas usaram uma hábil combinação de observância religiosa, diplomacia, cuidadosa organização social, flexibilidade em adaptar as práticas de outras tribos e técnicas de guerra desenvolvidas para elevar sua civilização a uma posição de supremacia no México Central.

Capítulo 33

Religiões Não Escritas da Natureza

Neste capítulo:

- Descubra acerca dos obstáculos comuns reservados às pessoas de fora que buscam entender as expressões de fé tradicionais
- Aprenda sobre alguns elementos comuns de rituais e observâncias das ilhas do Pacífico, da África e dos índios norte-americanos
- Descubra Huna Kupua, um culto nativo havaiano muito antigo
- Descubra ideias importantes que guiam a prática religiosa tradicional da África e dos índios norte-americanos

Neste capítulo, você aprenderá as características distintas de algumas importantes tradições religiosas não escritas, voltadas para a natureza, e descobrirá alguns obstáculos ao entendimento de expressões de fé nativas.

Antes de prosseguir, por favor entenda: existem inúmeras tradições nativas além daquelas selecionadas neste capítulo. Escolhemos analisar algumas específicas, associadas às práticas religiosas das ilhas do Pacífico, África e dos índios norte-americanos porque elas foram objeto de profundo interesse nos Estados Unidos recentemente. Reconhecemos, no entanto, que há muitos outros padrões tradicionais de devoção em outras partes do mundo que merecem estudo.

De fato, existem mais de 100 milhões de praticantes de religiões tradicionais por todo o mundo. É importante lembrar, contudo, de que mesmo o uso da palavra "religião" deve ser considerado com cuidado em qualquer discussão acerca de expressões de fé nativas, pois muitas dessas tradições não fazem uma distinção clara entre a vida diária e as práticas formais religiosas. Toda a vida, em outras palavras, é religiosa, e os sistemas discutidos (em termos gerais) neste capítulo aceitam esse princípio.

> **Aposto que você não sabia**
>
> Tradições locais específicas, de modo geral, enfatizam cosmologias familiares e a divindade de processos naturais observáveis. De início, elas não devem ser colocadas em oposição a nenhum outro sistema.
>
> À medida que se deu a expansão colonial nos últimos 500 anos, no entanto, pessoas de fora assumiram a tarefa de criar rótulos para religiões que permaneceram livres da influência colonial ou que de algum modo conseguiram sobreviver apesar dessa influência. Tais rótulos servem para a conveniência dessas próprias pessoas de fora e pouco contribuem para aqueles que estão dentro dessas religiões.
>
> É um erro comum definir religiões tradicionais fora da experiência europeia ou asiática, enfatizando os modos pelos quais elas se diferenciam dessa experiência. Um problema semelhante surge na descrição das expressões de fé tradicionais pelo que elas não são ou não possuem.
>
> Religiões tradicionais existem em seus próprios termos. Elas atendem às necessidades de um conjunto de fiéis que veem a si mesmos não como uma tribo ou um grupo separado dos padrões históricos "dominantes" (externos), mas apenas como "o povo".

Dentro, fora

Muitas das expressões de fé descritas pela palavra "tradicional" são experimentais em vez de intelectuais. Isso faz com que qualquer formulação de "princípios centrais" seja um tanto desafiadora. Todos esses padrões de culto exigem respeito e entendimento às pessoas que estão de fora e que desejam aprender mais a seu respeito.

Esse é outro modo de dizer que avaliar um conjunto nativo de tradições é algo arriscado. Tais observações podem resultar em designações depreciativas como "selvagem" ou "primitiva" ou em uma bem intencionada, mas do mesmo modo condescendente, tendência a romancear sociedades pré-tecnológicas "mais simples".

Pessoas de fora (como os autores deste livro) devem sempre tomar cuidado ao descrever ou avaliar expressões de fé que apresentam singularidades raciais, sociais ou culturais. Elas devem estar conscientes de que, ao atribuir rótulos a essas práticas, podem estar descrevendo apenas seus próprios preconceitos e não as mais importantes facetas de uma tradição diferente.

Ideias que ficam

Algumas práticas religiosas tradicionais foram preservadas com cuidado por grupos nativos; existem também milhares de comunidades tribais contemporâneas ativas, cujos membros seguem religiões tradicionais. A maioria das práticas (mas não todas) nesses grupos está fortemente associada a cenários tribais ou de vilas.

Embora seja perigoso fazer muitas generalizações acerca desses grupos e seus sistemas de crenças, alguns pontos comuns merecem ser estudados.

Os três elementos a seguir são familiares:

- O *xamã*
- O totem
- O fetiche

> **O que significa**
>
> Um **xamã** é um celebrante religioso que se acredita possuir mais do que poderes humanos, incluindo a habilidade em conhecer e curar doenças. Os xamãs podem também, em alguns casos, causar doenças, o que geralmente os faz ser respeitados e temidos na comunidade. Os poderes derivam de sua interação com, e influência sobre, certos espíritos. Outros termos para xamã são "pajé" e "curandeiro".

O xamã

Existem muitos tipos de prática xamanística, mas uma única ideia guia aqueles que operam como xamãs nas sociedades tribais. O mundo que os humanos veem é ocupado por forças que não podem ser percebidas a olho nu; forças que podem exercer influência positiva ou negativa sobre as questões humanas. Diferentemente dos sacerdotes, para quem o ritual e a observância religiosos

> **Aposto que você não sabia**
>
> Tradições e rituais agem como uma força de ligação na prática religiosa nativa africana, assim como acontece em outras partes do mundo. Grupos tribais dão muita ênfase aos elos e valores da comunidade. Os anciãos da vila e as autoridades espirituais respeitadas têm a importante tarefa de manter as expressões de fé e os rituais que promoverão práticas sociais harmônicas... sustentam e dão força ao grupo em períodos de dificuldades.

são uma vocação permanente, os xamãs entram em transe temporário para realizar seu trabalho conforme as circunstâncias exigem.

Os xamãs devem adquirir práticas especiais. Eles podem herdar seus títulos de predecessores ou ser chamados mediante sonhos, visões ou possessões. De modo geral, são pagos pelos seus esforços. Podem ser homens ou mulheres, embora seja mais comum encontrar homens xamãs.

O totem

Um totem é um objeto específico (geralmente uma planta ou animal) reverenciado e considerado um ancestral ou irmão pelos membros de um grupo. O totemismo é prevalecente na América do Norte e na África. Os totens trazem importantes associações sociais, ritualísticas e místicas, e hoje são associados aos povos nativos do noroeste do Pacífico na América do Norte. O termo "totem" vem dos povos dessa região.

O espírito manifesto no totem pode servir como um poderoso elemento de unificação entre os membros de uma tribo, agrupamento familiar ou grupos não ligados pelo sangue. Em função de seu papel como protetor e/ou membro da família, um animal sagrado ou uma variedade de planta pode ser declarado "fora dos limites" pelos membros do grupo totêmico em seu uso "comum". (Em outras palavras, você não pode comê-los.) O simbolismo associado a um totem pode funcionar como uma marca identificadora do grupo em questão. Em um certo número de sociedades, são proibidos os casamentos entre os membros do mesmo grupo totêmico.

> **Aposto que você não sabia**
>
> Para os índios norte-americanos, um dos legados mais amargos da "colonização" da América do Norte pelos imigrantes europeus e seus descendentes é a falta de respeito com as formas naturais. A tragédia do "desenvolvimento" moderno, da sua perspectiva, não deve ser entendida apenas como a profanação de locais sagrados específicos, mas também como total desrespeito com a terra.

O fetiche

Não, não estamos falando de psicanálise. Antes que o termo "fetiche" fosse apropriado pelos clínicos ocidentais para descrever a fixação erótica, ele era usado por antropólogos para descrever objetos inanimados que supostamente tinham poderes mágicos ou mesmo vontade independente. Essa reverência e respeito por objetos naturais ou feitos pelo homem é uma distinta característica de muitas religiões tradicionais, muitas das quais são consideradas potencialmente perigosas se conduzidas de modo errado e, portanto, estão sujeitas a controles rigorosos.

O termo é empregado aqui sem nenhum preconceito, sem nenhuma indicação de "irracionalidade" ou "superstição" entre os fiéis tradicionais.

Embora o fetichismo se expresse em práticas tradicionais de modos distintos e reconhecíveis, as religiões tradicionais não são os únicos sistemas que promovem ou reforçam a reverência a objetos. Podemos argumentar que algumas formas de fetichismo são subjacentes a quase todos os cultos e observâncias religiosas.

Huna Kupua

Um exemplo singularmente longo de culto à natureza pode ser encontrado no 50º Estado.

Acredita-se que o sistema de sabedoria esotérica conhecido como *Huna* Kupua, encontrado nas ilhas havaianas, existiu na Polinésia por milhares de anos. Ele celebra a natureza e enfatiza ideias de profunda autopercepção e um inter-relacionamento contínuo com toda a existência. Suas práticas de culto foram transmitidas por incontáveis gerações como parte de uma tradição oral. Existe um mandamento básico na Huna Kupua: "Não fira nada nem ninguém com ódio".

> **O que significa**
> **Huna** significa "segredo". Também reflete um conceito tradicional mais profundo que foi assim definido: "A ciência do controle das energias universais da vida pelo domínio da mente e respiração".

Entre as ideias principais da tradição Huna temos:

- Os **Sete Princípios** descrevem as presunções iniciais dessa filosofia. Eles servem de guia estrutural à fé, oferecendo visões sobre a percepção humana da realidade. (O primeiro dos Sete Princípios é "O mundo é aquilo que você pensa que é".)

- O conceito dos **Três Eus** (ou dos **Quatro Eus**) explora a visão Huna do *eu* como existente em muitos níveis. Do ponto de vista da Huna, cada qualidade do *eu* reside em um reino distinto de percepção e contribui para um aspecto singular da experiência pessoal. O desenvolvimento de várias qualidades que são encontradas em cada nível do *eu*, e a interação dessas qualidades, tem um relacionamento direto com a conexão e a integração da pessoa com o Eu Superior.

- O entendimento Huna dos **Quatro Níveis da Realidade** afirma que todas as coisas são simultaneamente objetivas (refletindo a realidade científica), subjetivas (refletindo a realidade psíquica), simbólicas (refletindo a realidade xamanística) e holísticas (refletindo a realidade mística). O kupua (ou seja, curandeiro ou xamã) é capaz de existir e se mover por essas diferentes realidades para realizar quaisquer mudanças que se façam necessárias.

A prática do que hoje é conhecido como Huna Kupua quase não sobreviveu ao contato com os missionários ocidentais nos séculos XIX e XX. Muito do que se conhece hoje em dia dessa prática religiosa veio das pesquisas iniciadas em 1920, e continuadas durante as cinco décadas seguintes, por um homem notável chamado Max Freedom Long. Ele devotou sua vida a pesquisar e entrevistar pessoas com experiência direta dessa prática religiosa. Sua valiosa pesquisa levou à publicação de uma série de livros a respeito do assunto. Max Freedom Long, citado em www.huna.org: "Com o entendimento devemos estar prontos a amar (através de Aloha-Lani) e receber de braços abertos a proximidade da Companheira, nossa Amada. Devemos ter aprendido a dar tudo, não guardando nada para nós mesmos. Devemos ser ansiosos em aprender, servir e amar".

No caminho

"Na forma mais simples, uma prece Huna opera desta maneira: a mente, mediante a respiração consciente e do esforço consciente da vontade, chama mentalmente uma sobrecarga de energia a ser criada e trazida para seu nível. Pela respiração contínua e pelo esforço adicional da vontade, a energia chega a um nível ainda mais alto. Então, com as visualizações e as palavras apropriadas, essa energia é enviada ao subconsciente e... ao Eu Superior. Quando tudo isso é feito da maneira certa, milagres acontecem."

Dr. Jonathan Parker, Ph.D. Ancient Huna Secrets
(artigo disponível em www.quantumquests.com)

Com a proximidade do fim do século XX, mais e mais norte-americanos e europeus foram, como Long, cativados pela beleza, sutileza e profundidade desse antigo sistema de crença e prática.

Tradições africanas

Fiéis tradicionais africanos seguem muitos caminhos e atribuem vários nomes ao Ser Superior.

Os nomes de Deus

Alguns desses nomes enfatizam a capacidade criadora da humanidade; outros chamam a atenção para o papel de Deus como um grande pai ou ancestral – masculino ou feminino. Alguns povos africanos reverenciam a força penetrante universal como a Fonte de Todos os Seres; Aquele que Está Sempre Presente; a Grande Providência que Determina Destinos; ou Aquele que Nunca É Totalmente Conhecido. Um Deus supremo que age como o mantenedor universal é uma característica comum da observância tradicional africana.

Espíritos, bons e maus

A maioria dos grupos também reconhece a influência de espíritos e entidades ancestrais que operam abaixo do nível do Deus supremo. Os praticantes contam com os mais benevolentes entre eles para superar a influência das forças do mal contra as quais os seres humanos sempre têm de lutar.

Como uma questão prática, os grupos espirituais tradicionais africanos aceitam as influências desses espíritos como fatores mais imediatos na vida diária do

Aposto que você não sabia
Desenvolvida pelos povos iorubas da África Ocidental há milhares de anos, a tradição conhecida como Ifa enfatiza a tranquilidade interna e a autonomia pessoal. Sua prática foi transmitida às Américas pelos escravos africanos. Nos dias de hoje, ela é objeto de um renovado interesse na América e de uma prática contínua na África.
Os praticantes da Ifa afirmam que todas as coisas no Universo foram criadas pelo sempre constante e imutável Líder Supremo que mantém a totalidade de todas as coisas, conhecido como Olodumare. Eles também consideram Olodumare como a "fonte" que concede racionalidade ou, ser essencial, à humanidade. Eles acreditam que Olodumare determina e controla o destino humano e que toda a existência opera dentro do controle de Olodumare.
Ifa considera com reverência inúmeros orisa, ou potentes espíritos mensageiros, cuja energia e apoio os humanos podem cultivar. Para uma discussão acerca de uma "nova religião" que incorpora elementos da prática tradicional africana e Católica Romana e que, como Ifa, venera orisa, ver a seção a respeito da Macumba no Capítulo 34.
A fé Ifa enfatiza devoção, humildade, preocupação com os outros, força pessoal, tolerância e um rígido código moral que não aceita nenhuma fraude ou hipocrisia. Ela é um alegre e prático sistema de crenças que dá importância ao comportamento social apropriado e à retidão moral.

que o contato direto com o Ser Supremo. Em outras palavras, os encontros imediatos com o divino provam ser tão evasivos para um fiel tradicional africano quanto para seu equivalente católico americano, que pode, por exemplo, apelar a Santo Antônio para ajudar a localizar um objeto perdido.

Tradições dos índios norte-americanos

Apesar das muitas diferenças históricas e tribais (e elas não são insignificantes!) todos os povos indígenas americanos dividem uma profunda reverência espiritual pelo mundo natural e sua terra.

Cuidado — Atenção

As muitas formas de espiritualidade entre os índios norte-americanos são, frequentemente, vistas pelos fiéis como sistemas de crenças e prática que afetam todos os aspectos da vida; e não como questões externas ou formais de devoção que, de algum modo, não são relacionadas a outras partes da vida. Assim, tentativas de separar "questões ambientais" ou "relatos mitológicos" de "assuntos religiosos" podem ser vistas como insensíveis e/ou mal informadas.

Aposto que você não sabia

A Busca da Visão, comum em muitos sistemas indígenas, é um período durante o qual um menino celebra o início da puberdade, por meio de meditação solitária, jejum e testes de resistência física. (Geralmente as meninas não têm permissão de participar desse ritual.) O objetivo do participante é: obter uma visão que o guiará na vida futura e conseguir o apoio e a proteção de um espírito guardião.

Na espiritualidade dos índios norte-americanos, acredita-se que as formas e os processos naturais contêm poderes criativos fundamentais; todos os processos – humanos e não humanos – são vistos como ligados de um modo inextricável. A religião dos índios norte-americanos não traça linhas claras entre os acontecimentos naturais e sobrenaturais. Não é de se surpreender que as sociedades que estão em desequilíbrio com a natureza são consideradas espiritualmente deficientes por muitos fiéis dessas tradições.

A profanação sistemática, ocorrida no século XX, e o abuso de sistemas que antes eram considerados em equilíbrio divino causaram feridas duradouras na Terra e também às práticas espirituais dos índios norte-americanos.

Todos juntos agora

O monoteísmo, no sentido conhecido da palavra, não é uma característica original das religiões nativas norte-americanas. Em vez disso, existe um entendimento da ligação física e emocional entre todos os seres. (Muitos desses grupos, por exemplo, preservaram tradições com significado espiritual e médico.)

Do mesmo modo, um certo número de grupos indígenas desenvolveu uma terminologia que emprega uma única palavra ou frase para a variedade de forças espirituais que são encontradas nas seis direções: Norte, Sul, Leste, Oeste, Céu e Terra.

Integridade

Embora existam muitas variações e influências culturais na prática religiosa dos índios norte-americanos, uma ênfase no equilíbrio, realização e integridade é comum a todas. Os rituais dentro das diferentes tradições têm o objetivo de promover uma apreciação dos ciclos da vida e uma ação comunitária harmoniosa.

> **Aposto que você não sabia**
>
> Wakan Tanka é um termo lakota que descreve a soma total de todas as entidades espirituais. Uma expressão ojibwa paralela é K'che Manitou. Essas expressões não refletem um Deus único personificado, mas o agregado de várias forças espirituais incorporadas.

Contato!

Muitas formas de observância envolvem ritos de purificação, de maturidade (como a *Busca da Visão*) e cerimônias místicas voltadas a permitir um entendimento mais completo da vida humana e do mundo natural. Esses ritos, com frequência, incorporam alguma forma de contato direto com espíritos importantes; contato esse que é visto como benéfico não apenas para o indivíduo, mas também para a comunidade como um todo.

Em outras palavras, os indivíduos podem dar às suas próprias vidas – e às atividades diárias de seus grupos sociais – uma coerência maior por meio de contatos pessoais e relacionamentos contínuos com forças espirituais específicas.

O mínimo que você precisa saber

- Crenças tradicionais são, com frequência, entendidas de modo errado por aqueles que desejam ligá-las a práticas familiares de pessoas de fora.
- A maioria das expressões de fé descritas pela palavra "tradicional" é experimental e não intelectual.
- O xamã, o totem e o fetiche são importantes componentes de uma religião natural não escrita.
- Huna Kupua é um exemplo particularmente antigo de uma religião natural não escritural.

- Muitos sistemas religiosos africanos reconhecem um Deus supremo (que recebe muitos nomes) e uma série de espíritos mais inferiores.
- Muitas tradições dos índios norte-americanos enfatizam a totalidade pessoal dentro de processos sagrados naturais.

Capítulo 34

Novos Movimentos Religiosos

Neste capítulo:
- Definindo o termo "religião nova"
- Sete novas importantes expressões de fé que você precisa conhecer
- Aprenda acerca da diversidade de movimentos espirituais conhecidos como "Nova Era"
- Descubra mais a respeito de novos movimentos e tradições

Toda religião foi, em um dado momento, nova para alguém. Neste capítulo, você descobrirá acerca de alguns dos mais importantes movimentos religiosos que surgiram nos Estados Unidos nos últimos cem anos.

O que é uma "religião nova"?

A definição formal acadêmica de uma "religião nova" ainda é uma questão de debate entre os eruditos. Para os propósitos (pragmáticos!) deste capítulo, nossa definição de "religião nova" será acessível, direta e, até onde conseguirmos, consistente.

Todas as religiões novas discutidas neste capítulo apresentam o seguinte critério:

- O movimento representa um distinto conjunto de tradições espirituais não praticadas de modo amplo nos Estados Unidos antes de 1900. (Essas tradições, algumas vezes, mas não sempre, surgem de variações ou combinações de fatos previamente existentes.)
- O movimento enfatiza de modo claro a participação voluntária entre os recém-chegados ao sistema, na prática e na teoria.

- Quer apresente uma hierarquia formal ou um conjunto de doutrinas, quer não, o movimento desenvolveu uma viabilidade estrutural básica. É capaz de propiciar um foco contínuo na satisfação das necessidades espirituais de uma quantidade não identificável de praticantes. (Este capítulo não aborda o que parece aos autores tendências de curto prazo.)
- Embora o movimento possa abraçar certos pontos de doutrina de tradições anteriores, ele oferece padrões novos e alternativos de autoridade, organização ou prática.

Usando esses princípios como medidas, este capítulo focará nas seguintes religiões novas:

- A Nação do Islamismo
- A Sociedade Internacional para a Consciência Krishna (ISKCON,* ou movimento Hare Krishna)
- Meditação Transcendental
- Neopaganismo
- A fé Baha'i
- Macumba
- Rastafarianismo
- O movimento Nova Era

As sete expressões de fé examinadas em profundidade aqui não são os únicos movimentos espirituais que poderiam ser discutidos em um capítulo como este, e sem dúvida alguns praticantes alegarão que sua tradição foi injustamente esquecida. Em parte para solucionar o problema, acrescentamos resumos bem curtos de alguns outros movimentos e tradições recentes no fim do capítulo.

Sete novas expressões de fé... e um movimento

Contudo, abordar todos os movimentos religiosos novos é algo impossível. Cada grupo discutido neste capítulo foi escolhido apenas para ilustrar novos pontos

---

* *N. T.:* A sigla se refere ao nome em inglês: *International Society for Krishna Consciousness.*

de vista. Cada um reflete importantes tendências que surgiram na experiência religiosa americana durante o século passado. Aprendendo acerca dessas tendências, você estará em melhor posição para descobrir mais informações a respeito de outras tradições que encontrar.

> **Cuidado — Atenção**
>
> O uso indiscriminado de termos como "culto", "seita" ou "grupo carismático" sempre fechará as portas com mais velocidade do que as abrirá. Evite rótulos quando conversar sobre as práticas religiosas de outras pessoas.

É muito importante ter um espírito de abertura em seus encontros com novos sistemas de crença religiosa. Afinal de contas, é provável que esses fiéis (por definição!) apresentem perspectivas que diferem de maneira radical de sua própria experiência de prática religiosa. Lembre-se de que o medo e o ceticismo não são os melhores instrumentos para se relacionar com sistemas novos.

Muitos grupos novos e bem conhecidos não foram incluídos porque parecem, a muitos observadores, ter sido reprovados em um teste importante: resistir ao uso da intimidação ao recrutar e manter seus membros.

Assumimos a posição de que a coerção é antiética à busca espiritual. Todavia, devemos notar que as tradições mudam, crescem e se expandem com o passar do tempo. (Também é importante lembrar que as "principais" religiões de hoje foram as "minoritárias" expressões de fé perseguidas nos séculos passados.)

> **Aposto que você não sabia**
>
> A Nação do Islamismo é um movimento originário (e, com frequência, controverso) dos Estados Unidos, baseado em um distinto grupo de práticas e observâncias influenciadas pelo Islamismo. Debates sobre separação racial e questões doutrinárias criaram duas ramificações dentro do grupo. Uma delas, liderada por Wallace D. Muhammad, filho de Elijah Muhammad (1897-1975), mudou seu nome e procurou aproximar-se mais da prática islâmica tradicional. A outra, liderada pelo ministro Louis Farrakahn, manteve o nome "Nação do Islamismo" e a visão social separatista enunciada por Elijah Muhammad.

A Nação do Islamismo

A Nação do Islamismo (ou a Nação do Islamismo Perdida e Encontrada) foi fundada em Detroit, em 1930, por Wallace Fard, um vendedor cuja vida quando jovem permanece um mistério. Fard proclamou uma visão profética de Alá dirigida de modo específico aos negros norte-americanos.

Ele ensinou que o Islamismo era a única fé válida para os afro-americanos e que os negros eram descendentes da raça que tornou possível a civilização humana. Seus seguidores o consideravam "Alá em pessoa". Ao aceitar esses ensinamentos, os membros da Nação do Islamismo romperam com a prática islâmica estabelecida, que considera que nenhum ser humano é comparável ao Criador e rejeita de modo explícito a discriminação racial de qualquer tipo.

Quando Fard desapareceu de cena, misteriosamente, em 1934, um associado de nome Elijah Poole, filho de antigos escravos, mudou seu nome para Elijah Muhammad e assumiu o controle da Igreja. Ele se estabeleceu como o "mensageiro de Alá" e iniciou um movimento separatista economicamente focado que promoveu o poder social das comunidades negras e a rigorosa obediência às regras derivadas do Islamismo.

Uma prática diferente

Durante a vida de Elijah Muhammad, o movimento jamais foi uma ramificação da corrente principal do culto islâmico. Ele desenvolveu um distinto foco americano, rejeitando a campanha pelos direitos civis para a integração de negros e brancos. A Nação do Islamismo pregava um rigoroso separatismo e um resoluto código moral. O compromisso pessoal dos praticantes era refletido nas vestes distintas. Em um dado momento, Elijah Muhammad defendeu o estabelecimento de um Estado negro separado.

O mais importante convertido de Muhammad foi o eloquente e audacioso Malcolm X, um agitador brilhante, vigoroso e eficaz. Nascido Malcolm Little, o ex-presidiário-transformado-em-ministro seguiu a prática estabelecida pela Igreja e abandonou seu "nome de escravo" quando se juntou a ela.

Por fim, Malcolm X rompeu com o grupo, abraçou o Islamismo tradicional, mudou seu nome para Malik El-Shabazz e criou uma organização separada. Seu assassinato, em 1965, foi atribuído, em termos vagos, a elementos da Nação do Islamismo, mas o fato continua a ser objeto de sérias discussões.

Orgulho e ação

Apesar da crítica e controvérsia que a envolveram desde o fim da década de 1950, a Nação do Islamismo continua a ser um instrumento de esperança, orgulho e autodeterminação para seus muitos praticantes. A fervorosa retórica dos líderes da Igreja levou a ciclos ocasionais de intensa curiosidade por parte da mídia e à infeliz (e errônea) presunção entre as pessoas brancas que o grupo promove a violência racial.

A Nação prega o trabalho duro, a devoção e a prestação de contas de um modo inconfundível. Sua ênfase prática na exigência de áreas urbanas livres das drogas merece muito mais atenção do que tem recebido. A cobertura da mídia acerca do papel do grupo na assim chamada Marcha de Um Milhão de Homens em Washington D.C., em 1996, criou mais controvérsias, desta vez a respeito do discutido número de participantes e da natureza do envolvimento da Igreja. Não obstante, a marcha foi uma realização significativa.

A Nação do Islamismo esteve entre as religiões novas mais visíveis no cenário norte-americano na segunda metade do século XX e fez uma diferença tangível na vida dos afro-americanos.

A Sociedade Internacional para a Consciência Krishna

Os devotos "Hare Krishna", vestidos com mantos e entoando cantos, tornaram-se uma visão comum em todo o mundo. Fundada em 1966, na cidade de Nova York, por A. C. Bhaktivedanta Swami Prabhupada, a ISKCON é um movimento distinto que rejeita de maneira explícita "o panteísmo, o politeísmo e a consciência de castas existentes no Hinduísmo moderno", segundo o *site* do grupo.

As pessoas de fora consideram o Hare Krishna uma "seita hindu". Embora a ISKCON veja a si mesma como uma continuidade de importantes tradições dentro do Hinduísmo, a designação de "seita" não agrada a seus membros. O grupo vê a si mesmo como uma plataforma para certas tradições importantes e independentes, conhecidas como "cultura divina".

Cuidado — Atenção

Os devotos da ISKCON acreditam que a consciência Krishna transcenda as formas sectárias limitadas. Eles rejeitam a classificação de seu movimento como representante do Hinduísmo — ou como sendo ligado a qualquer outra estrutura religiosa hierarquicamente organizada.

A "consciência Krishna", explica a declaração de propósito do grupo, "não é de modo algum uma seita ou religião que procura derrotar outras expressões de fé ou religiões. Pelo contrário, é um movimento essencialmente cultural para toda a sociedade humana e não considera nenhuma expressão de fé sectária em particular". Apesar dessa ênfase multicultural, o grupo tem o *Bhagavad Gita* como texto central.

Os objetivos da ISKCON

O grupo tem sete objetivos principais:

- A propagação do conhecimento espiritual ("para a sociedade como um todo") para a melhoria geral de toda a família humana.
- O encorajamento e o desenvolvimento da consciência Krishna, como foi revelada nas escrituras sagradas.
- A união dos membros da sociedade entre si e "com Krishna, a entidade primária, desenvolvendo assim a ideia junto aos membros, e à humanidade como um todo, de que cada alma é parte da qualidade de Deus (Krishna)".
- A promoção da prática de entoar os nomes da Divindade.
- O estabelecimento de lugares de culto e prática religiosos "transcendentais", locais devotados a Krishna.
- O apoio e a promoção de um modo de vida mais simples e harmônico com os padrões da natureza que aquele oferecido pela sociedade contemporânea.
- A publicação e a circulação de trabalhos escritos que apoiem os seis objetivos precedentes.

Aposto que você não sabia

O movimento Hare Krishna segue os ensinamentos dos Vedas e das escrituras vedas. Ele dá um destaque especial ao Bhagavad Gita e promove o Vainavismo, uma escola de devoção que ensina "o princípio universal e essencial de toda a religião: o serviço devocional de amor à Suprema Personalidade de Deus". A ISKCON considera a entoação do santo nome de Krishna a principal prática espiritual. É um movimento não sectário e sem denominação.

Ideias e crenças centrais

Além de "entoar os nomes de Deus", os membros da ISKCON observam um estrito vegetarianismo e aceitam a noção formal de guru-discípulo como componente do desenvolvimento espiritual individual. Nesses aspectos, o movimento tem pontos comuns com o Hinduísmo tradicional.

De modo significativo, o grupo vendeu cerca de 10 milhões de cópias de seu livro de receitas vegetarianas. O vegetarianismo reflete princípios espirituais profundamente mantidos. A ISKCON tem uma profunda preocupação com o meio ambiente e promove o desenvolvimento de comunidades rurais. Seus membros consideram o ato de comer carne como sintoma de um profundo desequilíbrio ambiental, social e espiritual. O grupo considera que o ativismo ambiental em benefício próprio é algo com visão limitada e prega o desenvolvimento espiritual da humanidade como um todo como a única resposta apropriada aos problemas sociais e ambientais do planeta. Para eles, a campanha ambiental que não reconheça a santidade de toda a vida está fadada ao fracasso.

Embora o foco da tradição da ISKCON seja a veneração do senhor Krishna através do mantra de meditação Hare Krishna, Prabhupada, seu falecido fundador, é considerado o mensageiro da verdade dentro de uma linha estabelecida de ensinamentos inspirados. "Ele é e sempre permanecerá o mestre espiritual instrutor de todos os devotos da ISKCON", afirma uma declaração do grupo.

Espaço para todos

Desprezada por alguns observadores que a consideram excessivamente emocional e sem profundidade teológica, a ISKCON de fato representa uma revisão sofisticada, embora direta, de princípios hindus familiares. Sua posição inalterável igualitária e a rejeição aberta aos conflitos sectários atraíram muitos seguidores fervorosos.

O objetivo principal da ISKCON, segundo seus membros, é instruir as pessoas acerca da melhor e mais imediata forma de expressar o amor por Deus. A exuberância, abertura e dedicação completa com as quais os praticantes abraçam seus objetivos se tornaram elementos dos mais característicos da tradição.

Meditação Transcendental

Se a ISKCON procura se distanciar da designação "seita hindu", o movimento Meditação Transcendental (MT) também parece ansioso em rejeitar a ideia de observância religiosa formal.

O grupo prefere focar os benefícios verificados de modo científico das técnicas simples de meditação. Entretanto, possui um conjunto identificável de praticantes e um elemento espiritual discernível

Aposto que você não sabia

Para muitos adeptos, essa prática orientada para resultados é o método perfeito para incorporar harmonia e integridade no mundo moderno — um mundo que, segundo os praticantes, pode precisar dessas qualidades muito mais do que necessita de outras estruturas religiosas organizadas. O fato de o movimento ter prosperado em sua forma atual revela muito a respeito do apelo limitado das práticas religiosas tradicionais para muitas pessoas hoje em dia.

baseado na filosofia vedanta hindu. Ao que parece, ele também apresenta uma estrutura metafísica, devido à ênfase dada pelo grupo em transcender os limites físicos por meio da prática avançada da meditação. Os praticantes acreditam que alguns meditadores são capazes de atingir formas de levitação.

Lembrado por muitas pessoas de fora como o sistema de crença que serviu como apoio para os Beatles, o movimento Meditação Transcendental foi introduzido no Ocidente pelo iogue Maharishi Mahesh em 1959. Atraiu muitos praticantes com o passar dos anos. Não é visto como exclusivo. Os adeptos da MT podem usar a meditação para suplementar outras expressões de fé ou nenhuma delas.

Meditação simples

A pessoa aprende o método da MT por meio de sessões introdutórias (pagas) com um instrutor certificado. As técnicas não são muito complexas, mas a instrução formal é um pré-requisito da participação.

As técnicas de meditação são praticadas duas vezes ao dia de 15 a 20 minutos com a pessoa sentada confortavelmente, mantendo os olhos fechados. Os praticantes explicam que o procedimento não exige esforço e muitos relatam uma melhora nas condições gerais de saúde e bem-estar.

A organização, que promove essas atividades por uma rede de escolas védicas e afiliadas, destaca um número impressionante de estudos ligando a Meditação Transcendental a melhoras na criatividade, memória, felicidade, energia e força. Seja ela um método validado cientificamente de crescimento pessoal e felicidade, uma prática não escrita de devoção, um método de relaxamento pessoal ou alguma combinação de tudo isso, a MT emergiu como uma disciplina popular e flexível. Atraiu uma quantidade de adeptos apaixonados que não se sentem confortáveis com as estruturas religiosas organizadas (e talvez excessivamente dogmáticas).

Uma "fé" que não é fé?

A MT se desenvolveu de uma expressão da subcultura jovem da década de 1960 para um tipo de veículo voluntário e aberto para princípios não dogmáticos de meditação – um veículo com aparentes implicações capitalistas benignas. Sua insistência em taxas para instrução inicial fez com que alguns questionassem seus verdadeiros objetivos, mas todas as aparências indicam que o movimento não tenha fins lucrativos.

Neopaganismo

Essa "nova" fé, que inclui muitos grupos, apela a certas práticas religiosas de origem muito antigas. No passado distante, povos tribais por toda a Terra se esforçaram para entender o mundo natural e seu lugar dentro dele. Eles honravam toda a vida, reverenciando a terra como a Mãe de onde a vida surgiu. Alguns aspectos da expressão europeia dessas tradições de fé experimentaram uma renovação nos últimos anos.

Uma percepção daquele que dá a vida, responsável pela formação da terra e do céu, é encontrada em muitas culturas. Hoje, entre as várias formas de neopaganismo, essa figura é chamada por alguma variação do nome "Deusa". Seu papel como a Criadora onipresente de toda a vida e do Universo é consistente com o entendimento cultural de muitos povos nativos.

Aposto que você não sabia

Antigos povos tribais na Europa pré-cristã viam uma ordem profunda nos ritmos e ciclos das estações, e celebravam esses ritmos orientadores em suas observâncias. Hoje, após séculos de supressão e negligência, muitas dessas religiões misteriosas são reanimadas e adotadas por seguidores contemporâneos. A maioria desses fiéis se inclui no grupo "neopagão", e muitos deles dão ao culto da Deusa uma grande importância.

Os grupos neopagãos em existência nos dias de hoje enfatizam a responsabilidade pessoal e veem a força divina residindo em todas as coisas. Venerando a natureza e as estações, eles associam locais físicos específicos com seus ritos sagrados. A maioria dos membros desses grupos aceita de modo aberto o outrora derrogatório rótulo "pagão", abraçando o sentido original de sua raiz latina — "morador do campo", ao mesmo tempo em que rejeita as associações negativas feitas a essa palavra com o passar do tempo.

Sol e Lua

Os ciclos do Sol e da Lua estavam entre os poderes que os antigos devotos procuravam entender com mais fervor. Alguns estudiosos sugerem que os ciclos da Lua foram observados, em primeiro lugar, pelas mulheres que os ligavam a outro ciclo de 30 dias – o menstrual. É provável que essa "observação" inicial tenha se desenvolvido em entendimentos contínuos de importantes responsabilidades formais e do relacionamento entre a tribo, a Terra e a Lua, cujas fases crescente e minguante pareciam de modo muito claro influenciar o corpo humano.

Desse modo, muitos fiéis contemporâneos presumem que as mulheres entenderam a própria Lua como a Deusa, ligada de maneira direta e íntima ao nascimento de vida nova. As mulheres de experiência e sabedoria tornaram-se sacerdotisas em suas tribos.

Perseguição e renovação

A chegada dos invasores romanos assinalou o início de um ataque às culturas de muitas tribos antigas de devotos da Deusa. Esse assalto continuou durante o período cristão e foi reforçado pela conquista muçulmana na Europa e Ásia Menor. Embora suprimidas (frequentemente com o uso da violência), algumas das antigas práticas conseguiram, de modo notável, sobreviver.

Nos últimos anos, muitos grupos renovaram ou reconstruíram antigas tradições centradas na natureza e no culto à Deusa. Os sistemas de crença desses grupos são ecléticos e difíceis de definir. Do mesmo modo, é verdade que os ciclos do ano têm um importante significado religioso para os neopagãos.

A dança das estações

Observâncias sazonais e da natureza desempenham um papel principal entre os membros dos grupos neopagãos. As seções seguintes farão uma modesta tentativa de apresentar as principais datas para esses (com frequência não entendidos) praticantes. É importante reconhecer, no entanto, que esse resumo não esgota a lista de dias sagrados e observâncias do movimento neopagão. Não existe uma lista completa! Trata-se de um movimento com muitas camadas que, de modo intuitivo, resiste tanto ao dogma quanto às estruturas centralizadas.

O solstício de inverno

O solstício de inverno marca o dia mais curto do ano; é a época em que a luz do dia tem menos evidência. Depois de uma espiral de luz observável nesse dia, o ano começa sua ascensão para o solstício de verão, o dia mais longo do ano, seis meses depois. O solstício de inverno é visto como um tempo de honrar a escuridão da noite e do ventre e celebrar a vida que nasce. Durante esse período, a Deusa é reconhecida como nascida novamente, um bebê.

A ênfase na renovação, no renascimento das trevas, tem milhares de anos e é anterior às conhecidas observâncias da festa da Natividade cristã (Natal), em 25 de dezembro, data muito próxima ao solstício de inverno. A queima de velas e troncos durante o solstício de inverno tem uma semelhante origem antiga.

Imbolc

Esse *dia sagrado de interseção*, também conhecido como Brigid, ocorre entre o solstício de inverno e o equinócio da primavera. Ele celebra o aumento da luz e marca a progressão da recém-nascida lua do inverno para a lua bebê da primavera. É um festival de fogo, um tempo de crescimento individual e cura, o tempo do poder interior. Durante o Imbolc, a Deusa é reverenciada como uma jovem virgem.

> **O que significa**
>
> **Dias sagrados de interseção** ocorre nos pontos entre os quatro "quartos" naturais do Sol, no calendário (por exemplo, entre o equinócio do outono e o solstício de inverno). Os festivais neopagãos incorporam o fogo como o elemento central.

Equinócio da primavera

Durante o equinócio da primavera, um dos dois pontos no ano quando a luz do dia e a escuridão da noite estão em equilíbrio, os praticantes honram e celebram o despertar das plantas e animais da aparente morte no inverno. Sinais de fertilidade (como a lebre e o ovo, símbolos familiares na Páscoa secular moderna) são partes importantes da celebração. Sinais da vida que retorna são reverenciados; é abundante a alegre promessa da renovação da juventude.

Beltane

Esse dia sagrado de interseção ocorre depois do equinócio da primavera e antes do solstício de verão. É um tempo de florescimento para a fértil Mãe Terra.

Nesse dia, o amor jovem e a sexualidade são celebrados com a antiga dança maypole. A Deusa é honrada como a donzela cujo sangue fertiliza a terra e como a grande mãe. Esse é um tempo para honrar a sexualidade pessoal e a criatividade como a fonte da vida.

Os celebrantes saltam sobre fogueiras para libertar-se das ofensas do passado e aquecer e abrir o coração. Durante o Beltane, o prazer encontrado no erotismo é entendido como algo inocente, e é expresso por meio de rituais em honra da Deusa.

O solstício de verão

Esse é o tempo do dia mais longo do ano, e quando a luz é mais abundante. A Deusa é honrada por estar no auge da fertilidade, sexualidade e poder. O solstício de verão é considerado uma época de comprometimento com a pessoa amada e também para o desenvolvimento do amor próprio saudável.

A esperança e a promessa de uma nova vida encontradas no solstício de inverno são realizadas mediante a luz cada vez mais crescente. Exatamente nesse momento de fertilidade e recompensa, a jornada de volta à escuridão começa com a metade minguante do ciclo anual.

Lammas

Lammas é o dia sagrado de interseção celebrado no ponto do meio entre o verão e o outono. A Deusa, reverenciada como a mãe no dia sagrado de intercessão anterior, é agora vista como uma matrona.

Lentamente, os dias se tornam mais curtos e o calor se intensifica. Aquilo que foi plantado está amadurecendo, mas ainda não está pronto para a colheita. As deusas dos grãos são celebradas como a fonte da vida. Esse é um tempo quando os praticantes honram a Mãe Terra em sua maturidade. Também é um tempo para focar nas coisas que esperamos encontrar na colheita de nossos próprios esforços diários.

O equinócio de outono

Esse é o segundo ponto de equilíbrio, no calendário, entre a luz e a escuridão. A colheita está completa e a Terra não frutifica mais. Considera-se que a Deusa esteja no período da menopausa. O equinócio de outono é um tempo de agradecer pela rica colheita que abastecerá os fiéis durante o período de escuridão.

Samhain

Esse festival de interseção celebra o ponto do meio entre o equinócio de outono e o solstício de inverno. Ele é considerado a noite mais poderosa do ano; um tempo em que aquilo que separa os fiéis das outras forças terrenas pode ser transcendido.

A Deusa, reverenciada antes como uma matrona, é agora considerada uma senhora idosa que se prepara para a morte. Nessa época do ano, o que é velho entra em decadência, deixando lugar, na plenitude do tempo, para a maravilha do renascimento.

Nesse tempo, os antigos hábitos e padrões são queimados ritualisticamente, e acredita-se que os espíritos daqueles que morreram estejam perto. Preces para as pessoas amadas que partiram são oferecidas durante o festival.

Samhain (ou Hallowmas) marca o Ano Novo pagão; ele representa o início das coisas novas.

A fé Baha'i

Embora a fé Baha'i tenha surgido na Pérsia no século XIX (país que hoje é conhecido como Irã), sua presença só foi sentida nos últimos anos. Seu fundador, um adepto da seita messiânica do Islamismo xiita, conhecida como Babismo, foi um líder religioso conhecido pelos praticantes Baha'i como Baha'u'llah. Nasceu Mizra Husayn Ali Nuri, filho de um ministro de Estado em boas condições financeiras. Em 1852, enquanto estava na prisão, Baha'u'llah supostamente recebeu uma visão a respeito dos planos de Deus para a humanidade. Nos 40 anos seguintes, ele criou um corpo de escrituras que formam o cerne do que hoje é conhecido como a fé Baha'i. Baha'u'llah, que passou a maior parte de sua vida adulta na prisão ou vigiado, morreu em 1892.

> **Aposto que você não sabia**
>
> Os fiéis Baha'i consideram Baha'u'llah o mais recente de uma longa linha de mensageiros divinos, que inclui Moisés, Buda, Jesus e Maomé. Essas figuras intercessoras, divinamente indicadas, são vistas como forças de motivação no desenvolvimento da civilização humana.

As ideias orientadoras por trás dos escritos de Baha'u'llah são igualitárias, práticas e progressivas. Mantendo os princípios centrais da fé Baha'i, os praticantes dessa crescente tradição consideram todas as religiões anteriores unificadas e aceitam que Deus foi revelado à humanidade por meio de várias manifestações em diferentes momentos na história.

Unidade

De modo notável, a tradição Baha'i sobreviveu à morte de seu fundador sem enfrentar discórdias, cisões internas, controvérsias ou fragmentação institucional. (Se você prestou atenção às histórias antigas de outras religiões apresentadas neste livro, percebeu que isso é um feito impressionante.) Sob a liderança de Abdu'l Baha e Shoghi Effendi, os dois homens que, sucessivamente, lideraram o movimento depois de 1892, a religião cresceu e prosperou em outras partes do mundo, principalmente na África e na América do Norte. Existem agora comunidades de fiéis em 205 países.

Igualdade e harmonia

A fé Baha'i é a única religião do mundo cujas escrituras abraçam, sem ambiguidade nem equívocos, a igualdade fundamental do homem e da mulher. Entre outros princípios endossados nos escritos de Baha'u'llah estão:

- A humanidade como uma única espécie
- Um governo internacional e uma língua única
- A necessidade da eliminação do preconceito
- A importância da educação universal
- Os efeitos negativos da desigualdade econômica
- A necessidade de evitar atividades proibidas (como matar, roubar, mentir, ter um comportamento sexual inapropriado, jogar, usar drogas e álcool, participar de fofocas maldosas)

Crescimento rápido

Apesar das proibições (observadas com zelo) contra o proselitismo, a fé Baha'i tornou-se uma das religiões independentes de mais rápido crescimento. No século passado, ela se desenvolveu de uma obscura expressão de fé localizada no Oriente Médio para um movimento global que atraiu fiéis em quase todas as nações reconhecidas. Apenas o Cristianismo tem um alcance mais amplo – e, lembre-se, em um ponto comparável em seu desenvolvimento histórico, o Cristianismo também foi um movimento local pequeno e perseguido, que, com frequência, parecia estar à beira da extinção. Seguidores da fé Baha'i também sofreram perseguições no Irã contemporâneo.

Embora sua estrutura teológica seja contra ideias como "dominação", essa fé vigorosa, inclusiva e diversa pode emergir como uma das mais importantes no século XXI.

Macumba

A Macumba, em contraste ao alcance global da fé Baha'i, é uma religião pequena e, frequentemente, mal entendida que combina as antigas práticas africana e católica em uma notável síntese religiosa. Embora fosse quase desconhecida nos Estados Unidos até pouco tempo, nos últimos três séculos ganhou força.

Macumba, que incorpora elementos de sacrifício animal como oração, alcançou a costa norte-americana com a imigração em massa que se seguiu à revolução cubana de 1959. Sua prática nos Estados Unidos é mais comum entre os afro-cubanos, porto-riquenhos e afro-americanos, em regiões da cidade de Nova York, mas a religião estendeu-se para todos os lugares no país. Essa pequena (nos dias de hoje) religião híbrida combina elementos da observância tribal africana e da terminologia e história católico-romana. Hoje, a Macumba é sujeita a uma devoção e um interesse erudito que crescem cada vez mais.

Orixá

A Macumba é inspirada pela presença de orixás (espíritos) conhecidos por nomes africanos e espanhóis. Os fortes elementos africanos dessa fé remontam ao comércio de escravos que trouxe ao povo da nação ioruba uma vida de trabalhos forçados em Cuba durante três séculos e meio.

Uma nova forma

A "conversão" desses escravos ao Catolicismo Romano não resultou na erradicação dos rituais africanos existentes, mas sim na sua perpetuação em uma forma nova e extraordinária. A Macumba combina nomes e rituais nativos com as personificações de reconhecidos santos do Catolicismo Romano; uma combinação que pode ter objetivado, a princípio, apaziguar as autoridades religiosas, mas que agora é uma característica integral da fé.

São Francisco de Assis, por exemplo, é associado na Macumba ao orixá conhecido como Orula, que incorpora ao princípio da sabedoria, o número 16, as cores verde e amarela e uma particularmente distinta dança envolvendo o orixá conhecido como Oxum, que, por sua vez, é associada à La Caridad del Cobre, a santa padroeira de Cuba.

Rastafarianismo

O movimento rastafari honra a África como o berço da humanidade e apregoa, de modo inconfundível, autonomia e autossuficiência entre os negros. Essa distinta prática religiosa foi formulada pelos descendentes de escravos nas favelas da Jamaica, durante o século XX.

Aposto que você não sabia
Os ideais fundadores da fé rastafari são: liberdade de espírito, liberdade da escravidão e liberdade da África. Os devotos rastafarianos pregam a austeridade, a pureza e um comprometimento pessoal com a solidariedade entre os negros.

A origem do Rastafarianismo, que é tanto um movimento cultural quanto uma religião, pode ser encontrada nos ensinamentos do defensor jamaicano do nacionalismo negro Marcus Garvey, famoso por seu movimento "De volta à África". Na década de 1930, a clara mensagem de Garvey acerca da unidade dos negros e do orgulho pela herança africana encontrou uma nova expressão na Jamaica. Notícias de que Haile Salassie fora coroado imperador da Etiópia foram aclamadas não apenas como um desenvolvimento político, mas também como a confirmação de uma profecia de que um messias negro fora coroado. Muitos jamaicanos veneravam Salassie como um deus vivo para a raça negra. (O nome anterior de Salassie era Ras Tafari, e é daí que se origina o nome do movimento.) Salassie, que morreu em 1975, não era um rastafariano.

Os rastafarianos são, talvez, mais conhecidos pela alegre música *reggae* e pelo uso de maconha em meditação e para propósitos de saúde. Eles acreditam que o uso dessa erva seja sancionado por várias referências na Bíblia. É importante observar que um poderoso tipo de maconha, conhecido como "ganga", cresce naturalmente na Jamaica.

Os verdadeiros rastafarianos só ingerem alimentos que nunca foram tocados por aditivos químicos, que não sejam enlatados e estejam o mais cru possível. Não usam condimentos nem conservantes. Tomam apenas bebidas de ervas e entendem que bebidas alcoólicas, leite e café não são naturais. São vegetarianos que enfatizam a importância de viver em paz estudando a escritura sagrada.

Como sinal de suas crenças, eles deixam o cabelo crescer em cachos, que veem como a imagem do leão de Judá. As cores usadas para representar o Rastafarianismo são vermelho, dourado (ou amarelo) e verde; todas adaptadas do movimento Garvey e associadas a novos conceitos específicos da prática rastafari.

Acredita-se que seis entre dez pessoas na Jamaica são rastafarianas ou aliadas ao movimento. Afirma-se a existência de centenas de milhares de praticantes em todo o mundo.

O movimento Nova Era

Também dignos de nota, mas muito amplos para se encaixar no grupo de tradições que acabamos de estudar, estão os diversos movimentos espirituais conhecidos como "Nova Era". Trata-se de um grande grupo inclusivo que apresenta todos os sinais de enriquecimento do diálogo religioso nas décadas futuras.

Aposto que você não sabia
Para um estudo de uma religião "nova", cujos praticantes procuram reviver e expandir uma série de tradições há muito adormecidas, volte à seção sobre Neopaganismo.

Esse fenômeno espiritual moderno levou a uma profusão de submovimentos, entre os quais os mais notáveis combinam antigas crenças de astrologia, reencarnação, natureza e medicina asiática com práticas distintamente modernas.

Nem sempre é fácil traçar a linha entre a observância das religiões da Nova Era e o movimento do potencial humano que começou a ganhar importância nos anos 1970. Alguns observadores usam o termo "Nova Era" para descrever qualquer sistema filosófico que seja difícil de categorizar, incluindo a controversa Igreja da Cientologia.

Recente pesquisa na Internet revelou uma enorme variedade de grupos que se autodenominam "Nova Era", cujo traço comum é um questionamento aberto. Seus interesses incluem disciplinas de cura, novas formas de meditação e práticas espirituais centradas no meio ambiente, inspiradas pelas observâncias dos índios norte-americanos.

No fim das contas, o flexível rótulo Nova Era é mais bem entendido como um termo amplo que inclui um vasto espectro de crenças movidas pela curiosidade e experimentação. Os entusiastas da Nova Era são ansiosos em abordar questões espirituais que nascem do mundo moderno. E esse é, provavelmente, o ponto máximo a que conseguimos chegar na generalização do movimento.

Novas práticas religiosas adicionais

A seguir, um breve resumo de alguns outros movimentos que podem ser de interesse. Para aprender mais, acesse o *site* da organização.

Ordem Religiosa dos Conceitos Aquarianos

Resumo: uma ordem localizada no Arizona (Estados Unidos) que enfatiza a responsabilidade ambiental, a interdependência entre os grupos sociais e o serviço local. O grupo afirma que a presente Era de Aquário representa um período de oportunidade para "cooperação, diálogo e humildade" e para uma distribuição justa dos recursos entre as pessoas.

Forte citação: "A vontade perfeita de Deus deve ser o objetivo de cada pessoa, assim como um entendimento expandido do Universo do Criador. As leis em nosso Universo podem ser entendidas mediante a contínua revelação ou dos 'conceitos aquarianos' – conceitos espirituais para a unidade no novo milênio".

O endereço do *site* é www.aquarianconcepts.org.

Igreja Eclética

Resumo: grupo devotado a revisar e atualizar os instrumentos teológicos com vistas a enfatizar os dogmas comuns às religiões do mundo.

Forte citação: "Onde está o 'amor ao próximo' que foi inspirado desde os tempos de Platão até a psicologia de C. G. Jung – dos escritos de Isaías ao Evangelho de Jesus – dos ensinamentos de Buda à fé de Maomé?

Existe a necessidade de reexaminar nossas crenças em Deus. As pessoas precisam repensar a mensagem dos Evangelhos. Apesar do dogma de muitas religiões, até que a fé se torne significativa na realidade – até que o homem aprenda a amar o próximo, reconhecendo a qualidade Divina que está presente em todos os seres humanos – nossa fé em Deus não é nada além de uma proclamação de palavras vazias. O amor não é falado; ele é expresso em tudo o que fazemos!"

O endereço do *site* é www.eclecticchurch.org.

Mãe Meera

Resumo: líder espiritual nascida na Índia (agora morando na Alemanha) cujos devotos a consideram uma Mãe Divina. A prática é centrada na sua concessão da graça aos seguidores que se apresentam a ela física ou espiritualmente. O grupo não dá ênfase a nenhum dogma, credo, ritual ou ensinamento específicos. Seu conteúdo é praticamente livre e atrai seguidores ativos de todas as principais tradições religiosas.

Forte citação: "A Mãe Divina sempre foi venerada como a alma e a força mantenedora do Universo. Embora algumas de suas faces sejam bem conhecidas – Kali, a Virgem Maria, Ísis, por exemplo – muitas das suas formas incorporadas decidiram trabalhar em silêncio no mundo. Em épocas turbulentas como as de hoje, muitas encarnações da Mãe Divina se movimentam entre nós, cada uma com a sua tarefa específica de curar, proteger ou transformar. Uma das mais reverenciadas e amadas desses avatares da mãe divina é a mãe Meera".

O endereço do *site* é www.mothermeera.com.

Panteísmo Natural

Resumo: religião contemporânea que envolve e celebra a natureza e o cosmos como revelados por vários meios, incluindo a investigação científica.

Forte citação: "Quando olha para o céu à noite ou para as imagens do Telescópio Espacial Hubble, você se enche de sentimentos de admiração pela surpreendente beleza e poder do Universo? Quando está no meio da natureza, em uma floresta, perto do mar ou no alto de uma montanha – você tem a sensação do sagrado, como o sentimento de estar em uma grande catedral? Você acredita que os seres humanos devem ser uma parte da Natureza, em vez de se colocar acima dela? Se responde sim a todas essas perguntas, então tem uma tendência panteísta. Você é cético quanto à existência de outro Deus que não seja a Natureza e o Universo? Porém, sente uma necessidade emocional de reconhecer algo maior do que você ou do que a espécie humana? Se a sua resposta é sim, então o Panteísmo é, muito provavelmente, o lar da sua religião natural".

O endereço do *site* é members.aol.com/Heraklit1.

Northlight: caminhos da liberdade

Resumo: útil resumo *on-line* de rituais e práticas contemporâneas inspiradas nos índios norte-americanos, incluindo informações acerca de como andar sobre pedras quentes.

Forte citação: "Aqui no *site* da Northlight você encontrará informações sobre como participar e aprender acerca da cultura dos índios norte-americanos e os antigos processos essênios... Roger Clark, *Eaglewolf,* é um instrutor certificado sobre como andar sobre pedras quentes, do FIREWALK INSTITUTE of RESEARCH and EDUCATION. Ele também é um dançarino do Sol do Lakota Sioux".

O endereço do *site* é members.tripod.com/~northlight.

Irmandade da Autopercepção

Resumo: sociedade internacional fundada, em 1920, por Paramahansa Yogananda, cujo livro *Autobiografia de um iogue* foi saudado como um clássico espiritual perene. O grupo promove ideias relacionadas à ioga e às práticas de ioga.

Forte citação: "Os ensinamentos universais de Paramahansa Yogananda oferecem uma ciência de exploração espiritual – que nos permite criar para nós mesmos vidas espiritualmente harmoniosas e contribuir para um mundo mais compassivo e pacífico".

O endereço do *site* é www.yogananda-sfr.org.

Meditação high-tech contemporânea da sincronicidade

Resumo: prática centrada na meditação que adota técnicas acústicas e mensagens subliminares contemporâneas, com o objetivo de ajudar os praticantes a encontrar uma experiência espiritual mais profunda por intermédio da meditação *high-tech* de resultados. O *site* apresenta fragmentos de sons.

Forte citação: "O paradigma da sincronicidade apresenta uma perspectiva contemporânea e científica na qual a meditação está diretamente relacionada ao equilíbrio dos hemisférios do cérebro e à desaceleração das frequências das ondas cerebrais. Por meio desse equilíbrio, os opiatos naturais do cérebro são liberados, levando o meditador a estados pacíficos, contentes e sem estresse e, por fim, à experiência dos estados expandidos, multidimensionais da percepção da Fonte. A tecnologia da sincronicidade usa um padrão sonoro específico para recriar e contemporizar os dois elementos básicos da experiência do isolamento/caverna [da prática da ioga clássica]: a desaceleração das frequências das ondas cerebrais e o uso da afirmação subliminar".

O endereço do *site* é www.synchronicity.org.

Rede mundial de oração

Resumo: um esforço *on-line* de oração propondo preces específicas de uma variedade de tradições.

Forte citação: "Sem Deus, falta tudo".

O endereço do *site* é www.prayerchain.org.

O mínimo que você precisa saber

- Toda religião foi, em determinada época, uma religião nova para alguém.
- No século XX, a Nação do Islamismo, o movimento Hare Krishna, a Meditação Transcendental, o Neopaganismo, a fé Baha'i, a Macumba e o Rastafarianismo emergiram como importantes tradições espirituais novas.
- O movimento Nova Era apresenta um diverso agrupamento de práticas religiosas com influências modernas e antigas.
- Existem muitas outras religiões novas; as apresentadas em detalhe neste capítulo são apenas tradições representativas.

Capítulo 35

Vozes Místicas

Neste capítulo:

- O que é misticismo?
- A Cabala
- Sufismo e Rumi
- A tradição mística cristã e Thomas à Kempis

Todas as grandes religiões do mundo têm movimentos místicos.

Você pode perguntar: o que é misticismo? É o desejo de algum tipo de união pessoal com o Divino.

Essa é a resposta simples; uma mais longa teria de levar em consideração muitos movimentos filosóficos baseados no misticismo. Embora essas escolas filosóficas possam ser muito complexas, todas apresentam um interesse nas especificidades de uma união pessoal com o Divino – e o meio pelo qual ela é alcançada.

Os movimentos místicos, em outras palavras, estão relacionados ao contato direto. Eles estão, com frequência, menos preocupados com questões sociais ou práticas que uma religião ou sistema social enfrentam, e mais voltados ao encontro direto com a Realidade Divina. Os movimentos místicos sofreram perseguições e opressão das autoridades religiosas da tradição que representam; contudo são notavelmente persistentes. Eles também têm um modo de se "polinizar" mutuamente; ou seja, influenciam movimentos místicos complementares que surgem em diferentes sistemas de fé.

Este capítulo o apresentará a três das mais interessantes e influentes tradições místicas: a Cabala, o Sufismo e a tradição mística cristã refletida nos escritos de Thomas à Kempis. Cada uma delas é distinta e independente. Ainda assim, todas apoiam o desejo por uma união profunda, completa e pessoal, dentro de seu próprio sistema de fé, entre Deus e o fiel.

Deixe os místicos falarem

Por definição, os movimentos místicos religiosos são… bem… difíceis de definir. Frequentemente, eles tentam penetrar o cerne de suas respectivas escrituras, em vez de apenas se envolver em pesados debates teológicos.

Como o foco da maioria dos movimentos místicos religiosos é, de modo geral, transcender o dogma e a análise intelectual, esta parte do livro apresentará um pequeno resumo histórico de cada um dos três movimentos; e depois deixará que os textos e as tradições do movimento em questão falem por si.

A Cabala

A Cabala é um sistema de pensamento dentro do Judaísmo que interpreta as escrituras hebraicas à luz de uma tradição que se acredita remontar ao patriarca Abraão. Embora seus adeptos acreditem devotamente que essa linhagem seja verdadeira, os estudiosos modernos são mais céticos e afirmam que a Cabala – pelo menos em sua formulação presente – tem origem na França do século XI. Adeptos do sistema insistem que há importantes precedentes a essa cabala do século XI – que enfatizam modos de obter visões espirituais especiais a partir dos textos e que datam de tempos muito mais antigos.

A interpretação cabalística das escrituras hebraicas insiste que exista valor espiritual a ser obtido do profundo estudo de cada sílaba contida nelas, e que os nomes de Deus têm um poder especial. Entender esses mistérios, de acordo com os costumes, é um objetivo que requer orientações daqueles bem versados na tradição.

O pensamento cabalista foi intimamente ligado à experiência mística e ao desenvolvimento histórico dos judeus hassídicos. Seus textos principais (além das próprias escrituras hebraicas) são a *Torá*; o *Zobar*, um comentário à Torá, e o *Sefer Yezirah*, ou Livro da Criação.

A interpretação moderna da tradição cabalística assumiu muitas formas.

A seguir, alguns exemplos das "vozes" da Cabala:

> O potencial espiritual mais alto de uma pessoa é alcançar o nível de maaseh merkavah ("o ato da regra"). Ela é capaz de se corrigir a tal ponto que a Providência Divina sobre o mundo pode ser executada através dessa pessoa (Talmude, Suka).

É proibido estudar a Cabala com qualquer objetivo que não seja o de alcançar elevação espiritual (Talmude, Sanhedrin).

A Torá é escondida. Ela só é revelada àqueles que alcançaram o nível da justiça (Talmude, Hagiga).

A Torá é a Luz do Criador, e apenas uma pessoa que recebe essa luz realmente aprendeu a Torá (em vez de simplesmente adquirir uma simples sabedoria) (Zohar, Metzorah).

O aspecto mais importante do processo de autoaperfeiçoamento é o desenvolvimento do senso de humildade diante do Criador. Isso, no entanto, não deve ser uma empreitada artificial, mas o objetivo do esforço da pessoa. Se, como resultado do trabalho sobre si mesmo, um indivíduo, de modo gradual, começa a desenvolver essa qualidade, então isso significa que ele está seguindo na direção certa (Talmude, Avodah Zarah).

> **Aposto que você não sabia**
>
> Para aprender mais acerca da Cabala, leia o artigo *Judaism 101: Kabbalah and Jewish Mysticism*, do dr. James Kiefer, em www.jewfaq.org/kabbalah.htm.

Um ser humano nasce como um completo egotista, e essa qualidade é tão visceral que pode convencê-lo de que ele já se tornou justo e se livrou de todo o egotismo (Talmude, Hagiga).

Quanto mais inferior uma pessoa se sente, mais próximo ela chega de seu verdadeiro estado e do Criador (Talmude, Sota).

Quando uma pessoa, por meio de seus estudos, alcança o nível em que ela não deseja mais nada além da elevação espiritual, e no qual ela aceita apenas as necessidades básicas da vida para sustentar sua existência física, e não em nome do prazer; esse é o primeiro passo de sua ascensão ao mundo espiritual (Talmude, Psachim).

Quem pode imaginar um mundo que não esteja repleto pelo Criador? (Talmude, Shabbat).

Sufismo

Os sufis foram e são os sustentadores da grande tradição mística no Islamismo. O termo se refere a uma variedade de movimentos ascetas que surgiram por todo o Islamismo. Na história, alguns seguidores desses movimentos foram perseguidos por suas crenças, mas a ênfase sufi no contato direto com Alá permanece forte ainda hoje.

O Sufismo influenciou e foi influenciado por algumas antigas tradições cristãs.

A figura sufi mais conhecida é Rumi, o grande escritor persa do século XIII. Seguem algumas de suas extraordinárias observações:

> Abandona tua riqueza, ainda que seja o reino do Sabá. Tu encontrarás muitos reinos não nesta terra. Aquilo que tu chamas de trono é apenas uma prisão. Tu te consideras entronizado, mas estás do lado de fora. Tu não tens nenhuma soberania sobre tuas próprias paixões. Como tu podes afastar o bem e o mal? Teu cabelo se torna branco sem o teu consentimento. Envergonha-te de tuas paixões vis. Aquele que se curva diante do Rei dos Reis receberá cem reinos que não são deste mundo; mas o prazer de se curvar diante de Deus te parecerá mais doce do que incontáveis glórias (Masnavi, Livro 4, História 2).

> Pudera ele estar menos repleto de conhecimento emprestado! Assim ele teria aceitado o conhecimento inspirado de seu pai. Quando, com a inspiração à mão, você busca aprender nos livros, Seu coração, como se estivesse inspirado, o enche de reprovação. O conhecimento tradicional, quando a inspiração está disponível, É como fazer abluções na areia quando a água está próxima. Faça-se ignorante, seja submisso, e então Você obterá a libertação de sua ignorância (Masnavi, Livro 4, História 2).

> Venda sua inteligência e compre confusão; A inteligência é apenas opinião; a confusão, intuição (Masnavi, Livro 4, História 2).

> A razão é como um oficial quando o rei aparece; O oficial então perde o seu poder e se esconde. A razão é a sombra de Deus; Deus é o Sol. Que poder tem a sombra diante do Sol? (Masnavi, Livro 4, História 4).

> Por quanto tempo tu residirás em palavras e superficialidades? Um coração ardente é o que eu desejo! Acende em teu coração a chama do amor, E queima por completo pensamentos e expressões elegantes. Ó, Moisés! Os amantes dos ritos justos são uma classe, Aqueles cujos corações e almas ardem em amor uns pelos outros (Masnavi, Livro 2, História 7).

> Por que tu disseste: "Eu pequei tanto, E Deus de Sua misericórdia não puniu meus pecados?" Tu afirmas exatamente o oposto da verdade, Ó, tolo!

Afastando-se do caminho e perdido no deserto! Quantas vezes eu te castigo e tu não percebes? Tu estás preso em minhas correntes da cabeça aos pés. Em teu coração há ferrugem sobre ferrugem, Assim tu estás cego para os mistérios divinos (Masnavi, Livro 2, História 15).

Eu não considero o que está fora e as palavras, eu considero o que está dentro e o estado do coração. Eu olho para o coração se ele é humilde, pois as palavras podem ser o oposto da humildade. Porque o coração é substância e as palavras, acidentes (Masnavi, Livro 2, História 7).

Você se tornaria um peregrino na estrada do amor? A primeira condição é que se faça tão humilde quanto o pó e as cinzas (Ansari do Coração).

Ó, Tu que transformas a terra em ouro; e de outra terra fizeste o pai da humanidade, Tua ação é de transformar as coisas e conceder favores, minha ação é de cometer erros e esquecer. Transforma meus erros e esquecimento em conhecimento; sou todo vil, faze-me moderado e humilde (Masnavi, Livro 5, História 3).

Os tolos louvam e magnificam a mesquita, enquanto lutam para oprimir os homens santos de coração. Mas a primeira é apenas forma; os segundos, espírito e verdade. A única mesquita verdadeira é a que está no coração dos santos. A mesquita que é construída nos corações dos santos É o lugar de culto para todos, pois Deus nela reside (Masnavi, Livro 2, História 13).

Eu rogo a Deus, o Onipotente, que nos coloque entre Seus escolhidos, entre aqueles que Ele dirige ao caminho da segurança; em quem Ele inspira fervor para que não esqueçam Dele; a quem Ele limpa de toda impureza, de modo que nada permanece neles além Dele próprio; em quem Ele reside completamente; que eles não adorem nenhum outro além Dele (Al Ghazzali).

> **Aposto que você não sabia**
>
> Para aprender mais sobre o Sufismo, leia o artigo Sufism's Many Paths, do dr. Alan Godlas, em www.uga.edu/islam/Sufism.html.

A tradição mística cristã: Thomas à Kempis

Há muitas expressões de misticismo no Cristianismo. (A vida e os escritos do grande monge trapista Thomas Merton é um exemplo recente do celebrado misticismo cristão.) Mas o escrito mais influente dentro dessa tradição de fé ainda é *The Imitation of Christ*, atribuído ao padre e monge alemão agostiniano Thomas à Kempis.

O livro foi escrito no século XV e por meio milênio permaneceu como um preeminente documento baseado na fé de compromisso com a busca pelo exemplo pessoal de Jesus Cristo.

A seguir, alguns exemplos das "vozes" do misticismo cristão (todos encontrados em *The Imitation of Christ*):

> Em primeiro lugar, fique em paz consigo mesmo, assim poderá levar paz aos outros.

> Alguns têm (Deus) em suas bocas, mas pouco em seus corações. Existem outros que, sendo iluminados em seu entendimento e purificados em sua afeição, sempre buscam as coisas eternas, não desejam ouvir sobre as coisas terrenas, e lamentam estar sujeitos às necessidades da natureza; e estes percebem o que o Espírito da Verdade lhes fala. Ele os ensina a desprezar as coisas da terra e a amar as coisas do céu; a desconsiderar o mundo e aspirar todo dia e noite ao céu.

> O amor voa, corre e se regozija; ele é livre e nada pode segurá-lo.

> Nunca fique inteiramente ocioso; mas sempre leia, escreva, reze, medite ou faça algo pelo bem comum.

> Entre dois males devemos sempre escolher o menor.

> Lembre-se de que o tempo perdido não retorna.

> O homem bom e devoto, em primeiro lugar, prepara-se interiormente para as ações que terá de realizar. Suas ações externas não o arrastam para a luxúria

---

Aposto que você não sabia

Para aprender mais sobre Thomas à Kempis, leia o artigo *Thomas à Kempis, Priest, Monk, and Writer*, do dr. James Kiefer, em http://satucket.com/lectionary Thomas_a_Kempis.htm.

No caminho

"Tende cuidado para que ninguém vos venha a enredar com sua filosofia e vãs sutilezas, conforme a tradição dos homens, conforme os rudimentos do mundo e não segundo Cristo."
(Epístola de Paulo aos Colossenses 2:8)

ou vício; pelo contrário, ele os curva, dando-lhes a forma da razão e do julgamento correto.

Quem tem uma batalha mais difícil a ser travada do que o homem que se esforça para conquistar a si mesmo?

Quem tem uma batalha mais difícil a ser travada do que aquele que está tentando superar a si mesmo?

Não fique com raiva por não conseguir fazer com que os outros sejam como você quer, pois você não consegue fazer com que seja como deseja.

Se tu confias mais em tua própria razão ou astúcia que na virtude que se submete a Jesus Cristo, tu rara e dificilmente te tornarás um homem iluminado; pois Deus deseja que sejamos perfeitamente sujeitos a Ele, e que transcendamos toda a razão pelo amor fervoroso.

O mínimo que você precisa saber

- Todas as grandes religiões incluem tradições místicas.
- Misticismo significa agir na esperança de algum tipo de união pessoal com o Divino.
- O culto cabalístico enfatiza o estudo tradicional e esotérico das palavras das escrituras hebraicas e afirma que os nomes de Deus têm um poder especial.
- O Sufismo é a grande tradição mística do Islamismo; sua figura mais conhecida é, provavelmente, o autor persa Rumi.
- Atribui-se a Thomas à Kempis a autoria de um escrito místico cristão muito influente – *The Imitation of Christ*.

Capítulo 36

Extremismo Religioso no Século XXI

Neste capítulo:
- 11 de setembro e seus resultados
- Reações ao extremismo religioso
- O que os extremistas religiosos têm em comum
- A melhor resposta

Os ataques terroristas aos Estados Unidos, em 11 de setembro de 2001, destacaram, de um modo impossível de ignorar, a questão da violência cometida em nome da religião.

O que faz um seguidor de determinado sistema religioso praticar a violência em nome de Deus? A questão é muito complexa. Embora as probabilidades de resolvê-la definitivamente sejam pequenas, ela merece ser analisada, e esse é o foco deste capítulo.

A mão da ira cega

Seguindo os vergonhosos ataques aos Estados Unidos em 2001, uma onda de violência e discriminação antimuçulmana varreu o país. Uma parcela dessa violência chegou a ser direcionada a pessoas que não tinham ligação com a fé alegada pelos sequestradores, que transformaram aviões de passageiros em armas mortais. (Na cidade de Nova York, siques usando turbantes foram confundidos com muçulmanos e atacados.) A longa lista de cidadãos cumpridores da lei que foram atacados naquele ano merece mais do que uma simples condenação. Assim como os próprios ataques terroristas, a onda de ódio e retaliação que se seguiu precisa ser examinada bem de perto.

Como muitos americanos perceberam (ou se lembraram) naqueles dias tenebrosos que se seguiram aos horríveis acontecimentos em Nova York, Pensilvânia e Washington, a escolha de retaliar um grupo religioso específico serviu apenas para refletir a tática errônea das pessoas que cometeram os crimes em primeiro lugar.

Ira cega gera mais ira cega. Ela não é a base de nenhuma fé religiosa digna desse nome; nem mesmo de nenhuma sociedade que funcione.

Reconhecendo esse fato, pessoas de boa vontade começaram a distanciar-se da comoção do momento e a fazer uma série de perguntas difíceis depois dos ataques. Entre essas questões estava a seguinte: o que os extremistas religiosos que recorrem à violência têm em comum?

Um fenômeno global

Na verdade, os ataques desferidos pela al Qaeda, em 2001, não foram os únicos a atingir pessoas inocentes nos últimos anos. Pelo contrário, os ataques em 11 de setembro parecem ter muito em comum com a violência baseada na religião, que se espalhou entre os principais sistemas religiosos. No Oriente Médio, grupos muçulmanos e judeus praticam a violência baseada na religião; e existem grupos que defenderam a violência em nome do Cristianismo nos Estados Unidos.

Esses grupos, apesar das óbvias diferenças religiosas, são, com frequência, surpreendentemente semelhantes entre si no que diz respeito à motivação e visão do mundo.

Uma visão totalitária

Uma motivação comum para a violência religiosa é o que os sociólogos e cientistas políticos chamam uma visão *totalitária* da vida. É a crença de que a própria causa é totalmente boa e de que a causa do oponente é inteiramente má. O totalitarismo também foi descrito como a crença de um conjunto limitado de ideias que pode e deve permear toda a sociedade, erradicando as ideias que se opõem a ele.

> **O que significa**
>
> **Totalitarismo** é a prática de ver o mundo em preto e branco; e de rejeitar de modo ativo todos os sistemas concorrentes sociais e de crenças. É uma marca do extremismo político e religioso. Os líderes religiosos responsáveis no Cristianismo, Judaísmo, Hinduísmo, Islamismo e Budismo rejeitam os movimentos totalistas.

É importante entender que os movimentos totalitários não nascem dentro das tradições religiosas espontaneamente. Eles derivam de causas sociais, entre as quais se incluem a opressão, a privação, os traumas psicológicos e os períodos prolongados de instabilidade social.

Figuras carismáticas que tiram vantagens do sentimento de ser vítima ou sofrer injustiça

Aqueles que coordenam ataques e campanhas de violência motivados pela religião, com frequência, recrutam membros mais jovens que apresentam problemas psicológicos ou instabilidade familiar.

As pessoas que praticam ações violentas em nome de sua fé religiosa, às vezes, são encorajadas por meio de uma estrutura organizacional relativamente centralizada, como os grupos de milícia do Oriente Médio; ou de uma abordagem organizacional mais aberta mantida por grupos obscuros, sem um local específico, como a al Qaeda ou os assim chamados grupos da *Identidade Cristã* dos Estados Unidos.

> **O que significa**
>
> O assim chamado movimento da **Identidade Cristã** é uma coalizão de grupos dissidentes cristãos nos Estados Unidos que defendem, mas alegam não coordenar, campanhas nacionais de violência contra alvos como negros, homossexuais e judeus. A Internet é o principal meio de recrutamento e treinamento dos "lobos solitários" que adotam os princípios abraçados por proeminentes figuras da Identidade Cristã. O acusado do atentado ao Estádio Olímpico, Eric Rudolph, pode ter sido um membro desse movimento.

Independentemente de qual seja a religião defendida – Cristianismo, Islamismo, Hinduísmo ou qualquer outra expressão de fé –, o padrão de um jovem com uma história familiar traumática e/ou um profundo sentimento de injustiça, aparece repetidas vezes nas ações e campanhas terroristas. As tarefas de recrutar, obter fundos e desenvolver planos de violência justificada pela religião podem ou não ser coordenadas por um único homem mais velho que serve de mentor desse jovem.

Quando existe esse mentor mais velho, ele tende a apresentar certas características reconhecíveis: é muito carismático; fala de maneira provocativa, mas o faz por meio de generalidades vagas (pelo menos em público); e no comportamento pessoal, pode muito bem aparentar ser sóbrio e solícito, mesmo reservado e passivo. (As pessoas que encontraram Osama bin Laden afirmam que sua personalidade parece refletir uma natureza calma e reservada.)

Tentativas conscientes de aumentar o caos e a injustiça

Grupos que agem ao longo das linhas religiosas para alcançar objetivos políticos *sem* recorrer à violência são, é claro, comuns em todo o mundo. Esses grupos, de modo geral, buscam resolver problemas sociais identificáveis.

Grupos que agem ao longo das linhas religiosas para alcançar objetivos políticos *por meio da violência*, no entanto, visam a piorar os variados problemas sociais e políticos que alegam combater.

Se existe violência, eles desejam acelerá-la. Se há discriminação e conflito racial, almejam aumentá-los. Os membros desses grupos concluíram, na maioria dos casos, que a perpetuação do caos e da injustiça é a maneira mais provável, e talvez única, de derrotar seus oponentes. (Estratégias semelhantes foram empregadas pelos nazistas e comunistas soviéticos na primeira metade do século XX; embora esses dois grupos fossem seculares e não religiosos por natureza, os meios selecionados para alcançar suas metas foram em essência os mesmos.)

É frequentemente sugerido que a melhor resposta aos vários grupos terroristas internacionais é empreender campanhas militares convencionais agressivas para "extirpá-los". Essa abordagem, porém, corre o risco de fazer exatamente o jogo dos terroristas. Seu objetivo é acelerar qualquer caos ou deslocamento social que possa encontrar em sua região ou movimento, pois quanto maior for o caos, maior será a probabilidade da existência de jovens (homens e mulheres) amargurados que possam ser recrutados para a causa. É inevitável que a guerra traga sofrimento, desordem e ódio para serem explorados pelos líderes terroristas.

O lançamento de uma campanha militar contra uma organização terrorista foi comparado, com razão, ao ato de usar uma metralhadora para matar um grupo de mosquitos.

Interpretações seletivas das escrituras religiosas

Os extremistas religiosos distorcem suas próprias escrituras sagradas, com citações fora de contexto, para manipulá-las.

Os grupos da Identidade Cristã nos Estados Unidos, por exemplo, de modo conveniente, negligenciam os ensinamentos do Novo Testamento que se referem à paz, reconciliação e fraternidade, e enfatizam sua própria interpretação distorcida das visões contidas no Livro do Apocalipse e da lei do

Antigo Testamento. O mesmo fenômeno ocorre com grupos radicais judeus e muçulmanos em todo o mundo.

Nenhuma importante tradição religiosa contemporânea na Terra – e com certeza, não as principais que estudamos em profundidade neste livro – promove como fundamento da fé o assassinato de pessoas inocentes. Todavia, nenhum grande sistema religioso é estruturado de uma maneira que torne impossível a interpretação errônea e a manipulação de seus ensinamentos de modo destrutivo.

Alguns fiéis profundamente mal orientados infelizmente se tornam presas de incitações de figuras carismáticas que usam uma interpretação seletiva dos textos religiosos para justificar ações como lançar ataques suicidas contra edifícios, metralhar civis ou colocar bombas em clínicas de aborto. Esses procedimentos cínicos só podem ser descritos como um desligamento humano fatal de qualquer mensagem divina.

Então, qual é a resposta?

Não há uma resposta fácil ao desafio do extremismo religioso e da violência religiosa motivados por fins políticos no século XXI.

A primeira e mais importante coisa a fazer, contudo, é entender que acusar determinada expressão de fé por todos os atos praticados em seu nome apenas acelerará um ciclo de intolerância mútua e aumentará a probabilidade da existência de novas facções totalistas. Um cristão não é, por definição, um terrorista só porque alguém mal orientado, que se autodenomina cristão, acreditou que a Bíblia dava apoio a seu plano de bombardear o Estádio Olímpico em 1996.

Se focarmos nas ações de grupos extremistas afiliados a determinada expressão de fé, e repetidamente enfatizarmos o que acreditamos ser tendências

---

Cuidado **Atenção**

É um truque comum de retórica dos extremistas religiosos pedir a outros que acreditem que qualquer feito realizado por um fiel de certa tradição religiosa é sancionado pela expressão de fé que ele professa. Em outras palavras, se um muçulmano explode o First National Bank, então (acredita-se) que os dogmas do Islamismo devem, de alguma maneira, apoiar o princípio de atacar prédios de bancos. Isso é um absurdo. Os atos de ódio, divisão e violência que os extremistas praticam são de sua inteira responsabilidade; e não dos fundadores ou professores responsáveis dentro de sua expressão de fé.

"terroristas" dessa expressão, aumentamos a probabilidade de que os membros de nossa fé venham a considerar extremistas todos os que têm crenças das nossas. Esse é, de fato, o objetivo de muitos terroristas: acelerar a polarização da vida religiosa e tornar ainda mais difícil para as pessoas em diferentes expressões de fé apreciar a humanidade uma das outras.

Isso, em outras palavras, é o triunfo do totalitarismo e o fracasso da religião.

Ao encorajar o processo que permite aos membros de determinada religião ver todos os fiéis de outra como o "Outro" – como membros de um grupo que, em essência, tem objetivos totalmente diferentes dos nossos – os extremistas religiosos de variadas expressões de fé esperam promover o longo período de conflitos e sofrimento que, segundo acreditam, tornará possível a realização de seus objetivos.

A melhor resposta a essa campanha das trevas é simplesmente aprender as especificidades dos ensinamentos de outras expressões de fé e entendê-las como elas são, e não como são apresentadas pelos outros.

O mínimo que você precisa saber

- Os vários grupos extremistas religiosos violentos têm certos elementos em comum.
- Os extremistas religiosos, com frequência, contam com jovens que apresentam problemas psicológicos ou que se sentem vítimas de discriminação ou injustiça.
- Nenhuma grande religião contemporânea defende o assassinato de civis inocentes.
- A melhor resposta é aprender o máximo possível acerca de todas as religiões.

Capítulo 37

Grandes Questões

Neste capítulo:
- Guerra e paz
- Eutanásia
- Suicídio
- Aborto

Neste capítulo, você aprenderá acerca dos ensinamentos específicos das principais religiões no que diz respeito a questões de vida e morte. Essas são as "Grandes Questões" que a maioria de nós acaba por fazer, direta ou indiretamente, durante o curso de nossas vidas como cidadãos do mundo moderno.

Aqui, você obterá um sentido das divergências de abordagem – e de algumas surpreendentes áreas de concordância – às questões da guerra e paz, eutanásia, suicídio e aborto.

Guerra e paz

É comum para os comentaristas da mídia e observadores leigos sugerir que uma ou outra tradição de fé se baseia em escrituras que endossam de maneira agressiva a guerra como um conceito ou ativamente promovem hostilidades contra civis. Quando aplicadas aos maiores sistemas de fé do mundo essas análises são, francamente, infundadas.

Pare um instante agora e considere os verdadeiros ensinamentos dos grandes sistemas de fé quanto à importante questão da guerra e da paz.

Judaísmo e guerra

As escrituras hebraicas dão claras indicações de que Deus aprova a guerra em certas circunstâncias, mas também dão sinais igualmente claros de que um intenso desejo pela paz é componente essencial do Judaísmo.

> **Aposto que você não sabia**
>
> Embora existam muitas tradições religiosas, antigas e novas, com claros — e fascinantes — ensinamentos a respeito dessa questão, os mais influentes são os das chamadas "As Cinco Grandes". Gostando ou não, a grande maioria dos praticantes das religiões do mundo pode ser agrupada em uma dessas cinco tradições. Para abordar as posições mais provavelmente relevantes para o maior número de pessoas, focamos nosso estudo nos ensinamentos e decisões do Judaísmo, Cristianismo, Islamismo, Hinduísmo e Budismo, neste capítulo. Nossa esperança é que, ajudando você a aprender sobre os ensinamentos dessas religiões, nós o encorajaremos não apenas a procurar mais informações acerca de suas doutrinas, mas também aprenda as posições dos sistemas de fé alternativos acerca dessas importantes questões.

A famosa passagem contida no Livro de Isaías é uma das expressões mais memoráveis desse desejo de paz: "Ele julgará entre os povos e corrigirá muitas nações; estas converterão suas espadas em relhas de arados e suas lanças, em podadeiras; uma nação não levantará a espada contra outra nação nem aprenderão mais a guerra" (Isaías 2:4).

No melhor ou no pior, muitos grupos enfatizaram a imagem do Deus das escrituras hebraicas como o "guerreiro" e "defensor" do povo judeu. Embora essa imagem esteja por certo presente nas escrituras hebraicas, há uma séria dificuldade que acompanha a atenção dada a ele com a exclusão do resto da prática judaica.

Por exemplo: enfatizar o papel de Deus nos conflitos bíblicos específicos pode desviar nossa atenção das antigas posições eruditas do Judaísmo referentes ao que é ou não uma ação militar permissível do ponto de vista moral.

O Judaísmo há muito acredita que o uso da força está sujeito a certas restrições importantes, de modo mais relevante os esforços genuínos de diplomatas e outros intermediários para garantir uma paz viável. Em outras palavras, a guerra empreendida por seus próprios propósitos, como um meio de conquista ou agressão contra um Estado vizinho, sem nenhuma tentativa de alcançar a paz, não é permissível no pensamento judaico.

> **Aposto que você não sabia**
>
> Há muitas e variadas interpretações acerca da questão da guerra dentro do Judaísmo. Um ponto no qual todos os comentaristas responsáveis concordam, porém, é que tanto os judeus quanto os não judeus têm permissão de lutar em legítima defesa e que o assassinato intencional de civis por forças militares é moralmente condenável.

A interpretação tradicional das escrituras hebraicas no Talmude afirma que a comunidade judaica não pode participar de ataques a não combatentes, e deve dar aos civis a oportunidade de deixar as áreas onde a ação militar é iminente. (A interpretação precisa dessas regras nos tempos modernos, no entanto, tem sido assunto de consideráveis debates.)

Cristianismo e guerra

Os primeiros cristãos eram pacifistas, e o próprio Jesus parece, pelas indicações encontradas nos Evangelhos a que temos acesso, ter procurado um estilo de vida pacífico.

A questão sobre como essa estratégia de pacifismo se equaciona com o ato de governar eficazmente é difícil. O melhor entendimento do ensinamento de Jesus quanto a, por exemplo, "oferecer a outra face", pode ser que Cristo, como Buda, instava os fiéis a levar em consideração o importante fato de que o ódio jamais pode ser superado pelo ódio. Responder ao ódio com mais ódio, ensina o Cristianismo, perpetua o ciclo de violência e agressão, e nos distancia de Deus.

> **Aposto que você não sabia**
>
> A melhor base, encontrada nas escrituras, para a ideia de que Jesus era pacifista é provavelmente o conhecido ensinamento do Evangelho segundo o qual, se alguém bater em seu rosto a reação não deve ser de raiva nem retaliação, mas, em vez disso, oferecer a outra face.

> **O que significa**
>
> A doutrina cristã da **Guerra Justa** afirma que a ação militar não é errada em si mesma, mas pode estar certa ou errada, dependendo do propósito para o qual ela é usada.

A pergunta é: Como esse princípio teológico pode afetar questões fundamentais acerca da guerra e da paz?

Quando o imperador romano Constantino ordenou a aceitação oficial do Cristianismo por todo o império, no século IV d.C., ajudou a desenvolver um novo conjunto de ideias que substituiu a tradicional noção cristã do pacifismo. Foi o princípio da *Guerra Justa*, um produto dos pensadores cristãos do período, que foi mais elaborado nos séculos que se seguiram.

A linha de raciocínio que defende a concepção cristã da Guerra Justa é, em termos gerais, a seguinte:

- ♦ A vida humana é sagrada, e tirá-la é moralmente errado.
- ♦ Isso significa que a vida humana deve ser defendida de ataques.

- Para manter e defender seus cidadãos, o Estado tem o direito e o dever de manter uma classe militar.

- O uso dessa classe militar em atos de guerra pode, às vezes, ser necessário – se a violência defende os seres humanos inocentes e os preceitos morais básicos do Cristianismo.

A ideia da Guerra Justa chegou ao pensamento cristão moderno e hoje, como sempre, existe um forte grupo que argumenta que o uso da guerra deve ser visto como um mal necessário e não como uma escolha moralmente louvável.

Aposto que você não sabia

Nos dias de hoje, nos primeiros anos do século XXI, há muita discussão acerca de uma suposta "Guerra Cultural" entre o Islamismo e o Cristianismo; e muitas críticas a assim chamada doutrina da "Guerra Santa" no Islamismo. Todavia, é importante entender que, no que diz respeito à história, a confiança cristã na guerra santa é tão pronunciada quanto à do Islamismo. É fácil esquecer, ou negligenciar, o fato de que religião e ação militar têm, juntas, uma longa história nas questões humanas, e que o desenvolvimento do Cristianismo, como o do Islamismo, foi afetado por guerras movidas pela religião — ou seja, que são sancionadas por uma Igreja ou um líder religioso.

Islamismo e guerra

Os não muçulmanos no Ocidente fazem uma imagem do Islamismo segundo a qual suas principais características são extremismo, violência e agressão. Os estudiosos sérios de religião – muçulmanos e não muçulmanos – concluem que essa imagem não nasce das escrituras e dos ensinamentos dessa expressão de fé.

Uma palavra de alerta. Nenhuma expressão de fé – nem o Islamismo, nem o Cristianismo, nem o Judaísmo, nem mesmo o Budismo – pode alegar ter desenvolvido um sistema que torna impossível para os fiéis violar os princípios-chave das escrituras religiosas referentes à guerra e à paz.

Tendo esclarecido esse ponto, sugerimos o entendimento do que é realmente ensinado no Islamismo (e que, sem dúvida, é muitas vezes interpretado de modo errado).

Como vimos no Capítulo 18, a concepção comum de que o Islamismo promove o assassinado de infiéis é inteiramente falsa. Pelo contrário, o Islamismo apresenta um código claro de ética no campo de batalha que exige que os prisioneiros de guerra sejam tratados com humanidade e os civis sejam poupados. Esse fato não é muito conhecido pelos críticos do Islamismo no Ocidente... ou é, de maneira rotineira, ignorado.

Existe uma história famosa de um companheiro de guerra do profeta Maomé. Ele estava montado quando se aproximou de um inimigo indefeso; ergueu a espada para matá-lo. O inimigo proferiu as palavras: "La Illaha Illah La!" – a profissão de fé muçulmana que pode ser traduzida como "Não há mais divindade além d'Ele!"

Ao fazer isso, o inimigo indefeso esperava escapar da morte, mas o guerreiro muçulmano desferiu o golpe e o matou.

Mais tarde, quando o profeta Maomé ouviu o que tinha acontecido, ele condenou a ação de seu soldado e o informou que tinha cometido um pecado muito grave ao assassinar um homem que não apenas tentou se entregar como prisioneiro de guerra, mas como também era, no momento em que proferiu as palavras sagradas, um companheiro muçulmano.

> **Aposto que você não sabia**
>
> Os ensinamentos do Islamismo afirmam que a guerra só é defensável em situações em que um Estado islâmico está sob ataque; ou quando o próprio Islamismo deve ser defendido (não expandido); ou para proteger pessoas inocentes que estão sofrendo; ou para defender os muçulmanos que foram expulsos, sem uma causa justa, de seus lares.

O soldado protestou: "Mas o homem só disse isso para escapar da morte!"

O profeta respondeu de modo áspero: "Então você cortou o coração dele para ver se falava ou não a verdade?"

A violência arbitrária, sem restrição, em nome da vitória, é estritamente proibida no Islamismo. O primeiro califa, ou sucessor do profeta Maomé, foi um homem chamado Abu Bakr. Ele era o sogro do profeta e foi um dos primeiros a se converter ao Islamismo. Abu Bakr deu as seguintes orientações sobre como se conduzir em uma batalha:

> Não cometa traição nem se desvie do caminho certo. Jamais mutile um corpo morto. Jamais mate uma criança, uma mulher ou uma pessoa idosa. Não fira as árvores nem as queime; principalmente as que dão frutos. Jamais mate o gado do inimigo, a menos que ele o rejeite. É provável que você encontre pessoas cujas vidas foram entregues à devoção monástica. Deixe essas pessoas em paz.

É difícil escapar à conclusão de que o entendimento moderno dos ensinamentos islâmicos a respeito da guerra está aflitivamente incompleto. Contudo, aqueles que se interessam por um entendimento mais profundo da história dessa religião devem considerar o exemplo do grande soldado muçulmano Saladin, que recapturou Jerusalém dos cristãos, em 1187, durante as Cruzadas.

Saladin seguiu o exemplo do profeta Maomé que, como você se lembra, tomou Meca sem represálias contra seus diversos inimigos na cidade. Quando a cidade de Jerusalém se rendeu a Saladin, não aconteceram assassinatos nem atos de vingança. (Isso é algo notável considerando a carnificina que fora infligida aos muçulmanos quando a cidade foi tomada pelos exércitos cristãos.) Os cristãos residentes em Jerusalém foram capturados como prisioneiros de guerra, mas um fácil resgate lhes foi garantido e logo foram libertados.

Budismo e guerra

A fé budista é, antes e acima de tudo, de paz; e é importante dizer que ela é, entre as principais religiões, o melhor registro da obediência a essa crença.

Nenhuma escritura budista apresenta justificação para o uso da violência nas questões humanas. As escrituras ensinam os fiéis a voltar a atenção para sua própria mortalidade; encorajam pensamentos de compaixão e amor; ensinam a ajudar os necessitados e a afastar-se de retaliação ou vingança.

Uma famosa história do próprio Buda aconselha aos fiéis, "ainda que seja cortado por ladrões usando uma serra de dois cabos, você não será meu seguidor se cultivar hostilidade em sua mente" (Kamcupamasutta, Majjhima-Nikkaya I, 28-29).

A doutrina budista do pacifismo é estabelecida de modo notável, e apresenta, mais ou menos, a mesma forma desde os tempos de Buda até agora. Mesmo assim, é importante entender que doutrinas sólidas em qualquer religião, incluindo o Budismo, não são garantias de que elas sempre serão observadas por seus seguidores.

É compreensível, então, que enquanto o Budismo apresenta um notável registro no que diz respeito a promover o pacifismo e a não violência por séculos, esse registro não é (como acreditam erroneamente muitos praticantes) perfeito.

Os budistas do século XIV, por exemplo, perpetraram uma insurreição que, por fim, expulsou os guerreiros mongóis da China; e alguns mestres Zen do Japão, no século XX, apoiaram de modo explícito os movimentos militares nacionalistas japoneses. Existem outros exemplos, e os incluímos aqui para que nosso trabalho seja mais completo.

Tendo feito essa observação, no entanto, é importante entender que, entre os maiores sistemas de fé do mundo, o Budismo com certeza realizou um trabalho notável de aplicação de seus ensinamentos pacíficos em um mundo complicado e violento. O agnóstico Bertrand Russell, que não era um grande defensor dos valores religiosos, foi certa vez pressionado a identificar uma única religião que aprovasse. Ele citou o Budismo por causa de seu histórico geralmente consistente em evitar ser usado como justificativa para conquistas militares.

Hinduísmo e guerra

Uma palavra de alerta aqui. É perigoso fazer generalizações quanto à atitude do Hinduísmo no que diz respeito ao conflito armado porque é perigoso fazer generalizações sobre quase tudo em relação ao Hinduísmo. Essa expressão de fé simplesmente cobre um terreno muito vasto e envolve muitos grupos religiosos diferentes. Existem, no entanto, algumas crenças fundamentais que são geralmente aceitas pelos hindus de várias inclinações. Elas são a crença na legitimidade da autodefesa; a importância de certos procedimentos humanos durante tempos de guerra (por exemplo, não atacar crianças, mulheres, pessoas idosas ou enfermas); e não fugir de um claro dever religioso de lutar.

Os ensinamentos hindus acerca da morte em tempo de guerra são afetados de maneira profunda pela doutrina do carma. Os hindus acreditam, assim como os budistas, que o que parece aos seres humanos ser "vida" e "morte" é na verdade parte de uma ilusão, e que o progresso espiritual é a única realidade. Diferentemente do Budismo, o Hinduísmo apresenta esse modo de pensar da experiência humana como uma justificativa (ocasional) para o conflito armado.

Como regra geral, é claro, o Hinduísmo enfatiza a não violência e proíbe a prática do mal e as justificações teológicas para essas guerras. Entre os hindus modernos que foram exceções aos tradicionais ensinamentos do Hinduísmo a respeito da guerra e da paz estava Mahatma Gandhi. Ele interpretou o ideal de Ahimsa – evitar ferir qualquer pessoa ou coisa viva, como uma posição obrigatória de não violência.

Certa vez, quando questionado se estaria disposto a morrer por suas crenças, Gandhi pensou por um longo tempo e depois respondeu: "Penso que essa é uma pergunta ruim".

Judaísmo e eutanásia e suicídio

O Judaísmo proíbe a extinção desnecessária da vida humana, e impede os médicos de realizar qualquer ação que faça a morte chegar mais rápido.

Ao mesmo tempo, porém, essa religião não força os médicos a tomar medidas extraordinárias para prolongar a vida humana.

Há uma história no Talmude sobre um rabino que estava sendo executado pelas autoridades romanas de maneira particularmente horrível: queimado vivo. Seus alunos insistiram para que acelerasse a chegada da morte inspirando a fumaça para os pulmões. O rabino balançou a cabeça e disse: "É preferível que Aquele que a deu a tome, em vez de eu me ferir". Ele falava, é claro, de Deus – aquele que lhe dera sua alma em primeiro lugar.

O Judaísmo não só proíbe o suicídio, como também os praticantes de ajudar uma pessoa a tirar sua própria vida.

Como acontece com todas as religiões modernas, existe um debate contínuo entre os praticantes com respeito à sabedoria ou à autoridade desses ensinamentos, de modo especial quando se relacionam à assim chamada "morte misericordiosa". Porém, esses ensinamentos estão estabelecidos de modo claro nos preceitos formais do Judaísmo.

Cristianismo e eutanásia e suicídio

A grande maioria dos cristãos se opõe à eutanásia com a justificativa de que a vida é um dom de Deus, e que os seres humanos devem respeitar as decisões de Deus quanto ao momento em que as almas entram no mundo ou saem dele. A mesma abordagem geral se aplica às questões relativas ao suicídio. A Igreja Católica Romana, em particular, é uma oponente aberta da "morte misericordiosa", vendo-a como um pecado que ignora a inerente validade e dignidade da vida humana.

> **No caminho**
>
> "A eutanásia é uma grave violação da lei de Deus, pois se trata do ato deliberado e moralmente inaceitável de matar um ser humano."
>
> Papa João Paulo II, *Evangelium Vitae*, 1995.

O papa João Paulo II foi um opositor daquilo que identificou como uma "cultura da morte" na sociedade contemporânea. Ele continuamente enfatizou os ensinamentos tradicionais católicos a respeito do suicídio e da eutanásia.

A respeito da "morte misericordiosa", ele escreveu: "A verdadeira compaixão leva a compartilhar a dor do outro; ela não mata a pessoa cujo sofrimento nós não podemos aguentar" (*Evangelium Vitae*, 1995).

Embora existam diferenças de opinião e ênfase, é correto dizer que a maioria dos líderes ortodoxos e protestantes concorda no todo ou em parte com a posição do papa. Isso não significa que não existiram fiéis cristãos que discordaram desses ensinamentos. Até agora, no entanto, não há sinal de aceitação do suicídio ou da eutanásia como um componente central da fé cristã.

Islamismo e eutanásia e suicídio

A fé islâmica não aceita uma justificativa moral para a "morte misericordiosa" ou para o suicídio. Os dois são fortemente descartados nos ensinamentos do Islamismo.

O suicídio é proibido em toda e qualquer circunstância pelo Alcorão.

Uma famosa citação do profeta Maomé proíbe de modo claro a eutanásia: "Entre as nações diante de vocês havia um homem com uma ferida e, como não tinha paciência com ela, pegou a faca e se feriu na mão, sangrando até a morte. Alá disse: 'Meu servo apressou a chegada de sua morte, portanto eu proibi que ele entrasse no paraíso'".

Budismo e eutanásia e suicídio

Não há um ensinamento claro a respeito da eutanásia no Budismo. Muitos budistas são extremamente céticos em relação a isso, acreditando que qualquer pessoa que tente praticá-la tem grandes probabilidades de entrar em um estado mental cínico ou depressivo.

Os budistas que se encontram com sérias doenças físicas, com frequência, dedicam-se a longos períodos de meditação. Como princípio orientador, rejeitam a ideia de ferir os outros ou tirar a vida humana. Também acreditam que dar fim a uma vida humana de maneira consciente levará a dificuldades em relação ao carma.

Com respeito ao suicídio, a situação é um pouco mais clara, mas não muito. Ao que parece, existiram pelo menos dois casos em que Buda sancionou o suicídio de monges como meio de alcançar progresso espiritual. Não há evidências de que ele aprovava essa prática para os budistas leigos.

Aqui, como em outros lugares, o Budismo enfatiza a manutenção de uma correta disposição mental. Ele ensina que manter uma visão pacífica e serena da vida é ainda mais importante quando a morte se aproxima. Sentimentos de raiva, medo ou ira devem ser superados nesta vida.

Hinduísmo e eutanásia e suicídio

Há uma série de pontos de vista diferentes sobre a eutanásia na tradição hindu. A visão prevalecente é que um médico não deve cooperar com um pedido para tirar a vida do paciente. Segundo muitos hindus, aceitá-lo levará a dificuldades cármicas tanto para o médico quanto para o paciente. No entanto, existe uma escola do pensamento que afirma que um médico que ajuda a dar fim a uma vida que se tornou insuportavelmente dolorosa está ajudando a pessoa e, assim, melhorando seu carma (médico) e do paciente.

A questão não está resolvida de maneira definitiva, mas a interpretação majoritária parece colocar-se contra a prática da eutanásia.

> **O que significa**
> A **prayopavesa**, no Hinduísmo, é a prática de recusar conscientemente a receber comida até a morte.

Quanto ao suicídio, existe no Hinduísmo uma tradição conhecida como *prayopavesa*. Ela é considerada moralmente aceita em certas circunstâncias; a maioria envolvendo a morte de praticantes idosos cuja saúde está debilitada. O Hinduísmo ensina que a prayopavesa deve ser praticada com um espírito de serenidade e plenitude e não com cinismo, desespero ou raiva. É o gesto final de alguém que atingiu um certo nível de progresso espiritual. Não pode ser praticada por alguém que ainda tenha responsabilidades para com outra pessoa.

Pensamentos a respeito do aborto

Os maiores sistemas de fé do mundo têm posições notavelmente semelhantes a respeito do aborto. Todos se opõem e consideram-no um grave pecado.

O Hinduísmo descreve a prática do aborto como "garha-batta" ("morte no ventre").

O Islamismo aceita o aborto apenas quando a vida da mãe está em perigo.

O Buda proibiu o aborto e também a seus monges de recomendá-lo.

A visão prevalecente no Judaísmo é que a mulher não pode ferir seu próprio corpo, mas pode passar por procedimentos cirúrgicos, incluindo o aborto, em defesa própria.

Há diferentes posições dentro do Cristianismo, com os líderes católicos e ortodoxos condenando a prática completamente, e a maioria das outras denominações, com uma tendência a aprová-la como último recurso, quando a vida da mãe está em perigo.

O mínimo que você precisa saber

- As maiores expressões de fé do mundo têm abordagens diferentes quanto às questões da guerra e da paz.

- Nenhum grande sistema de fé endossa a guerra como uma doutrina central ou sanciona o assassinato de civis inocentes.

- Do mesmo modo, nenhum sistema de fé é capaz de desenvolver um sistema de crenças relativas à guerra e paz que não possa ser distorcido por seus seguidores.

- As maiores expressões de fé do mundo têm abordagens diferentes quanto às questões da eutanásia e suicídio. Todas condenam a prática do aborto.

Capítulo 38

Tudo em Preto e Branco

Neste capítulo:

- ♦ Aprenda como usar as escrituras de outras tradições para construir pontes
- ♦ Descubra as limitações da linguagem (mesmo da sagrada)
- ♦ Descubra o que as maiores religiões do mundo têm a dizer em resposta a algumas das mais importantes questões humanas
- ♦ Saiba como os desafios da vida, até mesmo os grandes, podem ser vistos como "parte do plano".

Nesta parte do livro, você descobrirá importantes pontos de contato entre tradições religiosas familiares – ideias que lhe permitirão se encontrar em terreno comum com quase todas as pessoas, em quase todos os cenários, no que diz respeito à abordagem das Grandes Questões da vida.

O que você espera dos textos das grandes religiões do mundo – e como eles se justapõem?

Estamos acostumados a pensar no mundo das tradições de fé escritas como estando em desacordo em pontos específicos da fé, prática e visão. Este capítulo lhe mostrará que isso não é sempre assim!

A escritura como um lugar de encontro

Embora alguns sistemas religiosos (como os dos africanos e os dos índios norte-americanos discutidos antes) operam muito bem sem eles, os escritos de uma natureza espiritual são importantes para a maioria dos fiéis. Esses escritos identificam pontos fundamentais de observância e ritual e, com frequência, dão um sentido de permanência e continuidade a ensinamentos essenciais, sejam eles apresentados como sabedoria antiga, oportunas instruções contemporâneas ou algo entre as duas.

Mais importante ainda, as escrituras sagradas servem como um ponto de encontro, uma fonte comum e uma herança espiritual compartilhada que permite aos fiéis de uma determinada tradição identificar, apoiar e comungar com os outros. Quando encontramos alguém que trata um texto sagrado com a mesma reverência e respeito que nós demonstramos, podemos de modo geral, se optarmos por isso e tivermos paciência, começar a construir uma ponte em direção àquela pessoa.

> **Cuidado — Atenção**
>
> Afinal de contas, as escrituras "deles" fazem tanto sentido quanto a "nossa"?
>
> Isso faz diferença? Será que vale a pena fazer essa pergunta?
>
> Críticas "inocentes" ou análises "objetivas" da herança em forma de escritura de outra pessoa podem parecer um ataque direto à pessoa com quem você está conversando. Seus próprios preconceitos podem com facilidade sabotar a conversa, ainda que você não tenha a intenção de fazer isso. Tente manter a mente aberta. Focar no "certo" ou "errado" de pontos específicos de doutrina ou questionar a "lógica" das escrituras da religião de outra pessoa podem prejudicar o mais promissor diálogo. Aja com segurança. Assuma uma posição amigável, em vez de intelectual, quando discutir as tradições das escrituras de outras pessoas.

Anteriormente neste livro, você viu como as escrituras das maiores tradições religiosas do mundo abordam o conhecimento e a experiência do divino a partir de pontos semelhantes. Este capítulo tem como objetivo oferecer visões similares a respeito de algumas questões clássicas e muito humanas da espiritualidade prática. Pretende aprofundar o entendimento e ajudá-lo a iniciar diálogos, não debates acalorados, com pessoas cujas práticas religiosas diferem da sua.

Os limites da linguagem (sagrada ou não)

O que é linguagem sagrada? Ela é tangível e duradoura em si mesma? É fundamentalmente diferente de outros tipos de linguagem? E é possível submetê-la a um escrutínio crítico sem, de algum modo, obscurecer sua mensagem?

Palavras, palavras, palavras

Palavras – linguagem – refletem nossa humanidade de um modo fundamental. Elas são tanto a nossa ponte para o sagrado quanto o véu que nos esconde dele. Elas nos direcionam para algo que está além delas mesmas, para o sagrado, e mesmo sendo invenção dos homens, ensinam-nos sobre as coisas sagradas.

As palavras evoluem e mudam como os seres humanos. É útil manter suas limitações em mente quando consideramos a natureza dos escritos sagrados.

> **O que significa**
>
> Uma **metáfora** mostra como duas coisas são semelhantes sem usar termos comparativos (por exemplo, "como", "assim como"). "O mundo todo é um palco" é uma metáfora. "Meu amor é como uma rosa vermelha" não é.

Cada palavra é, na verdade, apenas uma *metáfora*, não é mesmo? É um nome que usamos para significar algo. A palavra "maçã" não é a mesma coisa que a nossa experiência direta com uma maçã. Ao descrever ou "dar um nome" a alguma coisa, não estamos definindo sua essência de um modo final ou imutável. Nosso interminável exercício de dar nomes, realizado por meio da escrita ou da fala, é a ordem que trazemos à nossa experiência: um meio de conectar uma ideia a outra. Esse processo parece tão natural para nós que é possível que esqueçamos a existência do "mundo real" em seus próprios termos, bem independente do nosso modo de ver as coisas. Ao ligar ideias distintas, a linguagem "mente" e "diz a verdade" ao mesmo tempo.

Algumas tradições religiosas encorajam de maneira ativa a transcendência das formas escritas. Nessas tradições, a observância religiosa é incompleta se focar muito intensamente os textos. Uma famosa história Zen budista fala de um mestre idoso que com reverência passou ao discípulo que o sucederia um livro cuidadosamente escrito, a respeito dos ensinamentos mais essenciais da escola. De imediato, o jovem atirou os textos ao fogo. Na linhagem que ele deveria continuar, isso foi uma expressão válida da herança espiritual.

"Devo comparar-te a... Espere um pouco..."

Nenhuma palavra existe no vácuo, nem mesmo as dos textos religiosos sagrados. Será que alguma coisa pode ser uma metáfora para o divino?

Quando usamos a linguagem, estamos fazendo comparações inconscientes baseadas na experiência passada – nossa e de outras pessoas. A palavra "Sol" vem de um antigo termo que descreve uma divindade mesopotâmica. "Bias" (tendência, inclinação) tem suas origens em um termo grego que significa "oblíquo" ou "do lado"; "fato" vem do verbo latino que significa "fazer". Se isso é verdade para nossas palavras comuns, do dia a dia, também o é para palavras como "Deus", "fé" e "divindade".

A linguagem é um instrumento; não é a coisa que ela descreve.

Tendo... bem... dito isso...

Um sentido de propósito

Os textos centrais das religiões do mundo concordam que os humanos foram criados para ser felizes e vivenciar a plenitude pela prática do amor que reflete o amor divino.

A maioria das escrituras reconhece que a busca da felicidade e interação harmoniosa entre os indivíduos e grupos encontram desafios e obstáculos. Ela envolve um tipo de jornada espiritual, cuja finalização é uma experiência de transcendência, volta ao lar e satisfação além dos limites das emoções e do conhecimento comum humanos. Quando essa jornada é cumprida, consideram-se terminados toda a dor, julgamentos, tragédia, desvios, preocupações e confusões.

O que estamos fazendo aqui?

Budismo: "Sejam quais forem os fundamentos para as boas ações realizadas visando ao (auspicioso) renascimento, nenhum deles vale uma 16ª parte da benevolência que é a liberação do coração; a benevolência sozinha, que é a liberação do coração, brilha e queima e reluz ao superá-los" (Ittiuttaka 19).

Judaísmo: "O Espírito Santo repousa apenas naquele que tem um coração jovial" (Talmude de Jerusalém, Sukkat 5.1).

Islamismo: "Alá prometeu aos crentes e às crentes jardins, abaixo dos quais correm os rios, onde morarão eternamente, bem como abrigos encantadores, nos jardins do Éden; e a complacência de Alá ainda é maior do que isso. Tal é o magnífico benefício" (Alcorão 9:72).

Cristianismo: "E por que andais ansiosos quanto ao vestuário? Considerai como crescem os lírios do campo; eles não trabalham nem fiam. Eu, contudo, vos afirmo que nem Salomão, em toda a sua glória, se vestiu com tanta beleza quanto

> **No caminho**
>
> Um texto sagrado da fé sique celebra o propósito humano como uma comunhão do verdadeiro eu com Deus: "Completamente realizado eu sou, pois o Mestre concedeu uma visão do Ser Supremo... Com Ele sentado no trono da justiça eterna, terminam todos os choros e lamentações". (Adi Granth, Majh, M.5). O siquismo, da região do Panjab na Índia, combina elementos hindus e sufis islâmicos. Ele rejeita o sistema de castas do Hinduísmo, enfatizando o ideal do soldado-santo.

uma dessas flores. Ora, se Deus veste assim a erva do campo, que hoje existe e amanhã é lançada no forno, quanto mais a vós outros, homens de pequena fé? Portanto, não vos inquieteis, dizendo: Que comeremos? Que beberemos? Ou: Com que nos vestiremos? Porque os gentios é que procuram todas estas cousas; pois vosso Pai celeste sabe que necessitais de todas elas; buscai, pois, em primeiro lugar o seu reino e a sua justiça, e todas essas cousas vos serão acrescentadas" (Mateus 6:28-33).

Hinduísmo: "Desistindo de todos os Dharmas (ações justas e injustas), vem somente para mim procurar refúgio. Eu te livrarei de todos os pecados. Não lamentes" *(Bhagavad Gita* 18.66).

A importância da resolução

Ao seguir um caminho espiritual, as religiões do mundo dão uma ênfase especial à vigilância e à vigília, lembrando os fiéis que mesmo a falta de atenção ou o desligamento temporários da ação e observância justas pode ter consequências desastrosas.

Como permanecemos no caminho?

Confucionismo: "O chi fluídico (energia primordial) (...) é, no grau mais alto, vasto e inflexível. Nutra-o com integridade e não coloque nenhum obstáculo em seu caminho, e ele preencherá o espaço entre o céu e a terra (...) Ele nasce da retidão acumulada e não pode ser apropriado por ninguém por meio de uma esporádica demonstração de justiça" (Mencio II.A.2).

Cristianismo: "Vós mesmos, pois, estais inteirados com precisão de que o Dia do Senhor vem como ladrão de noite. Porquanto vós todos sois filhos da luz e filhos do dia; nós não somos da noite nem das trevas. Assim, pois, não durmamos como os demais; pelo contrário, vigiemos e sejamos sóbrios" (1 Tessalonicenses 5, 2. 5-6).

Hinduísmo: "Aqueles que seguem em jornada para o céu não olham para trás" (Satapatha Brahmana 9.2.3.27).

Budismo: "Deixe-me respeitosamente lembrá-los de que a vida e a morte são de suprema importância. O tempo passa com rapidez e a oportunidade é perdida. Todos nós devemos nos esforçar para despertar, despertar. Tomem cuidado. Não dissipem suas vidas". (Lembrete tradicional apresentado oralmente durante a prática Zen no fim do dia.)

Amar os outros como a nós mesmos

Será que existe uma única ideia que possa guiar todo o comportamento humano e alinhá-lo com o propósito divino? Para muitos a resposta é sim.

Quase todas as religiões, independentemente de sua idade ou alcance de influência geográfica, enfatizam o princípio ético conhecido pelos ocidentais como a Regra de Ouro. As religiões do mundo formulam esse princípio de maneiras surpreendentemente similares.

Como devemos agir?

Judaísmo e Cristianismo: "Não te vingarás, nem guardarás ira contra os filhos do teu povo; mas amarás o teu próximo como a ti mesmo. Eu sou o Senhor" (Levítico 19:18).

Cristianismo: "E um deles, intérprete da lei, experimentando-o, perguntou-lhe: 'Mestre, qual é o grande mandamento na lei?' Respondeu-lhe Jesus: 'Amarás o Senhor teu Deus, de todo o teu coração, de toda a tua alma e de todo o teu entendimento. Este é o grande e primeiro mandamento. O segundo, semelhante a este, é: Amarás o teu próximo como a ti mesmo. Destes dois mandamentos dependem toda a lei e os profetas'" (Mateus 22:35-40).

Confucionismo: "Não faça aos outros o que não deseja que façam a você" (*Analectos* 15.23).

Hinduísmo: "Não devemos agir para com os outros de uma maneira que seria desagradável para nós" (*Mahabharata*, Anusasana Parva 113.8).

Islamismo: "Que criamos o homem em uma atmosfera de aflição. Pensa, acaso, que ninguém poderá com ele? Ele diz: 'Já consumi vastas riquezas'. Crê, ele, porventura, que ninguém o vê? Não o dotamos, acaso, de dois olhos, de uma língua e de dois lábios, E lhe indicamos os dois caminhos? Porém, ele não tentou vencer as vicissitudes. E o que te fará entender o que é vencer as vicissitudes? É libertar um cativo, Ou alimentar, em um dia de

---

Aposto que você não sabia

O Jainismo é um sistema religioso indiano que surgiu no século VI a.C., como um protesto contra certos elementos do Hinduísmo de sua época. Depois, ele abraçou muitas noções e práticas familiares aos hindus, mas os jainistas permanecem uma comunidade distinta de fiéis que dão ênfase, de modos singulares, à caridade e ao respeito por toda a vida animal.

provação, O parente órfão, Ou o indigente necessitado. É, ademais, contar-se entre os crentes que recomendam mutuamente a perseverança e se encomendam à misericórdia. Seus lugares serão à destra. Por outra, aqueles que negam os Nossos versículos terão seus lugares à esquerda. E serão circundados pelo Fogo Infernal!" (Alcorão 90:4-20).

O Todo-Poderoso como Protetor e Mantenedor

Ainda (e talvez especialmente!) quando os seres parecem não merecer a graça divina, ela se manifesta. As escrituras religiosas do mundo, de maneira uniforme, veem o poder divino como uma fonte de ajuda, apoio e interminável compaixão para com os membros da família humana. Esse apoio é entendido como algo essencial à finalização da jornada da vida.

Quem está olhando por nós?

Budismo: "Eu apareço no mundo como essa grande nuvem, para derramar enriquecimento sobre todos os seres humanos, para livrá-los da miséria e fazer com que alcancem a alegria da paz, do mundo presente e do Nirvana" (Lótus Sutra 5).

Islamismo: (Maomé) afirma: "Dize: Ele é Alá, o Único! Alá! O Eterno e Absoluto! Jamais gerou ou foi gerado! E ninguém é comparável a Ele!" (Alcorão 112:1-4).

Judaísmo e Cristianismo: "O Senhor é o meu pastor; nada me faltará. Ele me faz repousar em pastos verdejantes. Leva-me para junto das águas de descanso; refrigera-me a alma. Guia-me pelas veredas da justiça por amor de seu nome. Ainda que eu ande pelo vale da sombra da morte, não temerei mal nenhum, porque tu estás comigo; o teu bordão e o teu cajado me consolam. Preparas-me uma mesa na presença dos meus adversários, unges-me a cabeça com óleo; o meu cálice transborda. Bondade e misericórdia certamente me seguirão todos os dias da minha vida; e habitarei na Casa do Senhor para todo o sempre" (Salmo 23).

Taoísmo: "O Tao nunca age, no entanto, nada fica por fazer" (Tao Te Ching 37).

Louvor constante ao Todo-Poderoso

As expressões de fé do mundo concordam que o Supremo deve ser abertamente louvado e celebrado. Embora o louvor assuma inúmeras formas, o ardor do espírito e intento conduzindo essa devoção é sempre reconhecido; como também o são, segundo as escrituras, os efeitos positivos sobre o fiel que louva.

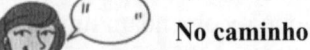

> **No caminho**
> O Acarangasutra, um texto sagrado do Jainismo, aconselha: "Não devemos ser levados pelos redemoinhos de uma mente mercurial".

Deixando de lado as disputas teológicas e doutrinais, a ideia da prece contínua e mantida, dirigida àquele que é considerado eterno, é considerada um dos elementos mais regozijadores e dramáticos que unificam as práticas religiosas humanas.

Uma religião que segue essa doutrina é o Zoroastrismo, antiga e influente religião que enfatiza a luta entre as forças do bem e do mal, prevendo o triunfo do espírito supremo, Ahurah Mazdah. Outras divindades nesse sistema representam a suprema imortalidade e a justiça. A fé ainda é praticada hoje em dia em regiões da Índia e do Irã.

Um texto sagrado do Zoroastrismo resume o efeito purificador de louvar a Deus da seguinte forma: "As ações que praticarei e aquelas que pratiquei agora, e as coisas que são preciosas aos olhos, através da Boa Mente, a luz do Sol, o brilho dos dias, tudo isso é para o seu louvor, Ó Deus Sábio, como justiça!" (Avesta, Yasna, 50.10).

Como as vozes humanas glorificam a presença Divina?

Movimento Hare Krishna: "Hare Krishna, Hare Krishna, Krishna Krishna, Hare Hare, Hare Rama, Hare Rama, Rama Rama, Hare Hare".

Islamismo: "Ele é o Vivente! Não há mais divindade além d'Ele! Invocai-O, pois, com sinceridade e devoção! Louvado seja Alá, Senhor do Universo!" (Alcorão 40.65).

Hinduísmo e Budismo: "*Gate, gate, paragate, parasamgate, bodhi svaha*" (Ir, ir, ir além, ir além – salve aquele que vai!).

Judaísmo/Cristianismo: "Aleluia! Louvai a Deus no seu santuário; louvai-o no firmamento, obra do seu poder. Louvai-o pelos seus poderosos feitos; louvai-o consoante a sua muita grandeza. Louvai-o ao som da trombeta; louvai-o com saltério e com harpa. Louvai-o com adulfes e danças; louvai-o com instrumentos de cordas e com flautas. Louvai-o com címbalos sonoros; louvai-o com címbalos retumbantes. Todo ser que respira louve ao Senhor. Aleluia!" (Salmo 150).

Esforçando-se em direção ao infinito

Todas as grandes escrituras religiosas ressaltam a importância de um esforço contínuo para nos alinharmos com o Criador infinito, mantenedor.

Qual é o nosso relacionamento com Deus?

Islamismo: "Ó humano, em verdade esforçar-te-ás afoitamente para comparecer ante o teu Senhor. Logo O encontrarás!" (Alcorão 84:6).

Hinduísmo: "Não deposite sua esperança nas pessoas, pois será magoado. Deposite sua esperança (perpetuamente) em Deus..." (Abu Hamid al-Ghazali, sábio sufi do século XII d.C.).

Budismo: "Nem a abstinência do peixe e da carne, nem ficar nu, nem raspar a cabeça, nem trançar o cabelo, nem vestir uma roupa rústica, nem se cobrir com pó, nem sacrificar a Agni, purificará um homem que não é livre das ilusões" (Buda, *The Sermon at Benares*).

Cristianismo: "Ou qual é a mulher que, tendo dez dracmas, perdendo uma, não acende a candeia, varre a casa e a procura diligentemente até encontrá-la? E, tendo-a achado, reúne as amigas e vizinhas, dizendo: Alegrai-vos comigo, porque achei a dracma que eu tinha perdido" (Lucas 15:8-9).

Sofrimento e morte

Não faz sentido fingir que as escrituras das religiões do mundo concordam quanto às respostas das questões fundamentais humanas concernentes à morte. Isso não é verdade.

À medida que este livro se aproxima do fim, não recorremos a excertos concorrentes de antigas escrituras religiosas, mas a uma observação muito recente de um dos escritores mais influentes de hoje. O autor é o monge budista Thich Nhat Hanh. Embora essas posições não tenham a autoridade das escrituras em nenhuma tradição, elas nos parecem profundas. Talvez você concorde. Aqui, então, está a resposta ao que pode ser a suprema questão humana: Por que sofremos e morremos?

Por que sofremos e morremos?

Quando temos um recipiente com uma mistura de material orgânico que está decompondo e com mau cheiro, sabemos que podemos transformar o lixo em belas flores. A princípio, vemos a mistura e as flores como opostos, mas quando olhamos com profundidade, vemos que as flores já existem no composto, e que o composto já existe nas flores. Só são necessárias algumas semanas para que a flor se decomponha. Quando um bom jardineiro orgânico olha para a mistura, ele consegue ver isso e não se sente triste ou aborrecido. Pelo contrário, ele valoriza o material em decomposição e não o discrimina. Só são necessários alguns meses para que da mistura nasçam as flores (Thich Nhat Hanh, "A paz é cada caminho", *Parábola*, verão, 1991).

Na tradição cristã, existe uma passagem nas escrituras que faz um paralelo muito próximo às palavras inspiradoras de Thich Nhat Hanh. Esse ensinamento de Jesus pode ser encontrado no Evangelho de João: "Em verdade, em verdade vos digo: se o grão de trigo, caindo na terra, não morrer, fica ele só; mas, se morrer, produz muito fruto" (João 12:24).

Ao concluirmos este livro, reconhecemos o poder duradouro da força que reconcilia todos os fins e começos, e ansiamos pela colheita abundante que é o direito de nascimento de toda a humanidade.

O mínimo que você precisa saber

- As escrituras podem ser usadas para construir pontes entre pessoas de diferentes tradições religiosas.

- A linguagem, mesmo a sagrada, é inerentemente limitada porque é baseada em metáforas e analogias.

- A escritura é um instrumento, não o objetivo.

- As tradições do mundo que seguem escrituras oferecem respostas complementares a importantes questões humanas acerca do propósito humano, decisões individuais, condutas éticas básicas, graça, esforço espiritual e glorificação da força divina.

- Mesmo a morte e o sofrimento podem ser entendidos como elementos do plano divino.

Apêndice A

Companheiros de Viagem

Algumas pessoas interessantes e influentes têm ideias interessantes a respeito do sagrado, da vida cotidiana e da junção dos dois:

Diga a ele seus planos para o futuro.
– Woody Allen, em "como fazer Deus rir".

Os japoneses, concentrando-se no abdômen, limpam a mente de toda bagagem desnecessária. Os dervishes sufis, usando os pés, também limpam a mente de bagagens inúteis. Livrar-se de bagagem é mais importante que o método usado. É necessário ter um método que funcione, não uma filosofia acerca do método, que pode ser muito confusa.
– Sufi Ahmed Murad

Chame de natureza, destino, fortuna; são todos nomes do único e mesmo Deus.
– Sêneca

Todas as diferentes religiões são apenas muitos dialetos religiosos.
– G. C. Lichtenberg

Religião é como moda: um homem usa seu gibão aberto, outro amarrado, outro liso; mas todo homem tem um gibão; assim também todo homem tem uma religião. Divergimos apenas quanto aos adereços.
– John Selden

Minha razão me diz que Deus existe, mas também me diz que eu nunca poderei saber o que Ele é.
– Voltaire

Eu sinto que existe um Deus, e não sinto que não existe. Para mim, isso basta.
– Jean de la Bruyere

Todo homem reconhece em si um espírito livre e racional, independente de seu corpo. Esse espírito é o que nós chamamos de Deus.
– Leon Tolstói

"Há areia movediça à sua volta, sugando seus pés, tentando sugá-lo para baixo, para o medo e a autocomiseração e o desespero. É por isso que você deve dar passos leves..."

"A Luz", veio a resposta rouca, "a Luz Clara. Está aqui, junto com a dor, apesar da dor."

"E você, onde está?"

"Ali, no canto. Eu me vejo lá."

"Mais brilhante", veio o sussurro, que mal dava para ouvir, "mais brilhante." E um sorriso de felicidade intensa quase a ponto de exaltação quase transfigurou o rosto dela.
– Aldous Huxley, *Island*

Penso que a folha de uma árvore, o mais insignificante inseto que pisoteamos, são em si argumentos mais conclusivos do que qualquer outro apresentado de que um vasto intelecto anima a Infinidade.
– Percy Bysshe Shelley

Se você pode servir direito uma xícara de chá, então pode fazer qualquer coisa.
– George Gurdjieff

Pois o mais maravilhoso a respeito dos santos é que eles já foram humanos. Perderam a calma, ficaram zangados, repreenderam Deus, foram egoístas ou impertinentes ou impacientes, cometeram erros e se arrependeram. Mesmo assim, foram caminhando aos trancos e barrancos até o céu.
– Phyllis McGinley

Certa vez uma mulher foi procurar Mahatma Gandhi com seu filhinho. Ela pediu a ele: "Mahatma-ji, mande meu menino parar de comer açúcar".

"Volte daqui a três dias", disse Gandhi.

Três dias depois, a mulher e o menino voltaram e Mahatma Gandhi disse a ele: "Pare de comer açúcar".

A mulher perguntou: "Por que precisamos voltar depois de três dias para você mandar meu filho fazer isso?"

O Mahatma respondeu: "Três dias atrás eu não tinha parado de comer açúcar".
– Ram Dass, *Be Here Now*

Confiamos, senhor, que Deus estará do nosso lado. É mais importante saber que nós estaremos do lado de Deus.
– Abraham Lincoln

Todo o mal desaparece da vida para aquele que guarda o Sol no coração.
– Ramayana

Uma senhora de idade, muito bondosa e simplória, assiste à peça *Rei Lear*, fica horrorizada ao ver um pobre velho ser tão humilhado, obrigado a sofrer tanto. E na sombra eterna, ela se encontra com Shakespeare, e diz a ele: "Que coisa monstruosa fazer aquele pobre homem passar por tudo aquilo". E Shakespeare diz: "Sim, eu concordo. Foi muito doloroso, e eu poderia ter feito o homem tomar um sedativo no fim do 1º Ato, mas nesse caso, madame, não haveria mais peça".
– Malcolm Muggeridge

Quando eu apresento essas perguntas a Deus, não obtenho resposta. Mas uma espécie de "não resposta" especial. Não é uma porta fechada. É antes um olhar fixo, silencioso, não indiferente. É como se Ele balançasse a cabeça não por se recusar a responder, mas apenas renunciando a pergunta. Como, "fique em paz, filho; você não entende".
– C. S. Lewis

A essência da civilização não consiste na multiplicação das necessidades, mas em sua deliberada e voluntária renúncia.
– Mahatma Gandhi

Amo ouvir falar de meu Senhor; e onde quer que eu veja a pegada de Seu sapato na terra, lá em anseio por pisar também.
– John Bunyan

Quando um homem está totalmente disposto a ficar sozinho com Deus, ele fica sozinho com Deus, onde quer que esteja; no campo, em um mosteiro, na floresta ou na cidade. O relâmpago reluz de leste a oeste, iluminando todo o horizonte e caindo onde quiser, e no mesmo instante a infinita liberdade de Deus brilha nas profundezas da alma desse homem, e ele é iluminado. Nesse momento, ele vê que, embora pareça estar no meio de sua jornada, já chegou ao fim dela. Pois a vida de Graça na terra é o princípio da vida de Glória. Embora seja um viajante, ele abriu os olhos para um momento na eternidade.
– Thomas Merton

Deus estará presente, seja convidado ou não.
– Provérbio latino

Senhor Deus das hostes, ficai conosco ainda,
Para que não esqueçamos, para que não esqueçamos.
– Rudyard Kipling

Aquele que deseja ver o Deus vivo face a face não deve procurá-Lo no firmamento vazio da mente, mas sim no amor humano.
– Fyodor M. Dostoievski

Este é o propósito de Deus – pois Deus, para mim, é um verbo, não um substantivo próprio ou comum.
– R. Buckminster Fuller

A alma tem o meio. Pensar é o meio. É inanimado. Quando o pensar completa sua tarefa de libertar, seu trabalho está feito, e então ele cessa.
– Vishnu Parana

Para melhor penetrar o cerne de Deus em sua grandeza, o homem deve primeiro penetrar seu próprio cerne, pois ninguém pode conhecer Deus sem antes conhecer a si próprio.
– Mestre Eckhard

Bem, Deus é um homem bom.
– William Shakespeare

Senhor, que sempre sois o mesmo, permita que eu me conheça, para que conheça a Vós.
– Santo Agostinho

A religião é um modo de andar, não um modo de falar.
– Dean William R. Inge

Religião é fazer; um homem não apenas pensa em sua religião ou a sente; ele "vive" sua religião o quanto puder; do contrário, não é religião, mas fantasia ou filosofia.
– George Gurdjieff

Nós nos comprometemos a lembrar da Regra de Ouro; agora devemos nos comprometer a vivê-la.
– Edwin Markham

Deus é um trabalhador ocupado; mas Ele gosta muito de ajudar.
– Provérbio basco

A compulsão na religião se distingue particularmente da compulsão em todas as outras coisas. Posso ficar rico com uma arte que sou impelido a seguir; posso

recuperar a saúde com remédios que sou forçado a tomar; mas não posso ser salvo com uma adoração que abomino ou na qual não acredito.
– Thomas Jefferson

Se você vir uma criança progredindo na Bíblia, mas não no Talmude, não a castigue ensinando o Talmude; e se ela entender o Talmude, mas não a Bíblia, não a castigue ensinando a Bíblia. Trabalhe com ela as coisas que ela sabe.
– Autor anônimo de práticas do ensino judaico na Alemanha, por volta de 1200 d.C.

Se um ladrão encontra um homem santo, vê apenas seus bolsos.
– Hari Dass Baba

Um sábio arquiteto observou que podemos quebrar as leis da arte arquitetônica, desde que as conheçamos muito bem antes. Isso se aplicaria à religião tanto quanto à arte. A ignorância acerca do passado não garante uma liberdade de suas implicações.
– Reinhold Niebuhr

E mesmo em suas correções, que ele aja com prudência, e não exagere, para que na tentativa ansiosa de raspar a ferrugem, não acabe quebrando o pote.
– Antigas e valiosas instruções monásticas a respeito da conduta dos monges, citada em *Be Here Now*, Ram Dass

Deus é um ser absolutamente infinito; uma substância que consiste de atributos infinitos, cada um expressando Sua eterna e infinita essência.
– Baruch Espinoza

Embora os moinhos de Deus moam devagar, trituram muito bem; Embora com paciência Ele espere, com exatidão tritura tudo.
– Friedrich von Lorgas

Mas ele aprendeu mais com o rio do que Vasudeva podia ensinar. Ele aprendia continuamente. Aprendeu, acima de tudo, a escutar com o coração em silêncio, com a alma em aguardo e aberta, sem paixão, sem desejo, sem julgamento, sem opiniões.
– Herman Hesse, *Siddartha*

Nos rostos de homens e mulheres eu vejo Deus e em meu próprio rosto no espelho, encontro cartas de Deus jogadas na rua, e todas eram assinadas com o nome de Deus; e eu as deixo onde estão, pois sei que aonde quer que eu vá, outras virão pontualmente, e para sempre.
– Walt Whitman

Deus é dia e noite, inverno e verão, guerra e paz, fartura e fome.
– Heráclito

O que quer que você seja, seja bom.
– Abraham Lincoln

Deus se obriga a não exceder os limites de nosso conhecimento?
– Montaigne

Deus é sutil, mas não é malicioso.
– Albert Einstein

Deus não deve ser considerado um ser físico, ou um ser com algum tipo de corpo. Ele é pura mente. Ele se move e age sem precisar de um espaço corpóreo, ou tamanho, ou forma ou cor, ou qualquer outra propriedade da matéria.
– Orígenes (c. 254 d.C.)

Se você tem amor, fará bem todas as coisas.
– Thomas Merton

Os homens de bom senso são todos da mesma religião. Os homens de bom senso nunca dizem qual é ela.
– Anthony A. Cooper, conde de Shaftsbury

Desista deste mundo, desista do mundo próximo, desista de desistir.
– Ditado sufi

A doutrina budista [é] que a verdadeira riqueza não consiste na abundância de bens, mas na penúria das necessidades.
– Alfred Marshall

Você deve possuir a religião também em seus farrapos, não só em suas sandálias de prata; e fique ao lado dela quando estiver acorrentada, bem como quando ela caminha pelas ruas em aplauso.
– John Bunyan

Imagine as letras sânscritas nesses focos de percepção repletos de mel primeiro como letras, depois de uma maneira mais sutil como sons, e por fim como o mais sutil sentimento. E então, deixando-as de lado, esteja livre.
– Paul Reps, falando do uso de um mantra

Deus é um círculo cujo centro está em todo lugar e a circunferência em nenhum lugar.
– Voltaire

A água da chuva caindo sobre o telhado de uma casa escorre até o solo através de bicas cuja forma grotesca lembra uma cabeça de tigre. Tem-se a impressão de que a água vem da boca do tigre, mas na realidade ela desce do céu. Do mesmo modo, os ensinamentos sagrados de homens santos parecem vir dos próprios homens, quando na realidade procedem de Deus.
– Ramakrishna

Tema Deus, sim, mas não tenha medo Dele.
– J. A. Spender

Fale-me da verdade da religião e eu escutarei com prazer. Fale-me do dever da religião e escutarei, submisso. Mas não me fale da consolação da religião, ou eu desconfiarei que você não entende.
– C. S. Lewis

... ir à igreja aos domingos. Sim, eu conheço as desculpas. Eu sei que se pode adorar o Criador e se dedicar à vida certa em um bosque, ou ao lado de riacho, ou na própria casa, bem como em uma igreja. Mas sei também que o homem médio, na verdade, não adora nem se dedica nessas condições.
– Theodore Roosevelt

Está na hora de acordarmos desse sono.
– São Bento

O empreendimento humano sempre estará aquém da perfeição; além disso, ninguém consegue extirpar as tendências inatas de sua natureza particular. O importante é mudar a força delas para uma força de vida.
– Ouspensky

A fé consiste em crer, quando crer está além do poder da razão. Não basta que uma coisa seja possível para que se acredite nela.
– Voltaire

Encontrar Deus é chegar a si mesmo.
– Meher Baba

Ele acontece todos os dias.
– Albert Camus, falando do Dia do Juízo Final

Não podemos sempre pensar que existe um olho sempre desperto que lê o coração e registra nossos pensamentos.
– Francis Bacon

Estudar Budismo é estudar a nós mesmos. Estudar a nós mesmos é ir além de nós mesmos. Ir além de nós mesmos é ser iluminados por todas as coisas. O ser iluminado por todas as coisas é libertar nosso corpo e nossa mente, e libertar o corpo e a mente dos outros. Nenhum traço de iluminação permanece, e esse nenhum traço continua infinitamente.
– Mestre Zen Dogen

Nós vivemos para encenar um drama que é o drama de Deus; portanto, qualquer coisa que nos aconteça é, até certo ponto, a vontade de Deus. Estamos participando do desenrolar da vontade de Deus. Supondo que isso seja verdade – e eu acho que é – aquilo que chamamos de civilização ocidental está à beira de um colapso. Se você encarar isso sob um enfoque puramente histórico, então é uma catástrofe gigantesca. Você e eu devemos bater no peito e dizer que vivemos até ver o fim de tudo, que aquilo que amamos está chegando ao fim. Mas a questão é que você vê uma catástrofe apenas se não perceber que tudo faz parte da realização dos propósitos de Deus.
– Malcolm Muggeridge

Deus não morre no dia em que deixamos de acreditar em uma divindade pessoal, mas nós morremos no dia em que nossa vida deixa de ser iluminada pela firme radiância, renovada diariamente, de um milagre, cuja fonte está além da razão.
– Dag Hammarskjold

Guru, Deus e o Eu são um.
– Ramana Maharishi

O Buda, a Divindade, reside tão confortavelmente nos circuitos de um computador digital ou nas engrenagens de uma transmissão cíclica, quanto no topo de uma montanha ou nas pétalas de uma flor.
– Robert M. Pirsig

Deus está acima de todas as coisas; abaixo de todas as coisas; fora de tudo; dentro, mas não enclausurado; fora, mas não excluído; acima, mas não separado; abaixo, mas não reprimido; totalmente acima, presidindo; totalmente abaixo, abraçando; totalmente dentro, preenchendo.
– Hildebert de Lavardin, arcebispo de Tours

Tempo e espaço não são Deus, mas criações de Deus; com Deus, assim como há um Aqui universal, também há um Agora eterno.
– Thomas Carlyle

Sempre fui alimentada por sua plenitude; vestida por sua misericórdia; confortada e curada quando doente, socorrida quando tentada, e em todo lugar sustentada pela mão dele.
– Jarena Lee, evangelista negra do século XIX

Deus será minha esperança, meu sustento, meu guia e lanterna para meus pés.
– William Shakespeare

Só Deus é Real.
– Meher Baba

Deus é mais bem conhecido ao não se conhecê-LO.
– Santo Agostinho

Eu me considero hindu, cristão, muçulmano, judeu, budista e confucionista.
– Mahatma Gandhi

Apêndice B

Escrituras para sua Companhia

Os livros a seguir lhe oferecerão uma visão mais profunda das crenças e histórias das religiões do mundo.

As religiões do mundo, antigas e novas

CHAMPION, Selwyn Gurney, e SHORT, Dorothy, *Readings from World Religions*. London: Watts & Co., 1951.

International Religious Foundation: *World Scripture: A Comparative Anthology of Sacred Texts*. New York: Paragon House, 1991.

Judaísmo

BERG, Rav P.S. *The Essential Zobar: Source of Kabbalistic Wisdom*. New York: Crown Publishing Group, 2002.

BIRNBAUM, Philip. *Daily Prayer Book*. Rockaway Beach, New York: Hebrew Publishing Company, 1949.

DANBY, Herbert. *The Mishnah*. London: Oxford University Press, 1933.

FEINSILVER, Alexander. *The Talmude for Today*. New York: St. Martin's Press, 1980.

MONTEFIORE, C. G. e LOEWE, H. *A Rabbinic Anthology*. New York: Schocken.

Cristianismo

The Holy Bible, Revised Standard Version. New York: National Council of the Churches of Christ in the USA, 1946, 1971.

The Apocrypha, Revised Standard Version. New York: National Council of the Churches of Christ in the USA, 1957.

JONES, Alexander. *The Jerusalem Bible: Reader's Edition.* Garden City, New York: Doubleday and Company, 1968.

MILLER, Robert J. *The Complete Gospels: Annotated Scholars Version.* Sonoma, California: Polebridge Press, 1992.

Islamismo

AHMAD, Ghazi. *Sayings of Muhammad.* Lahore, Pakistan: Sh. Muhammad Ashraf, 1968.

ALI, Maulana Muahammad. *A Manual of Hadith.* London: Curzon Press, 1978.

KHAN, Muhammad Muhsin. *The Translations of the Meanings of Sahih Al -Bukhart.* Chicago: Kazi Publications, 1976-1979 (9 vol.).

PICKTHALL, Muhammad Marmaduke. *The Meaning of the Glorious Qur'an.* Mecca and New York: World Muslim League, 1977.

SHRAWARDY, Abdullah. *Sayings of Muhammad.* London: John Murray, 1941.

WILCOX, Lynn. *Sayings of the Sufi Sages.* Washington, D.C.: MTO, Shamaghsoudi, 1977.

Hinduísmo

BOSE, Abinash Chandra. *Hymns from the Vedas.* Bombaim: Asia Publishing House, 1966.

HUME, R.E. *The Upanishads,* Petaluna, California: Nilgiri Press, 1985.

PRABHAVANANDA, Swami, e ISHERWOOD, Christopher. *The Song of God: Bhagavad-Gita,* Hollywood, California: Vedanta Press, 1944, 1972.

THIBAULT, George. *Vedanta Sutra – The Vedanta Sutras of Badarayana.* New York: Dover Press, 1962.

VAN BUITENEN, J.A.B. *The Mahabharata, volume 1, The Book of the Beginning.* Chicago: University of Chicago Press, 1973.

Budismo

BABBIT, Irving. *The Dhammapada.* New York: New Directions, 1965.

BATCHELOR, Stephen. *A Guide to the Bodhisattva's Way of Life Shantiveda.* Dharamasala, India: Library of Tibetan Works and Archives, 1979.

BLOFIELD, John. *The Zen Teachings of Huang Po.* New York: Grove Press, 1959.

CONZE, Edward. *Buddhist Texts Through the Ages.* New York: Philosophical Library, 1954.
——. *Buddhist Wisdom Books: Concerning the Diamond Sutra and the Heart Sutra.* London: Allen & Unwin, 1958.
——. *Perfection of Wisdom in Eight Thousand Lines and Its Verse Summary.* San Francisco: Four Seasons Foundation, 1983.

EVANS-WENTZ, W. Y. *The Tibetan Book of the Dead, or: The After-Death Experiences on the Bardo Plane, According to Lama Kazi Dawa-Samdup's English Rendering.* London: Oxford University Press, 1960.

Confucionismo

LAU, D. C. *Mencius.* Londres, Penguin Books, 1979.

LEGGE, James. *Book of Ritual (Li Chi): A Collection of Treatises on the Rules of Propriety of Ceremonial Usages.* Oxford: Clarendon Press, 1885.
——. *Book of Songs (Shih Ching).* Oxford: Clarendon Press, 1895.
——. *Classic of Filial Piety (Hsiao Ching).* Oxford: Clarendon Press, 1879.
——. *Doctrine of the Mean (Chung Yung).* Oxford: Clarendon Press, 1893.

WALEY, Arthur. *The Analects of Confucius.* London: Allen & Unwin, 1938.

WALTHAM, Clae. *Book of History (Shuh Ching): A Modernized Edition of the Translations of James Legge.* Chicago: Henry Regnery, 1971.

WILHELM, Richard, and BAYNES, C. F. *The I Ching, or Book of Changes.* Princeton: Princeton University Press, 1977.

Taoísmo

LEGGE, James. *The Texts of Taoism: The T'ai Sahng Tractate of Actions and their Retributions.* Oxford: Clarendon Press, 1891.

TZU, Lao, MAIR, Victor. *Tao te Ching: The Classic Book of Integrity and the Way.* New York: Bantam Books, 1990.

WATSON, Burton. *The Complete Works of Chuang Tzu.* New York. Columbia University Press, 1968.

Xintoísmo

ASHTON, W. G. *Shinto: The Way of the Gods.* London: Longmans, Green & Co., 1905.

HAVENS, Norman. *The World of Shinto.* Tokyo: Bukkyo Dendo Kyokai, 1985.

PHILIPPI, Donald L. *Kojiky.* Tokyo: University of Tokyo Press, 1959.

Religiões ameríndias

ERDOES, Richard, and ORTIZ, Alfonso. *American Indian Myths and Legends.* New York: Pantheon, 1984.

Religiões tradicionais africanas

IKENGA-METUH, Emefie. *Comparative Studies of African Traditional Religions.* Onitsha, Nigeria: IMICO Publishers, 1987.

A fé Baha'i

BAHA'U'LLAH. *Kitab-i-Iqan: The Book of Certitude*. Wilmette, Illinois: National Spiritual Assembly of the Baha'is of the United States, 1931.

——. *Epistle to the Son of the Wolf*. Wilmette, Illinois: National Spiritual Assembly of the Baha'is of the United States, 1941.

——. *The Seven Valleys and the Four Valleys*. Wilmette, Illinois: National Spiritual Assembly of the Baha'is of the United States, 1945.

——. *The Hidden Words of Baha'u'lla*. Wilmette, Illinois: National Spiritual Assembly of the Baha'is of the United States, 1985.

Bibliografia utilizada na tradução para o português

Bíblia Sagrada. São Paulo, Sociedade Bíblica do Brasil, 1999.

Compêndio do Vaticano II (*Constituições; Decretos; Declarações*). Coordenação Geral de Frei Federico Vier, O. F. M., Petrópolis, Editora Vozes, 1991.

Catecismo da Igreja Católica – Edição Típica Vaticana; São Paulo: Edições Loyola, 2000.

O Significado dos Versículos do Alcorão Sagrado com Comentários (versão portuguesa diretamente do árabe); Tradução do professor Samir El Hayek, 13ª edição, São Paulo: Marsa Editora Jornalística Ltda., 2004.

WILHELM, Richard. *I Ching, o Livro das Mutações*. São Paulo: Editora Pensamento, 1982.

Apêndice C

Linhas do Tempo das Principais Religiões do Mundo

Apresentamos a seguir linhas do tempo condensadas, extraídas de uma variedade de fontes, para cinco das principais tradições religiosas do mundo. Muitas das datas são passíveis de controvérsia entre os melhores eruditos; nós tentamos apresentar as cronologias mais aceitas, de um modo geral.

Hinduísmo

Antes de 2000 a.C.: Cultura Harrapa existe no Vale do Indo.

c. 2000 a.C.: Arianos migram para a região conhecida como Índia. Intercâmbio de culturas e práticas religiosas.

c. 1500 a.C.: Compilação e desenvolvimento dos vedas devem ter se iniciado por volta dessa época.

c. 800 a.C.: Compilação e desenvolvimento dos upanishads devem ter se iniciado por volta dessa época.

Antes do século VI a.C.: Desenvolvimento de Samkhya (escola clássica de pensamento e prática).

c. século VI a.C.: Desenvolvimento de Nyaya (escola clássica de pensamento e prática).

c. século VI a.C.: Desenvolvimento de Vaisheshika (escola clássica de pensamento e prática).

c. século II a.C.: Desenvolvimento de Ioga (escola clássica de pensamento e prática).

c. século II a.C.: Desenvolvimento de Purva Mimamsa (escola clássica de pensamento e prática).

c. 200 a.C. – 200 d.C.: *Bhagavad Gita* refinado.

c. século I d.C.: Desenvolvimento de Vedanta (escola clássica de pensamento e prática).

711 d.C.: Incursões muçulmanas à Índia.

1498 d.C.: Incursões portuguesas à Índia.

1750-1947 d.C.: Período do domínio britânico sobre a Índia.

1869 d.C.: Nasce Mohandas Gandhi (mais tarde conhecido como Mahatma Gandhi).

1947 d.C.: Índia ganha independência.

Judaísmo

c. 2085 a.C.: Relatos da vida de Abraão, refletindo eventos nesse período. Os hebreus saem da Mesopotâmia e vão para Canaã.

Século XVIII-c. 1500 a.C.: Uma parte do povo hebreu, que chega à fronteira do Egito, é escravizada.

c. século XIII a.C.: Moisés tira os hebreus do Egito. As escrituras relatam um encontro divino e a transmissão dos Dez Mandamentos durante esse período.

c. 1000-c. 900 a.C.: Palestina conquistada, Judeia unida; Davi reina em Jerusalém. Salomão o sucede. Após a morte de Salomão, caos e divisão dentro do reino de Davi fazem de Judá, no sul, a única tribo remanescente da casa de Davi.

Séculos IX-VIII a.C.: Sob o domínio dos assírios, o reino do norte (Israel) entra em um período de declínio e corrupção. Profetas preveem queda. Os reis assírios acabam dividindo Israel em províncias subjugadas, mas deixam Judá intacto.

Séculos VI-V a.C.: Jerusalém sob domínio de Nabucodonosor; período de exílio na Babilônia, marcado pela retenção de tradições religiosas, termina com um retorno à cidade santa. A restauração do Templo, originalmente construído por Salomão, também ocorre nesse período.

c. 440-430 a.C.: Formulação do código de leis, sob Ezra. Primeira leitura pública da Torá.

Séculos IV-III a.C.: Egito destaca-se como força dominante na Palestina e permite uma considerável autonomia aos hebreus.

Século II a.C.: Síria ascende ao poder na Palestina, resultando na profanação do Templo.

165 a.C.: A família dos macabeus lidera uma revolta contra os sírios, que culmina na restauração do Templo.

63 d.C.: Período romano de tolerância das instituições sociais judaicas chega ao fim, quando Pompeu subjuga Jerusalém.

66-70 d.C.: Período de revolta culmina na destruição do Templo pelos romanos.

c. 90 d.C.: Cânone de escrituras hebraicas é completado.

c. 200 d.C.: Michná é completada.

c. 400 d.C.: Talmude palestino é completado.

c. 600 d.C.: Talmude babilônico é completado.

c. 1135-1204 d.C.: Vida do erudito e filósofo Moisés Maimônides, provavelmente o mais talentoso pensador judeu da Idade Média.

1492 d.C.: Judeus expulsos da Espanha; o evento representa um longo período de segregação, abuso, perseguição legal e expulsão dos judeus em muitas nações europeias.

Século XVIII d.C.: Fundação do movimento hassídico na Polônia.

1810 d.C.: Início do movimento da Reforma na Alemanha.

Fim do século XIX d.C.: Grande número de judeus emigra para os Estados Unidos, fugindo das perseguições na Rússia e no Leste Europeu.

1896 d.C.: Fundação do movimento sionista.

1937-1945 d.C.: Nazistas assassinam sistematicamente 6 milhões de judeus durante a Segunda Guerra Mundial.

1948 d.C.: Nasce o Estado de Israel.

Budismo

c. 560 a.C.: Nascimento de Gautama Buda. (Nota: o nascimento de Buda é atribuído a vários momentos diferentes, por várias seitas. Essa é a data mais aceita, de um modo geral.)

483 a.C.: Conselho em Rajagrha.

c. 440 a.C.: Conselho do rei Kolasoka.

250 a.C.: Conselho de Asoka.

c. 30 d.C.: Conselho em Sri Lanka.

c. 100 d.C.: Surge o Budismo mahayana ("Veículo Maior"), enfocando as metas da compaixão e do serviço aos outros. A abordagem da nova escola contrasta com a ênfase anterior na prática solitária, que passa a ser conhecida como Budismo hinayana ("Veículo Menor").

Século II d.C.: Vida e ministério de Nagarjuna.

Séculos II – VI d.C.: Refinamento das escrituras conhecidas como pitakas (cestos) após séculos de transmissão oral.

470-534 d.C.: Período atribuído à vida e aos ensinamentos de Bodhidharma.

Século VI d.C.: Na China, a prática mahayana é combinada com o ensinamento de Bodhidharma. O resultado é Ch'an, ou prática de meditação sentada.

817 d.C.: Grande Conselho (Tibete).

Século XII d.C.: A prática Ch'an se difunde até o Japão, onde assume o nome pelo qual é mais bem conhecida hoje, Zen.

1160 d.C.: Conselho de Anarahapura, Ceilão.

1870 d.C.: Conselho em Mandalay.

1893 d.C.: Ocorre o parlamento do Primeiro Mundo da Religião; sediado nos Estados Unidos, expõe muitos ocidentais ao zen-Budismo, pela primeira vez.

1930 d.C.: Fundação de escola japonesa Soka Gakkai.

1950 d.C.: Conselho em Rangoon.

Cristianismo

c. 30 d.C.: Ministério e crucificação de Jesus de Nazaré.

c. 33 d.C.: O apóstolo Pedro (primeiro papa) lidera a nova Igreja. Estêvão, antigo diácono da Igreja Cristã, é apedrejado até a morte.

c. 36-67 d.C.: Saulo de Tarso suprime os cristãos em Jerusalém; posteriormente, ele passa por uma poderosa conversão, muda o próprio nome para Paulo, e se torna apóstolo dos gentios, autor de muitas epístolas e o primeiro teólogo cristão de destaque. Durante esse período, os primeiros cristãos se espalham até a Judeia; tempo de transmissão oral das palavras de Jesus e da história de sua vida.

c. 65-125 d.C.: Período de composição dos quatro evangelhos: Mateus, Marcos, Lucas e João.

c. 66-70 d.C.: Período da guerra entre romanos e judeus; destruição do Templo de Herodes.

125-300 d.C.: Cristãos executados em massa em Roma.

300-400 d.C.: Doutrina cristã formal estabelecida; práticas não ortodoxas são consideradas hereges.

313 d.C.: Constantino I e Licinio publicam o Edito de Milão, tornando a tolerância ao Cristianismo uma política romana oficial.

325 d.C.: Primeiro Concílio de Niceia. Frequentado por importantes bispos e legados papais, esse concílio ecumênico abordou questões doutrinárias e teológicas e padronizou a observância da Páscoa. Outros concílios incluem os de Arles (314), Constantinopla (381), Éfeso (431), Calcedônia (451) e o Segundo Concílio de Niceia (787), que abordava a perturbadora questão da função das imagens religiosas.

800 d.C.: No Natal, o papa Leão III coroa Carlos Magno imperador em Roma. O evento marca a inauguração da entidade política que se tornaria o Sacro Império Romano e ajuda a legitimar a posição de Carlos Magno como governante das terras europeias ocidentais, antes controlada pelo Império Romano.

Séculos XI e XII d.C.: Cisões entre autoridades seculares e eclesiásticas.

1054 d.C.: Cisão formal entre a Igreja Ortodoxa Oriental e a Católica Romana; as autoridades ortodoxas rejeitam a jurisdição do papa, mas aceitam os pronunciamentos dos sete primeiros concílios ecumênicos.

1096-1291 d.C.: As Cruzadas.

1233 d.C.: Inquisição criada para combater práticas hereges.

Século XIV d.C.: Excessos em Roma despertam exigências por reforma e a fundação das ordens franciscana e dominicana.

1517 d.C.: Martinho Lutero inicia as Reformas Protestantes; Calvino (*Jean Calvin*) inicia suas próprias reformas em anos posteriores.

1529 d.C.: Henrique VIII nega o papa e declara a si mesmo o líder da Igreja da Inglaterra.

1545 d.C.: Concílio de Trento. Este, o 9º concílio ecumênico da Igreja Católica Romana, abordou temas levantados pelas Reformas Protestantes e produziu significativas reformas internas. Ele aconteceu entre 1545-1547, 1551-1552 e 1562-1563.

Séculos XVI e XVII d.C.: Atividade missionária na Ásia; muitos grupos cristãos emigram para a América do Norte.

Século XVIII d.C.: Entendimento secular de agrupamentos sociais torna-se mais pronunciado depois da era europeia da Razão; poderosos movimentos de "revivificação" revigoram específicas práticas cristãs na Inglaterra e nos Estados Unidos. Atividade missionária vigorosa, particularmente na África e na Ásia.

1869 d.C.: Concílio Vaticano I proclama a infalibilidade papal quando ele fala *ex cathedra*, ou seja, quando, no exercício do ofício de sua suprema autoridade apostólica, ele decide que uma doutrina a respeito de fé ou moral deve ser seguida por toda a Igreja.

1948 d.C.: Criado o Conselho Mundial de Igrejas para promover o diálogo e a coesão entre as Igrejas Protestantes e reconhecer áreas de concórdia entre a prática protestante e a católica.

1962-1965 d.C.: Concílio Vaticano II incorpora observadores da fé protestante e da Ortodoxa Oriental; promove diversidade, reforma litúrgica e envolvimento de leigos no culto católico.

Islamismo

571 d.C.: Nascimento do profeta Maomé em Meca. A cidade será o destino de inúmeras peregrinações nos séculos seguintes.

610 d.C.: Maomé recebe sua primeira revelação na caverna no monte Hira; esse evento é considerado a iniciação sagrada do Alcorão.

622 d.C.: Maomé organiza uma hegira (êxodo) de seus seguidores em Meca para ir a Medina.

632 d.C.: Morte de Maomé.

656-661 d.C.: Califado de Ali. Sérias divisões quanto à sua legitimidade como líder da fé causam uma cisão, resultando em duas divisões no Islamismo: xiita e sunita. Os xiitas consideram Ali o primeiro imame (líder).

661 d.C.: Fundada a dinastia Umayyad, sob Muawiya.

750 d.C.: Dinastia Umayyad derrubada pela família Abbasid, que descende do tio de Maomé. (A dinastia Abbasid dura até 1258 d.C.).

780-1031 d.C.: Período do califado ocidental (sediado na Espanha), fundado por um membro sobrevivente da família Umayyad.

909-1171 d.C.: Período do califado Fatimid (sediado na África).

1258 d.C.: Bagdá cai nas mãos dos mongóis; os abbasids fogem.

1517 d.C.: Captura do Egito pelos otomanos; Selim I é proclamado califa. Um longo período se segue, durante o qual os sultões otomanos retêm o título de califa.

1924 d.C.: Título de califa abolido.

1968 d.C.: Ampliação de Haram em Meca é completada.

1979 d.C.: Um grupo de extremistas liderados pelos estudantes da Universidade Teológica de Medina ocupa o Haram em Meca e resistem às forças militares por duas semanas antes de serem vencidos por poder superior. A sagrada mesquita, reverenciada por milhões de muçulmanos, é recuperada.

Apêndice D

Os Nomes de Deus

O artigo a seguir de Wikipedia.org é reproduzido com autorização.

Nomes judaicos de Deus

O nome mais importante de Deus no Judaísmo é o Tetragrama, o nome de Deus com quatro letras. Esse nome é mencionado pela primeira vez no Livro do Gênesis e é, de modo geral, traduzido como "o Senhor". Como os judeus, por muito tempo, consideraram um pecado pronunciar esse nome, a correta pronúncia dele foi esquecida – os textos originais hebraicos apenas incluem as consoantes. Estudiosos modernos conjeturam que ele era pronunciado "Yahweh." As letras hebraicas recebem os nomes Yod-Heh-Vav-Heh. Em inglês ele é escrito YHVH. Apenas sua expressão em hebraico é considerada sagrada.

Em aparência, YHVH é a terceira pessoa do singular imperfeito do verbo "ser", significando, portanto, "Deus é", ou "Deus será", ou talvez "Deus vive", sendo a ideia fundamental da palavra, talvez, "soprar", "respirar" e, portanto, "viver". Está de acordo com essa explicação o nome dado no Livro do Êxodo 3:14, quando Deus fala e usa a primeira pessoa – "Eu sou". O significado, então, seria "Aquele que é autoexistente, autossuficiente", ou, de modo mais concreto, "Aquele que vive", sendo estranha ao pensamento judaico a concepção abstrata da existência pura.

A ideia da vida esteve intimamente ligada ao nome YHVH desde os primeiros tempos. Deus é apresentado como um Deus vivo, em contraste com o deus sem vida dos pagãos; e Deus é apresentado como fonte e autor da vida (ver 1 Reis 18; Isaías 41:26-29; 44:6-20; Jeremias 10:10, 14; Gênesis 2:7; etc.).

Adonai

Os judeus também chamam Deus de Adonai, ou "meu Senhor". Como pronunciar YHVH é considerado pecaminoso, os judeus usam Adonai nas preces.

Quando os massoretas acrescentaram vogais ao texto do Tanach, no século I d.C., deram à palavra YHVH as vogais de Adonai, para lembrar ao leitor de pronunciar Adonai em vez de YHVH. Muitos tradutores cristãos da Bíblia interpretaram isso de modo errado, como significando que o nome de Deus era Javé, que é o resultado da combinação das vogais de Adonai com as consoantes de YHVH, escritas usando a ortografia em latim na qual "J" é pronunciada como "Y". Esse nome pode ser etimologicamente relacionado ao deus fenício Tammuz ou Adonis.

Pronunciando o Tetragrama

Todas as denominações do Judaísmo ensinam que o nome de Deus com quatro letras, YHVH, é proibido de ser pronunciado exceto pelo sumo sacerdote, no Templo. Como o Templo de Jerusalém não existe mais, esse nome nunca é pronunciado pelos judeus nos rituais religiosos. Os judeus ortodoxos jamais o pronunciam por nenhuma razão. Alguns judeus não ortodoxos o pronunciam, mas apenas para fins educacionais e nunca em conversas casuais ou orações. Em vez de pronunciar YHVH, eles dizem "Adonai".

As leis judaicas exigem que "cercas" sejam erigidas ao redor das leis básicas, de modo que a lei principal jamais seja quebrada. Assim, é comum na prática judaica restringir o uso da palavra "Adonai" a orações apenas. Em conversas, muitos judeus se referem a Deus como "HaShem", que é o termo hebraico para "o Nome" (ele foi usado pela primeira vez em Levítico 24:11). Muitos judeus também escrevem "D-s" em vez de "Deus". Embora essa substituição não seja exigida pela religião (apenas o nome hebraico é sagrado, e não o de nenhuma outra língua), eles o fazem para lembrar a si mesmos da santidade ligada ao nome de Deus.

As traduções da Bíblia geralmente apresentam YHVH como "SENHOR" (em letras maiúsculas), e Adonai como "Senhor" (em escrita comum).

Elohim

Um nome comum de Deus na Bíblia hebraica é Elohim.

Apesar da terminação "im", comum a muitos nomes no plural em hebraico, a palavra Elohim, quando referente a Deus, é gramaticalmente singular de modo regular, tomando um predicado em forma singular na Bíblia hebraica. A palavra elohim provavelmente teve origem em uma forma gramatical plural, pois quando a Bíblia hebraica usa o termo não se referindo a Deus, assume a forma plural (ex: Livro do Êxodo 20:3).

Alguns eruditos interpretam a terminação "im" como uma expressão de majestade (*pluralis majestatis*) ou excelência (*pluralis excellentiae*), expressando suprema dignidade ou grandeza: compare com o uso similar de formas plurais de ba'al (mestre) e adon (senhor). (Por essas razões, os teólogos cristãos, de modo geral, ressaltaram que é uma falácia embasar a doutrina cristã da trindade na aparente terminação plural da palavra elohim.)

Em etíope, *Amlak* ("senhores") é o nome comum para Deus. A forma singular, Eloah, é muito rara, sendo usada apenas em poesia e prosa posterior (no Livro de Jó, 41 vezes). O mesmo nome divino é encontrado em árabe (*ilah*) e em aramaico (*elah*). A forma singular é usada em seis lugares para divindades pagãs (2 Crônicas 32:15; Daniel 11:37-38, etc.); e também o plural, algumas vezes, tanto para deuses quanto para imagens (Êxodo 9:1, 12:12, 20:3, etc.), ou para um deus (Êxodo 32:1; Gênesis 31:30-32, etc.). Na grande maioria das vezes as duas formas são usadas como nomes do único Deus de Israel.

A raiz da palavra é desconhecida. Uma teoria é que ela pode estar ligada ao antigo verbo árabe "alih" (ficar perplexo, com medo; buscar refúgio por causa do medo). Eloah e Elohim significariam, então, "Aquele que é objeto de temor ou reverência" ou "Aquele com quem se refugia a pessoa que sente medo".

El

A palavra El aparece na língua assíria (*ilu*) e fenícia, assim como na hebraica, como um nome comum de Deus. Também é encontrada nos dialetos do sul da Arábia, e em aramaico, árabe, etíope e hebraico, como um elemento de nomes próprios.

É usada nas formas singular e plural, para outros deuses e para o Deus de Israel. Como um nome de Deus, no entanto, o termo é empregado principalmente na poesia e discurso profético, raramente em prosa, e de modo geral com um epíteto, como "um Deus ciumento". Outros exemplos de seu uso com algum atributo ou epíteto são: El 'Elyon' ("Deus supremo"); El Shaddai ("Deus Todo-Poderoso"); El "Olam' ("Deus eterno"); El Hai ("Deus vivo"); El Ro'i ("Deus da visão"); El Elohe Israel ("Deus, o Deus de Israel"); El Gibbor ("Deus Herói").

Shaddai

O termo Shaddai, que aparece junto com El, também é usado de forma independente como um nome de Deus, principalmente no Livro de Jó. Segundo o Livro do Êxodo 6:2-3, esse é o nome pelo qual Deus foi conhecido por Abraão, Isaac e Jacó.

Elyon

O nome Elyon aparece com El, com YHVH, com Elohim, e também sozinho. Aparece principalmente em poesia e passagens bíblicas posteriores.

YHVH Tzevaot

Os nomes Yhwh e Elohim frequentemente aparecem com a palavra tzevaot ("hostes"), como YHVH Elohe tzevaot ("YHVH Deus das Hostes") ou "Deus das Hostes"; ou com mais frequência "Yhwh das Hostes". A esta última forma costuma-se acrescentar o prefixo Adonai, tornando o título "Senhor Yhwh das Hostes".

Esse nome divino composto aparece principalmente na literatura profética e não consta em nenhuma passagem do Pentateuco nem no Livro de Josué ou Juízes. O significado original de tzevaot pode ser encontrado em 1 Samuel 17:45, no qual é interpretado como "o Deus dos exércitos de Israel". O termo, fora de seu uso especial, sempre significa exércitos ou hostes de homens, como, por exemplo, em Êxodo 6:26; 7:4; 12:41, enquanto a forma singular é empregada para designar a hoste celestial.

A escrita latina Sebaoth levou à identificação, pelos romanos, com o deus Sabácio.

Ehyeh-Asher-Ehyeh

O nome Ehyeh denota a potência de Deus no futuro imediato e é parte de YHVH. A frase ehyeh-asher-ehyeh (Êxodo 3:14) é interpretada por algumas autoridades como "Eu serei porque eu serei", usando a segunda parte como uma explicação e se referindo à promessa de Deus, "Eu serei [ehyeh] contigo" (Êxodo 3:12). Outras autoridades alegam que a frase toda forma um nome. O Targum Onkelos deixa a frase sem tradução e é assim citado no Talmude (B. B. 73a). O "EU SOU AQUELE QUE SOU" da Versão Autorizada é baseado nesse ponto de vista.

Yah

O nome Yah é composto das primeiras letras de YHVH. O rastafariano Jah pode ser derivado dessa forma.

Leis judaicas da escrita dos nomes divinos

Segundo a tradição judaica, a santidade dos nomes divinos deve ser reconhecida pelo escriba profissional que escreve as Escrituras, ou os capítulos para o tefillin e o mezuzah. Antes de transcrever qualquer um dos nomes divinos ele se prepara mentalmente para santificá-los. Quando começa a escrever um nome, não para até que chegue ao fim, e não deve ser interrompido enquanto o escreve, ainda que seja para cumprimentar um rei. Se um erro for cometido ao escrever o nome, ele não pode ser apagado, mas uma linha deve ser traçada ao seu redor para mostrar que está cancelado, sendo a página inteira colocada em genizah (um cemitério para livros e documentos usados, que abordam tópicos religiosos, escritos em hebraico) e uma nova página deve ser começada.

A tradição dos sete nomes divinos

De acordo com a tradição judaica, o número de nomes divinos que requerem um cuidado especial do escriba é sete: El, Elohim, Adonai, Yhwh, Ehyeh-Asher-Ehyeh, Shaddai e Tzevaot.

Contudo, R. Jose considerou tzevaot um nome comum (Soferim 4:1; Yer R. H. 1:1; Ab. R. N. 34). R. Ishmael afirmou que mesmo Elohim é comum (Sanh. 66a). Todos os outros nomes, como Misericordioso, Gracioso e Fiel, apenas representam atributos que também são comuns aos seres humanos (Sheb. 35a).

A proibição de blasfêmia, para a qual se prevê a pena capital, refere-se apenas ao Nome próprio, YHVH (Soferim iv., fim; comp. Sanh. 66a).

Em muitas das passagens em que "elohim" aparece na Bíblia, o termo refere-se às divindades gentias ou, em alguns casos, a homens poderosos (Gênesis 3:5), juízes (Êxodo 21:6), ou a Israel (Salmos 81:9; 82:6). Adonai às vezes se refere a uma pessoa de destaque.

Shalom

O Talmude diz Shalom ("Paz"; Juízes 6:23) como um nome de Deus; consequentemente uma pessoa não pode cumprimentar outra com a palavra "shalom" em locais não sagrados (Talmude, Shabbat 10b). O nome Shelomoh (de shalom) refere-se ao Deus da Paz, e os rabinos afirmam que os Cânticos dos Cânticos (Cânticos de Salomão) são uma dramatização do amor de Deus: "Shalom" a Seu povo Israel = "Shulamite".

Outros nomes judaicos de Deus incluem:

Emet (Verdade)

Tzur Yisrael (A Rocha de Israel)

Elohei Avraham, Elohei Yitzchak ve Elohei Yaacom (Deus de Abraão, Deus de Isaac, Deus de Jacó)

Ehiyeh sh'Ehiyeh (Eu Sou Aquele que Sou)

Avinu Malkeinu (Nosso Pai, nosso Rei)

Ro'eh Yisrael (Pastor de Israel)

Ha-Kadosh, Baruch Hu (O Santo; Louvado seja)

Melech ha-Melachin (O Rei dos Reis)

Makom (literalmente, "o lugar"; significando "O Onipresente")

Magen Avraham (Escudo de Abraão)

YHVH-Jireth: O Senhor Proverá (Gênesis 22:13-14)

YHVH-Rapha: O Senhor, que te sara (Êxodo 15:26)

YHVH-Nissi: O Senhor é Minha Bandeira (Êxodo 17:15)

YHVH-Shalom: O Senhor é Paz (Juízes 6:24)

YHVH-Ra-ah: O Senhor é meu Pastor (Salmo 23:1)

YHVH-Tsidkenu: Senhor, Justiça Nossa (Jeremias, 23:6)

YHVH-Shammah: O Senhor Está Ali (Ezequiel 48:35)

Nomes cristãos de Deus

Historicamente, o Cristianismo professa a crença em uma divindade, três pessoas divinas (a Trindade), que criam uma Divindade, conhecida como "Deus".

Assim, a maioria dos cristãos é trinitária monoteísta, embora existam dissidentes. A maioria desses grupos unitários acredita, ou acreditava, que apenas Deus o Pai é uma divindade; a Igreja dos Santos dos Últimos Dias acredita que o Pai, o Filho (Jesus Cristo) e o Espírito Santo são três divindades distintas.

Para a maior parte dos cristãos, no entanto, os mais importantes Nomes de Deus são os Nomes da Trindade.

Abaixo, apresentamos os nomes que constam do Credo de Santo Atanásio (século IV d.C.):

"O Pai é incriado, O Filho é incriado, o Espírito Santo é incriado"

Porque uma só é a Pessoa do Pai, outra a do Filho, outra a do Espírito Santo.

Mas uma só é a divindade do Pai, e do Filho, e do Espírito Santo, igual a glória, coeterna a majestade.

Tal como é o Pai, tal é o Filho, tal é o Espírito Santo.

O Pai é incriado, o Filho é incriado, o Espírito Santo é incriado.

O Pai é imenso, o Filho é imenso, o Espírito Santo é imenso.

O Pai é eterno, o Filho é eterno, o Espírito Santo é eterno.

E contudo não são três eternos, mas um só eterno.

Assim como não são três incriados, nem três imensos, mas um só incriado e um só imenso.

Da mesma maneira, o Pai é onipotente, o Filho é onipotente, o Espírito Santo é onipotente.
E contudo não são três onipotentes, mas um só onipotente.
Assim o Pai é Deus, O Filho é Deus, o Espírito Santo é Deus.
E contudo não são três deuses, mas um só Deus.
Do mesmo modo, o Pai é Senhor, o Filho é Senhor, o Espírito Santo é Senhor.
E contudo não são três Senhores, mas um só Senhor.

O Islamismo e os 99 nomes de Alá

O principal nome de Deus no Islamismo é Alá, que significa simplesmente "o Deus".

Os muçulmanos consideram que Alá tem 99 Nomes. Eles são:
Ar-Rahman: O Mais Compassivo, O Mais Gentil
Ar-Rahmin: O Mais Misericordioso
Al-Malik: O Mestre, O Rei, O Monarca
Al-Quddus: O Puro, O Santo
As-Salaam: A Paz, A Tranquilidade
Al-Mu'min: O Fiel, O Confiável
Al-Muhaymin: O Protetor, O Vigilante, O Controlador
Al-'Aziz: O Todo-Poderoso, O Poderoso
Al-Jabbar: O Opressor, O Compelativo
Al-Mutakabbir: O Altivo, O Majestoso, O Senhor
Al-Khaliq: O Criador
Al-Baari': O Inventor
Al-Musawwir: O Modelador, O Organizador, O Planejador
Al-Ghaffar: Aquele que Perdoa
Al-Qahhar: O Todo-Poderoso, O Dominante
Al-Wahhab: Aquele que Concede
Ar-Razzaq: O Provedor, O Mantenedor
Al-Fattah: Aquele que Abre, O Revelador
Al-'Alim: O Onisciente
Al-Qabid: O Contratante, O Retentor, O Receptáculo
Al-Basit: Aquele que Expande, Aquele que Aumenta
Al-Khafid: O Humilde

Ar-Rafi': Aquele que Eleva, Aquele que Exalta
Al-Mu'iz: Aquele que Honra, Aquele que Exalta
Al-Muzil: O Humilde; O Subjugador
As-Sami': Aquele que Tudo Ouve, O Onisciente
Al-Basir: Aquele que Tudo Vê, O Visionário
Al-Hakam: O Árbitro, O Juiz
Al-'Adl: A Justiça, A Equidade
Al-Latif: O Mais Gentil, O Gracioso, Aquele que É Terno
Al-Khabir: O Consciente; O Sagaz
Al-Halim: O Gentil, O Mais Paciente, O Benevolente
Al-'Azim: O Grande, O Poderoso
Al-Ghafoor: Aquele que Perdoa
Ash-Shakur: O Agradecido
Al-'Aliy: O Altíssimo, O Exaltado
Al-Kabir: O Maior
Al-Hafiz: O Guardião, O Preservador
Al-Muqit: O Mantenedor, Aquele que Sustenta
Al-Hasib: O Nobre
Al-Jalil: O Majestoso, O Honorável, O Exaltado
Al-Karim: O Mais Generoso, O Abundante
Ar-Raqib: O Guardião, O Vigilante
Al-Mujib: Aquele que Responde
Al-Wasi': O Enriquecedor, O Onipresente, O Onisciente
Al-Hakim: O Mais Sábio, O Judicioso
Al-Wadud: Aquele que Ama, O Afeiçoado
Al-Majid: O Glorioso, O Exaltado
Al-Ba'ith: O Ressuscitador, Aquele que Eleva dos Mortos
Ash-Shahid: A Testemunha
Al-Haqq: A Verdade, A Justiça
Al-Wakil: O Guardião, O Confiável
Al-Qawee: O Poderoso, O Todo-Poderoso, O Forte
Al-Matin: O Forte, O Firme
Al-Walee: Aquele que Apoia; O Amigo, O Defensor
Al-Hamid: O Digno de Louvor
Al-Mushi: O Contador
Al-Mubdi': O Iniciador, O Criador, O Originador

Al-Mu'eed: O Restaurador, O Ressuscitador
Al-Muhyee: Aquele que Cede, Aquele que Dá Vida
Al-Mumeet: Aquele que Traz a Morte, Aquele que Dá a Morte
Al-Hayy: Aquele que Vive para Sempre
Al-Qayyum: O Autossubsistente, O Eterno, O Automantenedor
Al-Wajid: Aquele que Tudo Percebe, O Abundante, Aquele que Encontra
Al-Wahid: O Único
Al-Majid: O Nobre, O Ilustre
Al-Ahad: O Único, O Uno
As-Samad: O Perfeito, O Eterno
Al-Qadir: O Capaz, O Onipotente
Al-Muqtadir: O Capaz, O Todo-Poderoso
Al-Muqaddim: O Apresentador, Aquele que Avança, O Expedidor
Al-Mu'akhkhir: O Realizador
Al-'Awwal: O Primeiro
Al-'Akhir: O Último
Az-Zahir: O Aparente, O Exterior, O Manifesto
Al-Batin: O Oculto, O Interior, O Velado
Al-Waali: O Governador, O Regente, O Mestre
Al-Muta'ali: O Exaltado, O Altíssimo, Aquele que Está Acima de Qualquer Reprovação
Al-Barr: O Benfeitor, O Beneficente, O Piedoso
Al-Tawwab: Aquele que Aceita o Arrependimento, Aquele que Perdoa, Aquele que Abranda
Al-Muntaqim: O Vinador
Al-'Afuww: Aquele que Perdoa
Ar-Ra'uf: O Misericordioso, O Eterno Indulgente
Al-Muqsit: O Justo, O Equitativo
Aj-Jami': O Colecionador, O Abrangente, Aquele que Reúne
Al-Ghanee: O Mais Rico, O Todo Suficiente, O Autossuficiente
Al-Mughnee: O Enriquecedor, O Provedor, Aquele que Concede
Al-Maani': Aquele que Apoia
Ad-Daarr: O Atormentador, Aquele que Aflige, Aquele que Traz Adversidade
An-Nafi': O Benéfico, O Benfeitor

An-Nur: A Luz
Al-Hadi: O Guia
Al-Badi': O Maravilhoso, O Criador, O Incomparável
Al-Baqi: O Duradouro, O Eterno
Al-Warith: O Herdeiro
Ar-Rashid: Aquele que é Guiado Corretamente, O Consciente, O Guia
As-Sabur: O Mais Paciente, O Duradouro
Malik Al-Mulk: O Regente do Reino, O Rei do Universo
Zul-Jalali wal-Ikram: Senhor de Majestade e Generosidade

Segundo algumas tradições islâmicas, o fiel que memorizar e recitar esses nomes alcançará o paraíso. Alguns muçulmanos falam sobre um centésimo nome de Deus, um que somente Ele conhece.

Apêndice E

Glossário

A Busca da Visão: Período no qual um jovem celebra o início da puberdade por meio da meditação solitária, jejum e testes de resistência física. O participante busca uma visão que o guiará na vida posterior e o apoio e a proteção de um espírito guardião. (Sistemas dos índios norte-americanos)

Advento: Época de preparação para os cristãos, começa no domingo mais próximo do dia 30 de novembro e dura até o próprio Natal. (Cristianismo)

Agnóstico: Um indivíduo que acredita que a existência de Deus, ou uma causa primeira, não pode ser provada nem desmentida.

Ahimsa: Princípio hindu de reverência pela vida.

Akikah: Cerimônia de nascimento ou de boas-vindas. (Islamismo)

Alcorão: Texto sagrado que os muçulmanos acreditam consolidar e realizar todas as revelações passadas de Deus; considerada pelos fiéis a Palavra de Deus, cujo instrumento foi o profeta Maomé. (Islamismo)

Aliança: Acordo; especificamente, o acordo entre Deus e os antigos israelitas, sob o qual Deus prometeu proteção em troca de obediência e fidelidade. (Judaísmo, Cristianismo)

Al-Isra Wal Miraj: Feriado marcando a suposta jornada divina de Maomé de Meca a Jerusalém, onde ele teria ascendido para encontrar-se com Deus. (Islamismo)

Arhat: Na tradição budista Theravada, aquele que atinge a iluminação através de solitude e práticas ascéticas.

Árvore Bodi: Figueira sagrada sob a qual Gautama teria recebido a iluminação suprema que marcou sua manifestação como o Buda. (Budismo)

As Quatro Verdades Nobres: Os princípios mais importantes da fé budista; eles afirmam que a vida é sofrimento, que o sofrimento é causado pelo desejo e apego, que o desejo e o apego podem ser superados e que o meio de superar o desejo e o apego é o Caminho Óctuplo (Ver também *Caminho Óctuplo*).

Asceticismo: Uma prática ou um conjunto de práticas como jejum, ficar sem dormir e tolerar condições árduas, que disciplina o corpo e ajuda o praticante a concentrar-se em alcançar perfeição espiritual e união com Deus.

Ateu: Um indivíduo que acredita que não existe tal realidade como Deus ou causa primária.

Atman: No Hinduísmo, o *eu* ou a alma eterna.

Bardo Thodol: Texto budista tibetano que define instruções para os mortos e seus guias espirituais. Popularmente conhecido como *O livro tibetano dos mortos*.

Bhagavad Gita: Poema épico narrando o diálogo entre o príncipe humano Arjuna e o amado Senhor Krishna, uma das mais importantes divindades hindus. Um texto religioso de enorme influência. (Hinduísmo)

Bodisatva: Na escola mahayana do Budismo, aquele que merece Nirvana, mas adia o momento de entrar nele até todos os seres sencientes serem resgatados do renascimento e do sofrimento.

Brahma: Personificação do Absoluto, o criador do mundo, que está perpetuamente destinado a durar 2.160.000.000 de anos antes de cair em ruína, momento em que Brahma o recria. Um dos três deuses supremos na tríade hindu. (Ver também: *Vishnu, Shiva*)

Brahman: Suprema realidade. (Hinduísmo)

Brahmin: Membro de uma casta social indiana. (Hinduísmo)

Buda: Um ser totalmente iluminado. Siddartha Gautama ficou conhecido como Buda Tathagata ("aquele que atravessou completamente"). Outros nomes para essa figura reverenciada incluem Bhagavat (Senhor) e, simplesmente, o Buda.

Budismo Nichiren: Termo que descreve uma quantidade de escolas budistas japonesas.

Califa: Título concedido ao sucessor designado de Maomé como líder da fé islâmica. (O cargo hoje não existe mais.)

Caminho óctuplo: O caminho que leva à cessação do desejo e do apego; marcado pelo correto entendimento, correto propósito, correto discurso, correta conduta, correto modo de viver, correto esforço, correto alerta e correta concentração. (Budismo)

Carma: Doutrina que incorpora um princípio imparcial de causa e efeito moral, sob o qual as ações têm implicações inevitáveis e afetam as encarnações futuras de uma pessoa. Apenas aqueles que escapam do ciclo do nascimento e morte podem ficar além do alcance do carma. (Hinduísmo, Budismo e outras expressões de fé, em diferentes formas)

Chanukah: Festival de Luzes que comemora a vitória dos macabeus sobre os sírios no século II a.C. (Judaísmo)

Chung: "Fidelidade a si próprio." (Confucionismo)

Chun-tzu: Indivíduo nobre. (Confucionismo)

Cinco Pilares: Cinco obrigações, esboçadas no Alcorão, essenciais para a vida dos muçulmanos. São elas: confissão da fé pessoal em Deus e em seu profeta Maomé, culto ritual, dar esmolas, jejum e peregrinação. (Islamismo)

Concílio Vaticano II: Encontro da Igreja Católica Romana realizado em 1962 que levou a reformas dramáticas na prática da Igreja. (Cristianismo)

Darma: No Budismo, verdade religiosa sublime; também qualquer faceta específica de experiência ou existência. No Hinduísmo, uma obrigação religiosa, convenção social ou virtude individual.

Decálogo: Os Dez Mandamentos que aparecem na Bíblia hebraica. (Judaísmo, Cristianismo)

Dia de Bodi: Dia em que se comemora a decisão de Gautama de sentar-se sob a árvore bodi até alcançar a iluminação. (Budismo)

Dia de Buda: Dia em que se comemora o nascimento de Buda.

Dia do Nirvana: Dia em que se celebra a morte de Buda.

Divindade: O ser essencial de Deus.

Domingo de Ramos: O último domingo da Quaresma e o último domingo antes da Páscoa; o primeiro dia da Semana Santa. (Cristianismo)

Dualismo: A tentativa de explicar fenômenos por meio de polos opostos: bem e mal, preto e branco, velho e novo, "eu" e "outro", Deus e criação, e assim por diante.

Duhsera/Durga Puja: Feriado hindu em que se comemora o triunfo do bem sobre o mal.

Ecumenismo: União de iniciativas promovendo maior entendimento e tolerância entre as várias igrejas cristãs. (As palavras *ecumênico* e *ecumenismo* às vezes também são usadas para referir-se ao processo de alcançar maior cooperação e entendimento entre crenças muito diferentes.)

Epifania: Feriado em que se comemora a visita dos Reis Magos ao infante Jesus; o batismo de Jesus; e o primeiro milagre de Jesus, a mudança de água em vinho; como narram os Evangelhos. (Uma epifania também pode ser manifestação do divino na experiência pessoal de alguém, por uma visão, por exemplo.)

Epístolas Paulinas: Cartas antigas, atribuídas ao Apóstolo Paulo, oferecendo orientação a congregações específicas e à Igreja cristã como um todo. (Cristianismo)

Escola Reconstrucionista do Judaísmo: Movimento que afirma que o Judaísmo é fundamentalmente uma civilização religiosa social (em vez de centrada em Deus).

Escola Terra Pura: Movimento budista que enfatiza a confiança absoluta na graça de Buda, e fé infalível no Buda Amitabha (Amida), que supostamente jurou, no século II a.C., salvar todos os seres sencientes.

Guru: Guia espiritual pessoal; aquele que desenvolve um relacionamento pessoal importante com um discípulo ou praticante. (Hinduísmo)

Hajj: Uma peregrinação à cidade sagrada de Meca, exigida pelo menos uma vez na vida de todo muçulmano que esteja em boas condições físicas, são e tenha condições financeiras para a viagem. (Islamismo)

Hinayana: Outro nome para a escola Theravada do Budismo (Ver também: *Theravada*)

Id al-Fitr: Um período de festa que ocorre no fim do Ramadã e dura três dias. (Islamismo)

Igreja Católica Romana: Os cristãos por todo o mundo que se declaram em comunhão com o bispo de Roma, o papa. (Cristianismo)

Igreja Ortodoxa Oriental: A forma dominante de culto cristão na Grécia, em grande região da Europa oriental e partes do Oriente Médio, na qual igrejas nacionais individuais compartilham tradições litúrgicas, mas operam de forma independente umas das outras. (Cristianismo)

Ioga: Escola clássica da filosofia indiana que objetiva ajudar a instilar uma disciplina pessoal, física e espiritual. (Hinduísmo)

Iom Kipur: Dia do Perdão, marcado por jejuns e orações.

Jananzah: Serviço funerário islâmico.

Jen: A compaixão e a humanidade nascidas do amor genuíno. (Confucionismo)

Judaísmo Conservador: Espécie de Judaísmo entre o Reformista e o Ortodoxo, aberto para acomodar algumas tendências sociais contemporâneas. (Ver também: *Judaísmo Reformista, Judaísmo Ortodoxo, Escola Reconstrucionista*.)

Judaísmo Ortodoxo: Ramificação do Judaísmo conhecida por sua ênfase na suprema autoridade da Torá e pelo seguimento da tradição. (Ver também: *Judaísmo Reformista, Judaísmo Conservador, Escola Reconstrucionista*)

Judaísmo Reformista: Ramificação do Judaísmo notável por suas tentativas de adaptar a fé às exigências do mundo moderno e por sua aproximação liberal às questões de crítica e interpretação da Lei. (Ver também: *Judaísmo Ortodoxo, Judaísmo Conservador, Escola Reconstrucionista*)

K'che Manitou: Um termo Ojibwa (índios norte-americanos) descrevendo a soma total de todas as entidades espirituais; o agrupamento de várias forças espirituais incorporadas. (Ver também: *Wakan Tanka*)

Kami: Palavra japonesa para "espírito" ou "aquele que está acima". (Xintoísmo)

Kami-dana: Estante dos Espíritos na casa de um fiel xintoísta; uma representação em miniatura da seção sagrada central de um santuário.

Koan: Um enigma Zen budista que convida o estudioso a superar potenciais barreiras à iluminação.

Krishna: Divindade popular hindu; uma encarnação de Vishnu. (Hinduísmo)

Krishna Janmashtami: Feriado que celebra o nascimento de Krishna. (Hinduísmo)

Lailat ul-Qadr: Os últimos dez dias do Ramadã, quando os muçulmanos celebram a primeira experiência de Maomé da revelação divina. (Islamismo)

Lei: Na tradição judaica, o relato escrito da revelação de Deus.

Li: Comportamento correto ritualista e baseado na etiqueta entre indivíduos. (Confucionismo)

Liturgia: Culto ou ritual públicos.

Mahayana: A mais nova das duas escolas do Budismo; venera os bodisatvas e enfatiza a necessidade de ajudar todos os seres a alcançar a libertação. (Ver também *Theravada*)

Mantra: Palavra ou frase repetida em meditações e rituais religiosos. (Hinduísmo, Budismo, outros sistemas)

Maulid al-Nabi: Feriado que celebra o nascimento de Maomé. (Islamismo)

Mesquita: Edificação usada pelos muçulmanos para culto e oração. (Islamismo)

Misticismo: Busca por uma experiência direta e interna, com frequência extática, com o Supremo.

Monoteísmo: Crença em um único Deus pessoal, geralmente uma figura vista como unificadora de todo o Universo.

Muçulmano: Literalmente, "aquele que se submete". Um seguidor do Islamismo.

Natal: A festa da Natividade, que celebra o nascimento de Jesus. (Cristianismo)

Nirvana: Estado de libertação final do ciclo do nascimento e morte. (Hinduísmo, Budismo)

Os Cinco Clássicos: *O Livro das Mutações* (*I Ching*), o *Livro da História* (*Shu Ching*), o *Livro da Poesia* (*Shih Ching*), o *Livro dos Ritos* (*Li Chi*) e os *Anais da Primavera e do Outono* (*Ch'un Chi*), que são crônicas dos mais importantes eventos históricos. (Confucionismo)

Os Quatro Livros: Textos de Confúcio que incorporam as obras de Confúcio e Mencio (372-289 a.C.) e os comentários de seus seguidores, considerados os ensinamentos fundamentais do início do Confucionismo. São eles *Analectos* (*Lun Ya*), o *Grande Aprendizado* (*Ta Hsuch*), a *Doutrina do Meio* (*Chung Yung*) e o *Livro de Mencio* (*Meng-tzu*). Junto com os Cinco Clássicos, os Quatro Livros compõem os textos básicos do Confucionismo.

Parede Qibla: Em uma mesquita, a parede voltada para Meca. (Islamismo)

Páscoa (Pesach): Principal feriado que celebra a libertação do povo judeu da escravidão do Egito.

Páscoa: A festa cristã central, que celebra a ressurreição de Jesus após ser crucificado, e que proclama o renascimento espiritual dos fiéis através de sua união com o Cristo ressuscitado.

Pentecostes: Festa que comemora o dom do Espírito Santo concedido aos discípulos depois da ressurreição e ascensão de Jesus. (Cristianismo)

Proselitismo: Esforço para convencer outra pessoa a converter-se a outra fé ou seita.

Protestante: Termo para um diverso conjunto de tradições cristãs que surgiram após as Reformas Protestantes e que rejeitam a autoridade do papa. (Cristianismo)

Puja: Culto ritual de uma divindade ou figura santa específica. (Hinduísmo)

Purim: Uma celebração da libertação dos judeus persas da destruição. (Judaísmo)

Quacre: Membro de uma seita protestante (Sociedade de Amigos) fundada na Inglaterra no século XVII que não admite sacramento, não presta juramento diante da justiça, não pega em arma e não aceita hierarquia eclesiástica.

Quaresma: Um período de arrependimento e jejum que serve como preparação espiritual para a alegria da festa da Páscoa. (Cristianismo)

Quarta-feira de Cinzas: A 7ª quarta-feira antes da Páscoa. O primeiro dia da Quaresma, marcado pela imposição de cinzas sobre a testa dos fiéis. (Cristianismo)

Rabino: Um respeitado professor e líder de culto, geralmente ligado a uma sinagoga em particular.

Rama: No épico *Ramayana*, uma divindade cuja história celebra os compromissos da vida em família e a virtude de viver corretamente; uma encarnação de Vishnu. (Hinduísmo)

Rama Navami: Importante feriado centrado no deus Rama. (Hinduísmo)

Ramadã: O nome de um mês do ano e um período de observância religiosa. Durante esse festival sagrado, que dura o mês todo, os adultos seguem um período rígido de abstinência, reflexão e purificação. (Islamismo)

Reformas Protestantes: Uma série de levantes religiosos e políticos na Europa do século XVI, levando à formação das denominações protestantes que rejeitavam a autoridade do papa. (Cristianismo)

Rig Veda: A mais antiga e uma das mais reverenciadas escrituras sagradas do Hinduísmo.

Rosh Hashanah: O Ano Novo judaico (observado em setembro/outubro).

Samadhi: No Budismo, um estado de concentração mental; um importante instrumento para seguir o caminho do autodespertar. No Hinduísmo, o ponto no qual a consciência de um indivíduo se funde com a divindade.

Samsara: O processo do nascimento acumulado, guiado pelo carma, no qual os pensamentos e feitos de vidas passadas são abordados. (Ver também *carma*) (Hinduísmo, outras expressões de fé)

Sangha: Uma comunidade monástica, muito semelhante a um mosteiro ocidental. (Budismo)

Seita sunita: Maior das duas seitas dominantes no Islamismo, atribuindo mais autoridade aos escritos sagrados do Islamismo que às autoridades religiosas humanas. (Ver também: *seita xiita*)

Seita xiita: Menor das duas seitas dominantes do Islamismo; enfatiza o papel de autoridade dos líderes religiosos e seus ensinamentos. (Ver também: *seita sunita*)

Sexta-feira Santa: A sexta-feira antes da Páscoa, quando os fiéis lembram a morte de Jesus na cruz. (Cristianismo)

Shabbat: Sabá, dia de descanso. (Judaísmo)

Shahada: Ritual que marca a entrada formal de um jovem muçulmano na fé islâmica.

Shavuot: Feriado que celebra e estação da colheita da primavera e dom de Deus da Torá. (Judaísmo)

Shaker: Membro de uma das ramificações dos Quacres, adepto da Igreja Milênio.

Shiva: Divindade que simboliza as várias formas potentes da energia do Supremo; geralmente representada com quatro braços e cercada de fogo. Um dos três deuses supremos na tríade hindu. (Ver também *Vishnu, Brahma*) (Hinduísmo)

Shiva Ratri: Celebração, que dura a noite toda, do Divino manifestado no deus Shiva. (Hinduísmo)

Sucessão apostólica: Doutrina segundo a qual, ao transmitir autoridade aos apóstolos, Jesus iniciou uma corrente de autoridade que se estendeu em uma linha ininterrupta até os atuais bispos cristãos. (Cristianismo)

Sufismo: Uma variedade de movimentos dentro do Islamismo que ressalta o *misticismo* e o *ascetismo*.

Sunyata: (Sânscrito: "vazio"). Princípio de que todas as entidades supremas, incluindo Buda e o estado do Nirvana, são vazios; ou seja, completamente inseparáveis do resto da Realidade Suprema. (Budismo)

Talmude: Compilação completa de discussões, comentários e explicações rabínicas; a Lei Oral e seus comentários. (Judaísmo)

Tao: Literalmente "caminho" ou "modo". Segundo as escrituras dessa expressão de fé, o "Tao eterno" não pode na verdade receber um nome. No entanto, ele foi descrito como uma sublime "Ordem Natural", marcada pela alternância sem esforço dos ciclos (noite e dia, crescimento e declínio). O Tao pode ser mais bem descrito como "o modo como o Universo opera".

Te: Poder controlador, virtude ou energia mágica; também integridade ou retidão moral. (Taoísmo)

Theravada: Mais antiga das duas principais escolas do Budismo, que enfatiza o progresso espiritual do indivíduo. (Ver também *Mahayana*)

Torá: O pergaminho contendo os Cinco Livros de Moisés; em um sentido mais amplo, os escritos sagrados judaicos acumulados através dos séculos.

Tori: Portão que identifica a entrada de um santuário xintoísta.

Totem: Objeto específico (geralmente uma planta ou animal) reverenciado e considerado um ancestral ou irmão pelos membros de um grupo. (Religiões tradicionais)

Upanishads: (Sânscrito: "sentando perto".) Textos que marcam a fase final dos Vedas sagrados e contêm relatos diretos de conselhos de místicos espiritualmente avançados. (Hinduísmo)

Vajrayana: Uma tradição budista tibetana que destaca a disciplina da ioga.

Veda: (Sânscrito: "conhecimento".) A grande coletânea das mais antigas escrituras religiosas hindus. Os Vedas apresentam princípios espirituais aceitos pelos hindus como fundamentais à sua religião.

Vedanta: Escola clássica da filosofia indiana que deu origem a disciplinas que enfatizam as mensagens transcendentes dos *Upanishads*. (Hinduísmo)

Vishnu: Divindade que é vista como uma força de amor transcendente e cujas muitas encarnações incluem Krishna e Rama. Um dos três deuses supremos na tríade hindu. (Ver também: *Brahma, Shiva*) (Hinduísmo)

Wadu: Limpeza ritual antes da oração. (Islamismo)

Wakan Tanka: Um termo Lakota (ameríndeo) que descreve a soma total de todas as entidades espirituais – o agrupamento de várias forças espirituais incorporadas. (Ver também: *K'che Manitou*)

Waleemah: Recepção de casamento. (Islamismo)

Wu-wei: Conceito taoísta de uma inação que é na verdade um tipo de eficiência sublime.

Xamã: Celebrante religioso que, acredita-se, possui mais do que poderes humanos, incluindo habilidade de entender e cuidar de doenças – e às vezes provocá-las. (Religiões tradicionais)

Yorozu-yomi: Doutrina de flexibilidade que permite ao Xintoísmo se adaptar com facilidade às vidas de muitas pessoas.

Zen: Influente escola do Budismo, originalmente conhecida como "Chan". Bodhidharma é reconhecido como seu fundador.

Índice Remissivo

A

Abhidamma Pitaka: 247
Abraão: 65, 67, 73, 74, 75, 159, 161, 182, 188, 348, 400, 407, 409, 410,
Advento: 16, 133, 415
Agnósticos: 95, 434
Ahimsa: 224, 367
Akikah: 17, 415
Al-Adawiyya, Rabia: 175
Al-Isra Wal Miraj: 18, 182, 415
Alá: 25, 161, 162, 164, 165, 166, 172, 182, 183, 184, 185, 186, 187, 188, 189, 190, 191 200, 201, 329, 330, 350, 369, 376, 379, 380, 411
Alcorão: 8, 17, 18, 40, 46, 48, 50, 68, 159, 166, 167, 170, 171, 172, 173, 174, 175, 177, 179, 180, 181, 183, 184, 185, 186, 187, 188, 191, 193, 194, 196, 200, 201, 369, 376, 37, 380, 381, 397, 409, 420, 422
Ali, Muhammad: 195, 394
Aliança, Judaísmo: 7, 14, 65, 67, 73, 75, 84, 93, 129 185
Alianças: 114, 131
Aliyah; Judaísmo: 90
Amidah; Judaísmo: 89
Analectos de Confúcio: 21, 46, 273
Animais; culto hindu: 89, 182, 185, 262, 283, 304, 305, 309, 310, 313, 337
Anjo da Morte 18, 92, 188, 189, 190
Ano-Novo; Cristianismo: 16, 138, 293, 339
Ano-Novo judaico (Rosh Hashaná): 420
Antigo culto druida: 22, 310
Antigo culto egípcio: 22, 301
Antigo culto grego:22, 305
Antigo culto maia: 22, 308, 309
Antigo Testamento: 7, 358
Apóstolo Paulo: 417
Apóstolo Pedro: 112, 148, 402
Arhat: 246, 247, 415
Arrebatamento; Cristianismo: 147, 148, 150
Ascetismo; Buda; Hinduísmo: 20, 175, 222, 238, 421
Assembleia de Deus: 129
Atos dos Apóstolos: 137

B

Baha'i: 339, 340
Bardo Thodol: 250, 416
Bar mitzvah (filho do mandamento): 93
Bat mitzvah (filha do mandamento): 93
Batismo:120, 128, 135, 417
Batitas: 128, 129, 154
Beltane, Neopaganismo: 23, 337
Bhagavad Gita: 9, 46, 205, 225, 343, 390, 411
Bíblia: 67, 71, 73, 75, 78, 85, 88 100, 128, 129, 131, 133, 134, 143, 144, 148, 153, 161, 211, 342, 359, 401, 408, 416

Bispo(s): 112, 119, 120, 153, 154, 403, 418, 421
Bodhidharma; início; descobrindo a própria mente; bodhisattva: 20, 254, 255, 402, 422
Book of Communion Prayer: 128
Brahma: 210, 212, 219, 220, 232, 241, 421
Brahman: 207, 212, 213, 216, 217, 218, 223, 416
Brit bat (aliança da filha): 93
Brit hayyim (aliança da vida): 93
Brit milah (aliança da circuncisão): 93
Buda; Budismo depois da morte de; lenda; ascetismo; despertar; verdadeiro conhecimento; ensinamentos da vida: 20, 21, 237, 238, 239, 240, 241, 242, 243, 244, 245, 246, 247, 248, 250, 251, 258, 259, 265, 266, 267, 268, 344, 363, 366, 369, 370, 381, 390, 401, 415, 416, 417, 421
Buda Amitabha: 257, 258, 417
Budismo; depois de Buda; vida depois da morte; ciclo da vida; carma; foco da vida; celebrações; criação; presença divina; eutanásia; existência de substâncias; ideias fundadoras; deuses; razão humana limitada; concepções erradas; ódio à vida; masoquistas; visões acerca da meditação; culto de Buda; Nichiren; Nirvana; origens; Siddartha Gautama; Terra Pura; budistas tibetanos; duas escolas; Mahayana; Teravada; guerra; Zen; primórdios; Bodhidharma; Japão; Igrejas budistas da América: 3, 5, 9, 10, 20, 21, 24, 25, 31, 39, 46, 48, 49, 51, 160, 210, 235, 245, 246, 247, 248, 249, 250, 251, 255, 256, 257, 258, 259, 261, 262, 263, 264, 265, 266, 268, 269, 271, 278, 284, 292, 293, 297, 299, 303, 370, 371, 373, 375, 376, 380, 382, 384, 385, 386, 399, 407, 412, 413, 422

Budismo Nichiren: 20, 258, 416
Budismo Terra Pura: 257, 258
Budismo tibetano: 20, 250, 251, 266
Busca da Visão: 325

C

Cabala; tradição mística: 24, 347, 348, 349
Califas; Abu Bakr; Ali; Umar; Uthman: 165, 170, 171, 173, 365, 418
Calvinismo: 258
Calvino, João: 128, 403
Caminhos espirituais: 286
Carma; Hinduísmo; ioga: 20, 210, 239, 247, 248, 255, 256, 257, 258, 265, 268, 287, 288, 289, 290, 367, 369, 370, 416, 421
Casamento; Hinduísmo; rituais islâmicos; católico romano: 18, 93, 184, 194, 195, 217, 218, 334, 422
Católica Romana; crenças; expansão reformas; Trindade: 52, 100, 121, 123, 124, 145, 148, 149, 160, 374, 407, 420, 421
Catolicismo; crenças; expansão reformas; Trindade: 8, 16, 119, 128, 131, 293, 310, 341
Celebrações; Budismo; Cristianismo; Advento; Natal; Páscoa; Festa da Assunção; Sexta-feira Santa; Quaresma; Ano-Novo; Domingo de Ramos; Pentecostes; Hinduísmo; Islamismo; Al-Isra Wal Miraj; nascimento; oração diária; funerais; Id al-Fitr; Id ul-Adha; iniciação; Lailat ul-Qadr; casamento; Maulid al-Nabi; Ramadã; Judaísmo; Chanukah; rituais da vida; Páscoa; Purim; Rosh Hashaná; Sabá; Shavuot; Sucot; serviços de culto; Iom Kipur: 19, 20, 90, 133, 138, 222, 225, 258

Céu; Cristianismo; vida depois da morte: 16, 17, 39, 40, 50, 62, 109, 119, 121, 143, 160, 177, 178, 179, 180, 181, 182, 183, 186, 189, 190, 211, 227, 229, 249, 305, 312, 325, 329, 335, 341, 342, 343, 344, 345, 347, 352, 357, 380, 387, 394
Chacra: 227
Chanukah (Hanuká): 15, 91, 416
Chomsky, Noam: 99
Chuang-Tzu; Taoísmo; filósofo: 21, 283, 293, 294
Chung Yung: 275, 395, 419
Ciclo da vida; Hinduísmo: 20, 213, 261
Cinco Pilares; Alcorão: 17, 159, 166, 167, 417
Circuncisão (brit milah): 74, 89, 93
Cismas: 36, 172
Civil Rights Act de 1964: 61
Classe brahmin; casta hindu: 212
Classe intocáveis; casta hindu: 212
Classe kshatriyas; casta hindu: 212
Classe sudras; casta hindu: 212
Classe vaisyas; casta hindu: 212
Código de conduta; Judaísmo; ideias fundadoras; humanidade eterna; razão humana limitada; flexibilidade da tradição: 87
Comunhão; Igreja Ortodoxa: 119, 120, 125, 126, 128, 137, 146, 232, 418
Comunidades tribais; práticas religiosas; fetiche; xamã; totem: 319
Conceitos aquarianos; ordem religiosa: 24, 343
Concepções erradas; Budismo; ódio da vida; masoquistas; visões da meditação; reencarnação; culto a Buda; Cristianismo; condenação do homossexualismo; confissão; uma versão do Cristianismo; infalibilidade papal; poligamia; unanimidade entre todas as denominações; Hinduísmo; idólatras; religião politeísta; promoção da discriminação social; Islamismo; jihad; muçulmano é igual a árabe; setenta e duas virgens para combatentes suicidas; assassinato dos infiéis; "Espada do Islamismo"; tratamento das mulheres; Judaísmo; agindo como um único grupo; diferenças do Sionismo; culpa de deicídio; judaico-cristãos; visão das mulheres: 95, 99, 151, 194, 265
Concílio de Calcedônia: 403
Concílio Vaticano I: 123, 403
Concílio Vaticano II; 30, 100, 120, 124, 125, 146, 404, 417
Confirmação; católica romana: 120, 342
Confissão: 17, 120, 151, 152, 153, 156, 417
Confucionismo; depois de Confúcio; evolução do; ideias básicas; dinastia han; Analectos; japonês; de Singapura; coreano; cinco relacionamento éticos: 10, 21, 31, 46, 48, 51, 269, 274, 275, 278, 279, 281, 282, 283, 284, 285, 290, 292, 293, 295, 381, 382, 402, 420, 422
Congregacionalismo: 129
Constantino: 113, 363, 420
Constituição; liberdade de religião: 13, 36, 43
Credo Niceno: 125
Crenças: 10, 19, 22, 23, 28, 29, 39, 42, 45, 55, 58, 59, 61, 72, 82, 91, 107, 112, 130, 141, 151, 156, 196, 209, 215, 216, 238, 242, 246, 254, 271, 287, 292, 293, 303, 304, 306, 309, 325, 336, 342, 351, 352, 353, 355, 361, 370, 378, 379, 383, 406
Cristã: 8, 16, 17, 24, 36, 59, 67, 68, 91, 95, 102, 107, 112, 113, 116, 117, 121, 124, 128, 129, 130, 133, 134, 135, 137, 141, 142, 143, 145, 147,

149, 150, 151, 152, 153, 166, 186, 208, 218, 336, 347, 351, 357, 358, 363, 369 382, 402, 407, 417, 420
Cristãos: 21, 150, 152, 164
Cristianismo; fé adaptável; vida depois da morte; diferenças de denominações; recompensa eterna; céu e inferno; purgatório; salvação; início como judeus; celebrações; Advento; Natal; Páscoa; Festa da Assunção; Sexta-feira Santa; quaresma; Ano-novo; Domingo de Ramos; pentecostes; criação, presença divina; Dio do Juízo Final; movimento ecumênico; eutanásia; ideias fundadoras; Jesus como centro da fé; razão humana limitada; concepções erradas; condenação do homossexualismo; confissão; infalibilidade papal; poligamia; unanimidade entre todas as denominações; mistério de Cristo; Igreja Ortodoxa; diferenças das Igrejas Ocidentais; práticas modernas; organização; protestantes; denominações adicionais; reformas; arrebatamento; Católica Romana; crenças; expansão; Trindade; guerra: 8, 15, 16, 17, 24, 31, 36, 46, 48, 50, 51, 67, 75, 107, 108, 112, 113, 114, 116, 117, 119, 120, 121, 123, 124, 125, 126, 128, 129, 133, 137, 141, 143, 147, 148, 149, 151, 152, 153, 155, 159, 160, 167, 169, 193, 217, 227, 231, 233, 265, 266, 267, 268, 301, 311, 313, 340, 351, 356, 357, 363, 364, 368, 371, 376, 377, 378, 379, 380, 381, 394, 402, 403, 410, 415, 417, 418, 419, 420, 421
Cristo; Cristianismo; Igreja Episcopal; mistério: 38, 59, 91, 100, 107, 108, 110, 112, 113, 114, 119, 120, 121, 122, 127, 129, 130, 133, 134, 136, 137, 138, 142, 145, 146, 147, 148, 149, 151, 152, 153, 155, 352, 353, 363, 410, 420
Cruzadas: 114, 254, 255, 366, 403
Culto; antigo asteca; mito da criação; conceitos-chave; antigo druida; história; conceitos-chave; antigo egípcio; mitos da criação; história; conceitos-chave; antigo grego; mito da criação; história; conceitos-chave; antigo maia; mito da criação; história; conceitos-chave; em comunidade; judaísmo; Hinduísmo; Islamismo; oração diária; regras quanto à alimentação; serviço; Sabá: 5, 9, 10, 22, 308, 309, 310, 312, 313, 315, 317, 318, 321, 330, 332, 351, 353, 404, 417, 418, 419, 420
Culto à Deusa: 336
Culto a Ísis e Osíris: 304
Culto grego: 22, 305, 308
Culturas; visões de fora: 111, 208, 306, 335, 336, 399

D

Darma: 239, 240, 417
Davi, rei de Israel: 70, 400, 401
Decálogo (Dez mandamentos): 14, 68, 75, 421
Deicídio: 15, 100
Deus; tradições africanas; Budismo; interligação da criação; hinduísmo; Islamismo; Judaísmo: 9, 11, 17, 19, 23, 27, 39, 40, 46, 47, 48, 49, 50, 51, 67, 68, 69, 70, 71, 72, 73, 74, 75, 78, 79, 82, 83, 87, 88, 89, 90, 92, 96, 97, 98, 101, 105, 107, 108, 116, 120, 121, 122, 124, 127, 128, 129, 130, 137, 142, 143, 144, 145, 146, 147, 148, 149, 152, 153, 154, 155, 159, 160, 161, 162, 163, 164, 166, 167, 172, 175, 176, 179, 184,

185, 186, 188, 194, 197, 200, 211, 216, 217, 218, 219, 220, 221, 222, 223, 224, 228, 229, 233, 238, 239, 246, 247, 263, 295, 312, 328, 329, 330, 331, 332, 334, 338, 341, 342, 347, 349, 356, 357, 362, 363, 364, 366, 368, 369, 370, 373, 375, 377, 378, 379, 380, 381, 383, 384, 385, 386, 387, 388, 389, 390, 391, 405, 406, 407, 408, 409, 410, 411, 414, 415, 416, 417, 419, 421

Devoção tantra: 35, 102, 126, 130, 160, 162 167, 176, 211, 238 239, 240, 261, 283, 319, 359, 369, 378, 385, 415

Dhammapada: 247, 250, 395

Dharma: 417

Dhyana: 253

Dia de Bodi: 20, 259, 417

Dia do Buda: 259

Dia do Juízo Final; Cristianismo: 16, 97, 98, 141, 149, 166, 183, 185, 389

Dia do Nirvana; Budismo; contato não sectário (entre expressões de fé): 20, 258, 259, 417

Dias sagrados; Islamismo; Al-Isra Wal Miraj; Id al-Fitr; Idul-Adha; Lailat ul-Qadr; Maulid al-Nabi; Ramadã: 18, 177, 181, 336

Diferenças; alienação das expressões de fé não familiares; fazendo perguntas; acontecimentos atuais; contato visual inapropriado; linguagem carregada; questões delicadas; religiões não familiares; fazendo perguntas: 7, 28, 29, 36, 55, 59, 68, 101, 102, 119, 124, 152, 160, 161, 167, 169, 208, 220, 237, 245, 324, 356, 368

Direito legal garantido pela Primeira Emenda: 36

Discussões; alienação das expressões de fé não familiares; fazendo perguntas; evitando questões delicadas; linguagem sabotadora; diferenças religiosas: 172

Divindades; Hinduísmo; tríade hindu; encarnações da tríade: 9, 19, 162, 211, 212, 215, 216, 218, 219, 220, 226, 232, 304, 310, 315, 380, 407, 410, 416

Divisão dos Doze Imames: 173

Domingo de Ramos: 16, 136, 417

Duhsehra: 225, 417

Durga Puja: 225, 417

E

Educação; Judaísmo: 62, 340

Egípcios, antigo culto; mitos da criação; história; conceitos-chave: 10, 22, 92, 321, 328, 329, 330, 332

Encarnação, Hinduísmo: 108, 124, 134, 137, 212, 222, 225, 421, 422

Epifania: 16, 134, 135, 139, 417

Epístolas: 402, 417

Equinócio da primavera; Neopaganismo: 23, 337

Equinócio de outono: 23, 338

Escola Hinayana: 246, 247, 402, 421

Escola Jodo Shinshu: 258

Escola Mahayana: 20, 245, 246, 248, 249, 254, 416

Escola Reconstrucionista: 417, 418

Escola Theravada; Budismo: 245, 246, 247, 249, 418

Escritos; escrituras; morte; graça divina; Regra de Ouro; limites; louvor ao Todo-poderoso; propósito; esforço para encontrar o Criador; vigilância; 27, 28, 32, 40, 50, 72, 115, 142, 201, 240, 308, 310, 314, 317, 333, 365, 374, 378, 384, 415, 422

Escrituras; morte; graça divina; Regra de Ouro; limites; louvor ao Todo-Poderoso; propósito; esforço para encontrar o Criador; vigilância; 11, 20, 24, 25, 31, 40, 49, 69, 81, 83, 100, 164, 181, 215, 218, 221, 227, 235, 242, 250, 257, 258, 259, 262, 263, 266, 267, 269, 288, 296, 304, 311, 344, 351, 352, 363, 364, 368, 374, 376, 377, 378, 379, 380, 387, 388, 390, 396, 397, 400, 401, 402, 408, 414, 415, 416, 422

Espíritos; tradições africanas; tradições dos índios norte-americanos: 23, 30, 291, 292, 295, 296, 297, 323, 325, 326, 339, 341, 418

Estações; Neopaganismo: 23, 292, 336

Estações da Cruz: 136

Estante dos Espíritos: 418

Estereótipos; Cristianismo; condenação do homossexualismo; confissão; uma versão do Cristianismo; infalibilidade papal; poligamia; unanimidade entre todas as denominações; Hinduísmo; idólatras; religião politeísta; promoção da discriminação social; Islamismo; jihad; muçulmanos igual a árabes; setenta e duas virgens para combatentes suicidas; assassinato dos infiéis; "Espada do Islamismo"; tratamento das mulheres; Judaísmo; agindo como único grupo; diferenças do Sionismo; culpa de deicídio; judaico-cristão; visão das mulheres: 8, 9, 10, 18, 99, 151, 161, 194, 195

Estudo; Judaísmo; diferenças religiosas; alienação de expressões de fé não familiares; fazendo perguntas; desafios da vida comum; leis federais; permanecendo com a mente aberta: 40, 41, 123, 127, 128, 149, 160, 227, 250, 261, 275, 276, 296, 317, 348, 353

Eucaristia; Católica Romana: 120, 137

Eutanásia; Budismo; Cristianismo; Hinduísmo; Islamismo; Judaísmo: 11, 24, 25, 361, 367, 368, 369, 370, 371

Evangelhos; Novo Testamento: 16, 108, 109, 110, 133, 142, 154, 156, 164, 344, 363, 402, 417

Exílio: 70, 400

Expressões de fé nativas: 317

F

Faraó; antigo culto egípcio: 67, 305

Fard, Wallace; Nação do Islamismo: 329, 330

Festa da Assunção: 16, 138, 139

Festa da Imaculada Conceição: 138

Festa da Natividade: 133, 134, 336, 419

Festa das Tendas: 91

Festival das Luzes: 91

Fetichismo: 321

Filosofias; Hinduísmo: 19, 85, 196, 210, 211, 212, 243, 261, 266, 282, 283, 288, 290, 303, 317, 334, 343, 399, 402

Fundamentalismo: 129, 148

Funerais; Hinduísmo; rituais islâmicos: 7, 18, 180, 226

G

Gabriel (anjo) e profeta Maomé: 164

Gandhi, Mahatma; 50, 220, 367, 374, 390, 391, 401, 404

Gautama, Siddartha; lenda; ascetismo; despertar; conhecimento verdadeiro: 9, 237, 238, 239, 259, 401, 415, 416, 417

Grande Aprendizado: 274, 419

Grande Despertar: 284

Grupos Nativos; práticas religiosas; fetiche; xamã; totem: 319
Guerra cultural; Islamismo; Cristianismo: 363, 364, 366, 367
Guerra e paz; Budismo; Cristianismo; Hinduísmo; Islamismo; Judaísmo: 24, 361, 371, 388

H

Hajj; Islamismo: 166, 167, 417
Hannegraf, Hank: 134
Hart, Michael H.: 111
Hebraica; profetas: 67, 71, 73, 75, 78, 85, 89, 101, 134, 407, 422
Hebreus; Bíblia, profetas dispersão do reino; dez mandamentos: 7, 14, 46, 67, 83, 85, 88, 411, 412
Herzl, theodor; Sionismo: 100
Hinduísmo; vida depois da morte; abraçar a experiência; deixar o corpo; rituais; ascetismo; crenças; visão geral; concepções de deus; sistema de castas; celebrações; círculo da vida; criação; presença divina; divindades; tríade hindu; encarnações da tríade; desenvolvimento; eutanásia; ideias fundadoras; humanidade eterna; primórdios no vale Indo; vida (como oportunidade de crescimento); rituais; razão humana limitada; concepções erradas; idólatras; religião politeísta; promoção da discriminação social; nenhum fundador; filosofia; Rig Veda; Sabá todos os dias; samsara; guerra; culto: 9, 19, 24, 25, 31, 46, 48, 50, 51, 160, 202, 209, 210, 211, 212, 213, 214, 215, 216, 218, 219, 220, 221, 222, 223, 224, 225, 226, 227, 228, 229, 231, 232, 233, 234, 237, 239, 245, 262, 265, 269, 296, 313, 342, 366, 391

História; antigo culto asteca; antigo culto druida; antigo culto egípcio; antigo culto grego; antigo culto maia; Cristianismo; fé adaptável; primórdios como judeus; movimento ecumênico; Jesus com centro da fé; mistério de Cristo; reformas; Confucionismo; mudanças; morte de Confúcio; dinastia Han; filosofia de Confúcio; renascimento; Hinduísmo; sistema de casta; círculo da vida; desenvolvimento; primórdios do Vale do Indo; nenhum fundador; filosofia; Rig Veda; Islamismo; Alá; império; evolução; preservação do Alcorão; profeta Maomé; Alcorão; muçulmanos xiitas; sufis; muçulmano sunita; estilo de vida; Judaísmo; hebreus; Xintoísmo; rituais diários; Restauração Meiji do Xintoísmo; reformas; santuários: 7, 8, 10, 28, 29, 31, 36, 38, 41, 49, 50, 59, 65, 67, 75, 80, 93, 95, 96, 100, 108, 109, 111, 112, 122, 124, 131, 134, 147, 152, 153, 155, 157, 167, 169, 170, 186, 188, 196, 197, 206, 208, 218, 219, 237, 245, 253, 262, 267, 269, 272, 274, 281, 294, 296, 297, 303, 304, 309, 317, 344, 345, 356, 357, 358, 363, 369, 370, 371, 375, 380, 407, 419, 420
Holocausto; efeitos do Judaísmo: 85, 102
Homossexualismo; concepção errada a respeito do Cristianismo: 151, 153, 156
How to Be a Perfect Stranger: 90
Humanidade eterna: 13, 18, 43, 47, 48, 50, 53, 71, 98, 108, 109, 110, 116, 130, 149, 153, 163, 171, 196, 197, 227, 265, 292, 351, 383, 390, 406, 414, 415, 418, 420, 421, 422
Huna Kupua: 23, 317, 321, 322, 326
Huppah; 93

I

I Ching: 48, 271, 274, 275, 276, 279, 284, 396, 397, 419
Ícones; Igreja Ortodoxa: 125
Id al-Fitr: 18, 182, 418
Id ul-Adha: 18, 182
Ídolos; culto hindu: 19, 162, 163, 231, 238
Igreja Anglicana: 128, 137
Igreja de Deus em Cristo: 129
Igreja Eclética: 24, 344
Igreja Episcopal: 128, 153, 154
Igreja Mórmon: 17, 155
Igreja Ortodoxa (Igreja Ortodoxa Oriental); diferenças da Igreja Ocidental; Páscoa; práticas modernas; organização: 16, 45, 124, 126, 131 137, 145, 152, 154, 403, 418
Igreja Presbiteriana: 128
Imame; muçulmanos xiitas: 18, 173, 176, 404
Imitation of Christ, The: 352, 353
Imortalidade, Taoísmo: 21, 96, 289, 308, 380
Inferno; vida após a morte na visão cristã e islâmica: 16, 17, 96, 97, 98, 142, 143, 144, 147, 152, 186, 189, 190, 191, 195, 196, 212, 231, 272, 275
Iniciação; rituais islâmicos: 18, 179, 307, 404
Intelecto; limitações humanas: 50, 306, 384
Ioga; filosofia indiana: 211, 345, 346, 399, 418, 422
Iom Kipur: 8, 15, 87, 124, 148, 160, 418
International Society for Krishna Consciousness (ver ISKCON): 23, 328, 343, 344, 345
Isaque; descendentes: 56, 67, 74, 407, 409
Islam, Yusuf: 195
Islamismo; vida depois da morte; Anjo da morte; morte inevitável; destinação; experiência humana; vida como julgamento; não muçulmanos; ajuste de contas com Alá; arrependimento; Al-isra Wal Miraj; Alá; criação; presença divina; império; califas; conflitos; eutanásia; evolução; ideias fundadoras; fenômeno global; Id al-Fitr; Id ul-Adha; Lailat ul-qadr; razão humana limitada; maulid al-Nabi; concepções erradas; jihad; muçulmanos iguais a árabes; setenta e duas virgens para combatentes suicidas; assassinato dos infiéis; "Espada do Islamismo"; tratamento das mulheres; serviços na mesquita; preservação do Alcorão; profeta Maomé; movimento; oposição; Alcorão; cinco pilares; ensinamentos; mensagem verbal; Ramadã; cerimônia do nascimento; oração diária; funerais; iniciação; casamento; muçulmanos xiitas; Imame; sufis; muçulmanos sunitas; guerra; estilo de vida: 5, 8, 9, 17, 18, 23, 24, 27, 32, 36, 37, 47, 49, 51, 52, 58, 68, 75, 97, 112, 114, 169, 170, 171, 172, 173, 394 404, 411, 415, 418, 419, 420, 421, 422
Israelitas; dispersão do reino: 70, 71, 88, 92, 93, 415

J

Japão, Zen: 10, 20, 247, 256, 257, 258, 269, 291, 311, 312, 313, 314, 315, 318, 385, 419
Jen: 272, 279, 418
Jerusalém: 70, 93, 108, 144, 154, 293, 366, 376, 400, 401, 402, 406, 415
Jesus; nascimento; celebrações; Cristianismo; mistério: 8, 21, 36, 38, 59, 110, 112, 113, 114, 115, 116, 117, 119, 125, 126, 127, 128, 130,

133, 134, 135, 136, 137, 138, 139, 141, 142, 145, 146, 148, 149, 151, 153, 155, 159, 188, 209, 269, 271, 347, 357, 364, 373, 382, 388, 402, 410, 417, 419, 420, 421
Jihad: 18, 194, 196, 197, 198, 201
Jodo Shinshu; Budismo: 258
Johnson, Lyndon presidente; Immigration Act de 1965: 36
Judaico-cristão; concepções erradas acerca do Judaísmo: 15, 99, 101, 103
Judaísmo; Judaísmo (*ver também* Judeus); vida depois da morte; judeus conservadores; pressões do mundo contemporâneo; criação; presença divina; diversidade; eutanásia; ideias fundadoras; crenças fundamentais; culto em comunidade; aliança; hebreus; Dez Mandamentos; holocausto; rituais da vida; razão humana limitada; concepções erradas; jihad; muçulmanos iguais a árabes; setenta e duas virgens para combatentes suicidas; assassinato dos infiéis; "Espada do Islamismo"; tratamento das mulheres; serviços na mesquita; preservação; Kipur; judeus ortodoxos; profetas; reações ao mundo contemporâneo; judeus reformistas; rituais; regras quanto à alimentação; Sabá; serviços no culto; guerra, Sionismo; culto em comunidade; Aliança: 7, 8, 14, 15, 24, 31, 46, 48, 50, 51, 65, 67, 69, 73, 74, 75, 77, 79, 80, 81, 82, 83, 84, 85, 87, 88, 89, 90, 95, 96, 97, 98, 99, 100, 101, 103, 105, 111, 112, 113, 159, 160, 167, 169, 193, 199, 223, 234, 248, 284, 294, 326, 348, 361, 373, 374, 375, 379, 380, 383, 387, 389, 394, 396, 407, 411, 417, 418
Judeus (*ver também* Judaísmo); conservadores; pressões do mundo contemporâneo; crenças fundamentais; culto em comunidade; aliança; holocausto; ortodoxos; reações ao mundo contemporâneo; reforma; início do Cristianismo; Sionismo: 8, 36, 37, 56, 72, 73, 78, 79, 82, 83, 84, 85, 87, 88, 89, 90, 91, 92, 95, 97, 98, 99, 100, 101, 102, 105, 107, 108, 109, 112, 188, 216, 250, 365, 373, 375, 417, 418, 420, 421
Judeus conservadores; papéis de acordo com a diferença entre os sexos; continuidade da tradição; pressões do mundo: 82, 85, 88
Judeus hassídicos: 348
Judeus sefardins: 84
Judeus ortodoxos; papéis definidos pela diferença dos sexos; preservação da tradição; pressões do mundo: 79, 80, 82, 85, 89, 93, 406
Judeus reformistas; continuidade da tradição contemporânea; papéis definidos conforme a diferença dos sexos; pressões do mundo: 81, 83, 84, 85, 88, 93

K

Ka'ba: 162, 166
Kami-dana: 418
K'che Manitou: 418, 422
Koan: 46, 47, 418
Kojiki; Xintoísmo: 295
Krishna: 23, 211, 219, 220, 225, 226, 328, 329, 343, 344, 360, 407
Krishna Janmashtami: 225, 419

L

Lailat ul-Qadr; Islamismo: 18, 181, 419
Lammas: 23, 338

Lao-Tzu; fundador do Taoísmo; crenças antigas; novas crenças: 10, 282, 284, 286, 287, 290
Lei (Torá): 69, 71, 73, 75, 79, 81, 85, 87, 160, 418, 419 421
Leis federais; fazendo perguntas religiosas: 155
Li: 272, 274, 277, 279, 284, 395, 419
Li Chi: 395, 419
Linguagem; limitações: 14, 25, 58, 124, 185, 207, 248, 285, 313, 373, 374, 375, 382
Livro da História: 274, 419
Livro da Poesia: 274, 419
Livro de Mencio: 274, 419
Livro das Mutações: 274, 276, 279, 397, 419
Livro dos Ritos: 274, 419
Livro Tibetano dos Mortos: 261, 263, 416
Lua; Neopaganismo: 23, 91, 314, 318, 337, 338
Lun Yu: 273, 275
Lutero: 115, 127, 128, 403

M

Macumba: 24, 328, 340, 341, 346
Mãe Meera: 24, 344
Mãe de Deus; Virgem Maria: 108, 121, 133, 138, 344
Mahaprafthana: 228, 229
Maias; antigo culto; mito da criação; história; conceitos-chave: 10, 301, 308, 310, 315
Maimônides: 97, 401
Malcolm X; Nação do Islamismo: 330
Malik El-Shabazz (Malcolm X): 330
Mantra: 210, 229, 333, 388, 419
Maulid al-Nabi; islamismo: 182, 419
Meditação simples: 23, 334
Meditação Transcendental: 23, 328, 333, 334, 346
Meng-tzu: 274, 279, 422

Mesquita(s): 177, 178, 179, 180, 181, 182, 351, 404, 419
Metáfora: 248, 375
Metodista(s): 128, 152
Michná: 401
Místicos: 24, 171, 175, 176, 209, 368, 369, 422
Moisés, a Lei: 46, 65, 81, 82, 84, 85, 171, 200, 362, 409, 410
Morris, Desmond: 96
Monoteísmo: 161, 162, 167, 217, 220, 324, 419
Morte; Budismo; carma; foco da vida; Cristianismo; vida depois da morte; samsara; Islamismo; vida depois da morte; Judaísmo; escrituras: 8, 9, 10, 11, 15, 16, 18, 19, 20, 25, 30, 48, 51, 62, 63, 85, 93, 95, 96, 97, 98, 99, 113, 137, 138, 141, 142, 143, 144, 145, 149, 150, 160, 163, 165, 167, 169, 170, 180, 181, 183, 186, 187, 188, 189, 190, 101, 193, 194, 195, 197, 198, 210, 211, 215, 222, 224, 227, 228, 229, 230, 238, 239, 240, 241, 244, 245, 251, 259, 261, 262, 263, 264, 273, 274, 277, 279, 284, 286, 289, 303, 305, 306, 308, 337, 361, 373, 399, 409, 412, 413, 414, 415, 416, 417, 421, 422
Movimento da Identidade Cristã: 357, 358
Movimentos da Nova Era; Northlight; Rastafarianismo; Macumba; nova forma; orixá; autorrealização; companheirismo; meditação; meditação transcendental; técnicas de meditação; não fé; Rede mundial de oração: 24, 328, 342, 346
Muçulmanos; vida depois da morte; Anjo da Morte; morte inevitável; destinação; experiência humana; vida como teste; não muçulmanos; ajuste de contas com Alá;

arrependimento; Alá; evolução; concepções erradas; jihad; muçulmano é igual a árabe; setenta e duas virgens para combatentes suicidas; assassinato dos infiéis; "Espada do Islamismo"; tratamento das mulheres; profeta Maomé; movimento; oposição; Alcorão; cinco pilares; ensinamentos; mensagem verbal; xiita; imame; rótulo liberal; sufis; sunita; estilo: 17, 18, 68, 102, 159, 160, 161, 162, 164, 165, 166, 167, 169, 170, 171, 172, 173, 174, 177, 179, 180, 181, 182, 184, 185, 187, 188, 189, 190, 191, 193, 194, 195, 196 197, 199, 200, 201, 216, 232, 355, 356, 359, 364, 366, 404

Muçulmanos sunitas: 17, 172, 177

Muçulmanos xiitas; Imame; rótulo liberal: 17, 173, 174, 177

Muhammad, Elijah; Nação do Islamismo: 329, 330

Mulheres; Islamismo; concepção errada a respeito do Islamismo; concepção errada a respeito do Judaísmo: 18, 32, 87, 90, 91, 92, 109, 111, 112, 113, 167, 183, 186, 189, 198, 199, 200, 201, 320, 335, 336, 358, 367, 387

Mundo moderno; crenças judaicas: 14, 77, 78, 361, 418

Muslimah: 198, 199

N

Nação do Islamismo; orgulho e prática; prática separatista 23, 58, 333, 334, 335, 351

Naked Ape, The: 96

Nascimentos; Hinduísmo, samsara; rituais islâmicos: 62, 91, 133, 169, 195, 207, 209, 249, 279, 310, 314, 315, 331, 334, 336, 359, 374, 394, 417, 421

Natal judaico; Cristianismo: 16, 91, 133, 134, 135, 138, 336, 403, 415, 419

Neoconfucionismo contemporâneo: 278

Neopaganismo; Beltane, Brigid; equinócio do outono; culto à deusa; Lammas; Samhain; observações sazonais; equinócio da primavera; solstício de verão; ciclos do Sol e da Lua; solstício de inverno: 23, 328, 335, 346

Niilismo: 221, 248

Nirvana; Budismo: 20, 46, 237, 239, 241, 246, 248, 257, 258, 259, 264, 379, 416, 417, 419, 421

Notícias; interesse crescente pelas religiões não ocidentais: 13, 35, 58, 193, 342

Novo Testamento: 8, 109, 127, 128, 133, 136, 137, 141, 146, 164, 358

Northlight: 24, 345

Nukhagmi

Nyaya, filosofia indiana: 210, 399

O

Observâncias; Islamismo; Al-Isra Waj Miraj; cerimônia de casamento; oração diária; funerais; Id al-Fitr; Id ul-Adha; iniciação; casamento; Maulid al-Nabi; Ramadã; Judaísmo; Chanukah; Páscoa; Purim; Rosh Hashaná; Shavuot; Sucot; Iom Kipur: 8, 9, 10, 15, 18, 71 87, 90, 92, 93, 133, 167, 198, 249, 253, 299, 303, 308, 382, 386, 404, 417

Olajuwan, Hakeem: 94

Oração; Islamismo: 24, 72, 74, 88, 89, 90, 120, 174, 177, 178, 181, 182, 200, 294, 361, 367

Orar em línguas (glossalia): 129

Ordens Franciscana e Dominicana: 403

Ordens religiosas; católicas romanas: 95, 113
Ordens sagradas; católicas romanas: 119
Orixá; Macumba: 24, 341, 368
Orwell, George: 95
Os Dez Mandamentos (Decálogo): 14, 67, 82, 88

P

Pagãos: 200, 405
Palavras, escrituras: 7, 13, 14, 21, 25, 31, 42, 50, 51, 52, 57, 58, 74, 84, 97, 108, 136, 142, 143, 145, 148, 153, 154, 171, 212, 213, 244, 272, 273, 275, 276, 299, 301, 302, 304, 336, 350, 351, 353, 358, 360, 362, 365, 368, 369, 374, 375, 382, 390, 401, 402, 417
Panteão: 212, 305, 307
Panteísmo Natural: 24, 331, 344, 345
Pão com fermento; serviços ortodoxos: 124
Papa; concepção errada acerca do Cristianismo; Católicos Romanos: 17, 113, 115, 119, 120, 123, 124, 142, 155, 368, 369, 402, 403, 418, 420
Papa Gregório VII: 113
Papéis baseados na diferença entre os sexos; Judaísmo: 80, 210, 219
Paraíso; vida depois da morte no Islamismo: 95, 146, 175, 184, 185, 187, 188, 193, 198, 257, 258, 369, 414
Pascha; cristãos ortodoxos orientais: 138
Páscoa (Pesach); Cristianismo; Sexta-feira Santa; Quaresma; Igreja Ortodoxa; Domingo de Ramos: 8, 15, 16, 87, 92, 93, 133, 138, 171, 200, 216, 217, 218, 219, 337, 403, 417, 419, 420, 421

Penitência; católica romana: 119, 136, 137
Pentecostalismo: 129
Pentecostes; Cristianismo: 16, 137, 138, 420
Peregrinações; Islamismo: 404
Perguntas; alienação de expressões de fé não familiares; estudando religiões não familiares: 14, 35, 55, 59, 62, 63, 69, 111, 145, 153, 249, 369, 404, 423
Poligamia; concepção errada acerca do Cristianismo: 17, 59, 130, 155
Poole, Elijah; Nação do Islamismo: 330
Prasad: 224
Presença divina; eterna; crenças partilhadas: 14, 49, 380
Profeta Maomé; mensagem global; movimento; oposição: 8, 31, 157, 159, 165, 182, 183, 187, 188, 189, 190, 195, 196, 200, 201, 365, 366, 369, 404, 415, 417
Profetas; Judaísmo: 14, 46, 71, 88, 90, 92, 99, 206, 415
Profissão de Fé: 121, 165, 365
Protestantes; denominações adicionais; reformas: 8, 16, 114, 116, 117, 119, 122, 126, 127, 128, 129, 133, 144, 148, 149, 152, 153, 370, 404, 417, 418
Puja: 224, 225, 417, 420
Purgatório; vida e morte no Cristianismo: 16, 141, 143, 144, 149
Purim: 15, 92, 420
Purva Mimamsa; filosofia indiana: 211, 399

Q

Qibla: 419
Quaresma; Cristianismo: 16, 135, 417, 420
Quarta-feira de Cinzas: 135, 138, 420
Quatro Verdades Nobres; Budismo: 237, 240, 244

R

Rabinos: 78, 82, 83, 84, 409
Rama: 219, 220, 225, 226, 380, 420, 422
Rama Navami: 225, 420
Ramadã: 9, 18, 38, 166, 177, 181, 182, 418, 419, 420
Ramayana: 219, 385, 420
Rastafarianismo: 24 328, 341, 342, 346
Razão humana; crença partilhada de limitações: 51
Recompensas eternas; Cristianismo; Judaísmo: 97, 143, 218
Reencarnação: 21, 185, 209, 210, 213, 221, 226, 227, 229, 230, 237, 240, 261, 263, 264, 265, 266, 268, 343
Reformas; Protestante; católica romana: 16, 113, 129, 130, 131, 136, 137, 138, 142, 148, 154, 229, 289, 309, 345, 417, 420
Regra de Ouro: 378, 386
Rei Henrique VIII: 115, 403
Religião politeísta: 19, 231
Religiões não ocidentais: 35
Religiões novas: 327, 328, 331, 346
Restauração Meiji de 1868; história do Xintoísmo: 293
Rig Veda, Hinduísmo: 208, 209, 420
Rituais; Cristianismo; Advento; Natal; Páscoa; Festa da Assunção; Sexta-feira Santa; Quaresma; Ano-Novo; Domingo de Ramos; Pentecostes; Hinduísmo; morte; culto; Islamismo; Al-Isra Wal Miraj; cerimônia do nascimento; oração diária; funerais; Ida al-Fitr; Id ul-Adha; iniciação; Lailat ul-Qadr; casamento; Maulid al-Nabi; Ramadã; Judaísmo; regras quanto à alimentação; vida; Sabá; serviço no culto; Xintoísmo: 7, 9, 15, 18, 19, 52, 55, 62, 80, 88, 91, 95, 138, 216, 217, 218, 223, 224 225, 226, 227, 229, 230, 242, 244, 245, 255, 267, 277, 292, 296, 301, 308, 309, 311, 315, 319, 320, 325, 333, 343, 347, 351, 416
Ritual de boas vindas ao recém-nascido: 226
Romanos; regentes de Israel: 112, 119, 121, 138, 196, 303, 311, 336, 401, 402, 408
Rosh Hashaná (Ano Novo judaico): 8, 15, 87, 90, 91, 93
Roshi; Mestre Zen Suzuki: 294

S

Sabá; ritual judaico: 15, 19, 90, 130, 178, 262, 350, 382, 421
Sacerdotes; Igreja Ortodoxa; casamento: 229, 288, 303, 310, 315, 319
Sacramentos; católicos romanos: 120, 129
Salomão (rei de Israel): 70, 376, 400, 407, 418
Salvação; vida depois da morte no Cristianismo: 29, 92 107, 108, 112, 113, 115, 127, 142, 144, 146, 152, 218, 244, 258, 263
Samadhi: 242, 420
Samhain, Neopaganismo: 23, 338, 339
Samkhya; filosofia indiana: 211, 399
Samsara; Hinduísmo: 221, 226, 421
Sangha: 239, 248, 421
Santuários; Xintoísmo: 224, 294
São Basílio: 125
São Domingos: 114
São Francisco de Assis: 112, 114, 341
São João Crisóstomo: 125
Saul (rei de Israel): 70
Segunda Vinda de Jesus: 133, 141

Semana Santa; Domingo de Ramos: 136, 417
Sexta-feira Santa; Cristianismo: 16, 136, 137, 139, 421
Sh'ma, Judaísmo: 90
Shahada: 179, 216
Shakti: 210, 219, 220
Shavuot: 15, 92, 93, 137, 421
Sheol: 97
Shih Ching: 274, 395, 419
Shih-li, Hsiung; Confucionismo: 278
Shiva: 210, 219, 220, 225, 232, 416, 421, 422
Shiva Ratri: 225, 421
Shradda: 226
Shuh Ching: 274, 400
Sinagogas; Judaísmo: 74, 80, 89, 420
Sionismo; efeitos sobre o Judaísmo; versus Judaísmo: 15, 85, 99, 100, 107
Sistema de castas; Hinduísmo: 211, 220, 233, 244
Sites; Igreja Livre; Gospelcom.net; Fórum do Seminário de Jesus; Judeus não sionistas; Projeto Pluralismo: 110, 134, 331, 343, 344, 345, 346
Solstício de inverno; Neopaganismo: 23, 336, 337, 338
Solstício de verão; Neopaganismo: 23, 336, 337, 338
Stevens, Cat: 195
Sucessão Apostólica: 120, 421
Sucot (Feta das Tendas): 15, 91
Sufis; Islamismo; tradição mística; suicídio; Budismo; Cristianismo; Hinduísmo; Islamismo; Judaísmo 349, 350, 383
Suras: 165
Sutta Pitaka: 247

T

Ta Hsueh: 274
Talmude: 348, 349, 363, 368, 376, 387, 393, 404, 412, 414
Tao: 21, 48, 50, 164, 281, 289, 290, 291, 292, 293, 294, 295, 297, 301, 379, 396, 421, 422
Tao Te Ching: 21, 48, 50, 164, 282, 283, 284, 285, 286, 287, 290, 379, 396
Taoísmo; crenças; Chuang-Tzu; filósofo; vida na natureza; *Tao te Ching*; aceitação chinesa; criação; presença divina; expressões; fundador; razão humana limitada; reflexos no Zen Budismo; Tao: 10, 21, 31, 48, 50, 51, 255, 271, 278, 281, 282, 283, 285, 287, 288, 289, 290, 379, 396, 422
Te, Taoísmo: 286, 422
Templos; culto hindu; Judaísmo: 19, 224, 226, 308
Testemunhas de Jeová; morte de Cristo: 130
This is My God: The Jewish Way of Life: 90
Thomas à Kempis, Priest, Monk, and Writer: 24, 148, 352, 353, 359, 360
Tipitaka; escrituras theravadas: 247
Tishrei: 90, 91
Tolerância religiosa: 97, 108, 134, 205, 210, 217, 278, 406, 407, 422
Torá; mandamentos; Judaísmo; Lei: 65, 67, 72, 75, 84, 90, 92, 164, 348, 349, 400, 422
Totem: 23, 319, 327, 328, 332, 422
Tradições africanas: 23, 322
Tradições dos índios norte-americanos; integridade; inter-relação; contatos espirituais: 23, 324, 326
Tradições místicas; Cabala; sufis; Thomas à Kempis: 347, 353

Tradições; mudanças do passado; Cristianismo; Advento; Natal; Páscoa; Festa da Assunção; Sexta-feira Santa; Quaresma; Ano-Novo; Domingo de Ramos; Pentecostes; flexibilidades comuns; expressões de fé nativas; visões de fora: 5, 7, 8, 10, 11, 13, 21, 23, 31, 35, 37, 38, 39, 41, 42, 43, 45, 58, 62, 67, 68, 71, 79, 80, 81, 84, 85, 87, 93, 95, 102, 111, 126, 129, 130, 133, 135, 144, 145, 146, 159, 164, 172, 173, 177, 182, 199, 223, 226, 246, 249, 251, 255, 257, 258, 269, 271, 272, 278, 294, 303, 305, 306, 307, 317, 330, 334, 335, 336, 337, 338, 341, 342, 344, 346, 347, 348, 350, 353, 357, 373, 374, 375, 382, 399, 406, 420

Três Cestas; escrituras theravadas: 247

Tríade hindu: 218, 219, 220, 416, 421, 422

Trindade; católica romana: 16, 121, 122, 130, 152, 232, 407, 410

Túmulos; Judaísmo: 180

U

Unção dos enfermos; católica romana: 120

V

Vaisheshika, filosofia indiana: 211, 399

Vajrayana: 250, 251, 422

Vale do Indo; Hinduísmo; primórdios: 19, 206, 207, 208, 399

Vaticano II: 30, 100, 116, 123, 124, 146, 397, 404, 417

Vedanta; filosofia indiana: 213, 334

Vedas: 208, 209, 210, 211, 212, 213, 216, 231, 233, 234, 237, 394, 399, 422

Véus; tradução muçulmana: 199, 374

Vida depois da morte; Budismo; ciclo da vida; carma; foco da vida; Cristianismo; diferenças de denominação; recompensa eterna; Céu e Inferno; purgatório; salvação; generalizações; Hinduísmo; abraçar a experiência; deixar o corpo; rituais; Islamismo; Anjo da Morte; morte inevitável; destinação; experiência humana; vida como um julgamento; não muçulmanos; ajuste de contas com Alá; arrependimento; Judaísmo: 142, 143, 144, 149, 190, 261, 262, 305

Vida humana; Judaísmo: 96, 98, 101, 166, 185, 243, 325, 363, 367, 368, 369

Vinaya Pitaka: 247

Violência; resposta à violência religiosa; antimuçulmanos; fenômeno global; figuras carismáticas; aumento das injustiças; interpretação seletiva das escrituras: 42, 35, 255, 330, 336, 355, 356, 357, 358, 359, 363, 364, 365, 366, 367

Virgem Maria: 108, 121, 344

Vishnu: 210, 219, 220, 232, 386, 416, 419, 420, 421, 422

W

Wakan Tanka: 418, 422

Waleemah: 180, 422

Wesley, John; Igreja Metodista: 128

World Scripture: A Comparative Anthology of Ancient Texts: 393

X

Xamã: 23, 319, 322, 325, 422

Xintoísmo; crenças; força de ligação; história; práticas; tradições; ausência de fé; poder divino: 10, 22, 31, 269, 291, 292, 293, 294, 295, 296, 297, 396

Y
Yarmulke: 91
Yogananda Paramahansa: 345
Yorozu-yomi: 422
Z
Zaid; secretário do profeta Maomé: 165

Zen (Ch'an); primórdios; Bodhidharma; Japão; primórdios; duas escolas: 10, 20, 45, 48, 49, 51, 57, 250, 253, 254, 255, 256, 257, 259, 262, 263 267, 278, 288, 367, 375, 385, 402, 404, 408, 422

MADRAS® Editora — CADASTRO/MALA DIRETA

Envie este cadastro preenchido e passará a receber informações dos nossos lançamentos, nas áreas que determinar.

Nome _____
RG _____ CPF _____
Endereço Residencial _____
Bairro _____ Cidade _____ Estado _____
CEP _____ Fone _____
E-mail _____
Sexo ❑ Fem. ❑ Masc.   Nascimento _____
Profissão _____ Escolaridade (Nível/Curso) _____

Você compra livros:
❑ livrarias   ❑ feiras   ❑ telefone   ❑ Sedex livro (reembolso postal mais rápido)
❑ outros: _____

Quais os tipos de literatura que você lê:
❑ Jurídicos   ❑ Pedagogia   ❑ Business   ❑ Romances/espíritas
❑ Esoterismo   ❑ Psicologia   ❑ Saúde   ❑ Espíritas/doutrinas
❑ Bruxaria   ❑ Autoajuda   ❑ Maçonaria ❑ Outros:

Qual a sua opinião a respeito desta obra? _____
_____

Indique amigos que gostariam de receber MALA DIRETA:
Nome _____
Endereço Residencial _____
Bairro _____ Cidade _____ CEP _____

Nome do livro adquirido: ***O Guia Completo das Rigiões do Mundo***

Para receber catálogos, lista de preços e outras informações, escreva para:

MADRAS EDITORA LTDA.
Rua Paulo Gonçalves, 88 – Santana – 02403-020 – São Paulo/SP
Caixa Postal 12183 – CEP 02013-970 – SP
Tel.: (11) 2281-5555 – Fax.:(11) 2959-3090
www.madras.com.br

MADRAS® Editora

Para mais informações sobre a Madras Editora,
sua história no mercado editorial
e seu catálogo de títulos publicados:

Entre e cadastre-se no site:

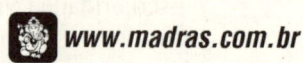

www.madras.com.br

Para mensagens, parcerias, sugestões e dúvidas, mande-nos um e-mail:

marketing@madras.com.br

SAIBA MAIS

Saiba mais sobre nossos lançamentos,
autores e eventos seguindo-nos no facebook e twitter:

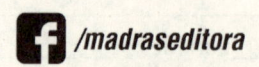

@madrased

/madraseditora